Ullstein Sachbuch

ÜBER DAS BUCH:

Wer ist dieser Staatsmann, nach dem das fünfte Jahrhundert v. Chr. das Perikleische Zeitalter genannt wird? Dieser berühmteste griechische Politiker ist Visionär und »Macher« zugleich. Er läßt die Akropolis erbauen, ein Monument als steinerne Staatsidee. Unter seiner Führung wird Athen zur »Schule von Hellas«, sein Name steht für ein liberales, kunstliebendes und wohlhabendes Gemeinwesen, in dem zum ersten Mal Ernst gemacht wird mit der Demokratie. Das ist die eine Seite. Die andere: Seine aggressive Großmachtpolitik gipfelt 431 v. Chr. im Bruderkrieg gegen Sparta, das der glänzende Ideologe zum Feindbild schlechthin hochstilisiert hat. Athens Wohlstand fließt nur aus dem ausgebeuteten Umland in die Stadt.
Bis heute hält die Diskussion um Perikles an: War er nicht doch mehr Tyrann als ›Demokrat‹? Die historische Biographie Carl W. Webers beantwortet diese und viele weitere Fragen zur hellenistischen Geschichte.

DER AUTOR:

Carl Wilhelm Weber wurde 1950 geboren; Studium an deutschen und italienischen Universitäten: Alte Sprachen, Geschichte, Archäologie, Etruskologie. Dr. phil., M. A. Tätig im Höheren Schuldienst und als Universitäts-Lehrbeauftragter.
Weitere Veröffentlichungen: *Die Spartaner* (1977); *Athen* (1979); *Sklaverei im Altertum* (1981); *Panem et circenses – Massenunterhaltung als Politik im antiken Rom* (1983); *Diogenes* (1987).

Carl Wilhelm Weber

# Perikles

## Das Goldene Zeitalter von Athen

Mit 4 Karten und einer Illustration

Ullstein Sachbuch

Ullstein Sachbuch
Ullstein Buch Nr. 34577
im Verlag Ullstein GmbH,
Frankfurt/M – Berlin

Ungekürzte Ausgabe

Umschlagentwurf:
Theodor Bayer-Eynck
Unter Verwendung einer Abbildung aus
dem Archiv für Kunst und Geschichte,
Berlin (Römische Marmorkopie
nach einem Original des Kresilas
von Kydonia, um 440 v. Chr.: *Perikles*)

Mit freundlicher Genehmigung
der Paul List Verlags
GmbH & Co. KG, München

Printed in Germany 1989
Druck und Verarbeitung:
Clausen & Bosse, Leck
ISBN 3 548 34577 8

Mai 1989

CIP-Titelaufnahme
der Deutschen Bibliothek

**Weber, Carl W.:**
Perikles: das goldene Zeitalter von Athen/
Carl Wilhelm Weber. – Ungekürzte
Ausg. – Frankfurt/M; Berlin: Ullstein,
1989
(Ullstein-Buch; Nr. 34577:
Ullstein-Sachbuch)
ISBN 3-548-34577-8
NE: GT

# Inhaltsverzeichnis

ANHANG

# Einleitung

Ein Skandal sei das, wie da öffentliche Gelder skrupellos verschwendet würden! Ob denn die Stadt vergoldet und herausgeputzt werden und sich mit kostbaren Steinen und Tempeln behängen müsse wie ein eitles Weib? Mit solch heftigen Attacken antworteten die Oppositionspolitiker auf die von Perikles vorgelegten Pläne. Es ging um nichts Geringeres als den Neubau der Tempel auf dem Burgberg Athens.

Die Akropolis Athens, heute als unsterbliches, weithin leuchtendes Denkmal der großen Zeit Athens bewundert und Jahr für Jahr von Hunderttausenden von Touristen besucht: Anfang der vierziger Jahre des fünften Jahrhunderts, als Perikles sich für eine repräsentative Neugestaltung der Heiligtümer einsetzte, war sie ein politischer Zankapfel ersten Ranges. Heftige Redeschlachten tobten in der Versammlung, wenn dieses heiße Eisen der athenischen Innenpolitik auf der Tagesordnung stand.

Heute ist der Streit um die Akropolis längst entschieden. Schon gut hundert Jahre nach dem erbitterten Tauziehen um das aufwendige Bauprogramm konnte ein athenischer Redner mit unüberhörbarem Stolz feststellen, daß gerade Perikles »die Stadt so mit Tempeln, Denkmälern und anderen schönen Gebäuden geschmückt hat, daß in Athen weilende Besucher die Stadt für würdig halten, daß sie nicht nur über die Griechen, sondern über die ganze Welt regiert«. Und Plutarch, der in der römischen Kaiserzeit lebende Biograph des Perikles, konnte des ungeteilten Beifalls seiner Zeitgenossen sicher sein, wenn er die Tempel der Akropolis als Bauten feierte, »die in kurzer Zeit für die Ewigkeit geschaffen wurden; deren Schönheit ihnen sogleich die Würde des Alters gab und deren lebendige Kraft ihnen bis auf den heutigen Tag den Reiz der Neuheit und Frische schenkt«. »Ein Hauch immerwährender Jugend liegt über diesen Werken«, fährt er fort, »die Zeit geht vorüber, ohne ihnen etwas anzuhaben, als atmete in ihnen ein ewig blühendes Leben, eine nie alternde Seele.«

Die Geschichte, so scheint es, hat Perikles recht gegeben. Sie hat die Einwände der Gegner als kleinkariertes Protestgeschrei einer neidischen und kurzsichtigen Opposition entlarvt, die den hochfliegenden Plänen des athenischen Olympiers nichts außer einer aufgeregt zeternden Buchhaltermentalität entgegenzusetzen vermochte.

In Wirklichkeit waren die Dinge komplizierter. Denn die konservative Opposition bekämpfte nicht nur den finanziellen Aufwand, der mit dem Akropolis-Bauprogramm verbunden war, sondern auch den »Geist« des gesamten Unternehmens. Man könnte auch schärfer formulieren: den ideologischen Anspruch, der hinter den monumentalen Bauplänen stand.

Es war der imperiale Anspruch des demokratischen Athen, den die großartigen Heiligtümer nach dem Willen des Perikles versinnbildlichen sollten, die Visitenkarte einer Weltstadt, einer ebenso aufgeschlossenen wie gottesfürchtigen Bürgerschaft, einer pulsierenden Wirtschaftsmetropole und einer selbstbewußten, keinen Gegner fürchtenden Großmacht; kultureller Führungsanspruch *und* Ausdruck athenischer Macht und Größe – das alles sollte die neue Akropolis spiegeln. Das berühmte Perikles-Wort von der »Schule von Hellas«: Hier sollte es gleichsam unübersehbar Gestalt annehmen und die Grundwerte des demokratisch verfaßten Gemeinwesens repräsentieren.

Vor diesem Hintergrund wird der energische Protest einer Opposition verständlich, die sich nicht mit der von Perikles vertretenen Gesellschaftsordnung identifizieren mochte. Besondere Schärfe erhielt diese Auseinandersetzung nicht zuletzt dadurch, daß manch ein adliger Oppositionspolitiker Perikles als Verräter an der eigenen Sache betrachtet haben mag. In der Tat gehört es zu den faszinierendsten Aspekten dieser historischen Gestalt, daß sich da ein aus höchstem athenischen Adel abstammender, von seiner Erziehung und seiner äußeren Haltung durch und durch aristokratischer Politiker für die Sache des Demos entschieden und konsequent eine soziale und demokratische Politik betrieben hat, die zum ersten Mal in der Weltgeschichte Ernst machte mit dem Gedanken der Demokratie, der Herrschaft des Volkes.

So steht es in allen Geschichtsbüchern: Perikles und die athenische Demokratie – das gehört zusammen. Und doch liegt in dieser Formulierung eine arge historische Verkürzung. Sie suggeriert, daß Perikles diese Ordnung geschaffen oder durchgesetzt habe, und sie lenkt von den Grundlagen und Voraussetzungen der Perikleischen Zeit ab, die doch den Handlungsspielraum eines »Großen« entscheidend beeinflussen. Die Zeiten, als Biographen ihre »Helden« geradezu als autonome Persönlichkeit begreifen und schildern konnten, sind vorbei. Wer die staatsmännische Leistung eines Perikles bestimmen will, kommt nicht umhin, die Rahmenbedingungen seines Wirkens ausführlich zu ermitteln. Deshalb handelt dieses Buch auch und gerade von Athen, seiner politischen, sozialen und kulturellen Entwicklung in vorperikleischer Zeit und den Veränderungen, die sich ergaben, als der »Olympier« an der Spitze des attischen Staates stand.

»Olympier« – diesen Beinamen erhielt Perikles ob seiner mächtigen Rhetorik. Wie der olympische Zeus Blitze und Donner vom

Himmel herabschleuderte, so sagte man von Perikles, »er donnere und blitze, wenn er zum Volke rede, und trage einen furchtbaren Wetterstrahl auf der Zunge«.

Indes war das nicht nur ein Ehrentitel. Die Komödiendichter, die über den »zwiebelköpfigen Zeus« herzogen und seine einsamen Beschlüsse anprangerten – sie spielten damit auch auf die scheinbar unkontrollierte, »olympische« Macht eines Mannes an, der in ihren Augen die Stadt wie ein Tyrann regierte.

Anwürfe spitzzüngiger Gegner, die ihr satirisches »Gift« nur deshalb versprühen konnten, *weil* Athen eben *nicht* im Würgegriff eines Tyrannen lebte? So schnell ist diese Kritik nicht beiseite zu wischen, scheinen doch auch Sympathisanten des »Olympiers« seine quasi-monarchische Stellung zu bestätigen: »Dem Namen nach war es eine Demokratie«, sagt der Historiker Thukydides in einem berühmten Wort, »in Wirklichkeit aber die Herrschaft des ersten Mannes.«

Mit anderen Worten: So unproblematisch, wie es zunächst den Anschein hat, kann das Nebeneinander von Perikles und der Blütezeit der athenischen Demokratie nicht gewesen sein. Die Spannung, die zwischen der überragenden Einzelpersönlichkeit und dem Volk als dem Souverän in einer Demokratie besteht, wird am Beispiel des Perikles besonders sinnfällig. Attische Demokratie und Perikles – das ist sicher alles andere als ein selbstverständliches Synonym. Ob es ein ausgesprochenes Gegensatzpaar darstellt oder ob der Demos und sein Führer zu einem mehr oder weniger stabilen modus vivendi gefunden haben, soll in dieser Biographie untersucht werden, die die Dinge nicht nur aus der Perspektive des »Helden« beleuchten will. Darstellungen, in denen Perikles – oft nicht ohne Neigung zu obrigkeitsstaatlichem Denken – als eine Art »Superstar« gezeichnet und von seiner Umwelt losgelöst oder gar als »unverstandener« und von der Masse in seinen großen Plänen »behinderter« Staatsmann bedauert worden ist, liegen aus den vergangenen Jahrzehnten in ausreichender Zahl vor. Ihre Zahl soll durch das vorliegende Buch nicht vermehrt werden.

Die »Ära Perikles«: Das war ohne Zweifel die Glanzzeit Athens, eine Epoche prächtiger kultureller Entfaltung, großer sozialer Errungenschaften und einer wirtschaftlichen Blüte, die jedem Athener wenigstens das Existenzminimum garantierte. Und es war eine Zeit, in der sich der Mut, der zu dem bis dahin unbekannten Abenteuer Demokratie gehört hatte, politisch und finanziell auszahlte. Der Nachruhm, der dieser Epoche zuteil geworden ist, ist sicher nicht unverdient.

Doch fallen auch Schatten auf dieses oft in so leuchtenden Farben gemalte Bild der athenischen Zivilisation unter der Ägide des Perikles. Manches von dem athenischen Glanz war mit kräftigen Ellbogenstößen erkauft worden. Der Delisch-Attische Seebund, ursprünglich als Notgemeinschaft zur Abwehr der Perser unter Führung Athens gegründet, wurde mehr und mehr zu einer von Athen mit harter Hand gelenkten Zwangsorganisation, aus der es kein Entrinnen gab. Auch das und die damit verbundene Ausbeutung der eigenen Bundesgenossen gehörten zur Wirklichkeit der Perikleischen Zeit, auch wenn darüber zum größeren Ruhm der attischen Metropole und ihres führenden Staatsmannes allzugern der Mantel des Schweigens gebreitet wird. Es wird zu fragen sein, wie es zu dieser Entwicklung gekommen ist und welchen Anteil Perikles daran gehabt hat.

Die Pentekontaëtie, das heißt die Spanne von (ungefähr) fünfzig Jahren zwischen der letzten großen Perserschlacht auf griechischem Boden und dem Ausbruch des Peloponnesischen Krieges, war eine ungemein intensive Epoche der griechischen Geschichte. Athen stieg damals geradezu kometenhaft zur Vormacht in Hellas auf – und drohte, die als »Vorsteher von Hellas« zuvor unangefochtenen Spartaner immer stärker in den Hintergrund zu drängen. Spannungen waren die unvermeidliche Folge dieses athenisch-spartanischen Dualismus, der von Zeit zu Zeit zu kriegerischen Auseinandersetzungen eskalierte.

Abgelöst wurde die erste heiße Phase in der Auseinandersetzung der beiden Mächte durch einen kalten Krieg, der ganz Hellas erfaßte. Zwei Systeme konkurrierten miteinander, wie sie unterschiedlicher kaum zu denken waren: der konservative, abgeschlossene, Fremdes abweisende Kosmos der Spartaner und die weltoffene, liberale Demokratie Athens. Ein faszinierender Wettkampf, aus dem die Epoche viel von ihrer Vitalität und Ausstrahlungskraft bezogen hat. Eine erbarmungslose Rivalität aber auch, in der die machtpolitischen Differenzen durch ideologische Scharfmacherei ständig neu angefacht wurden. Mitunter eine gespenstische Szenerie von beklemmender Aktualität, die ohne einen Perikles auf athenischer Seite doch sehr anders ausgesehen hätte.

Es war nicht nur der Pragmatiker Perikles, der in diese Auseinandersetzung energisch eingriff, sondern fast mehr noch der Visionär Perikles, der sich als Sinngeber des demokratischen Systems offensiv und selbstbewußt in der ideologischen Diskussion jener Tage engagierte. Er entwickelte ein ungemein modern anmutendes Konzept eines Staates, dessen Grundpfeiler Demokratie, persönliche Freiheit und soziale Sicherheit bildeten.

Eine ansprechende, geradezu verführerische Vision, die freilich kritisch auf ihr Leistungsverhältnis zwischen Anspruch und Wirklichkeit zu prüfen sein wird. Und die bei aller Großartigkeit auch eine äußerst problematische, ja gefährliche Seite hatte, weil sie den Konflikt mit Sparta zwangsläufig verschärfte.

Am Ende der politischen Laufbahn des Perikles steht ein Ereignis, das das klassische Hellas binnen weniger Jahrzehnte von Grund auf verändern und, was Athen selbst angeht, eine blühende Großmacht auf die Stufe einer gedemütigten, verarmten Mittelmacht hinabstürzen sollte: Der Peloponnesische Krieg, die Katastrophe des Griechentums im fünften Jahrhundert, in der weit mehr als nur die zu Beginn des Saeculums ruhmreich verteidigte Unabhängigkeit gegenüber dem persischen Machtkoloß verspielt wurde.

Folgerichtige Eruption des seit langer Zeit schwelenden Konflikts zwischen Athen und Sparta? Auf Erklärungsmuster, die mit solchen scheinbaren historischen Gesetzmäßigkeiten und Zwangsläufigkeiten operieren, wird man im Atomzeitalter gern verzichten. Es gilt also, nach den wirklichen Gründen für den Ausbruch dieses unheilvollen Waffenganges zu fragen, die Entscheidungen und Unterlassungen, die Überlegungen und Motive der führenden Politiker unter die Lupe zu nehmen. Konkret zu untersuchen, wie sich Perikles in der Krise der späten dreißiger Jahre verhalten hat, welche Verantwortung er trägt, welche Schuld er gegebenenfalls auf sich geladen hat.

Geschichte wiederholt sich nicht: das ist sicher richtig. Und historische Vergleiche hinken meist. Gleichwohl liegt in der Historie ein reiches Erfahrungspotential, dessen Kenntnis nützlich sein kann. Der spartanisch-athenische Dualismus des fünften Jahrhunderts, die große Zeit Athens und nicht zuletzt Leben und Wirken des bedeutendsten Staatsmannes, den diese Stadt hervorgebracht hat, dürften in dieser Hinsicht zu den besonders ergiebigen, aufschlußreichen und letztlich auch aktuellen geschichtlichen Stoffen gehören.

## 1. KAPITEL

# Familien-Geschichte: Hypothek und Verpflichtung

### *Geburt eines Löwen*

Wer im Altertum die Akropolis von Athen besuchte, die damals keine geringere »touristische« Attraktion war als in unserer Zeit, erblickte, sobald er die Propyläen durchschritten hatte, auf der linken Seite die Statue des Mannes, mit dessen Namen der Neubau der Tempel auf dem Burgberg in der 2. Hälfte des 5. Jahrhunderts unauflöslich verbunden ist: Das Standbild des Perikles, das den Staatsmann zum Ausdruck der Leistungsfähigkeit und Schönheit seines Körpers nackt darstellte, mit der linken Hand eine Lanze aufstützend.[1] Sein heute verlorenes, allerdings in Repliken aus römischer Zeit greifbares Porträt war vermutlich das Werk des Bildhauers Kresilas. Es zeigte nach der Meinung des römischen Schriftstellers Plinius den »Olympier Perikles in einer seines Beinamens würdigen Form«.[2] Die Erinnerung an eine der bedeutendsten historischen Gestalten des alten Hellas blieb so gerade an einem Ort anschaulich präsent, der mehr als alles andere als Inbegriff jenes Zeitalters gilt, das wir das Perikleische nennen.

In auffälligem Kontrast zu dieser Ehrung, die die Prominenz des Geehrten sinnfällig zum Ausdruck bringt, stehen die wenigen Nachrichten, die sich über die Jugend des Perikles erhalten haben. Erst für die Zeit, als er im vollen Rampenlicht der politischen Bühne stand, fließen die historischen Quellen reicher. Das Interesse der Zeitgenossen und auch das der späteren Historiker und Biographen richtete sich sozusagen mehr auf das Sein als auf das Werden.

Und so erklärt es sich, daß nicht einmal das Geburtsjahr des Perikles genau bekannt ist. Fest steht, daß er in den ersten Jahren des 5. Jahrhunderts geboren worden ist. Seine Eltern heirateten um das Jahr 496 v. Chr. Aus dieser Ehe gingen zwei Söhne, Ariphron und Perikles, sowie eine Tochter, deren Name nicht überliefert ist, hervor. Da Ariphron den Namen seines Großvaters trägt, ist er gewiß der ältere der beiden Söhne. Seine Geburt dürfte etwa in das Jahr 495 fallen; ein oder zwei Jahre später, also 494 oder 493 v. Chr., kam Perikles zur Welt.[3]

Je mehr die frühen Jahre eines bedeutenden Politikers im dunkeln liegen, um so größer ist die Versuchung zu einer Legendenbildung. So auch im Falle des Perikles, dessen spätere historische Größe angeblich schon in den Tagen vor seiner Geburt prophezeit worden sein soll – ein klassisches *vaticinium ex eventu*, das freilich von den

Chronisten begierig aufgenommen wurde: Agariste, die Mutter des Perikles, träumte während der Schwangerschaft, sie habe einen Löwen geboren, »und wenige Tage danach«, so berichtet Herodot, »gebar sie dem Xanthippos Perikles«.[4]

Der Löwe, dessen königliche Stellung in der Tierwelt unangefochten ist, als Chiffre für Kraft und Stärke – die Anspielung auf den »Monarchen« in der Demokratie Athen ist unübersehbar. Das war auch die gängige Interpretation der antiken Traumdeuter, wie ein Blick in das »Traumbuch« des Artemidor (2. Jahrhundert n. Chr.) zeigt. Er stuft »den Anblick junger Löwen für alle ausnahmslos als von guter Bedeutung ein; gewöhnlich verkündet er die Geburt eines Knaben«. Und an anderer Stelle legt er auch das Prinzip offen, das solcher Traumdeutung zugrunde liegt: »Du mußt... die Verhaltensweisen der Tiere denen der Menschen zum Vergleich gegenüberstellen und Denken und Wollen eines jeden unter dem Gesichtspunkt ähnlicher Züge beim Tier untersuchen. So zeigen etwa stolze, in Freiheit lebende, draufgängerische und Furcht erweckende Tiere wie z.B. der Löwe... Menschen entsprechender Art an...«[5].

Alles Eigenschaften, die durchaus auf Perikles zutreffen! Nicht zuletzt vermochte er, der in seinen Reden wie der Göttervater Zeus donnerte und blitzte, seinen Konkurrenten und Gegnern Furcht einzuflößen. Kein Wunder, daß der plastische Symbolwert des Löwen-Orakels häufig bemüht worden ist. In seiner im Jahre 424, fünf Jahre nach dem Tode des Perikles, aufgeführten Komödie »Die Ritter« verspottet Aristophanes den verhaßten »Paphlagonier« Kleon, der sich als Nachfolger des Perikles fühlt, als »Löwenstellvertreter« (Antileon). Großspurig bezieht der Demagoge Kleon den Löwentraum auf sich selbst und merkt gar nicht, wie lächerlich er dasteht, wenn prophezeit wird: »Einst wird gebären ein Weib im heilgen Athen einen Löwen, der für das Volk in den Kampf wird gehen mit unzähligen Mücken (!).«[6]

Das Löwen-Orakel hat, wie schon diese Reminiszenz bei Aristophanes zeigt, nicht nur anekdotischen Charakter. Es wurde ja offensichtlich nicht erst von späteren Generationen erfunden, sondern lief schon zu Perikles' Lebzeiten um. Und das heißt: Es hatte durchaus auch politische Bedeutung. Die Anhänger des Perikles konnten es in die tagespolitische propagandistische Auseinandersetzung gut einbringen, um die Stellung und das politische Gewicht ihres Idols zu veranschaulichen und zugleich durch Berufung auf eine »übersinnliche« Instanz zu rechtfertigen. Angesichts des allgemein anerkannten positiven Symbolwertes des Löwentraums ist es ganz unwahrscheinlich, daß die *Gegner* des Perikles das Traumorakel als Propagandawaffe ins Spiel gebracht haben.[7]

Wer im Athen des 5. Jahrhunderts, von den letzten Jahrzehnten abgesehen, zu Einfluß und Macht gelangen wollte, der benötigte eine Startposition, die sich mit der demokratischen Staatsform scheinbar [8] nicht recht vertrug: eine aristokratische Abstammung. Perikles konnte sie vorweisen; sein Biograph Plutarch stellt schlicht fest: »Sein Vater und seine Mutter kamen aus vornehmstem Hause und Geschlecht.«[9]

Hinter dieser unscheinbaren Formulierung verbirgt sich mehr, als es zunächst den Anschein hat. Gewiß, die Familie seines Vaters Xanthippos gehörte wohl nicht zu den allerersten aristokratischen Familien Athens. Man hat zwar lange geglaubt, Xanthippos als Angehörigen des vornehmen Priestergeschlechts der Buzygen ansehen zu können, doch stützt sich diese Zuweisung nur auf eine unzuverlässige Quelle.[10]

Anders dagegen die mütterliche Linie! Agariste, die Mutter des Perikles, entstammte dem hochberühmten Alkmeoniden-Geschlecht, das seinen Ursprung auf den mythischen Heros Alkmaion zurückführte, einen aus Messenien nach Attika eingewanderten angeblichen Zeitgenossen des attischen Helden Theseus. Die Nachfahren des Alkmaion errangen in ihrer neuen Heimat eine Stellung, wie sie nur wenige andere Geschlechter innehatten. Sie zählten sich stolz zur Elite der Eupatriden, der »Abkömmlinge edler Väter«.

Zur Aristokratie zählten im frühen Griechenland die Familien, die über ausgedehnte Besitzungen verfügten. Sie ließen ihre Ländereien von Abhängigen oder Kleinbauern, die als Pächter auftraten, bewirtschaften. Die Einkünfte daraus stellten die wirtschaftliche Grundlage der Adelshäuser dar – eine Grundlage indes, die sich nicht nur in aufwendigem Lebensstil und persönlichem Reichtum widerspiegelte, sondern die auch enorme Konsequenzen in militärischer und politischer Hinsicht hatte. Nur wer über die Mittel verfügte, seine eigene Rüstung als Schwerbewaffneter (Hoplit) zu finanzieren, galt als vollwertiger Krieger, der in der Lage war, das Gemeinwesen wirkungsvoll zu schützen. Die Leichtbewaffneten oder gar die Waffenträger aus dem einfachen Volk (Demos) zählten dabei nicht.

Die frühen Jahrhunderte der griechischen Geschichte sind durch eine ausgesprochene Adelskultur geprägt – eine Welt, die die homerischen Epen, wenn auch in der Brechung unterschiedlicher Zeitebenen, überaus plastisch beschreiben. Konnten die Adligen in der Zeit der Monarchie politisch ihren Einfluß nur als Berater des Königs geltend machen, so änderte sich das entscheidend, nachdem die Monarchie in ganz Hellas abgelöst worden war. In Attika endete der

Machtkampf zwischen Königtum und Aristokratie spätestens im 7. Jahrhundert mit dem Sieg des Adels, der von nun an die Geschicke des Staates als kollektive Führungsschicht lenkte.

Innerhalb dieser Führungsschicht gab es indes mächtigere und weniger einflußreiche Familien. Die Geschlechter, die über größeren Grundbesitz geboten und damit meist auch eine größere Zahl an nichtadligen »Klienten« hatten oder gar im Zuge der großen griechischen Kolonisation zu Besitztümern außerhalb des Stammlandes gekommen waren, durften sich im Kreise der »Gleichen« durchaus etwas gleicher fühlen. Zu verbessern waren solch schlechtere Startbedingungen nur durch geschickte Familienpolitik, die Vorteile einer »richtigen« Heirat ebenso erkannte wie die Chancen, die Koalitionen mit anderen Adelshäusern boten.

Die Alkmeoniden gehörten zur Creme des athenischen Adels. Ihr Stammsitz lag wahrscheinlich im Gebiet südlich des Berges Parnes, der die attische Halbinsel nach Norden gegen Mittelgriechenland abschirmt. Dort bauten sie sich im 6. Jahrhundert den Ort Leipshydrion zu einer befestigten Stellung aus, von der aus sie den Kampf gegen konkurrierende Geschlechter aufnehmen konnten.[11]

Der Reichtum der Alkmeoniden war geradezu sprichwörtlich. Und obwohl er sicher in erster Linie auf den Besitz ausgedehnter Ländereien zurückging, konnte ihn sich mancher nur erklären, wenn er zu phantastischen Legenden Zuflucht nahm. Herodot erzählt, daß ein Alkmaion zu Beginn des 6. Jahrhunderts durch eine einfache List märchenhafte Schätze habe auftürmen können: Aus Dankbarkeit für bereitwillige Unterstützung habe der für seinen Reichtum berühmte Lyderkönig Kroisos den Alkmeoniden zu sich gebeten und ihn mit soviel Gold beschenkt, »wieviel er an seinem Leib auf einmal hinaustragen könne«. Alkmaion zog sich daraufhin die weitesten Kleider und Schuhe an, deren er habhaft werden konnte, und packte sie mit Goldstaub voll – nicht ohne sich den wertvollen Staub auch noch ins Haar zu schütten und den Mund damit bis zum Platzen zu füllen. »Dadurch«, resümiert der »Vater der Geschichte«, »ist dieses Haus gewaltig reich geworden, und dieser Alkmaion, der auf diese Weise ein Viergespann unterhalten konnte, siegte in Olympia.«[12]

Die Geschichte ist höchstwahrscheinlich erfunden – aber gut erfunden, weil sie die den Alkmeoniden zu Gebote stehenden finanziellen Mittel sehr anschaulich illustriert. Nicht erfunden sind dagegen jene Blätter der Geschichte Athens, die von Angehörigen des Alkmeoniden-Geschlechts geschrieben worden sind. Ihre Handschrift hat in den Annalen der Stadt vom späten 7. bis ins 5. Jahrhundert unübersehbare Spuren hinterlassen.

Der erste namentlich bekannte Alkmeonide ist Megakles, der – ein Zeichen für die starke Stellung des Geschlechtes innerhalb der attischen Aristokratie – im Jahre 636 oder 632 v. Chr. zusammen mit mehreren Kollegen das Archontat, das höchste Amt der Stadt, bekleidete. Es war nicht nur seine persönliche Tragik, daß dieses (für uns) erste Auftreten eines Alkmeoniden in der Geschichte Athens in einem Fiasko endete, das das bis dahin geachtete alteingesessene Alkmeoniden-Haus mit einem Schlag zu einem »fluchbeladenen Geschlecht« machte und es für Jahrhunderte mit einem Makel belastete, der auf den berüchtigten »Kylonischen Frevel« zurückging.

Wie überall im Hellas des 7. Jahrhunderts, so dachten auch in Attika ehrgeizige Aristokraten daran, sich über ihre Standesgenossen zu erheben und eine von den eigenen bewaffneten Gefolgsleuten geschützte Tyrannis aufzurichten. Es war im Jahre des Archontats des Megakles, als Kylon seine Chance gekommen sah. Als gefeierter Olympiasieger mit dem notwendigen Nimbus »ausgerüstet« und von seinem Schwiegervater Theagenes, dem Tyrannen von Megara, tatkräftig unterstützt, besetzte er mit seinen Anhängern im Handstreich die Akropolis und warf sich zum Tyrannen von Athen auf. Er hatte aber offensichtlich den Widerstand der anderen Adelsgeschlechter unterschätzt. Die zogen mit ihren Aufgeboten aus ganz Attika heran und belagerten den Burgberg. Kylon mußte erkennen, daß sein Plan gescheitert war. Er würde sich zwar noch einige Zeit auf der schier uneinnehmbaren natürlichen Festung halten können, doch war abzusehen, wann Nahrungs- und Wassermangel ihn zur Aufgabe zwingen würden.

Kylon selbst zog sich wenig ehrenvoll aus der verfahrenen Situation: Zusammen mit seinem Bruder machte er sich aus dem Staube. Die Flucht gelang, für seine Mitstreiter war die Lage dadurch freilich noch trostloser geworden. Den blutigen Ausgang des Staatsstreiches schildert der Historiker Thukydides so:

»Die anderen setzten sich in ihrer Bedrängnis – einige starben schon vor Hunger – als Schutzflehende an den Altar auf der Akropolis. Als die mit der Wache beauftragten Athener sie im Heiligtum hinsterben sahen, hießen sie sie aufstehen; sie würden ihnen nichts tun; daraufhin führten sie sie ab und töteten sie. Einige hatten sich auf dem Wege auch an die Altäre der Ehrwürdigen gesetzt und wurden dort niedergemetzelt. Seither hießen die Schuldigen und ihre ganze Nachkommenschaft Frevler und Verfluchte der Göttin.«[13]

Zu diesen Frevlern und Verfluchten der Göttin gehörten auch die Alkmeoniden; auf ihnen lastete der Vorwurf der Ermordung

Schutzflehender, weil der Archont Megakles der Hauptverantwortliche für diesen ungeheuerlichen Bruch von Treu und Glauben gewesen war. Was ihn zu einem solchen Exzeß getrieben hat, ist nicht überliefert. Vielleicht waren es die lang aufgestaute Erbitterung und Wut über die Rivalitäten, die den attischen Adel schon seit einiger Zeit zerrissen und die ihren vorläufigen Höhepunkt in Kylons Staatsstreich gefunden hatten.

Megakles und seine Helfer hatten sich nicht nur an Menschen versündigt, als sie die Anhänger Kylons bedenkenlos von den Altären wegrissen und niedermachten; die Getöteten hatten sich ja in den Schutz von Gottheiten begeben, so daß ein Religionsfrevel schlimmster Art vorlag. Die von diesem Verbrechen mitbefleckte gesamte Bürgerschaft konnte sich nur auf radikale Weise von Mitschuld reinigen: Sie jagte die schuldigen Familien außer Landes. Selbst die Gebeine ihrer toten Vorfahren wurden aus den Gräbern gerissen und über die Landesgrenzen geworfen.[14]

Die Alkmeoniden mußten also zur Sühnung des kylonischen Frevels ins Exil. Ihr Einfluß und ihr Vermögen reichten allerdings aus, um ihre Rückkehr nach Attika erfolgreich zu betreiben. Nach einigen Jahrzehnten der Verbannung, die sie im mittelgriechischen Phokis verbrachten, kehrten sie nach Athen zurück, wo sie erneut energisch ins politische Geschehen eingriffen und schnell wieder zu einem ernst zu nehmenden Faktor im Kräfte- und Intrigenspiel der athenischen Aristokraten aufstiegen.

### *Sühne nach 200 Jahren*

Mochten sie sich wirtschaftlich und politisch wieder etabliert haben, moralisch half ihnen kein Geld der Welt, den drückenden Fluch des Religionsfrevels abzuschütteln. Genau das Gegenteil war der Fall – und damit sind wir nach diesem scheinbar weit ausholenden Exkurs wieder bei Perikles. Fast exakt 200 Jahre nach der blutigen Niederschlagung der kylonischen Tyrannis durch einen Alkmeoniden wurde das Verbrechen zu einer scharfen Waffe in der hellenischen Tagespolitik. Am Vorabend des Peloponnesischen Krieges entbrannte zwischen Athen und Sparta eine hitzige Propagandaschlacht; beide Kontrahenten waren bestrebt, den Gegenspieler in der öffentlichen Meinung ganz Griechenlands noch vor Beginn des entscheidenden Waffenganges zum moralischen Verlierer zu stempeln.

Die Spartaner schickten allen Ernstes eine Gesandtschaft nach Athen, deren Hauptforderung lautete: Bannt ihr erst einmal den Fluch des Gottes! Und dieser Fluch bezog sich auf nichts anderes als den kylonischen Frevel. Im Zentrum des Angriffs stand kein Geringerer als Perikles, zu jener Zeit der mächtigste Mann in Athen. Ihn, der von seiner Mutter her Alkmeonidenblut in den Adern hatte, wollten sie mit dieser schier unglaublichen Kampagne treffen. Mit scharfem Blick hat Thukydides durchschaut, was die scheinbar so gottesfürchtigen Spartaner damals wirklich im Schilde führten:

»Sie wußten, daß Perikles, Xanthippos' Sohn, von Mutterseite her davon betroffen war, und meinten, nach seiner Verbannung leichter mit Athen fertig zu werden. Ganz wagten sie indes nicht zu hoffen, ihm soviel anhaben zu können, aber doch ihm in seiner Stadt Anfeindungen zu schaffen, weil er mit diesem Makel an dem Krieg dann auch mitschuldig wäre.«[15]

Die Vergangenheit hatte den Alkmeoniden Perikles eingeholt. Auch wenn ihm dieser propagandistische Trick der Spartaner letztlich nichts anhaben konnte – der Vorstoß an sich zeigt doch, wie stark die Geschichte seines Geschlechtes nicht nur den adligen Politiker selbst, sondern auch die Haltung seiner Freunde und Gegner ihm gegenüber prägte. Schlaglichtartig wird deutlich, daß Persönlichkeit und Handeln des Perikles unzureichend, ja verfälschend charakterisiert würden, wollte man die politische und geistige Tradition der Alkmeoniden dabei völlig unberücksichtigt lassen.

### *Athens soziale Krise im 6. Jahrhundert*

Gehören die Vorgänge um den »Kylonischen Frevel« zu den düsteren Kapiteln der Alkmeoniden-Chronik, so gelang es den Nachkommen der »fluchbeladenen« Generation im 6. Jahrhundert, ihr Renommee beträchtlich aufzubessern: Sie stellten sich gleichsam an die Spitze des gesellschaftlichen Fortschritts und erwarben sich großen Ruhm als »Tyrannenhasser«[16] und »Volksfreunde«. Erst ein genauerer Blick auf die dramatischen Vorgänge der athenischen Innenpolitik im Laufe des 6. Jahrhunderts lehrt, daß sie diese später als ehrende Verpflichtung empfundene Tradition begründet hatten, indem sie aus der Not eine Tugend machten...

Athen zu Beginn des 6. Jahrhunderts: Ein von sozialen Spannungen zerrissenes Land; als Folge wirtschaftlicher Probleme, die neben akuten Schwierigkeiten wie Mißernten auch auf tiefgreifende strukturelle Ursachen wie die Einführung der Geldwirtschaft und eine bedenkenlose Ausnutzung der ungleichen ökonomischen Startchancen durch die grundbesitzende Aristokratie zurückgehen, sind tiefe Gräben zwischen dem vermögenden Adel und den verarmten Kleinbauern aufgerissen worden. »Das ganze Land war in den Händen weniger...; am bedrückendsten und bittersten war für die unter dieser Verfassung lebende Masse die sklavische Abhängigkeit«[17] – in dieser drastischen Beschreibung des Aristoteles spiegelt sich das Leid Tausender von Bauern, die nicht nur um ihre materielle Existenz, sondern sogar um ihre Freiheit bangen mußten.

Die meisten Großgrundbesitzer nutzten die Not der abhängigen Bevölkerung skrupellos aus. Sie liehen ihnen solange Geld, bis die überschuldeten Kleinbauern ihr Land an sie verloren und schließlich, da sie nur noch auf ihren Körper leihen konnten, der Schuldsklaverei verfielen. Das Elend war groß; eine rasche Linderung notwendig, wenn nicht die radikalen Stimmen derer, die nach »Neuverteilung des Bodens« verlangten, noch lauter erschallen und eine noch größere Resonanz finden sollten.

Einsichtige Adlige fanden sich in dieser kritischen Situation dazu bereit, einen Schlichter zu bestellen, der zwischen beiden Lagern vermitteln sollte: Es war Solon, der im Jahre 594 sein Amt als Archont antrat und, mit umfassenden Vollmachten ausgestattet, politische und soziale Reformen durchführte, die auf längere Frist von Erfolg gekrönt sein sollten. Solon selbst war Aristokrat, und er dachte nicht daran, allzu weitgehende Forderungen des Demos zu erfüllen. Aber immerhin: Die von ihm eingeführte neue Verfassung gewährte politische Rechte nach der Höhe des jeweiligen Vermögens – und beseitigte damit das bisherige Machtmonopol des Adels –, auch wenn es damals nur wenige bürgerliche »Aufsteiger« gegeben hat, die vom neuen Prinzip profitierten.

Die Schuldknechtschaft wurde aufgehoben und für alle Zeiten verboten, eine allgemeine Schuldentilgung, die berühmte solonische Seisachtheia (Lastenabschüttelung), verschaffte den bedrängten Kleinbauern fürs erste etwas mehr Luft, die Umstellung der attischen Landwirtschaft von »trockenen« auf die klimatisch und bodenmäßig erfolgreicheren »nassen« Agrarprodukte Öl und Wein erhielt durch Solon kräftige Impulse.

Besonders zukunftweisend in der Gesetzgebung und praktischen Politik Solons war die Förderung von Gewerbe und Handelstätigkeiten. Auch wenn Athen damit noch keine »Industriestadt« wurde, liegen doch hier schon die Ursprünge für den materiellen, nicht nur auf landwirtschaftlicher Tätigkeit beruhenden Wohlstand Athens im 5. Jahrhundert.

Das Ansinnen »wohlmeinender« Freunde, er solle sich zum Tyrannen ausrufen und auf diese Weise sein Reformwerk mit starker Hand sichern und ausbauen, lehnte der aufrichtige Solon ab.[18] Andere waren da weniger loyal gegenüber ihren adligen Standesgenossen. Und an diesem Punkte der historischen Entwicklung Attikas betraten die Alkmeoniden erneut die politische Bühne.

Sie hatten nach ihrer Rückkehr aus der Verbannung rasch wieder Fuß gefaßt und eine große Anhängerschaft um sich versammelt. Nachdem Solon nun sein Amt niedergelegt hatte, traten erneut anarchische Zustände ein. Die von Solon auf den Weg gebrachten Reformen brauchten Zeit, um zu greifen und sichtbare Erfolge hervorzubringen. Die Zeitgenossen allerdings waren unzufrieden; aus ihrer Perspektive war es nur zu verständlich, daß sie nicht auf bessere Zeiten hoffen wollten, sondern möglichst rasch ganz konkrete Verbesserungen erwarteten.

### *Aristokraten im Kampf um die Macht*

Die sozialen Gegensätze wirkten fort, und das führte im Laufe der 80er und 70er Jahre des 6. Jahrhunderts zur Herausbildung dreier großer politischer Gruppen, die zwar nicht mit Parteien im heutigen Sinne vergleichbar sind, wohl aber einen Zusammenschluß von Menschen mit ungefähr gleicher Interessenlage darstellten. Ihre Namen weisen auf eine geographische Gliederung hin, die in etwa auch einer sozialen Differenzierung entspricht. Da waren einmal die Pediaker (»Leute von der Ebene«), Bewohner der fruchtbaren Kephisosebene, eine Art Interessenvertretung der reichen Großgrundbesitzer. Das Gegenstück dazu bildete die Partei der Diakrier; sie vereinte die Bewohner des Gebirgslandes im östlichen Teil Attikas, wo hauptsächlich Kleinbauern lebten, die in mühsamer Arbeit ihre kargen Böden bestellten. Die dritte Gruppe der Paralier (»Leute von der Küste«) könnte man mit aller Vorsicht als die gemäßigte Partei der Küstenbewohner, der Fischer, Handeltreibenden und Eigentümer mittelgroßer Bauernhöfe, bezeichnen, obwohl über das Programm und die politischen Ziele aller drei Parteiungen nur sehr wenige Nachrichten erhalten sind.[19]

Eines allerdings steht mit Sicherheit fest: Die Anführer aller drei Parteien waren Aristokraten. Und ihnen ging es weniger um die Sorgen und Wünsche ihrer Klientel als um den Aufbau einer persönlichen Machtposition. Sie benutzten die jeweiligen Gruppeninteressen hauptsächlich als nützliche Mittel für die eigene Karriere. So galt ihr Augenmerk im scheinbar aufopferungsvollen Kampf für die Durchsetzung der Anliegen ihrer Partei in Wahrheit einem ganz anderen, freilich nicht minder ehrgeizigen Ziel: der Aufrichtung einer Tyrannis, dem Bestreben, sich nicht nur über die Masse der einfachen Athener, sondern auch über ihre Standesgenossen zu erheben.

Bei der Bedeutung, die das Alkmeonidenhaus wiedererlangt hatte, war es kein Wunder, daß auch sein Oberhaupt Megakles, der Enkel des Archonten, im 7. Jahrhundert, in diesen Kampf um die Führung Athens entscheidend eingriff: Er hatte sich an die Spitze der Paralier gestellt. Mit dieser Macht im Rücken nahm er den Kampf gegen Lykurg, den Anführer der Pediaker, und Peisistratos, den Exponenten der Diakrier, auf.

Es war ein zähes Ringen um die Macht, das sich über Jahre hinzog und mit nicht nur rhetorischer Schärfe geführt wurde. Es kam vor, daß sich Anhänger der drei Gruppen dann und wann auch handfeste Auseinandersetzungen lieferten und Faustschläge und Fußtritte als »Argumente« im Streit um die beste Politik dienen mußten. Ein klares Bild von dieser unruhigen, chaotischen Zeit läßt sich bei der Dürftigkeit der Überlieferung nicht gewinnen.

### *Staatsstreich des Peisistratos*

Erst im Jahre 561/60 ändert sich die Szenerie schlagartig: Auf ebenso skrupellose wie gekonnte Weise bemächtigt sich Peisistratos, von einem bewaffneten Trupp seiner Anhänger, den »Keulenträgern«, unterstützt, des Burgberges und ruft sich zum Tyrannen über Athen aus. Unter dem Vorwand, seine Gegner trachteten ihm nach dem Leben, hatte er sich ganz offiziell eine Leibwache zubilligen lassen und damit seinen unblutigen Staatsstreich geschickt durchgeführt.

Schon zu Beginn seiner Tyrannis – wie auch in seinen späteren Regierungsjahren – erwies sich Peisistratos als kluger und weitsichtiger Landesherr. Alles andere als ein Despot, ließ er die bestehende Verfassung rechtlich unangetastet und bemühte sich, das Land mit Milde und Überzeugungskraft zu führen. Welche persönlichen Motive man ihm auch unterstellen mag, die meisten Athener, insbesondere die unteren Schichten des Volkes, die ja auch seine ursprüngliche Anhängerschaft darstellten, waren mit seiner Regierung zufrieden. Nichts vermag die objektiv positive, Wohlstand und Frieden des Landes fördernde Politik des Peisistratos so anschaulich zu illustrieren wie das Urteil vieler Zeitgenossen, das noch Aristoteles, gewiß kein Tyrannenfreund, aufgreift: Die Tyrannis des Peisistratos sei wie eine Wiederkehr des Goldenen Zeitalters unter Kronos gewesen.[20]

Eine Gruppe von Athenern sah das freilich sehr viel anders: die Standesgenossen des Peisistratos, die zwar vom gleichen Ehrgeiz beseelt, aber vom Glück weniger begünstigt waren. Megakles und Lykurg, die Anführer der beiden unterlegenen Parteien, reagierten rasch auf den Staatsstreich ihres Konkurrenten. Sie legten ihre Streitigkeiten bei und kämpften fortan für ein gemeinsames Ziel. Und das hieß: den Tyrannen möglichst rasch außer Landes zu treiben.

Mit Hilfe ihrer Gefolgschaften gelang ihnen das denn auch binnen kurzer Zeit. Peisistratos mußte als Tyrann abtreten und zog sich wieder in das Gebiet seiner Diakrier zurück.

Die Frage, wie das so entstandene Machtvakuum ausgefüllt werden solle, beantwortete sich einige Jahre später auf eine sehr überraschende Weise. Der Vorgang enthüllt, worum es den starken Männern der attischen Aristokratie damals wirklich ging – und er zeigt auch, wie weit die Alkmeoniden in der Mitte des 6. Jahrhunderts noch von ihrem späteren Ruhm als Tyrannenhasser entfernt waren.

Es war nämlich kein Geringerer als der Alkmeonide Megakles, der dem kürzlich noch zum Rückzug gezwungenen Tyrannen Peisistratos ein zweites Mal die Alleinherrschaft verschaffte. Sein verblüffendes Angebot an den Führer der gegnerischen Partei: Falls er seine Tochter zur Frau nehme, sei er bereit, ihm den Weg zur zweiten Tyrannis zu ebnen.[21] Mit anderen Worten: Wenn die Alkmeoniden durch gezielte Heiratspolitik an der Macht teilhaben könnten, seien sie bereit, einen Tyrannen Peisistratos mitzutragen – oder, drastischer ausgedrückt: dynastische Cliquenwirtschaft attischer Adelshäuser, wie gehabt.

Peisistratos nahm das Angebot seines neuen Verbündeten an. Ein zweites Mal bemächtigte er sich der Akropolis, diesmal freilich im Einverständnis mit dem Alkmeoniden Megakles und dessen Gefolgschaft. Die derart erfolgreich begonnene Zusammenarbeit hätte sich zum Nutzen beider Adelshäuser, vielleicht auch zum Nutzen Athens, fortsetzen und ausbauen lassen, wenn sich Peisistratos nicht eines schwerwiegenden Versäumnisses schuldig gemacht hätte, das zwar nicht die Wohlfahrt des Staates, um so mehr aber den Familienstolz der Alkmeoniden zu beeinträchtigen geeignet war. Der gerade wieder installierte Tyrann hielt sich zwar formell an die mit Megakles getroffene Absprache und heiratete dessen Tochter, aber er vollzog die Ehe nicht – angeblich, weil er den auf den Alkmeoniden liegenden Fluch fürchtete und deshalb keine Kinder mit seiner jungvermählten Frau haben wollte.

Die schüttete indes ihr Herz, nachdem sie einige Zeit über ihren Kummer für sich behalten hatte, ihrem Vater aus, der das Verhalten des Peisistratos nicht zu Unrecht als Vertrauensbruch und Affront gegenüber seinem Hause wertete und flugs die Konsequenzen daraus zog. Die verletzte Familienehre ließ es ihm geraten erscheinen, sich wieder mit Lykurg zu versöhnen. Gleichzeitig kündigte er dem Peisistratos die Freundschaft – mit dem Ergebnis, daß sich der Alleinherrscher der Übermacht seiner Gegner erneut beugen mußte und mit einem Teil seiner Anhänger für einige Jahre das Land verließ (etwa 556/55 v. Chr.).

Von den Alkmeoniden hören wir in den folgenden Jahren nichts mehr. Im politischen Leben Attikas haben sie aber in dieser Zeit vermutlich eine eher noch bedeutendere Rolle gespielt als zuvor. Gleichwohl: Wer geglaubt hatte, daß Peisistratos nach dem zweiten Sturz jeden Gedanken an eine Tyrannis aufgegeben habe, sah sich ein Jahrzehnt später getäuscht: Mittlerweile durch die Ausbeutung von Gold- und Silberminen auf der Halbinsel Chalkidike zu enormem Reichtum gelangt, wagte Peisistratos, vermutlich im Jahre 546/45, noch einmal sein Glück. Mit seinen bewaffneten Anhängern und einer Söldnerschar setzte er von Eretria nach Attika über und schlug in einem nicht sehr ernsten Gefecht das attische Aufgebot, das sich ihm bei Pallene entgegengestellt hatte.

Damit war der Weg frei für eine dritte Tyrannis, die er bis zu seinem Tode im Jahre 528/27 behaupten konnte. Diesmal ging Peisistratos nämlich energischer und zielstrebiger vor: Er entwaffnete die gesamte Bürgerschaft und stellte vor allem die großen Adelshäuser durch eine Reihe wohlüberlegter Maßnahmen politisch kalt. Ob er dabei in einzelnen Fällen auch vor Konfiskationen von Gütern und Enteignungsaktionen nicht haltgemacht hat, ist umstritten. Im ganzen aber ließ er seine aristokratischen Standesgenossen in Frieden – vorausgesetzt, sie arrangierten sich mit den gegebenen Verhältnissen und verzichteten auf politische Ambitionen.

### *Alkmeoniden als Tyrannenhasser – Beschönigung der Familienchronik*

Dazu waren zumindest in den ersten Jahren der wiedererrichteten Tyrannis einige Adelshäuser nicht bereit. Zu den Familien, die sich mit einem Teil ihrer Klientel schmollend aus Attika zurückzogen, gehörten auch die Alkmeoniden. Sie ließen sich im mittelgriechischen Phokis nieder, wo sie offenbar über umfangreiche Besitzungen und gute Beziehungen zu der dortigen Aristokratie verfügten.[22]

Dieser Schritt in die bewußte Opposition gegenüber der Tyrannenherrschaft im eigenen Land, der freilich mehr enttäuschter Hoffnung als überzeugter »Freiheitsliebe« entsprang, wurde zum Ausgangspunkt des Tyrannenhasser-Mythos, den die Alkmeoniden im Laufe der nächsten Jahrzehnte und Jahrhunderte immer wieder geschickt in die Öffentlichkeit zu lancieren verstanden. In den Erzählungen späterer Generationen verklärte sich dieser Widerstand oft genug zu einer Zeit furchtbarster Unterdrückung und schwersten Leides. In der Verbannung, so der Sohn des berühmten Alkmeoniden Alkibiades, hätten die Vertriebenen ohnmächtig mitansehen müssen, daß »sie von den Tyrannen so viel erbitterter als alle anderen Athener gehaßt wurden, daß diese jedesmal, wenn sie die Obermacht gewonnen hatten, nicht nur ihre Häuser zerstörten, sondern auch ihre Gräber aufrissen«; aber selbst diese schmerzhaften Erfahrungen, so der Nachfahre berühmter Ahnen, hätten die entschlossene Haltung der Alkmeoniden nicht beeinflussen können; denn: »Sie weigerten sich, an der Tyrannis Anteil zu haben; im Gegenteil, sie zogen es vor, das Land zu verlassen, als ihre Mitbürger geknechtet zu sehen.«[23]

Man sieht: Das Liebäugeln des Megakles mit der Tyrannis ist aus der Familienchronik gestrichen worden. Mit um so kräftigeren Farben wird das Bild eines bemitleidenswerten Adelshauses gezeichnet, das seinen Prinzipien zuliebe sogar empfindliche materielle Einbußen auf sich nimmt.

Außer der einfachen Tatsache des Exils nach der dritten Machtergreifung des Peisistratos ist an diesem Bild so gut wie nichts wahr. Den angeblich von unbändigem Haß diktierten Vandalismus der Peisistratiden hat es nie gegeben. Wenn es wirklich zunächst zur Enteignung von Ländereien gekommen ist, so muß diese Maßnahme bald wieder rückgängig gemacht worden sein. Mehr noch: Zumindest ein Teil der Alkmeoniden hat mit dem Tyrannen kollaboriert; mindestens zwei führende Angehörige des Adelshauses haben während der Tyrannis hohe Ämter bekleidet.[24] Nach einer »Anstandsfrist« im Schmollwinkel des Exils – selbst diese Emigrationszeit ist nicht zweifelsfrei historisch![25] – müssen demnach die Alkmeoniden ihren Frieden mit dem Alleinherrscher gemacht haben und nach Attika zurückgekehrt sein. Im Widerstreit von Macht und Moral erwiesen sie sich, wie ein moderner Gelehrter zutreffend urteilt, »in höchstem Maße als Realisten, die durchaus fähig waren, einen Teil der Macht mit Unehre einem gänzlichen Verlust an Macht vorzuziehen.«[26]

Solange Peisistratos die Zügel der Regierung fest in der Hand hatte und sich durch seine maßvolle und vergleichsweise volksfreundliche Politik der Sympathie breiter Bevölkerungsschichten erfreute, waren den Alkmeoniden ebenso wie den anderen bedeutenden Adelshäusern die Hände gebunden. Der Tyrann saß, nunmehr auch auf eine respekteinflößende Söldnertruppe gestützt, so fest im Sattel, daß es sich empfahl, sich in die innere Emigration eines Lebens im Wohlstand zurückzuziehen und wenigstens die eigene Klientel an sich zu binden, um für »die Zeit danach« gerüstet zu sein.

Die Geduld der Tyrannisgegner wurde auf eine harte Probe gestellt. Peisistratos regierte nach seiner dritten Machtergreifung unangefochten 18 Jahre lang bis zu seinem Tode im Jahre 528/27. Für Athen waren das Jahre der inneren Ruhe – aber keineswegs einer Art Friedhofsruhe! – und des wirtschaftlichen Aufschwungs, und sie führten dem einfachen Volk sehr deutlich vor Augen, daß keineswegs nur ein aristokratisches Regiment, wie man es seit Jahrhunderten gewohnt war, Stabilität und bescheidenen Wohlstand garantierte. Im Gegenteil: Gerade der Adelsstaat hatte sich ja in der Zeit der wirtschaftlichen und sozialen Schwierigkeiten Ende des 7. und in den ersten Jahrzehnten des 6. Jahrhunderts als unfähig erwiesen, die Krise zu meistern. Schon Solon und nun erst recht Peisistratos öffneten manch einem die Augen dafür, daß der im Brustton der Überzeugung ständig vorgebrachte Anspruch des Adels, er allein sei dazu berufen und fähig, die Geschicke des Staates zu lenken, so nicht mehr gültig sein konnte.

### *Mißlungener Freiheitskampf*

Wie unangefochten die Tyrannis im Laufe der Zeit etabliert war, zeigte sich nach dem Tode des Peisistratos. Offensichtlich ohne auf größeren Widerstand zu stoßen, erklärten sich die Söhne des verstorbenen Tyrannen zu dessen Nachfolgern. Auf der Akropolis residierten nach wie vor Usurpatoren; die Wende, auf die der attische Adel möglicherweise gehofft hatte, blieb aus.

Erst die dramatischen Ereignisse des Jahres 514 v. Chr. veränderten die Situation von Grund auf. Damals verübten Harmodios und Aristogeiton ein folgenschweres Attentat auf die Machthaber in Athen. Mochten die Athener die »Tyrannenmörder« im 5. Jahrhundert als Freiheitshelden und Vorkämpfer der Demokratie feiern – die wahren Beweggründe der Attentäter waren nicht politischer Natur, sondern gingen auf eine ganz banale homoerotische Affäre zurück.[27] Entsprechend unüberlegt planten sie den Anschlag und verloren im entscheidenden Moment auch noch die Nerven. Bevor sie selbst ergriffen wurden, gelang es ihnen, einen der Söhne des Peisistratos, Hipparch, zu töten. Hippias jedoch, der eigentliche Machthaber, überlebte das Attentat unversehrt.

Was als persönlicher Racheakt geplant gewesen war, erhielt seine politische Brisanz dann doch noch durch die gereizte Reaktion des Hippias. Er wurde nervös. Um zu vermeiden, daß die latente Opposition durch das Attentat Auftrieb erhielt, zog er die Repressionsschraube spürbar an. Von nun ab wehte ein schneidender Wind; die ursprüngliche Liberalität der Tyrannis ging verloren.[28]

Gleichermaßen Opfer und Nutznießer dieser Entwicklung wurden auch die Alkmeoniden. Sie gingen zum zweiten Male ins Exil – entweder auf direkten Druck des Tyrannen hin oder weil sie sich angesichts des seit 514 in Attika herrschenden politischen Klimas nichts mehr von einer Zusammenarbeit mit dem Tyrannen erhoffen durften.

Insofern gehörten sie zu den Leidtragenden des neuen Kurses. Auf der anderen Seite erkannten sie mit sicherem Blick die gestiegenen Chancen für eine wirkungsvollere Opposition. In kurzer Zeit muß die schärfere Gangart der Machtausübung das Potential der Unzufriedenenen und Enttäuschten beträchtlich erweitert haben. Und das konnte machthungrigen Adelsfamilien nur recht sein, durften sie sich von der Krise der Tyrannis doch ihren eigenen Wiedereintritt in die politische Führungsschicht Athens erhoffen.

In dieser Situation stellten sich die Alkmeoniden offen an die Spitze der Opposition. Von der inneren Schwäche des Regimes überzeugt, holten sie zum entscheidenden Schlag aus. Eine aus verbannten Athenern zusammengesetzte Truppe marschierte in Attika ein, verschanzte sich in der Festung Leipshydrion am Parnesgebirge im Norden des Landes und bemühte sich, Gleichgesinnte aus dem ganzen Lande dorthin zusammenzuziehen. Hippias war sich der drohenden Gefahr bewußt. Er handelte rasch. Seine Soldaten griffen die Alkmeoniden und ihre Verbündeten in Leipshydrion an, eroberten die Stellung und vertrieben die Tyrannengegner aus dem Lande. Für die Besiegten war es eine schmerzliche Niederlage; etliche von ihnen blieben tot auf dem Schlachtfeld zurück. Ein später bekannt gewordenes Trinklied rühmt die Gefallenen als »gut im Kampf, hochgestellt von Geburt, Männer, die damals ihren von den Vätern ererbten Adel unter Beweis stellten«.[29]

Die Eloge auf die Tapferkeit der Unterlegenen konnte nicht darüber hinwegtäuschen, daß die Opposition ihr Ziel nicht erreicht hatte. Man hatte offensichtlich die Stärke der Tyrannis unterschätzt[30] und diese Fehleinschätzung mit einem hohen Blutzoll bezahlt – und zwar vor allem unter den tyrannenfeindlichen Adelsgeschlechtern. Das Trinklied läßt ja noch sehr deutlich erkennen, welche gesellschaftliche Schicht nach wie vor das Rückgrat des politischen Widerstandes bildete.

Wenn es so etwas wie einen kontinuierlichen politischen Wesenszug des Alkmeoniden-Geschlechts durch die wechselvolle Geschichte Athens hindurch gegeben hat, so war es seine Flexibilität, seine Fähigkeit, sich auf neue Situationen schnell einzustellen – eine Mischung gleichsam aus intelligenter Offenheit und taktischem Opportunismus, die es den Alkmeoniden trotz der Blutschuld-Hypothek und mannigfacher Niederlagen ermöglicht hat, die zwei wesentlichsten Jahrhunderte athenischer Politik – das 6. und 5. vorchristliche Jahrhundert – in ganz entscheidender Weise mitzubestimmen und mitzuprägen.

### *Das »staunenswerte Haus des Apollo« – kein uneigennütziges Geschenk*

Es war diese Flexibilität, die sie nach der Schlappe von Leipshydrion rasch eine neue Form des Widerstandes gegen die Tyrannis in der

Heimat finden ließ. Die militärische Lösung aus eigener Kraft war vorerst gescheitert; also hieß es, sich mit Hilfe einer regen diplomatischen Tätigkeit neue Bundesgenossen zu verschaffen, mit denen gemeinsam man die verhaßte Adelsherrschaft stürzen könne.

Was die Alkmeoniden auf diplomatischem Parkett innerhalb weniger Jahre in Bewegung zu setzen verstanden, war eine Meisterleistung wirksamer politischer Intrige, die höchstens noch von der geschickten Propagierung ihrer damit erworbenen »unsterblichen« Verdienste um die Freiheit Athens in den Schatten gestellt wurde. Das Zaubermittel, dem schließlich die attische Tyrannis auf indirektem Wege erliegen sollte, hieß Geld.

Davon besaßen die Alkmeoniden im Überfluß. Im Unterschied zu anderen reichen Adelshäusern Attikas waren sie jedoch bereit, es in erheblichem Umfang in die politische Zukunft Athens zu investieren – eine Zukunft, versteht sich, von der sich die großzügigen Investoren eine beachtliche politische und wirtschaftliche Rendite versprachen.

Als Objekt ihrer Großzügigkeit hatten die Alkmeoniden ein Bauwerk ausgesucht, das geradezu im religiös-moralischen Zentrum ganz Griechenlands stand: Der Apollo-Tempel in Delphi war im Jahre 548/47 bis auf die Grundmauern niedergebrannt, und der Wiederaufbau war mangels finanzieller Mittel nur sehr schleppend vorangekommen – bis sich die Alkmeoniden bereit erklärten, große Summen zur Verfügung zu stellen. Nunmehr ging der Ausbau des Tempels zügig voran. Damit nicht genug. Wie zielstrebig und energisch die Alkmeoniden sich an die übernommene Verpflichtung hielten, schildert Herodot:

»Da sie sehr reich und von alters her angesehen waren, bauten sie den Tempel schöner aus, als es dem Modell entsprach. Unter anderem ließen sie seine Vorderseite aus parischem Marmor errichten, obwohl lediglich mit ihnen abgemacht war, den Tempel aus Porosstein zu bauen.«[31] Und so entstand ein in der archäologischen Literatur als Alkmeoniden-Tempel bezeichnetes Heiligtum, das der Würde des Ortes und dem Ruhme des Gottes angemessen war, das »staunenswerte Haus« des Apollo[32].

Freilich: Mit bloßem Gotteslohn waren die Alkmeoniden nicht zufrieden. Ihnen ging es um handfeste Gegenleistungen von seiten der delphischen Priesterschaft. Böse Zungen mochten die ganze Angelegenheit als Bestechung bezeichnen, der Ausdruck »geschäftliches Abkommen« dürfte den Sachverhalt aber besser treffen. Delphi war im damaligen Hellas eine kaum zu überschätzende moralische Instanz: Das Orakel des Apollo wurde in den bedeutendsten Angelegenheiten von den meisten griechischen Staaten – und auch manchen nichtgriechischen Potentaten – konsultiert. Und was Delphi verkündete, hatte so großes Gewicht, daß kaum jemand wagte, sich nicht nach dem Rat des Orakels zu richten.

Die Abmachung, die die Alkmeoniden mit der Priesterschaft getroffen hatten, beruhte auf dieser Bedeutung Delphis als höchste gesamtgriechische moralische und politische Instanz. »Opfer« der Verabredung waren die Spartaner, die in jenen Jahren die Rolle eines »Vorstehers von Hellas« (Prostates tes Hellados) spielten. Diese Bedeutung als wichtigster politischer Ordnungsfaktor in Griechenland verdankten sie vor allem der Tatsache, daß sie ihre innenpolitischen Auseinandersetzungen schon hinter sich hatten, als sozialer Zwist und Bürgerkrieg in vielen anderen Städten tobten. Als Beseitiger von Tyrannen-Herrschaften hatten sich die Spartaner ganz besonders profiliert, indem sie, von der jeweils interessierten Aristokratie einer tyrannenbeherrschten Stadt herbeigerufen, mit militärischer Macht angerückt waren und den Alleinherrscher gestürzt hatten.

Darauf bauten die Alkmeoniden ihren Plan auf. Im Gegenzug für ihre finanziellen Opfer verpflichtete Delphi sich, auf Sparta einzuwirken und eine Intervention des »Vorstehers von Hellas« in Attika massiv zu fördern. Auf die armen Spartaner ging seitdem ein propagandistisches Gewitter nieder, das in seiner Intensität einmalig war: Sobald ein Spartaner als Privatmann oder in offizieller Mission in Delphi erschien, um ein Orakel zu erbitten, wurde er mit dem Hinweis konfrontiert, es sei da in Athen noch immer ein Tyrann an der Macht, dessen Sturz Spartas vornehmste Aufgabe sei.[33]

### *Befreiung vom Tyrannenjoch – dank Sparta!*

Nun war es den Spartanern im allgemeinen nicht unlieb, sich auf gesamtgriechischer Bühne wirkungsvoll in Szene zu setzen und als Befreier Athens zusätzlichen Lorbeer zu erringen. Die Schwierigkeit lag jedoch darin, daß die Peisistratiden Gastfreunde der Spartaner waren und eine Verletzung der Gastfreundschaft alles andere als ein Kavaliersdelikt darstellte. So dauerte es einige Zeit, bis sie dem ständigen Drängen Delphis nachgaben und, auf die Autorität des berühmten Orakels gestützt, »die Sache des Gottes für wichtiger erachteten als die der Menschen«, wie Herodot den Bruch der Gastfreundschaft gegenüber den Peisistratiden nachsichtig umschreibt.[34]

Es bedurfte zweier Feldzüge, bis das spartanische Invasionsheer den Tyrannen und seine Söldner so in die Enge getrieben hatte, daß er sich zu Kapitulationsverhandlungen bereit erklärte. Da er sich auf der uneinnehmbaren Akropolis verschanzt hatte, gewährten die Spartaner ihm, um der Sache ein rasches Ende zu machen, freien Abzug. Er und seine Gesinnungsfreunde erhielten eine Frist von fünf Tagen, um ihr Eigentum außer Landes zu schaffen. Hippias und seine Gefolgschaft begaben sich nach Sigeion ins Exil (511/10). Damit hatte Athen fast ein halbes Jahrhundert nach der ersten Machtergreifung des Peisistratos seine Freiheit wiedererrungen.[35]

Geburtshelfer dieser Freiheit waren – neben den Spartanern, die ihr Eingreifen angesichts des unerwarteten Kurses, den die athenische Politik nahm, schon bald bitter bereuen sollten – die aus der Verbannung heraus operierenden attischen Adelsgeschlechter. Der eigentliche Motor des politischen Widerstandes waren in den letzten Jahren der Tyrannen unangefochten die Alkmeoniden gewesen. Nicht dem spektakulären Attentat des Harmodios und Aristogeiton, die gleichwohl im 5. Jahrhundert zu legendären Freiheitshelden hochstilisiert wurden, sondern der Tatkraft und dem finanziellen wie diplomatischen Engagement der Alkmeoniden verdankten die Tyrannisgegner am Ende ihren Sieg. Das hat schon Herodot klar erkannt und unmißverständlich formuliert.[36] Wenn freilich die Familientradition des Alkmeonidenhauses nur noch die Erinnerung an diese letzte Phase in den Beziehungen zu den Peisistratiden lebendig hielt und ihre Vorfahren in aller Bescheidenheit als Befreier Athens vom Joch der Tyrannis feierte[37], so war das eine sehr verkürzte Darstellung der Ereignisse in der zweiten Hälfte des 6. Jahrhunderts, die durchaus das Attribut »Geschichtsklitterung« verdient.

Attika vom Tyrannenjoch befreit – doch wie sollte es weitergehen? Für die Adelsgeschlechter, die in der Zeit der Alleinherrschaft ihre einstige politische, nicht aber ihre gesellschaftliche Führungsstellung eingebüßt hatten, schien die Antwort klar: Eine möglichst rasche Rückkehr zum Adelsstaat sollte das tyrannische »Intermezzo« bald vergessen machen.

### *Kleisthenes – volksfreundlicher Aristokrat aus Not*

So sehr die führenden Familien prinzipiell in diesem Bestreben einig waren, so wenig waren sie bereit, die traditionellen Rivalitäten zwischen ihnen beizulegen. Im Gegenteil: Das durch den Abzug des Hippias entstandene Machtvakuum schien wie ein Sog auf die führenden Familien zu wirken. Jede wollte einen möglichst großen Teil davon ausfüllen.

Kein Wunder, daß binnen kurzem Streit und Unfriede wieder ins Land einzogen. Die Bürgerschaft drohte sich in zwei Lager zu spalten, die einander unversöhnlich gegenüberstanden. Da war einmal der Alkmeonide Kleisthenes, der seinen Anspruch auf die Führung des Staates nicht zuletzt mit dem Hinweis auf die Verdienste seiner Familie bei der Vertreibung des Tyrannen verfocht.

Sein Gegenspieler war Isagoras, ebenfalls Angehöriger eines der vornehmen attischen Adelsgeschlechter. Wie es zu den dramatischen Ereignissen des Jahres 508/07 dann gekommen ist, läßt sich aus den Quellen nicht rekonstruieren. Sicher ist nur, daß Isagoras mehr Anhänger um sich scharen konnte und Kleisthenes unmittelbar davor stand, aus dem Machtkampf als Verlierer hervorzugehen.[38] In dieser kritischen Situation griff Kleisthenes zu einem Mittel, das aus seiner Sicht ein geschickter taktischer Schachzug war, das jedoch im Urteil späterer Generationen als ein epochales Ereignis der griechischen – und damit der europäischen – Geschichte gewertet werden sollte.[39]

Der entscheidende Satz im Bericht des Herodot läßt die Tragweite der Entscheidung, die Kleisthenes damals traf, zunächst nicht erahnen: »Als er unterlag, fügte Kleisthenes den Demos seiner Gefolgschaft hinzu.«[40] Das aber bedeutete nichts anderes, als daß erstmals ein einflußreicher Adliger die Mitbeteiligung nicht-adliger Schichten an der politischen Willensbildung und der praktischen Politik zu seinem Programm erhob.

Der Plan des Alkmeoniden hatte Erfolg; sein Appell an das Volk verschaffte ihm den Sieg über seinen Konkurrenten Isagoras, dem es nicht einmal mit spartanischer Waffenhilfe gelang, sich im Handstreich der Stadt auf Dauer zu bemächtigen. Zwei Tage verschanzte er sich zusammen mit einem kleinen Aufgebot der Spartaner auf der Akropolis, am dritten Tage erlaubte ihm ein mit seinen Landsleuten ausgehandelter Waffenstillstand den freien Abzug. Mochte er seinen Putsch auch mit heiler Haut überlebt haben, so war er politisch gesehen tot.

Ganz anders Kleisthenes! Er hatte sich beim Nahen des spartanischen Heeres in Sicherheit gebracht und wurde jetzt von seinen Anhängern zurückgeholt. Nunmehr hieß es für ihn, sein Versprechen in die Tat umzusetzen. Tatsächlich hielt der Alkmeonide Wort: Er gab Athen eine neue Verfassung, die eine erheblich stärkere Beteiligung des Demos an der Politik vorsah – noch keine »demokratische« Ordnung, aber doch ein System, das sich später – nicht zuletzt durch Kleisthenes' Großneffen Perikles – zur ersten Demokratie in der Geschichte Europas ausbauen ließ.

### *Abschied vom Adelsstaat*

Eine im späteren oder auch im heutigen Sinne des Wortes demokratische Ordnung zu schaffen, wäre angesichts des damals im Gesamtvolk noch gering ausgeprägten politischen Bewußtseins wenig sinnvoll gewesen. Das Experiment wäre, selbst wenn es entschlossene Befürworter gefunden hätte – und das war nicht einmal Kleisthenes!

– in kürzester Zeit gescheitert. Sicher, die Tyrannis hatte den »kleinen Leuten« demonstriert, daß es nicht unbedingt eines aristokratischen Regiments bedurfte, um das Staatsschiff auf Kurs zu halten. Insofern und weil es aufgrund der hervorragenden Stellung eines einzelnen in gewissem Sinne zu einer Nivellierung aller sozialen Schichten gekommen war, trug die Zeit der Alleinherrschaft entscheidend zur Überwindung des Adelsstaates bei und war so gesehen die Wegbereiterin einer neuen Ordnung.

Gleichwohl fehlte es der breiten Masse noch an politischem Bewußtsein und erst recht an politischer Erfahrung. Von dem Vorsprung, den die Aristokraten in dieser Hinsicht hatten, zehrten sie nach der Kleisthenischen Reform noch rund hundert Jahre: So lange bekleideten noch Politiker aus dem Adel, wenn auch demokratisch gewählt, die wichtigsten Ämter des Staates. Perikles selbst ist das prominenteste Beispiel dafür.

Es konnte bei den von Kleisthenes versprochenen volksfreundlichen Reformen demnach nicht darum gehen, die gesamte attische Aristokratie aus der Politik auszuschalten. Vielmehr kam es darauf an, der Selbstverständlichkeit des adligen Führungsanspruches zu begegnen. Leistung und Überzeugungskraft, nicht Tradition und lange Ahnenreihe sollten die Qualifikationen sein, die die führenden Politiker künftig nachzuweisen hatten.

Für die versprochenen Reformen hieß das: Kleisthenes mußte nach Möglichkeit alle jene traditionellen Strukturen beseitigen, die das politische Übergewicht des Adels sicherten. Das waren vor allem die uralten gentilizischen Körperschaften der Phylen (Stammesverbände), Phratrien (Bruderschaften) und Hetairien (Gefolgschaften), in denen die adligen Großgrundbesitzer nach wie vor den Ton angaben. Hier setzten die Reformen des Kleisthenes nun ebenso geschickt wie wirkungsvoll an: Er ließ alle diese Körperschaften bestehen, nahm ihnen aber ihre politische Macht, indem er neue Organisationseinheiten schuf.

Ganz Attika wurde in 139 Bezirke, sogenannte Demen (»Gemeinden«), eingeteilt. Sie waren Organe einer begrenzten lokalen Selbstverwaltung. An ihrer Spitze standen Demarchen, die von den wahlberechtigten Angehörigen eines Demos jährlich neu gewählt wurden. Damit wurde gleichsam im kommunalen Bereich erstmals ein Verfahren praktiziert, das vorerst wie eine »Einübung« und Erprobung demokratischer Verfahrensweisen auf unterster Ebene wirken sollte. Wichtigste Aufgabe des Demarchen war es, die Gemeindeliste zu führen. Nur wer dort eingetragen war, besaß das attische Bürgerrecht. Der entscheidende Fortschritt dabei war, daß nicht mehr die Willkür eines vom Adel beherrschten Personalverbandes (der Phratrie) über Verleihung oder Entzug des attischen

Bürgerrechtes entschied, sondern ein demokratisch aufgebautes Organ der zuständigen Gemeinde.

### *Faszination des Dezimalsystems*

Als größere politische Einheiten schuf Kleisthenes 10 neue Phylen, die mit den traditionellen vier Stammesverbänden nur den Namen gemeinsam hatten. Jede Phyle setzte sich aus drei Trittyen (Dritteln) zusammen. Da die heftigen politischen Auseinandersetzungen der Jahrzehnte vor den Peisistratiden nicht zuletzt durch starke Gegensätze regionaler Gruppen angefacht worden waren, galt es, diesen den Interessen des Gesamtstaates zuwiderlaufenden Partikularismus einzudämmen. Daher legte die neue Ordnung fest, daß sich jede Phyle aus jeweils einer Trittys aus dem Gebiet der »Stadt«, der »Küste« und des »Binnenlandes« zusammensetzte.[41] Auch wenn die neue Einteilung nach jüngsten Forschungen keine willkürliche, allein durch das Los bestimmte zufällige Vermischung der attischen Bevölkerung war, sondern zum Beispiel auch eine wohlüberlegte militärische Reform mit dem Ziel einer reibungsloseren Mobilisierung des Heeresaufgebotes darstellte[42], bleibt der Grundgedanke deutlich sichtbar: Die althergebrachten Loyalitätsbande sollten durch eine Durcheinandermengung der gesamten Bürgerschaft zerrissen werden. Zugleich diente die Neuorganisation einer Stärkung des attischen »National«gefühls.

Die neu entstandenen Phylen sollten in gleicher Weise und mit gleichem Gewicht an den politischen Entscheidungen der Polis Athen beteiligt sein. Um das zu gewährleisten, entsandte jede Phyle fortan 50 Ratsherren in den ebenfalls neu gebildeten Rat der 500. Diese 50 Ratsherren waren ein Zehntel des Jahres als geschäftsführender Ausschuß (Prytanie) tätig – auch das ein Gebot der Gleichheit; ebenso wie die Tatsache, daß der Vorsitzende der Prytanie täglich wechselte. Dieser Vorsitzende (Epistates) galt gewissermaßen als Staatsoberhaupt – ein Staatsoberhaupt für 24 Stunden!

Der »Rat der 500«, die berühmte Boulé, spielte im politischen Leben Athens fortan eine bedeutende Rolle. Seine wichtigste Aufgabe bestand darin, die Volksversammlung vorzubereiten. Genauer: Er bestimmte die Tagesordnung der Volksversammlungen. Und das hieß: Nur die von der Boulé genehmigten Anträge hatten eine Chance, von der Gesamtheit der Bürger überhaupt diskutiert und ggf. verabschiedet zu werden. Außerdem beriet der Rat alle Vorlagen bereits vor und sprach Empfehlungen an die Volksversammlung (Ekklesia) aus, die zwar für den Souverän nicht bindend waren, meist jedoch übernommen worden sein dürften. Die Boulé stellte also gleichsam die Weichen und sorgte dafür, daß im Vorfeld

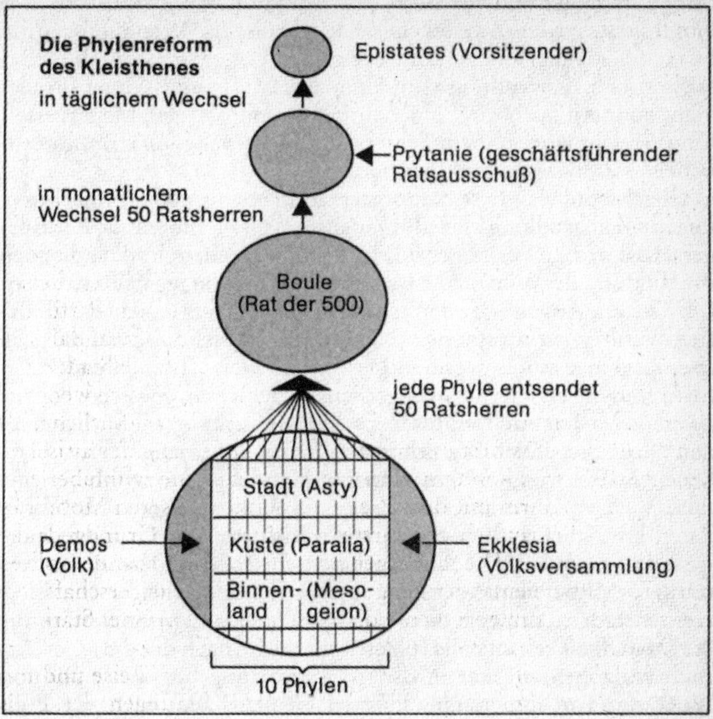


der Beratungen die Spreu vom Weizen getrennt wurde. Ihre nicht geringe Stellung im Kleisthenischen Verfassungsaufbau verdankte sie freilich auch der Tatsache, daß sie selbst bestimmte, was als Spreu und was als Weizen anzusehen war …

## *Auf dem Wege zur Demokratie*

War das, was Kleisthenes in seinem Bestreben, die Macht des Adels zu brechen, schuf, eine Demokratie? Der Streit darüber hat eine fast zweieinhalbtausendjährige Geschichte. Schon im 5. und 4. Jahrhundert v. Chr. gingen die Meinungen der Griechen in dieser Frage weit auseinander. Tagespolitische und ideologische Fragen spielten in diese Diskussionen kräftig mit hinein. Zur Zeit des Kleisthenes selbst war indes der Begriff *demokratia* (Herrschaft des Volkes) noch gar nicht geprägt. Statt dessen wurde die verfassungspolitische Debatte gegen Ende des 6. Jahrhunderts durch das »Zauberwort« *isonomia* beherrscht, das so viel wie »gleiches Recht« für alle Staatsbürger bedeutet und vor allem eine Absage an willkürliche Regime einschließt.[43] Kein Zweifel: Die Kleisthenische Verfassungsreform ist vom Gedanken der Isonomia getragen. Das zeigt nicht nur die systematische Abwendung vom alten Adelsstaat und seinen Privilegien, sondern auch die Folgerichtigkeit, mit der eine Machtverteilung erreicht wurde, die auf einer ganz nüchternen – und unbestechlichen! – Zahlenkonstruktion beruhte.

Gleichwohl war diese Neuorganisation noch weit von einer wirklichen Gleichstellung aller Bürger entfernt. Die Einteilung der Bürgerschaft in vier Vermögensklassen blieb bestehen; und damit auch die Bindung der politischen Rechte an das Vermögen des einzelnen. Ob Theten, Angehörige der untersten Klasse, damals schon das passive Wahlrecht zum Rat der 500 besaßen, ist nicht überliefert, muß aber stark bezweifelt werden. Die eigentlichen Nutznießer der Reform sind die arrivierten »bürgerlichen« Schichten gewesen, die vor allem der ersten und zweiten Zensusklasse angehörten. Sie hatten in den zurückliegenden Jahrzehnten von dem allgemeinen wirtschaftlichen Aufschwung, insbesondere in Handel und Gewerbe, profitiert. Viele von ihnen hatten es zu einem Wohlstand gebracht, der es ihnen ermöglichte, ihre eigene teure Rüstung als Hopliten zu erwerben – und damit nach einem ungeschriebenen Gesetz auch auf stärkere Mitbeteiligung an den politischen Entscheidungen ihrer Heimatstadt zu dringen. Wer als Hoplit einen größeren Beitrag zur Wehrfähigkeit seiner Polis leistete, der durfte nach diesem »Gesetz« auch verlangen, stärker in die Verantwortung für das Wohl und Wehe der von ihm mitgeschützten Gemeinschaft einbezogen zu werden.

Die militärorganisatorischen Hintergründe der Kleisthenischen Neuordnung wurden denn auch gerade in den letzten Jahren von einer Reihe von Forschern stärker hervorgehoben. So gesehen war jener folgenreiche Schritt des Kleisthenes, mit dem er sich an den Demos wandte, keineswegs nur ein geschicktes taktisches Manöver, mit dem er seinen Rivalen Isagoras ausschaltete, sondern in gewisser Weise eine von der sozial- und wirtschaftsgeschichtlichen Entwicklung diktierte Notwendigkeit, die sich früher oder später auch unabhängig von der machtpolitischen Fehde zweier prominenter Aristokraten bemerkbar gemacht hätte. Nur so läßt sich letztlich auch der Erfolg des »Hilferufes« erklären, mit dem Kleisthenes seine angeschlagene Stellung zu festigen hoffte. Er wurde vom »Demos« – oder besser: seiner selbstbewußteren, ökonomisch gut abgesicherten Schicht – erhört; und das gegen den massiven Widerstand einer Koalition mächtiger attischer Adelsgeschlechter und einer spartanischen Interventionsmacht, die dieses Ergebnis des Tyrannensturzes nun überhaupt nicht gewollt hatte.

Enttäuscht waren indes nicht nur die Spartaner. Gewiß, für Athen bedeutete die von Kleisthenes ins Werk gesetzte Neuordnung einen Meilenstein in der verfassungspolitischen und gesellschaftlichen Entwicklung, ja geradezu die Grundlage für den im 5. Jahrhundert konsequent zu Ende geführten Demokratisierungsprozeß. Was aber war für Kleisthenes und die Alkmeoniden dabei herausgekommen? Die Bilanz war ernüchternd: Außer einem kurzfristigen Sieg über die gegnerische Adelspartei und dem Ruhm dieser energischen Neukonzeption nichts!

### *Leistung und Enttäuschung der Alkmeoniden*

Es dürfte für Kleisthenes eine deprimierende Erfahrung gewesen sein, daß sich dieser Ruhm insoweit überhaupt nicht auszahlte. Er selbst und mit ihm die Alkmeoniden müssen damals binnen weniger Jahre von der großen Bühne der attischen Politik abgetreten sein. Sie fielen zwar nicht auf ein bloßes Statistendasein zurück, aber sie spielten alles andere als die Protagonistenrolle, die sich Kleisthenes erträumt haben mag. Mancher Wissenschaftler hat seinen ganzen Scharfsinn aufgeboten, um aus der fragmentarischen Überlieferung zu rekonstruieren, welcher Manipulationen sich der Alkmeonide Kleisthenes bei der Phylen- und Demenaufteilung Attikas wohl bedient haben könnte, um die Interessen seines Hauses zu sichern. Wirklich überzeugende Antworten sind auf diese Frage nicht gefunden worden. Und das spricht, wenn auch nicht für die politische »Cleverness«, so doch um so mehr für die Ausgewogenheit und Stabilität der neuen Ordnung: Die Alkmeoniden hatten offenbar nur aufgrund ihrer »demokratischen« Initiative bessere Startchancen als die mit ihnen konkurrierenden Adelshäuser.

Diese Chancen haben sie offensichtlich nicht zu nutzen verstanden. In den folgenden Jahrzehnten wurden sie, wenn man so will, zu Opfern ihrer Reformen, die Kleisthenes im Jahre 507/06 mit ganz anderen Hoffnungen auf den Weg gebracht hatte.

Immerhin: Der Geschichte Athens im 7. und 6. Jahrhundert hat dieses Adelsgeschlecht seinen unverwechselbaren Stempel aufgedrückt. An den entscheidenden Ereignissen waren die Alkmeoniden stets unmittelbar beteiligt, die Kleisthenische Verfassungsreform war sogar ihr ureigenes Werk. Für Perikles, der mütterlicherseits Alkmeonide war, kein leichtes Erbe: Es bedeutete Verpflichtung und Hypothek zugleich. Sein politisches Handeln und das seiner Gegner blieben vielfach unverständlich, wüßte man nicht um diesen Hintergrund, der die Geschichte seiner Polis so eng mit den Annalen seiner Vorfahren aus mütterlicher Linie verflicht.

## 2. KAPITEL
# Jugend in schwerer Zeit

### *Das Erlebnis der Perserkriege*

Die Jugend des Perikles fällt in eine Zeit großer Veränderungen und gewaltiger Auseinandersetzungen. Innen- wie außenpolitisch mußte sich der neu verfaßte athenische Staat einer harten Bewährungsprobe unterziehen. In dem weltgeschichtlich bedeutsamen Kriegsringen zwischen dem persischen »Goliath« und dem griechischen »David« spielte Athen eine entscheidende, ja die wichtigste Rolle auf griechischer Seite. Nicht wenige Athener haben diese im nachhinein so glorreich gesehene Zeit mit ihrem Leben bezahlen müssen, viele haben all ihr Hab und Gut verloren, alle mußten zeitweise nicht nur um ihr persönliches Geschick, sondern um den Bestand ihrer Heimatstadt bangen. Mag die drohende Gewitterwolke, die jahrelang den griechischen Himmel verdunkelte und die Freiheit der Hellenen in Frage stellte, von manch einem nicht so recht zur Kenntnis genommen worden sein, so wurde doch in den bitteren Tagen des Jahres 480, als ganz Athen angesichts der unerbittlich heranrückenden Kriegsmaschine des persischen Kolosses evakuiert, die Stadt den Feinden schutzlos preisgegeben und nach der Besetzung ein Opfer der Flammen wurde, jeder Einwohner Athens auf schmerzlichste Weise mit der schonungslosen Realität des Krieges konfrontiert.

Sicher, die Perserkriege haben Athen letztlich gestärkt. Mehr noch: Ohne die Perserkriege wäre Athen im 5. Jahrhundert niemals zu solcher Macht und Blüte gelangt, wie sie das Schlagwort vom Perikleischen Zeitalter symbolisiert, hätte aufgrund der geringeren Bedeutung Athens im gesamtgriechischen Konzert auch ein Staatsmann Perikles keine so exponierte Stellung eingenommen. Gleichwohl darf diese Perspektive nicht den Blick auf das Bangen und Fürchten, die Unsicherheit und innere Zerrissenheit im tagespolitischen Geschäft verstellen, die das Leben jener geprägt hat, die die Perserkriege erlebt und erlitten haben. Die bedrückenden Erfahrungen, die diese später als große Zeit von Hellas gepriesenen Ereignisse im Bewußtsein der Zeitgenossen hinterlassen haben, dürfen nicht von der »Pracht« der Nachkriegszeit verdrängt werden. Sie haben sicherlich auch die Generation der damals Heranwachsenden geprägt: Perikles war, als das athenische Heer die persischen Angreifer in der Strandebene von Marathon schlug, etwa vier Jahre alt; als Vierzehn- bis Fünfzehnjähriger erlebte er die dramatischen Ereignisse der Jahre 480 und 479, als Perser und Griechen in den entscheidenden Schlachten des Krieges aufeinandertrafen und sein Vater Xanthippos in leitender militärischer Position mit über die Zukunft seiner Heimat entschied.

### *Athen – politische Außenseiterin am Vorabend der Perserkriege*

Athen – das ist heute fast gleichbedeutend mit Griechenland. Und nicht zu Unrecht, ist doch die Kapitale in jeder Hinsicht das Zentrum und Herz des modernen Hellas. Anders im Altertum: Da war Athen nur eine von vielen griechischen Poleis, die, eifersüchtig auf ihre Eigenständigkeit bedacht, ihren eigenen unabhängigen politischen Kurs steuerten. Im Kreise dieser in mancher Hinsicht als Konkurrenten auftretenden Städte gehörte Athen zwar zu den führenden, eine wirkliche Vormachtstellung vermochten sich die Athener aber erst in der Zeit nach den Perserkriegen aufzubauen.

Als Perikles geboren wurde, war Athen alles andere als der Nabel der griechischen Welt. Mit einer Fläche von rund 2600 Quadratkilometern – fast genau der Größe des heutigen Großherzogtums Luxemburg – stellte Attika zwar nach dem spartanischen Staatsgebiet das zweitgrößte Areal einer griechischen Polis dar. Politisch, militärisch und wirtschaftlich stand es jedoch noch im Schatten anderer Städte.

Den Ruhm eines *Prostates tes Hellados,* eines »Vorstehers von Griechenland«, genossen damals noch unangefochten die Spartaner. Sie waren die mit Abstand führende militärische Macht. Mit ihrem schlagkräftigen Heer, das sich aus Vollbürgern zusammensetzte, deren einziger Lebensinhalt die permanente Übung des kriegerischen Ernstfalles war, hatten sie in manch einer anderen Stadt energisch eingegriffen. Ihre von unterschiedlichem Erfolg gekrönten, durchaus machtpolitisch verstandenen militärischen Interventionen in Athen am Ende des 6. Jahrhunderts v. Chr. machen nicht nur mit Deutlichkeit klar, welche Rolle ihnen die öffentliche Meinung in Griechenland zuschrieb, sondern auch, von welchem Selbstverständnis als Ordnungsmacht im griechischen Raum sich die Spartaner leiten ließen. Wer damals in Hellas über militärische Macht nachdachte, dem kam zunächst einmal Sparta in den Sinn, danach noch ein paar andere Städte – ob Athen darunter war, ist fraglich.

Nicht viel anders sah es auf politischem Gebiet aus. Der Ruhm Athens, der sich auf die früheste »demokratische« Verfassung der Welt – oder vorsichtiger: Europas – gründet, hat auch eine Kehrseite, die aus moderner Sicht leicht übersehen wird: Zunächst einmal isolierte die neue volksfreundliche Verfassung Athen von den anderen griechischen Städten, in denen überwiegend noch die Aristokratie die Zügel fest in Händen hielt. Was im nachhinein als bahnbrechend, vorbildlich gerühmt wird, das trieb die Athener zunächst einmal in den Augen der Zeitgenossen in eine Außenseiterrolle. Nicht beifälliges Nicken, sondern verwundertes oder ärgerliches Kopfschütteln über eine so starke Beteiligung des Demos an der Politik dürfte die übliche Reaktion der führenden Politiker in anderen griechischen Städten gewesen sein. Sparta, schon damals die oligarchische Bastion par excellence, war von seiner Ideologie und seinen Machtinteressen her nur konsequent, wenn es versuchte, die demokratische »Gefahr«, wie die Kleisthenischen Reformen sie heraufbeschwor, schon im Keim zu ersticken.

Militärisch eher unterentwickelt, politisch einem von außen mehr beargwöhnten als begrüßten Experiment vertrauend, auf beiden Gebieten ohne großen Einfluß – das war Athen am Vorabend der Perserkriege.

### *Auf dem Wege zum Wirtschaftswunder*

Anders freilich auf wirtschaftlichem Gebiet! Da war Athen eine schon leistungsstarke, aufstrebende Stadt, die das unter den Peisistratiden begonnene »Wirtschaftswunder« mit großem Fleiß und Engagement fortsetzte. Doch auch hier keine dominierende Position: Mochten die Athener sich zu ernstzunehmenden Konkurrenten bedeutender Handelsstädte wie Korinth, Aegina und Milet in Kleinasien entwickelt haben, so war der Wettbewerb doch hart. Keineswegs konnten die Athener sich schmeicheln, schon an der Spitze der ökonomischen Leistungskraft zu stehen.

Die Aufwärtsentwicklung der attischen Wirtschaft war indes unverkennbar. Der von Solon eingeschlagene Kurs der Wirtschaftspolitik war in der Zeit der Tyrannis mit starker Hand fortgeführt worden. Das Geheimnis des ökonomischen Erfolges lag in der Konzentration auf die Produkte und Wirtschaftszweige, die mit der Natur des Landes am besten im Einklang standen.

In der Landwirtschaft hieß das: verstärkter Anbau von Olivenbäumen und Weinstöcken. Tatsächlich konnte Attika am Ende des 6. Jahrhunderts große Überschüsse an Öl und Wein exportieren. Der zusätzliche Bedarf an Getreide, das die eigene Landwirtschaft angesichts der überwiegend kargen Böden Attikas nicht in ausreichenden Mengen produzierte, ließ sich so im Gegenzug bequem finanzieren. Eine besondere Spezialität der attischen Landwirtschaft war die Bienenzucht. Honig war im Altertum der einzig bekannte Süßstoff; und der Hymettos-Honig aus Attika gehörte wie heute zur geschmacklichen Spitzenklasse.

Ackerbau und Viehzucht waren das ökonomische Fundament des Staates. Eine weitsichtige Wirtschaftspolitik hatte aber zugleich dafür gesorgt, daß daneben Handel und Gewerbe aufblühten. Aus den schriftlichen Quellen erfahren wir darüber für die Zeit vor den Perserkriegen so gut wie nichts. Aber es gibt andere, sehr verläßliche Zeugnisse für diese florierenden Wirtschaftszweige: die schon damals in fast alle Winkel der griechischen Welt und darüber hinaus in andere Länder exportierte Keramik. Die attischen Künstler haben um 630 v. Chr. die schwarzfigurige Vasentechnik von den Korinthern übernommen, sie weiterentwickelt und im Laufe des sechsten Jahrhunderts gleichsam den Weltmarkt erobert. Um 530 gelang ihnen zudem eine neue Erfindung: die Vasen mit rotfiguriger Maltechnik, die von da an die schwarzfigurige Keramik immer mehr verdrängten und ein noch größerer Exportschlager wurden als ihre Vorgänger.

Vasen aller Größenordnungen und Formen wurden im Piräus für den Transport nach Übersee verladen; viele mit Öl und Wein gefüllt, andere als Gebrauchsgüter für den täglichen Bedarf, wieder andere als Luxusgegenstände für reiche Liebhaber schön bemalter attischer Vasen. Fremden Schiffen diente der günstig gelegene Hafen Athens als Umschlagplatz im Handel zwischen dem griechischen Mutterland und den ionischen Griechenstädten Kleinasiens. Noch war der Piräus nicht jene Drehscheibe des Handels, die er in der Perikleischen Zeit nicht zuletzt durch den politischen Druck Athens auf seine Bündner und seine Stellung als Hegemonialmacht werden sollte; gleichwohl brauchte er sich vom Volumen der dort umgeschlagenen Handelsgüter her nicht vor den Häfen anderer Handelsstädte zu verstecken.

Aber nicht nur Reeder und Großkaufleute profitierten von dem wirtschaftlichen Aufschwung; auch kleine Gewerbebetriebe, vor allem in Athen selbst, gehörten zu den Nutznießern einer ökonomischen Entwicklung, deren Motor sie zugleich waren. Einen kleinen Einblick in die Welt der Handwerker und Kleinfabrikanten gewährt uns erneut die keramische Produktion. Zwar bilden die schwarzfigurigen Vasenbilder ganz überwiegend mythologisches Geschehen ab, doch sind hier und da auch Szenen aus dem Alltagsleben zu sehen: Darstellungen aus Handel und Gewerbe, die Frauen beim Wiegen von Wolle zeigen, Fleischer und Fischhändler bei der Arbeit porträtieren, aber auch Töpfer und Vasenmaler, Schmiede mit ihren Werkzeugen und Zimmerleute zum Gegenstand haben.

Bilder aus der Arbeitswelt der Bauern und Fischer sind auf schwarzfigurigen Vasen relativ häufiger zu finden als auf der rotfigurigen Keramik des 5. Jahrhunderts: bei aller gebotenen Vorsicht bei der Interpretation eines derartigen Überlieferungsbefundes wohl doch ein Indiz dafür, daß der agrarische Produktionsbereich die attische Wirtschaft bis zu den Perserkriegen noch erheblich stärker prägte als in Perikleischer Zeit. Da werden Bauern beim Pflügen und Säen dargestellt, Weinlese und Keltern der Trauben kommen ebenso vor wie die mühselige Olivenernte und das Pressen der Früchte zu Öl.

Alles in allem zeigt der Blick auf die Wirtschaft Athens um 500 v. Chr. ein Bild der Stabilität und eines verheißungsvollen ökonomischen Aufschwungs. Der Vergleich mit der katastrophalen Lage ein Jahrhundert zuvor, als in Attika bittere Not herrschte und Solon nur mit Mühe seine zukunftsorientierte Wirtschaftspolitik gegenüber der Habgier der Reichen und den revolutionären Rufen der Armen nach »Neuverteilung des Bodens« durchsetzen konnte, spricht Bände: Ein bescheidener Wohlstand mit der Aussicht auf eine weitere positive Wirtschaftsentwicklung hatte die schlimmste Armut beseitigt und zu einer zahlenmäßig erheblichen Vergrößerung einer vergleichsweise gut situierten bürgerlichen Mittelschicht geführt, die folgerichtig durch die Reformen des Kleisthenes auch größere politische Mitspracherechte erhielt.

### *Der Musen und der Aphrodite Gaben*

Hier hatten die Aristokraten Abstriche machen müssen. Der Verlust politischer Privilegien mochte sie schmerzlich berühren; der wirtschaftliche Aufschwung, den sie mehr als die anderen Schichten der Bevölkerung in klingender Münze spürten, dürfte manch einem Aristokraten Trost und »Halt« geboten haben. Der Lebensstil attischer Adelsgeschlechter orientierte sich durchaus am luxuriösen Vorbild ihrer lebenslustigen ionischen Standesgenossen. Man liebte das fröhliche Genießen im Kreise kleinerer Symposiengesellschaften. Diener schenkten aus vollen Krügen Wein nach, Flötenspieler und Kitharöden unterhielten die Teilnehmer des Gelages; hübsche Knaben und Mädchen standen für erotische Abenteuer zur Verfügung.

Ein Bild vom Lebensgefühl und Lebenswandel einer Oberschicht, die ohne materielle Sorgen den Ertrag ihrer Güter und Unternehmungen genießen konnte, geben die ungezählten Symposion-Szenen auf den rotfigurigen Vasen schon dieser Zeit, die immer wieder kaum oder gar nicht bekleidete, auf Liegen ruhende Zecher zeigen, deren Becher nackte Knaben auffüllen und zu deren Unterhaltung Musikanten und Akrobaten auftreten und anmutige Hetären oder schlanke Knaben ihren Teil beitragen. Solch aufwendige Symposien konnte nur eine kleine Schicht begüterter Athener feiern.

Da paßt es gut ins Bild, daß in den letzten Jahren der Tyrannis der ionische Dichter Anakreon in Athen bereitwillig Aufnahme fand.

Er schreibt eine Dichtung, die, »der Musen und der Aphrodite Gaben vermischend, der Heiterkeit gern dankbar und liebend gedenkt«.[1] Viele seiner Trinklieder waren zum Vortrag beim Symposion gedacht; so etwa, wenn er zu maßvollem Genuß mahnt:

»Heute wollen wir nicht wieder (!)
mit Geschrei und lautem Johlen
wie die Skythen uns bezechen,
wollen nur behaglich trinken
und die schönsten Lieder singen.«[2]

Nicht immer geht es freilich so ruhig zu. Erotische Stoffe dominieren; nicht immer beschränkt sich der Dichter bei der Beschreibung typischer Gelageszenen auf Andeutungen:

»Mit dem Wasser, mit dem Wein her,
Junge, bring auch Blumenkränze,
aber schnell! Denn ich beginne
nun mit Eros einen Faustkampf.«[3]

Mag sich Anakreon auch oft in der Gesellschaft des Tyrannen Hipparchos aufgehalten haben[4], so besteht doch kein Zweifel, daß er mit seinen Liedern und Themen der Lebensfreude und Unbeschwertheit Ausdruck verlieh, die die ganze athenische Oberschicht prägten. Die Athener haben den berühmten Dichter auf ihre Weise geehrt: Sie errichteten ihm eine Ehrenstatue auf der Akropolis, die noch in der römischen Kaiserzeit von Touristen bestaunt wurde. Manch einer mag sich indes über die Haltung gewundert haben, in der Anakreon dort dargestellt war: nach den Worten des Pausanias »so, wie wohl ein betrunkener Mensch singen würde«[5]. Durchaus eine wohlmeinende Interpretation des hochgeschätzten Dichters – und indirekt eine ebenso sympathisch offene Selbstdarstellung jener, die dieses Standbild in Auftrag gegeben hatten ...

Es versteht sich von selbst, daß auch unter den begüterten Familien Athens die Geschmäcker verschieden gewesen sind. In welchem Ausmaß jemand die gerade beschriebenen Freuden des Daseins in Anspruch nahm, blieb natürlich seiner persönlichen Lebenseinstellung und seinem Charakter überlassen. Versucht man indes einen allgemeinen Rahmen abzustecken, so dürfte das hier gezeichnete Bild der Realität sehr nahekommen.

Eine positive, heitere Einstellung zum Leben, wie sie unzählige Vasenbilder und die Trinklieder jener Zeit widerspiegeln, war sicher nicht auf die gesellschaftliche Elite Athens beschränkt. Konkrete historische Quellen, die uns über die Angehörigen anderer sozialer Schichten informieren könnten, sind aber nicht vorhanden. Auch die einfachen Leute haben Feste gefeiert und Symposien besucht –

alles freilich in bedeutend bescheidenerem Umfang. Ihr hauptsächlicher Lebensinhalt aber war die Arbeit. Fischer, Bauarbeiter, Krämer, Landwirt und Schmied mußten hart arbeiten, um ihren Lebensunterhalt zu verdienen. Im Unterschied zu den Reichen konnten sie sich jenes Gefühl der Verachtung und dünkelhaften Geringschätzung der Handarbeit schlicht nicht leisten, das griechische Aristokraten und Philosophen in schöner Eintracht stolz zur Schau trugen.

Adlige erwiesen sich damals sehr verdienstvoll als Mäzene; sie förderten die schönen Künste, indem sie die Künstler finanziell unterstützten. Niemand fand etwas dabei, wenn Dichter durch bestellte und gut bezahlte Verskunst ihre Auftraggeber und deren Familie priesen. Einige der schönsten griechischen Dichtungen, die Epinikien Pindars (um 522 bis nach 446 v. Chr.), sind auf diese Weise entstanden. Auch Alkmeoniden haben es übrigens verstanden, die Kunst und den eigenen Ruhm zugleich zu fördern: Nach seinem Viergespann-Sieg in Delphi ließ sich zum Beispiel der Alkmeonide Megakles im Jahre 486 von Pindar ein Siegeslied dichten.[6]

Gegenüber der Kunst knauserten auch andere begüterte Familien Athens nicht. Der berühmte Simonides, der unter anderem ebenfalls Auftragspoesie verfaßte und der als ein überaus geldgieriger und auf »schnöden Gewinn bedachter« Künstler beschrieben wird[7], zog nicht nur, von der Großzügigkeit der Peisistratiden angelockt, nach Athen, sondern kehrte noch vor Ausbruch der Perserkriege erneut dorthin zurück[8] – ganz sicher nicht ohne verlockende finanzielle Angebote.

Diese ebenso kostspielige wie individuelle Förderung der Kunst – und der entsprechende Genuß! – war naturgemäß auf die reiche Oberschicht Athens beschränkt. Gleichwohl brauchte die große Masse kulturell nicht völlig abseits zu stehen. Was die ungeheure Faszination des Perikleischen Zeitalters ausmacht: die so starke Verwurzelung größter kultureller Leistungen im gesamten Volk, das Engagement und Interesse aller Volksschichten gegenüber Meisterwerken der Literatur und der bildenden Kunst – dazu wurde schon in den Jahren vor Ausbruch der Perserkriege der Grund gelegt.

### *Theaterspiel – dem Weingott zu Ehren*

Damals müssen dramatische Aufführungen schon eine gewisse Popularität gehabt haben. Die erste Tragödie wurde in Athen zwischen 536/35 und 533/32 vom Dichter Thespis aufgeführt.[9] Die neue Kunstform stieß bei den Athenern offensichtlich auf Gegenliebe. Daß sie zum Kult des Wein- und Fruchtbarkeitsgottes Dionysos gehörte, half ihr zusätzlich, rasch populär zu werden: Der Staat sorgte dafür, daß an den Großen Dionysien, Ende März/Anfang April eines jeden Jahres, Tragödien gespielt wurden. Wenn sich schon gegen Ende des 6. Jahrhunderts das tragische Drama in Athen fester etabliert hatte als anderswo, so lag das nicht zuletzt an einer fruchtbaren Weiterentwicklung der Aufführungspraxis: Wohl schon bald nach dem Erfolg des Thespis führte man regelrechte Wettbewerbe ein. Drei Dichter wetteiferten jeweils um den Ruhm des besten Stückes – ein Verfahren, das zur Schaffung möglichst guter Werke anspornte und gleichzeitig neben der Einführung eines »spannenden« Elements die Aufmerksamkeit und Urteilsfähigkeit der Zuschauer förderte.

Fast ein halbes Jahrhundert lang durfte sich die Tragödie des ungeteilten Beifalls der Athener erfreuen. Die Komödie bzw. ihre Vorformen waren damals noch keine echte Konkurrenz. Das änderte sich erst im Jahre 486, als das heitere Gegenstück des ernsten Dramas ebenfalls in staatliche Obhut kam und einen eigenen Spieltag bei den Großen Dionysien erhielt. Als volkstümliches Brauchtum wurde die Komödie allerdings schon vorher in Attika gepflegt; die offizielle Übernahme in den Staatskult mag so der Tribut gewesen sein, den man der Popularität der Komödie zollte.[10]

Die Großen Dionysien waren das eine bedeutende Fest der archaischen – und der klassischen – Zeit. Das zweite waren die zu Ehren der Stadtgöttin begangenen Panathenäen. Auch sie wurden mit musischen Agonen gefeiert: Rhapsoden trugen die homerischen Epen vor, gebannt lauschten die Zuhörer den kunstvoll rezitierten Erzählungen aus einer heroischen Vergangenheit.[11] Noch aber stand der musische Wettkampf bei den Panathenäen im Schatten der sportlichen Agone. Zwar erreichten die Panathenäen niemals die gleiche Bedeutung wie die vier großen panhellenischen Sportfeste in Olympia, Nemea, Korinth und Delphi, doch boten sie den besten Sportlern aus Attika und den benachbarten Gebieten eine willkommene Gelegenheit, ihre Kräfte gleichsam im regionalen Vergleich zu messen. Disziplinen waren Stadionlauf, Pentathlon (Fünfkampf), Ring- und Faustkampf sowie das Pankration (Allkampf), eine besonders brutale Mischung aus den beiden schwerathletischen Sportarten. Hinzu kamen Waffenlauf und Wagenrennen. Die Sieger erhielten die berühmten Panathenäischen Preisamphoren, etwa 60 bis 70 cm hohe schwarzfigurige Vasen, die mit rund vierzig Liter Olivenöl gefüllt waren. Je nach Disziplin schwankte die Zahl der vom Erst- und Zweitplazierten errungenen Amphoren; im 4. Jahrhundert lag sie für den Sieger zwischen vierzig und sechzig, für den Zweitbesten zwischen acht und zwölf Vasen mit kostbarem Inhalt.[12]

Im attischen Festkalender, der darüber hinaus eine Reihe weiterer, oft nur in lokalem Rahmen begangener Feiertage aufweist, waren die Städtischen Dionysien und die Panathenäen die Höhepunkte. Zu diesen großen, über mehrere Tage sich hinziehenden Festen strömten auch zahlreiche Landbewohner in die Stadt. Wie groß freilich die Menschenmenge war, die etwa zur feierlichen Prozession zu Ehren der Athena die Straßen säumte, läßt sich nicht einmal annähernd für diese Zeit schätzen – wie denn überhaupt jeder Versuch, die Bevölkerungszahl für Athen und Attika zu bestimmen, aufgrund völlig fehlender oder ganz unzuverlässiger antiker Angaben mit größten Risiken behaftet ist.

Mehr als Richtzahlen mit erheblichen Schwankungen nach oben oder unten läßt sich nicht angeben. Für das Jahr 480 v. Chr. rechnet V. Ehrenberg mit 25-30 000 Vollbürgern, mit Familienangehörigen 80-100 000 Personen. Metöken, in Attika dauernd ansässige Fremde ohne athenisches Bürgerrecht, schlagen mit vielleicht insgesamt 10 000 zu Buche. Am unsichersten sind die Vermutungen über den zahlenmäßigen Umfang der Sklavenschaft. Ehrenberg beziffert sie auf 30-40 000 Köpfe.[13] Diese auf das Jahr 480 v. Chr. bezogenen Schätzungen müssen für die Jahre vor den Perserkriegen nach unten korrigiert werden.[14] Insgesamt mögen es am Ende der 90er Jahre des 5. Jahrhunderts 100-120 000 Menschen gewesen sein, die auf dem Boden der Polis Athen lebten.

## *Der Ionische Aufstand – »Anfang des Unglücks«*

Dies war der Staat, dies die Gesellschaft, die sich anschickte, die Herausforderung des östlichen Riesenreiches anzunehmen. Die Vorgeschichte dieses Krieges war weit weniger dramatisch, als es die Bedeutung der Ereignisse von 490 und 480/79 erahnen läßt. Unter Führung des ehemaligen milesischen Tyrannen Aristagoras erhoben sich im Jahre 500 v. Chr. die Griechenstädte in Ionien, an der Westküste Kleinasiens, gegen die persische Herrschaft. Nicht, daß die Perser ihre griechischen Untertanen besonders hart drangsaliert und unterdrückt hätten. Sie ließen ihnen einen relativ großen Spielraum und behinderten ihre kulturelle und religiöse Entfaltung kaum. Wohl aber sahen die einst reichen Handelsstädte, vor allem das blühende Milet, ihre Wirtschaftsinteressen gefährdet. Das Bangen um den Verlust traditioneller Absatzmärkte verband sich mit Freiheitsliebe und Unabhängigkeitsstreben zu einem brisanten Gemisch. Das Ergebnis war eine Revolte der griechischen Städte Kleinasiens auf breiter Front.

Die Ionier wußten sehr wohl, mit welchem Koloß sie es in ihrem Befreiungskampf aufnahmen. Und sie richteten sich danach. Zunächst galt es, Bundesgenossen zu gewinnen. Was lag da näher, als sich an die stammesverwandten Griechen des Festlandes zu wenden? Tatsächlich begab sich eine Delegation der Aufständischen nach Hellas. Der Bittgang wurde zu einem deprimierenden Fiasko: Die Städte des Mutterlandes winkten wenig solidarisch ab. Besonders schmerzlich war die Abfuhr, die sich die Ionier beim »Vorsteher von Hellas« holten. Bei der Abwägung, ob sie ihrem guten Ruf durch eine Unterstützung der gesamthellenischen Sache gerecht werden oder doch lieber das Risiko eines Waffenganges mit dem persischen Riesenreich Hunderte oder gar Tausende von Kilometern vom eigenen Land entfernt vermeiden sollten, entschieden sich die Spartaner für die weniger ehrenvolle, aber sicherere Alternative. Aristagoras und seine Gesandtschaft wurden am Eurotas regelrecht ausgewiesen.[15]

Um so überraschender mußte es für sie sein, daß sie in Athen Gehör fanden. Aristagoras argumentierte allerdings auch recht geschickt. Einerseits appellierte er an die besondere Verpflichtung, die die Athener als »Mutterstadt« Milets hätten, zum anderen lockte er sie mit den fast sprichwörtlichen Schätzen Kleinasiens, die als Beute auf sie warteten. Damit scheint er auf die Volksversammlung großen Eindruck gemacht zu haben.[16] Es fand sich zumindest eine Mehrheit, die eine Hilfeleistung befürwortete. Moralisch war diese Zusage ein großer Erfolg für die Aufständischen, militärisch dagegen fiel sie kaum ins Gewicht: Mehr als 20 Kriegsschiffe schickten die Athener ihren neuen Bundesgenossen nicht zu Hilfe. Wohl kaum jemand wäre damals in Athen auf den Gedanken gekommen, daß Athen mit dieser eher symbolischen Unterstützung einen gefährlichen Pfad betrat, der geradewegs in die direkte militärische Konfrontation mit Persien führen sollte. Nachher freilich war man klüger, und so konnte der Historiker Herodot lakonisch feststellen: »Diese Schiffe wurden der Anfang vom Unglück für Griechen und Barbaren.«[17]

### *Bitteres Ende, böses Erwachen*

Außer den zwanzig athenischen Trieren erhielten die Ionier allein aus der Stadt Eretria Unterstützung. Sie entsandte fünf Schiffe. Die Ergebnisse der diplomatischen Offensive des Aristagoras waren enttäuschend. Der Elan des Widerstandes aber erlahmte dadurch nicht. Mit Hilfe des Überraschungselementes gelangen den Aufständischen zunächst einige aufsehenerregende Erfolge. Am spektakulärsten war die Eroberung und Zerstörung der reichen Stadt Sardes, die als Hauptstadt Lydiens zugleich Sitz des persischen Statthalters war (498 v. Chr.).

Die schwerfällige persische Kriegsmaschine brauchte einige Zeit, um auf Touren zu kommen. Das erklärt die Anfangserfolge der Ionier, und es erklärt auch, wieso die Griechen einige Zeit später immer stärker in die Defensive gedrängt wurden. Auch den Athenern blieb nicht verborgen, daß sich die Lage ihrer Verbündeten zusehends verschlechterte. Und da schlug die Stimmung um. Die Gegner einer Intervention im persisch-ionischen Konflikt setzten sich durch. Die Konsequenz: Athen zog seine 20 Schiffe sang- und klanglos vom Kriegsschauplatz ab. Die Bitten und Vorhaltungen der entsetzten Ionier verhallten ungehört.[18]

Einige Jahre später, 494 v. Chr., waren die Aufständischen am Ende. Die vor der Küste Milets ausgetragene Seeschlacht bei der Insel Lade besiegelte ihr Schicksal; Persien hatte die Erhebung der kleinasiatischen Griechen nach gut fünfjährigem Kampf niedergeworfen – ein Ergebnis, an dem auch die Aufrechterhaltung der athenischen Hilfeleistung angesichts der Kräfteverhältnisse sicher nichts geändert hätte.

In Athen war die Betroffenheit gleichwohl groß. Über die Frage, wie das eigene Verhalten in der Vergangenheit zu beurteilen sei und welche Politik gegenüber dem persischen Reich in Zukunft betrieben werden solle, gingen die Meinungen weit auseinander. Vorläufiger Höhepunkt des innenpolitischen Streits wurde ein Theaterskandal, dessen Opfer der tragische Dichter Phrynichos war. Er hatte in seinem 493 v. Chr. aufgeführten Stück »Die Eroberung von Milet« die Zerstörung der »Perle Ioniens« durch die siegreichen persischen Truppen und die Zwangsdeportation der Milesier ins Innere des Riesenreiches dargestellt. Die Zuschauer waren ergriffen und erschüttert, viele plagte ein schlechtes Gewissen, scharenweise brachen die Menschen in Tränen aus. Das Ganze war natürlich ein Politikum, das sehr leicht gefährliche anti-persische Emotionen schüren konnte. Es müssen wohl die Vertreter einer Appeasement-Politik gegenüber Persien gewesen sein, die damals auf den entscheidenden Beamtenstellen saßen. Sie reagierten rasch: Phrynichos wurde, »weil er an heimisches Unglück erinnert habe«, mit einer Geldbuße von tausend Drachmen bestraft, die Aufführung des Stückes für alle Zukunft untersagt.[19]

Mit solchen Maßnahmen war allerdings ein Stillhalten der Perser nicht zu erkaufen. Die Niederschlagung des Ionischen Aufstandes hatte dem Perserkönig freie Hand für eine weitere Expansion nach Westen verschafft. Der Überlieferung zufolge planten die Perser wegen der Unterstützung, die die Aufständischen aus dem Mutterland erhalten hatten, eine Strafexpedition gegen Athen und Eretria. Herodot berichtet, der Perserkönig habe sich dreimal täglich, als man ihm Speisen reichte, von einem Diener erinnern lassen: »Herr, gedenke der Athener!«[20] Der historische Gehalt dieser Anekdote mag gering sein, aber sie enthält doch einen wahren Kern: Tatsächlich lag es in der Eigendynamik des persischen Großreiches, sich nunmehr darum zu bemühen, seinen Machtbereich auf die griechischen Inseln und das Festland auszudehnen. Unter diesen strategischen Voraussetzungen bot das – im übrigen ja sehr zaghafte – Verhalten Athens im Ionischen Aufstand dem Großkönig einen willkommenen propagandistischen Aufhänger, um sein Übergreifen auf Hellas zu rechtfertigen.[21]

Anders als die meisten Inseln und einige Städte des Festlandes weigerten sich die Athener, der Forderung des Perserkönigs auf freiwillige Unterordnung nachzukommen. Die Boten des Großkönigs, die symbolisch Erde und Wasser verlangten, wurden angeblich in einen Brunnen geworfen mit der höhnischen Bemerkung, dort sollten sie nehmen, was sie suchten.[22] Der Wahrheitsgehalt dieser Geschichte ist mit Recht bestritten worden; *so* energisch und kompromißlos war die Haltung Athens gegenüber den Persern damals noch nicht, wie es dieser aufsehenerregende Akt von Kraftmeierei suggerieren soll.

## *Das »Wunder« von Marathon*

Wie brüchig die innere Geschlossenheit Athens in Wirklichkeit war, wie zerstritten die führenden Politiker waren, zeigte sich mit erschreckender Deutlichkeit noch in der Stunde der größten Gefahr. Im Jahre 490 v. Chr. setzten die persischen Feldherren Datis und Artaphernes mit einer Streitmacht von etwa 20 000 Soldaten von Kleinasien nach Griechenland über. Die meisten Ägäis-Inseln unterwarfen sich der feindlichen Flotte; Eretria, das sich durch die Unterstützung der Ionier in den Augen der Perser kompromittiert hatte, wurde erobert. Gebäude und Tempel der Stadt wurden ein Raub der Flammen, die Einwohner, soweit sie den Persern in die Hände fielen, mußten den bitteren Gang in die Sklaverei antreten. Wer das persische Vorgehen verfolgte, mußte durch einen besonders traurigen Umstand zusätzlich alarmiert werden: Die Perser eroberten Eretria durch den Verrat eines *Griechen.*

Es war klar, daß die Zielrichtung des persischen Angriffes auf Athen zeigte. Trotzdem stritt man selbst noch in dieser Situation darüber, wie der Gefahr am wirkungsvollsten zu begegnen sei. Für viele war es beunruhigend, daß eine nicht geringe Zahl attischer Bürger offen oder verdeckt mit den Persern sympathisierte. Was sie zu dieser auf den ersten Blick unglaublichen Haltung bewogen hat, wird klar, wenn man einen der prominentesten Ratgeber der persischen Kommandanten anschaut: Kein Geringerer als der gestürzte Ex-Tyrann Hippias nahm auf persischer Seite an dem Feldzug teil. Offensichtlich war er bereit, sich von den »Barbaren« als willfähriger Tyrann erneut in Athen installieren zu lassen. Und nicht minder offensichtlich gab es eine Menge Leute, die darauf hofften! Die Furcht, daß Athen mit Hilfe dieser »Fünften Kolonne« auf ähnliche Weise wie Eretria erobert werden könne, entsprang keineswegs bloßer Hysterie.

Die innenpolitische Situation im Athen dieser Jahre ist schwer durchschaubar. Sicher ist, daß die öffentliche Meinung immer wieder umschlug und selbst in grundlegenden Fragen kein allgemeiner Konsens zustande kam. So auch im Jahre 490. Die Uneinigkeit der Feldherren in der Frage, wie man der drohenden Invasion begegnen solle, spiegelt diese Unsicherheit in der gesamten Bürgerschaft wider. Nur dem Einsatz des Miltiades war es zu verdanken, daß die Patt-Situation in der athenischen Generalität überwunden und damit der Beschluß gefaßt wurde, sich den Feinden in offener Feldschlacht entgegenzustellen.[23]

Diese zunächst sehr umstrittene Entscheidung sollte zu einem Ruhmesblatt der attischen Geschichte werden. Mit Hilfe der treuen Platäer, die im Unterschied zu den Spartanern rechtzeitig Hilfskontingente nach Attika entsandten, gelang dem Heer der Athener in der Strandebene von Marathon ein unerwartet klarer Sieg über die dort gelandeten persischen Truppen. Die Verluste der Perser beziffert Herodot auf 6400 Tote, während auf athenischer Seite nur 192 Männer fielen.[24] Sie wurden unter einem neun Meter hohen Grabhügel bestattet, der noch heute in Marathon zu sehen ist, und als Verteidiger der Freiheit ihrer Heimatstadt noch Jahrhunderte später als Heroen verehrt.[25]

Die geschlagenen Perser versuchten noch, ihre Schlappe durch einen Überraschungserfolg wettzumachen. Mit ihren Kriegsschiffen, auf die sie sich geflüchtet hatten, fuhren sie in schneller Fahrt um die Südspitze Attikas. Sie hofften, vom Hafen aus die von Soldaten weitgehend ungeschützte Stadt im Handstreich zu nehmen, mußten diesen Plan jedoch aufgeben, als sie den Ankerplatz Phaleron auf der Höhe Athens erreichten. Am Ufer erwartete sie schon das attische Heer, das in einem Gewaltmarsch das Landesinnere durchquert hatte und noch rechtzeitig vor den Persern eingetroffen war.

Damit war die Persergefahr vorerst gebannt. Athens Ruhm erstrahlte hell; der Triumph von Marathon – das war allen Einsichtigen klar, und die Athener versäumten es nicht, sich dessen zu rühmen[26] – hatte nicht nur Athen, sondern ganz Griechenland vor der drohenden Unterwerfung durch das persische Reich bewahrt – fürs erste jedenfalls. Die Athener konnten auf ihre Leistung stolz sein; alle, die bei Marathon mitgekämpft hatten, genossen ihr Leben lang hohes Ansehen. Der Tragiker Aischylos erwähnte in seiner von ihm selbst verfaßten Grabinschrift nicht seine literarischen Erfolge, sondern neben der Angabe seiner Herkunft lediglich die Tatsache, »daß er als Zeuge seiner Tapferkeit den Hain von Marathon habe«.[27]

### *Alkmeoniden als Verräter?*

Solch furchtlosen Einsatzes zum Wohl eines freien Athen konnten sich indes nach den Ereignissen des Sommers 490 nicht alle Bürger rühmen. Auf manch einem lastete der schwere Verdacht des Medismos, der Konspiration mit den persischen »Barbaren«. Und eben dieser Vorwurf könnte in den 80er Jahren auch gegen die Alkmeoniden erhoben worden sein und hat möglicherweise dazu geführt, daß Perikles als Knabe Leidtragender der innenpolitischen Kämpfe wurde, in die seine Familie verstrickt war.

In der Tat ist es auffällig, daß von den Alkmeoniden im Zusammenhang mit Marathon nichts verlautet; oder besser gesagt: nichts Positives. Statt dessen erzählt Herodot eine merkwürdige Geschichte: Nach ihrer Niederlage bei Marathon sollen die Perser ein Zeichen erhalten haben: Vom Lande aus sei ein Schild hochgehalten worden, von dessen Glanz das Sonnenlicht reflektiert wurde. Allgemein habe man dies als ein Signal von Verrätern angesehen, die die Perser auf diese Weise überhaupt erst auf den Gedanken gebracht hätten, Kap Sunion zu umfahren und Athen von Westen aus anzugreifen. Auch die Urheber dieses Verrats wollte man erkannt haben: die Alkmeoniden[28].

Die ganze Sache ist außerordentlich mysterios. Die Beurteilung dieses Herodot-Berichts durch moderne Historiker ist sehr unterschiedlich. Wie immer man zur Glaubwürdigkeit der seltsamen »Agenten-Story« steht, zwei Dinge sind sicher. Zum einen wurden derlei Anschuldigungen gegen die Alkmeoniden erhoben. Die Vehemenz, mit der der »Vater der Geschichtsschreibung« die Alkmeoniden dagegen in Schutz nimmt, läßt erahnen, wie massiv die Vorwürfe gewesen sind. Wann dieser Verratsvorwurf erstmals an die Adresse der Alkmeoniden gerichtet worden ist, sagt Herodot nicht ausdrücklich. Darauf stützt sich die Theorie des englischen Althistorikers W. Gomme, der annimmt, sie seien erst als propagandistische Waffe gegen Perikles (!) geschmiedet worden[29] – erneut übrigens ein Beleg dafür, wie sehr die Geschichte seines Geschlechts in die von Perikles vertretene Tagespolitik hineingespielt haben mag.

Das zweite Faktum, an dem niemand vorbeikommt, hat D. Gillis, Verfasser einer kürzlich erschienenen Studie über die Kollaboration von Griechen mit Persern, zur folgenden These zugespitzt: Im Jahre 490 waren die Alkmeoniden die »sichersten« Kandidaten für Verrat zugunsten der Perser. Der offensichtliche Machtverlust, den sie seit den Tagen des Kleisthenes erlitten hatten, könnte ihnen in der Tat die Zusammenarbeit mit einem – fast achtzigjährigen! – Tyrannen Hippias schmackhaft gemacht haben – selbst um den Preis des Verlustes der Freiheit.[30] Peisistratiden und Alkmeoniden als Statthalter des Großkönigs in Athen – für eine auf die Behauptung des eigenen Einflusses bedachte Familienpolitik war diese Vorstellung gar nicht so abwegig. Schließlich hatte ja die entgegengesetzte Taktik, die einst zum Sturz des Hippias geführt hatte, mit Idealismus und Freiheitsliebe nur sehr entfernt zu tun gehabt...

Gleichwohl: *Beweisen* läßt sich der Verratsvorwurf nicht. Daß es aber hinter den Kulissen der offiziellen Politik Athens auch geheime Kontakte zwischen den Alkmeoniden (und anderen Privatpersonen!) und den Persern gegeben hat, ist recht wahrscheinlich. Jedenfalls wehte den Alkmeoniden und ihren Verwandten in den folgenden Jahren der Wind derart ins Gesicht, daß ihre angeblichen oder tatsächlichen landesverräterischen Beziehungen sehr gut die Ursache für ihren tiefen Sturz gewesen sein mögen.

Zunächst sah es freilich überhaupt nicht danach aus. Vielleicht auch um durch besonderen Eifer und Einsatz für das Staatswohl die Schatten des Jahres 490 zu verwischen, setzte sich Xanthippos, der Vater des Perikles, sicherlich in Absprache mit den Alkmeoniden, seiner »Schwägerfamilie«, im nächsten Jahr besonders wirkungsvoll in Szene. Er klagte Miltiades, der bei der Abwehr der Perser die führende militärische Rolle gespielt hatte, wegen eines erfolglosen Feldzuges gegen die Insel Paros an. Zentraler Anklagepunkt: Er habe seine Mitbürger durch diesen Fehlschlag »betrogen«. Beantragte Strafe: Todesurteil. Miltiades entging der Höchststrafe nur knapp dank einer geschickten Verteidigung, die seine Verdienste im Kampf gegen die Perser herausstellte. Das Volksgericht erkannte auf schuldig, verurteilte ihn aber »nur« zu der enormen Geldstrafe von 50 Talenten als Ersatz für die Unkosten des unglücklichen Feldzuges. Miltiades überlebte den Schuldspruch nur um wenige Tage. Er starb kurz darauf an einer Verwundung, die er sich im Kampf um Paros zugezogen hatte.[31]

### *Erste Opfer des Scherbengerichts*

Die Ankläger und ihre politischen Freunde konnten nur kurze Zeit über den in ihren Augen erfolgreichen Ausgang des Prozesses frohlocken. Nur zu schnell holte die eigene Vergangenheit sie ein. Binnen weniger Jahre wandelte sich das politische Klima in Athen grundlegend; nicht zuletzt wegen der nach wie vor »ungelösten« Perserfrage. Allen war klar, daß sich die Perser mit dem unrühmlichen Scheitern ihres ersten Expansionsversuches nicht zufrieden geben würden.

Mochte es infolge eines Thronwechsels länger dauern, bis die »Barbaren« einen weiteren Vorstoß unternahmen – *daß* sie erneut Wasser und Erde verlangen würden, war nicht zu bezweifeln.

Entsprechend lebhaft war die wehr- und außenpolitische Diskussion in Athen. Die der Perserfreundlichkeit (Medismos) verdächtigten Alkmeoniden wurden schließlich in der Mitte der 80er Jahre Opfer dieser Auseinandersetzungen. Ihr Sturz vollzog sich gleichsam Schlag auf Schlag. Im Jahre 487/86 wurde Megakles, der Onkel des Perikles, ostrakisiert. Er war damit der zweite athenische Politiker, der durch das Scherbengericht aus Attika verbannt wurde.

Eine Ironie des Schicksals, wenn man der Überlieferung Glauben schenken will! Das Scherbengericht, der Ostrakismos, soll nämlich schon vom Alkmeoniden Kleisthenes eingeführt worden sein – und zwar in der Absicht, allzu mächtige, »tyrannisverdächtige« Männer auf die Dauer von 10 Jahren politisch kaltzustellen. Das Scherbengericht, an dem sich mindestens 6000 Bürger beteiligen mußten, war als Waffe des politischen Tageskampfes konzipiert, *nicht* als Strafe im juristischen Sinne. Und das hieß: Es handelte sich »nur« um eine befristete »Verbannung«; jeder Ostrakisierte durfte sein persönliches Vermögen mitnehmen, und nach Ablauf der Frist durfte er sich mit vollen Bürgerrechten wieder in die politische Arena Athens begeben.

Ob der Ostrakismos tatsächlich schon im Zuge der Kleisthenischen Reformen eingeführt worden ist, bleibe dahingestellt. Fest steht, daß die Athener von diesem wirkungsvollsten Mittel der politischen Auseinandersetzung erstmals 488/87 Gebrauch machten. Offenbar fand man dann sehr rasch Geschmack an dem Instrument einer demokratisch beschlossenen Exilierung. In den nächsten Jahren wurden weitere prominente Athener ostrakisiert, unter ihnen vermutlich 484/83 mit Kallixenos ein weiterer Alkmeonide.

### *Leben im Exil*

Und auch der Hauptankläger im Miltiades-Prozeß blieb vom Bannstrahl nicht verschont: Im Jahre 485/84 mußte Xanthippos sich zwangsweise ins Ausland begeben. Die Reihe der Politiker, die damals in die Wüste geschickt wurden, ist nicht zufällig. Durch die Heirat mit der Alkmeonidin Agariste gehörte Xanthippos offenbar im allgemeinen Bewußtsein zum Alkmeoniden-Clan. So gesehen war seine Ostrakisierung im Sog der Anti-Alkmeoniden-Kampagne jener Jahre nur folgerichtig. Die Tatsache seiner Verwandtschaft mit dem berühmten attischen Geschlecht war anscheinend ausschlaggebend; landesverräterische Vorwürfe wie noch gegen Megakles, der als »Tyrannenfreund« eingestuft wurde, sind gegen Xanthippos wohl nicht laut geworden.[32]

Die Ostrakisierung war nicht ehrenrührig. Aber sie griff doch tief in das Leben des Betroffenen und in das seiner Familie ein. Perikles war knapp zehn Jahre alt, als sein Vater ebenso Opfer seiner politischen Prominenz und der Verwandtschaft mit der Familie seiner Mutter wurde wie einige Jahre zuvor sein Onkel Megakles. Wie sich die Verbannung des Xanthippos auf seine Familie ausgewirkt hat, ist nicht überliefert. Es dürfte aber nicht zu kühn spekuliert sein, wenn man vermutet, daß Perikles spätestens damals, auch wenn er die Tragweite des Geschehens nicht erfaßt haben mag, sehr hautnah mit der eisigen Luft in Berührung gekommen ist, die in Athen auf den Höhen der politischen Macht wehte – so wie der Knabe umgekehrt sicher auch die Triumphe und die strahlenden Seiten im Leben eines Vaters miterlebt hatte (und wieder miterleben würde), der im Rampenlicht des politischen Geschehens stand. Was Politik war, wie sie in seiner Heimatstadt funktionierte, welche persönlichen Erfolge mit ihr verbunden sein konnten und welche Risiken sie barg – einen wenn auch noch unreflektierten, so doch um nichts weniger eindrucksvollen Einblick in all das erhielt Perikles durch die gesellschaftliche Stellung und die politische Prominenz seiner Familie schon in sehr jungen Jahren.

Die Exilierung des Vaters gehörte ebenso wie das Erlebnis der Perserkriege, das freilich stärker ein kollektives und deshalb womöglich den einzelnen nicht ganz so stark prägendes Schicksal war, zu den unangenehmen, belastenden Erfahrungen des jungen Perikles. Ob Agariste ihrem Mann zusammen mit den drei Kindern ins Exil gefolgt ist, wissen wir nicht. Es ist aber anzunehmen. Materielle Not brauchte die Familie auf keinen Fall zu erleiden. Da die Ostrakisierung ja keine Strafe war, durfte der Betroffene sein ganzes Vermögen behalten. Überdies hatten die Alkmeoniden in ganz Griechenland Gastfreunde unter ihren aristokratischen Standesgenossen, so daß sie keine Mühe hatten, während der Dauer des Exils eine neue Heimat zu finden.

### *Athens Aufstieg zur Seemacht*

Was sich auf der politischen Bühne Athens abspielte, konnten die ostrakisierten Politiker nur von fern beobachten und nicht einmal durch Mittelsmänner wirkungsvoll in ihrem Sinne beeinflussen. Dort agierte unangefochten ein Mann, der gegen die drohende persische Gefahr eine ebenso weitsichtige wie effiziente Konzeption entwickelt hatte: Themistokles. Sein ganzes Bemühen galt einer starken maritimen Aufrüstung Athens. Nur mit einer schlagkräftigen Flotte, so sein wichtigster Gedanke, werde Athen in dem unausweichlichen Krieg mit Persien eine Chance haben.

Es war ein großes Glück für Athen, daß Themistokles sich gegen viele Widerstände mit seinem Plan durchsetzen konnte. Es gelang ihm, eine Mehrheit für ein Flottenbauprogramm zu gewinnen. Zur Finanzierung der ehrgeizigen Rüstung wurden zum großen Teil reiche Athener herangezogen; außerdem wurde im Jahre 483 in Laureion im Süden Attikas eine neue reiche Silbermine erschlossen, deren Ausbeutung der Staatskasse erhebliche Gelder zuführte.

Nicht weniger als zweihundert neue Kriegsschiffe sollten gebaut werden, und tatsächlich war diese Zahl wohl weitgehend[33] erreicht worden, als die Stunde der Bewährung schlug. Athen wurde in jenen Jahren zur führenden Seemacht in Griechenland. Kein Zweifel, daß das von Themistokles betriebene Flottenbauprogramm ganz wesentlich zum Sieg der Griechen über die Perser beigetragen hat. Doch erschöpft sich darin nicht die zukunftweisende Bedeutung dieser strategischen Konzeption. Sie brachte die Athener nach der lakonischen Feststellung Herodots dazu, »ein Seevolk zu werden«[34] – und das über die Schlachten von Salamis und Mykale hinaus. Es war seine alles überragende Flotte, auf der in der Perikleischen Zeit Athens Macht und damit ein nicht geringer Teil seines Wohlstandes beruhte. Themistokles gebührt der Ruhm, Schöpfer dieser attischen Seemacht gewesen zu sein.

Die Verwirklichung des Flottenbauprogramms hatte nicht nur immense Auswirkungen auf die athenische Wehr- und Außenpolitik im gesamten 5. Jahrhundert. Nicht geringer war die innenpolitische Weichenstellung, die dadurch ausgelöst wurde. Die neuen Schiffe mußten mit Ruderern und Soldaten bemannt werden. Pro Schiff benötigte man eine Besatzung von etwa 200 Männern. Und das bedeutete bei einer derart großen Zahl von Schiffen: Es reichte nicht aus, auf die traditionellen »Wehr-Schichten«, die Hopliten, zurückzugreifen. In großem Umfang mußten Mannschaften, insbesondere Ruderer, aus der breiten Masse der Theten rekrutiert werden. Und das wiederum hatte erhebliche politische Implikationen: Auf längere Sicht kamen die Athener nicht darum herum, den Theten volle politische Rechte einzuräumen. Wer zur militärischen Stärke seiner Heimatstadt beitrug, der wollte das über kurz oder lang auch durch entsprechende Rechte honoriert wissen. Und so hat die »Thetendemokratie« der Perikleischen Ära ihre eigentliche Grundlage in der energisch betriebenen Neuorientierung der attischen Wehrpolitik zur Zeit der Perserkriege.

## *Notgemeinschaft gegen die Perser-Gefahr*

Die Kunde, die zu den Griechen Ende der 80er Jahre aus dem Osten gelangte, war beängstigend. Auf breitester Linie bereitete Xerxes, der neue Großkönig, den Feldzug gegen das unbotmäßige Hellas vor. Die Strategie der Perser sah eine gleichzeitige Invasion zu Lande und zu Wasser vor. Dafür wurde durch die Halbinsel Athos in dreijähriger Arbeit ein Kanal gegraben, dessen Spuren noch heute zu sehen sind. Entlang der Küste legten die Perser auf dem Wege nach Griechenland riesige Depots an, die eine ausreichende Versorgung der Invasionsarmee sicherstellen sollten.

In den griechischen Städten machten sich Furcht und Unsicherheit breit. Wie sollte man gegen diesen gewaltigen, mit großer Umsicht und bewundernswertem Organisationstalent vorgehenden Gegner bestehen können? Viele Griechen sahen keine Chance für eine wirksame Verteidigung. Niedergeschlagenheit und Defaitismus griffen um sich; nicht wenige Städte erfüllten die Forderung des Großkönigs nach Erde und Wasser. Mit Bestürzung mußten verteidigungswillige Griechen erfahren, daß auch das Delphische Orakel, gleichsam die höchste moralische Instanz von Hellas, den Kampf von vornherein verloren gab.

Anders dagegen Sparta und Athen. Sie waren entschlossen, sich der Herausforderung zu stellen. Unter ihrer Führung fand im Jahre 481 ein Kongreß aller Griechen statt, die, wie Herodot mit deutlicher Spitze gegenüber den nicht teilnehmenden Staaten anmerkt, »die bessere Gesinnung Griechenland gegenüber hatten«[35]. Sie kamen überein, die untereinander bestehenden Fehden und Kriege zugunsten der nationalen Sache beizulegen. Insbesondere wurde so der seit Jahren schwelende Konflikt zwischen Athen und Aegina, dem blühenden Inselstaat im Saronischen Golf, vorläufig beendet. Ferner beschloß der Kongreß diplomatische Initiativen, um die nicht vertretenen griechischen Städte nach Möglichkeit noch umzustimmen. All diese Bemühungen blieben letztlich erfolglos. Als sich die Abgesandten der anti-persischen Koalition im Frühjahr 480 erneut zur Festlegung ihrer Kriegsstrategie trafen, konnten sie keine neuen Verbündeten begrüßen.

### *Rückkehr der »verfluchten Führer« in ein angsterfülltes Land*

Immerhin war es gelungen, eine nicht unbeträchtliche Zahl von Staaten, darunter Sparta als führende Land- und Athen als nunmehr stärkste Seemacht, zu einer Verteidigungsgemeinschaft zusammenzuschließen. Überbrückung von Gegensätzen, Einheit und Solidarität waren die Zauberformeln, die allein Aussichten auf eine Abwehr der drohenden Gefahr versprachen.

Und das nicht nur im gesamthellenischen Bereich, sondern auch innerhalb der einzelnen Bürgerschaften. Die Athener erkannten die

Zeichen der Zeit. In dieser Situation wollten sie sich den Luxus unversöhnlichen innenpolitischen Haders nicht leisten. Die meisten waren bereit, der Freiheit des Gemeinwesens zuliebe einen Kurs der Zusammenfassung aller Kräfte zu unterstützen. Für die verbannten athenischen Politiker, die noch kurz zuvor als »verfluchte Führer« – so auf einer Scherbe mit dem Namen des Xanthippos[36] – verteufelt worden waren, bedeutete das den vorzeitigen Rückruf aus ihrem Zwangsexil. Nach rund dreijährigem unfreiwilligem Aufenthalt im Ausland konnten auch Xanthippos und seine Familie nach Athen zurückkehren[37].

Es war eine Rückkehr unter bedrückenden Umständen. Angesichts der gefährlichen Lage, in der sich Griechenland befand, konnte keiner der »Begnadigten« echte Freude empfinden. Für ein ruhiges Wiedereinleben, ein behutsames Ordnen der persönlichen Lebensverhältnisse blieb wenig Zeit. Mit einer gewaltigen Armee zu Lande und zu Wasser näherte sich der persische Großkönig Griechenland.

Die erste Verteidigungslinie der Griechen zwischen Thermopylenpaß und Kap Artemision an der Nordspitze Euböas konnte, nachdem die persischen Truppen die Stellungen der Griechen umgangen und im Rücken der Verteidiger aufgetaucht waren, nicht mehr gehalten werden. Die griechischen Landtruppen und Seestreitkräfte mußten sich nach Süden zurückziehen, um eine zweite Sperrlinie aufzubauen.

### *Evakuierung Athens*

Mittelgriechenland aber stand den persischen Invasoren offen – und auch Athen. Da als neue Verteidigungslinie der wegen seiner Enge leicht zu sperrende Isthmos von Korinth vorgesehen war, mußten die Athener ein großes Opfer bringen: Die Stadt wurde evakuiert; nur die Schatzmeister und Priesterinnen der Athena blieben auf der Akropolis zurück.

Die anderen, in erster Linie Frauen, Kinder und alte Leute – alle wehrfähigen Männer wurden ja dringend in Heer und Flotte gebraucht –, wurden in benachbarte Orte gebracht, auf die Inseln Salamis und Aegina sowie in die Stadt Troizen an der Ostküste der Peloponnes. Die Familie des Perikles blieb von diesen Evakuierungsmaßnahmen nicht verschont. Die Stimmung unter den Athenern, die vor den heranrückenden Truppen der Perser fliehen mußten, hat Plutarch in seiner Biographie des Themistokles beschrieben – nicht ohne Sinn für dramatische Akzente, aber doch sehr realistisch und anschaulich:

»So fuhr die ganze Stadt aufs Meer hinaus, ein Anblick, der viele tief erschütterte und viele andere staunen ließ ob dem kühnen Mut der Athener, die ihre Familien andernorts unterbrachten und selber,

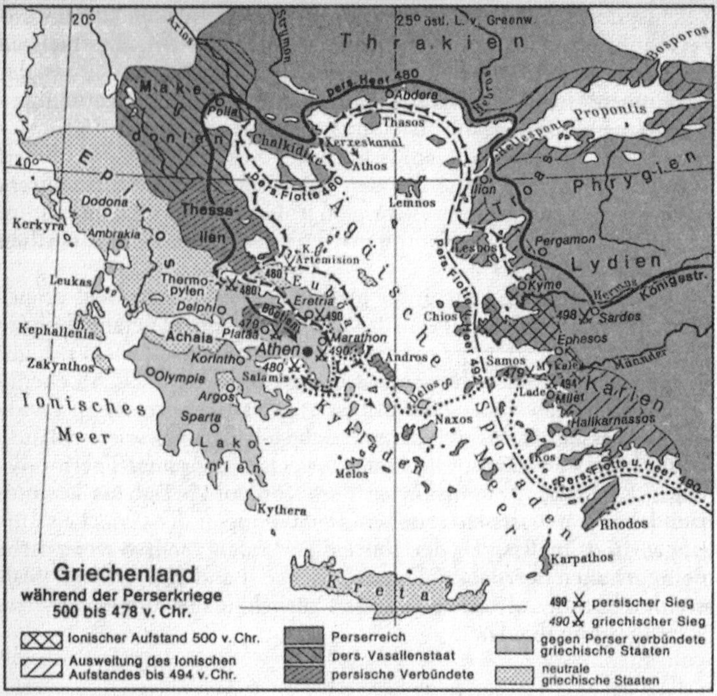


**Griechenland während der Perserkriege 500 bis 478 v. Chr.**

ungerührt vom Jammer, von den Tränen und Umarmungen ihrer Eltern, nach Salamis übersetzten. Voller Mitleid dachte man an die Bürger, die wegen ihres hohen Alters in der Stadt zurückblieben. Und mit wehmütiger Rührung blickte man auf die zahmen Haustiere, die ihren Herren heulend und winselnd bis an die Schiffe nachliefen. So geht die Erzählung, der Hund von Perikles' Vater Xanthippos habe es nicht ausgehalten, von seinem Herrn getrennt zu werden, und sei ins Wasser gesprungen, um neben der Triere herzuschwimmen. Er habe die Insel erreicht, sei aber vor Erschöpfung sogleich tot hingesunken.«[38]

Dem etwa vierzehnjährigen Perikles haben sich diese Szenen sicherlich eingeprägt. Er war damals in einem Alter, das ihn die traurigen Ereignisse schon bewußt miterleben ließ; so auch die Schrekkensmeldungen, daß die persischen Truppen plündernd und brandschatzend durch Attika zogen und daß auch die Stadt selbst ein Raub der Flammen wurde. Auch die Akropolis fiel den Persern in die Hände. Ihre Verteidiger stürzten sich teilweise von der Mauer herab in die Tiefe und kamen dabei um, teilweise wurden sie von den Eroberern niedergemetzelt. Die persische Soldateska plünderte die Heiligtümer und steckte sie danach in Brand – die späte Vergeltung für die Zerstörung von Sardes.[39]

Von all dem in banger Ungewißheit über den weiteren Gang der Ereignisse, in qualvoller Spannung, selbst zur Untätigkeit verdammt, zunächst gerüchteweise, dann durch zuverlässige Meldung hören zu müssen, war das Los der Evakuierten – kein leichtes Los, vielmehr eine Situation, in der sich Angst, ohnmächtige Wut und Hysterie zu einem deprimierenden Gemisch verbanden, das in der Psyche eines jeden, der diese Ereignisse miterlebte und miterlitt, tiefe Spuren hinterlassen haben muß.

### *»Bittere Rache, herrlicher Sieg«*

Alle Hoffnungen richteten sich auf die griechische Flotte, die im Saronischen Golf vor Salamis lag und dort auf die entscheidende Schlacht mit der feindlichen Streitmacht wartete. Es bedurfte mancher Überredungskünste des Themistokles, um die griechischen Bundesgenossen der Athener und somit auch den persischen Großkönig da zu halten, wo die geringere Zahl der Kriegsschiffe durch die günstigen örtlichen Verhältnisse einigermaßen wettgemacht werden konnte. Der Erfolg krönte die militärische und diplomatische Leistung des Themistokles: In der Seeschlacht im engen Sund von Salamis errangen die Griechen einen überwältigenden Sieg, der ihnen schlagartig die Seeherrschaft zurückbrachte und ihre Gegner zur Flucht trieb.

Neben den Ruderern und Soldaten aus Aegina waren es vor allem die Athener, die sich durch diesen auch von vielen Griechen nicht für möglich gehaltenen Triumph großen Ruhm erwarben. So hebt es Herodot, der Chronist jener Kämpfe, ausdrücklich hervor[40], und so entsprach es dem wirklichen Verlauf der Schlacht und nicht zuletzt auch der Tatsache, daß Athen das Gros der griechischen Verbände gestellt hatte. Athen hatte seine Feuerprobe als führende Seemacht Griechenlands mit Glanz und Gloria bestanden; entsprechend stieg das Renommee der Athener in der griechischen Welt. Die hymnischen Verse, in denen Dichter das große Ereignis feierten – »jenen herrlichen, vielbesungenen Sieg«, wie Plutarch, den altgriechischen Dichter Semonides zitierend, sagt, »einen Sieg zur See, wie ihn strahlender weder Griechen noch Barbaren je errungen haben«[41] –: Auch sie unterstrichen das Verdienst der Athener. Acht Jahre nach dem Sieg von Salamis gab der attische Tragiker Aischylos in seinem 472 aufgeführten Stück »Die Perser« dem berechtigten Stolz der Athener Ausdruck, indem er die Mutter des Großkönigs Xerxes beredt Klage führen läßt:

»...Bitter war die Rache, die mein Sohn
Fand bei Athen, der stolzen Stadt. War's nicht genug,
Was vormals Marathon an Barbaren niederschlug?
Hierfür Tribut zu fordern, hatte vor mein Sohn,
Und solche Last von Leid und Not lud er uns auf!«[42]

Mit diesem die Tapferkeit und das Freiheitsstreben seiner Landsleute verherrlichenden Stück trug Aischylos an den Dionysien des Jahres 473/72 den Sieg davon. Die Choregie, eine Art finanzieller Patenschaft für die Aufführung der Tragödie, führte damals kein Geringerer als Perikles, Sohn des Xanthippos.[43]

Mit dem Sieg der Flotte bei Salamis hatten sich die Griechen fürs erste Luft geschaffen. Xerxes selbst rückte mit der Hälfte seiner Armee nach Kleinasien ab; die andere Hälfte überwinterte unter dem Kommando des persischen Generals Mardonios in Nordgriechenland. Die evakuierten Athener kehrten in ihre ausgeraubte und teilweise zerstörte Stadt oder auf ihre verwüsteten und in Brand gesteckten Bauernhöfe zurück. Der Jubel über den großartigen Erfolg mag sie in den ersten Tagen über die bitteren Opfer hinweggetröstet haben, mit denen der Sieg gerade für Athen verbunden war. Die Aufräum- und Wiederaufbauarbeiten kamen in Gang, aber sehr bald dürften sich Ernüchterung und Sorgen eingestellt haben. Jedermann wußte: Noch war es zu früh, die endgültige Rettung vor dem »Joch der Knechtschaft« zu feiern. Der Schatten, den das in Thessalien stationierte persische Heer bis nach Attika warf, war nicht zu übersehen.

### *Standhaftigkeit der Athener – und ihr hoher Preis*

Um so mehr ehrt es die Athener, daß sie allen Verlockungen und Angeboten für einen Separatfrieden im Interesse der gesamtgriechischen Sache widerstanden haben. Im Winter 480/79 entfalteten die Perser nämlich rege diplomatische Aktivitäten. Gesandte des Mardonios, der seinerseits im Auftrag des Großkönigs tätig geworden war, erschienen in Athen und stellten ein auf den ersten Blick verlockendes Bündnis in Aussicht: Wiederaufbau Athens mit finanzieller Unterstützung durch Persien und Garantie der Freiheit für Athen.[44] Worauf der generöse Vorschlag der Perser abzielte, war klar: Die hellenische Allianz sollte gespalten, Sparta von Athen isoliert werden.

Athen aber blieb standhaft. Den Spartanern erklärte man, es sei geradewegs ehrenrührig, daß sie sich über ein mögliches Ausscheren Athens aus der griechischen Wehrgemeinschaft Sorgen machten, und die Gesandten des Mardonios erhielten die Antwort, daß »wir uns, solange die Sonne dieselbe Bahn ziehen wird, die sie jetzt zieht, niemals mit Xerxes einigen werden, sondern, auf die Hilfe der Götter vertrauend, gegen ihn zu Felde ziehen werden.«[45] Das war unmißverständlich. Aber es bedeutete auch den Fortgang des Krieges mit all dem Leid und Bangen, das von ihm ausging.

Die Auswirkungen ihrer beherzten Entscheidung bekamen die Athener denn auch schneller zu spüren, als viele gedacht hatten. Im Frühsommer des Jahres 479 setzte Mardonios sein Heer in Richtung Süden in Marsch. Er stieß auf keine nennenswerte Gegenwehr. Wohl oder übel mußte Athen erneut evakuiert werden. Zehn Monate, nachdem Xerxes aus der attischen Metropole abgezogen war, nahm wiederum ein persisches Heer Athen ein.

Hektik und Angst, unter denen die Evakuierten, darunter vermutlich auch Agariste und ihre Kinder, zu leiden hatten, wurden in den folgenden Tagen noch durch eine unerträgliche, zermürbende Spannung verstärkt, die an den Nerven aller Betroffenen zerrte: Diesmal enthielten sich die persischen Besatzungstruppen jeglichen Übergriffs. Mardonios sah in einem verschonten Athen ein Faustpfand, das er im diplomatischen Tauziehen jener Tage geschickt einzusetzen verstand. Noch einmal unterbreitete er den Athenern sein Bündnisangebot, das auch weitere Zerstörungen Athens ausschloß. Und noch einmal blieben die Athener trotz der höchst unsicheren Lage standhaft und lehnten eine Kooperation mit den »Barbaren« ab. Sie pokerten dabei sehr hoch, weil sich die spartanischen Verbündeten zunächst äußerst zurückhaltend verhielten und ihre Truppen nicht in Marsch setzten. Erst die Drohung Athens, angesichts der Passivität seiner wichtigsten Bundesgenossen doch noch auf das persische Angebot einzugehen, brachte die Spartaner zum Umdenken. Gemeinsam mit den Truppen ihrer peloponnesischen Bündner marschierten sie zum Isthmos von Korinth.

Man kann sich unschwer vorstellen, wie all das Taktieren und Lavieren besonders jene nervlich strapaziert haben muß[46], die dabei mit immer größerer Bitterkeit – vor allem gegenüber den eigenen Bundesgenossen – zusehen mußten, ohne selbst irgendwie eingreifen zu können. Die Genugtuung darüber, daß Sparta und die Städte der Peloponnes sich schließlich zur Hilfeleistung bequemt hatten, wurde freilich erheblich durch die Nachrichten getrübt, die aus Attika nach Salamis hinüberkamen: Nachdem sein Plan mißlungen war, gab Mardonios Athen zur Plünderung und Zerstörung frei. »Wenn noch irgendwo etwas von den Mauern, den Gebäuden und den Heiligtümern aufrecht stand, so wurde alles niedergerissen und dem Erdboden gleichgemacht« – mit diesen Worten beschreibt Herodot die zweite Zerstörung der Stadt durch persische Truppen im Jahre 479 v. Chr.[47]

Weil er angesichts des Vormarsches der Peloponnesier befürchten mußte, von seinem Nachschub- und Rückzugsgebiet im Norden Griechenlands abgeschnitten zu werden, verließ Mardonios Attika mit seinen Truppen. Im mittelgriechischen Böotien, nahe der Stadt Platää, stießen die gegnerischen Heere aufeinander. Erst nach längerem Stellungskampf kam es zur Entscheidung. Es war die größte Hoplitenschlacht, die Hellas jemals erlebt hat. Etwa 30 000 Kriegern auf griechischer Seite traten nach modernen Schätzungen ca. 40-50 000 Perser und Verbündete gegenüber.[48] Die Truppen des Hellenenbundes standen unter dem Oberbefehl des Spartaners Pausanias; die größten Kontingente stellten Sparta, Athen und Korinth.

Und erneut erwies sich die Überlegenheit der griechischen Hopliten. Nach anfänglichen Schwierigkeiten gelang den Griechen ein vollständiger Sieg über die persischen Invasoren, von denen außer ihrem Feldherrn Mardonios einige Tausend fielen. Das Gros der persischen Armee konnte sich nur durch Flucht retten und verließ Griechenland rasch in Richtung Norden.

Die Hellenen konnten aufatmen. Bezeichnend für das Klima unter den Verbündeten waren indes die Streitereien, die den großen Triumph zeitweise zu überdecken drohten. Sie entzündeten sich an der Frage, welchem griechischen Kontingent der Siegespreis zustehe. Daß die spartanischen Hopliten den größten Anteil am gemeinsamen Erfolg hatten, war eigentlich unstrittig – selbst der Wahl-Athener Herodot räumt ein, daß sich »die Tegeaten und Athener wacker schlugen, die Spartaner sie aber an Tapferkeit überragten«, und auch Aischylos rühmt die Überlegenheit der »dorischen Lanze« bei Platää[49] – gleichwohl waren die auf ihr Renommee bedachten Athener, zumal nach dem wenig solidarischen Handeln der Spartaner im Vorfeld der militärischen Entscheidung, nicht bereit, dem »Vorsteher von Hellas« einen solch prestigeträchtigen Ehrenpreis zuzubilligen. Nach all dem, was Athen in den beiden letzten Jahren durchgemacht und ein Jahrzehnt vorher bei Marathon schon geleistet hatte, war diese Weigerung nicht unverständlich. Man einigte sich schließlich auf einen Kompromiß: Die Auszeichnung wurde den Platäern zuerkannt, auf deren Boden die Schlacht stattgefunden und deren Tapferkeit sich im Kampf erwiesen hatte.[50]

Glaubt man der antiken Tradition, die aber wegen ihrer Vorliebe für Synchronismen verdächtig ist, dann fand am selben Tag, an dem die Griechen bei Platää siegten, ein nicht minder wichtiger Kampf bei Mykale an der Küste Kleinasiens statt. Auch dort errangen die

Soldaten der griechischen Flotte, die mit 100 Schiffen nach Ionien gesegelt war, einen überraschenden Sieg über die Truppen des Großkönigs. Offizieller Oberbefehlshaber der gemeinsamen griechischen Flotte war ein spartanischer Admiral. Tatsächlich dürfte das Wort des Kommandanten des attischen Schiffs-Kontingents, das bei weitem das größte war, mindestens ebenso großes Gewicht gehabt haben[51]: Es war Xanthippos, der Vater des Perikles, der den athenischen Trieren vorstand. Ihre Leistung war denn auch ausschlaggebend für den in griechischen Augen glücklichen Ausgang der Schlacht.[52]

Kurz nacheinander zwei weitere so überragende Erfolge über das persische Riesenreich, die zweimal in einem fluchtartigen Rückzug der Gegner geendet hatten! Jetzt konnten die Griechen wirklich aufatmen. Das Jahr 479 brachte die Wende in der Auseinandersetzung zwischen Ost und West. Nicht, daß die Feindseligkeiten ihr Ende gefunden hätten. Wohl aber hatten die Griechen das Gesetz des Handelns wiedergewonnen; in den nächsten Jahren und Jahrzehnten waren sie es, die aus dem einst reinen Defensivkrieg einen offensiven militärischen Konflikt machten.

Mit einer Ausnahme allerdings: Sparta beteiligte sich in der Folgezeit, von wenigen Ausnahmen 479 und 478 abgesehen, nicht mehr aktiv am Kriege. Das war nicht unverständlich, hatten die Spartaner doch einmal mit einer Reihe innerer Schwierigkeiten zu kämpfen. Zum anderen war Sparta alles andere als eine Seemacht. Mochten sie ihr Hoplitenheer für unwiderstehlich halten, auf dem Meere mußten die Spartaner allemal Mächten wie Athen, Korinth und einigen Metropolen Ioniens die ersten Plätze überlassen.

So gesehen konnte es nicht überraschen, daß der spartanische Befehlshaber kurze Zeit nach dem Sieg von Mykale mit seinen Schiffen den Kriegsschauplatz verließ, um nach Hause zurückzukehren. Anders Xanthippos: Er war – in Übereinstimmung mit den Anweisungen, die er aus Athen erhielt – bereit, den Krieg nunmehr offensiv fortzusetzen. Athen war im Wort: Man hatte den Ioniern, die erneut von den Persern abgefallen waren, ausdrücklich empfohlen, ihre Städte in Kleinasien nicht, wie ursprünglich geplant, ganz aufzugeben. Dieser Rat war nicht ganz selbstlos. Die Athener fürchteten um ihren politischen Einfluß bei den ionischen Griechen und wohl auch um ihre wirtschaftlichen Kontakte mit den reichen kleinasiatischen Städten. Und sie sahen eine Chance, sich im gesamtgriechischen Rahmen als Beschützer und geradezu als Garantiemacht für ein freies Ionien[53] zu profilieren.

Um die Stellung Athens innerhalb der griechischen Welt in den nächsten Jahrzehnten und sein Verhältnis zu Sparta richtig einschätzen zu können, ist es notwendig, sich die Ereignisse zwischen dem Ionischen Aufstand und den Schlachten von Plataä und Mykale zu vergegenwärtigen. Trotz aller Opfer, die gerade die Athener in den Perserkriegen hatten bringen müssen, stand die attische Metropole am Ende mächtiger, einflußreicher und angesehener da als jemals zuvor. Mehr noch: Der vorher unbestrittenen griechischen Führungsmacht Sparta war in Athen eine ernsthafte Konkurrentin erwachsen. Nicht nur von wehr- und außenpolitischer, sondern auch von immenser innen-, sozial- und wirtschaftspolitischer Bedeutung war die in jenen Jahren energisch vollzogene und konsequent ausgebaute Wandlung Athens zur maritimen Vormacht in der Ägäis. Mit ihrem unbedingten Eintreten für die gesamtgriechische Sache hatten die Athener reiche Sympathien gewonnen, während gleichzeitig das manchmal recht zögerliche Vorgehen Spartas, vorsichtig ausgedrückt, den Kredit des »Vorstehers von Hellas« in der griechischen Welt zumindest nicht erhöht hatte – trotz der erfolgreichen propagandistischen Bemühungen der Spartaner, etwa den – zweifelhaften – Heldentod des Leonidas und seiner dreihundert Spartiaten an den Thermopylen als einzigartiges Opfer für die griechische Freiheit hochzustilisieren.

Was Isokrates rund 100 Jahre nach der glorreichen Abwehr der persischen Invasion in seinem Hymnos auf Athen aus tagespolitischen Gründen über die Rolle seiner Heimatstadt in den Perserkriegen sagt, mögen viele Athener nach 479 empfunden und als Ansporn für einen raschen Wiederaufbau der Stadt und einen Ausbau der athenischen Macht verstanden haben:

»Wie könnten Männer sich als tapferer oder der griechischen Sache ergebener erweisen als unsere Väter, die, um nicht für die Versklavung der übrigen Griechen mitverantwortlich zu sein, den Anblick ertrugen, wie ihre Stadt menschenleer wurde, ihr Land verwüstet, ihre Heiligtümer geplündert, ihre Tempel in Brand gesteckt wurden und der ganze Krieg sich in ihrer Heimat abspielte. Tatsächlich aber begnügten sie sich damit nicht; sondern sie waren bereit, zur Seeschlacht anzutreten – sie allein gegen 1200 feindliche Kriegsschiffe. Man ließ freilich nicht zu, daß sie alleine kämpften: Denn die Peloponnesier sahen sich, durch die Tapferkeit unserer Vorfahren beschämt, und weil sie darüber hinaus glaubten, daß sie, wenn die Athener vernichtet wären, auch selbst nicht gerettet würden, wenn aber die Athener Erfolg hätten, ihre eigenen Städte in schlechten Ruf kämen, gezwungen, die Gefahren ebenfalls auf sich zu nehmen...

Kurzum, unsere Stadt war, als sie noch unversehrt war, derart überlegen, daß sie sogar nach ihrer Zerstörung mehr Kriegsschiffe zum Kampf für Griechenland beisteuerte als alle anderen zusammen, die am Seekrieg teilnahmen. Und niemand hegt solche Vorurteile uns gegenüber, daß er nicht anerkennen würde, daß wir wegen des Seekampfes den Krieg gewonnen haben und unsere Stadt das Verdienst dafür hat.«[54]

Das mag alles sehr durch die athenische Brille gesehen sein; aber es war nicht gänzlich falsch. Und sicher waren es *nicht nur* Athener, die 479 ein ähnliches Fazit der Perserkämpfe gezogen haben. Kein Zweifel, daß Athen die harte Bewährungsprobe, auf die es in den neunziger und achtziger Jahren des 5. Jahrhunderts gestellt worden ist, glänzend bestanden hat und letztlich gestärkt daraus hervorgegangen ist. Kein Zweifel auch, daß diese Ereignisse, die die Jugend des Perikles im ganzen gesehen mehr überschattet als überstrahlt haben – auch wenn die Leistung und Erfolge des Vaters als Befehlshaber der athenischen Flotte vor Kleinasien 479 v. Chr. das Ansehen der Familie erhöht, die politische Karriere des Perikles vielleicht etwas gefördert haben mögen –, in mancher Hinsicht das Fundament gelegt haben, auf dem das »Perikleische Zeitalter« aufbaute und ohne das die Politik des Olympiers so nicht möglich gewesen wäre.

Der Aufstieg Athens von einer von mehreren griechischen Mittelmächten zu Beginn der Auseinandersetzungen mit den Persern zur zweitmächtigsten Stadt Griechenlands und Herausforderin Spartas: Das war im innergriechischen Rahmen die atemberaubendste Umwälzung zur Zeit der Perserkriege.

## *Erziehung zum Kaloskagathos*

Soviel zu den politischen und kriegerischen Ereignissen, die in die Jugend des Perikles, etwa bis zu seinem vierzehnten Lebensjahr, fallen. Es war eine unruhige, unsichere Zeit, die erhebliche Zweifel daran erlaubt, ob man die Jugend des Perikles als glücklich bezeichnen darf.

Konkrete Angaben über das individuelle Schicksal des Perikles in jenen Jahren fehlen fast ganz. Sicher ist anzunehmen, daß er und seine Familie zu keiner Zeit materielle Not gelitten haben. Er wuchs in einer aristokratischen Umgebung auf, die ihn Entbehrungen und Sorgen um den täglichen Lebensunterhalt nicht kennenlernen ließ. Berühmte Leute, hohe Politiker ebenso wie hervorragende Künstler, Intellektuelle und reiche Großgrundbesitzer verkehrten im Hause des Vaters und im Kreise der Alkmeoniden, bei denen Perikles viele Stunden und Tage verlebt haben dürfte. Seine Spielkameraden und Jugendfreunde entstammten der gesellschaftlich führenden Schicht. Ob der wohlbehütete Aristokratensproß jemals, von den dramatischen Evakuierungen Athens vielleicht abgesehen, mit Alterskameraden, deren Väter Zeugiten oder Theten waren, in näheren Kontakt gekommen ist, darf bezweifelt werden.

Auf eine gute Erziehung ihrer Kinder legte die Familie Wert. Das war in ihren gesellschaftlichen Kreisen eine Selbstverständlichkeit. Eltern, die weniger Geld besaßen und die außerdem auf den damit verbundenen Verdienstausfall der Jugendlichen selbst achten mußten, konnten sich keine längere Ausbildung erlauben. Das galt auch noch für spätere Jahrzehnte, als fast alle Kinder in Athen wenigstens eine Art Grundschule besuchten. Um so mehr trifft für den Anfang des fünften Jahrhunderts eine Feststellung Platons zu, in der er die Unterschiede in der schulischen Ausbildung athenischer Kinder nüchtern auf den Punkt bringt: »Die Reichen haben die Mittel dazu, daher beginnen ihre Kinder als erste mit der Erziehung und hören als letzte auf.«[55]

Perikles war in eine Familie der gesellschaftlichen Elite Athens hineingeboren worden, in der das Privileg einer umfassenden, anspruchsvollen Ausbildung als selbstverständlich galt. Oberstes Ziel der noch ganz auf aristokratischen Vorstellungen beruhenden Erziehung war zur Zeit der Perserkriege das Ideal des καλὸς κ'ἀγαθός (*kalos k'agathos*), des »schönen und sittlich guten Menschen« – und das erst recht in einer Umgebung, die sich ihrem hohen Adel verpflichtet fühlte.

Zur körperlichen Schönheit trug nach der Ansicht der damaligen Erzieher und Philosophen eine sehr intensive sportliche Ausbildung in besonderem Maße bei. Die Übungen der Knaben und jungen Männer in der Palaistra, der Ringhalle, machten einen großen Teil des schulischen »Stundensolls« aus; weit mehr, als es heutige Lehrpläne vorsehen. Geübt wurden fast alle sportlichen Disziplinen, die auch bei Wettkämpfen auf dem Programm standen: Ringen, Boxen, Laufen, Diskus- und Speerwurf und Weitsprung. Wer über die finanziellen Mittel verfügte, ließ seinen Sohn auch in der kostspieligen Reitkunst unterrichten.

Die Erziehung zum *agathos*, (sittlich) guten jungen Mann, oblag anderen Unterrichtsfächern. Einen hervorragenden Platz nahm dabei die musikalische Erziehung ein. Sie setzte sich aus Unterweisung im Gesang, im Tanz und im Spielen der Lyra zusammen. Das angestrebte Lernziel ist klar: Die Schüler sollten zu kultivierten jungen Männern werden, die sich beim Symposion nicht zu verstecken brauchten. Schenkt man Aristophanes Glauben, so genossen die Zöglinge der »alten Erziehung«, unter ihnen auch Perikles, gerade in der musischen Ausbildung einen Unterricht, der streng reglementiert war und für persönliche Freiheiten oder gar

Schabernack keinen Platz hatte: »Wenn einer«, so der Komödiendichter nicht ohne eine Spur nostalgischer Wehmut, »aus Eitelkeit Sprünge versucht' und die Lieder mit Schnörkeln verhunzte, ...dann regnet' es Schläg' auf den Sünder, der frech an den heiligen Musen gefrevelt.«[56]

Zur Musik gehörten die Texte der Lieder, die beim Festmahl oder im Kreise der Freunde beim Wein gesungen wurden. Das Auswendiglernen lyrischer Dichtungen, die vielfach die Geselligkeit, ihre Annehmlichkeiten und Begleitumstände zum Thema hatten, stand somit auch auf dem Lehrplan der heranwachsenden Knaben Athens; dazu natürlich auch der große politische »Klassiker« ihrer Heimatstadt, Solon, der in seinen Elegien und Iamben eindringlich die moralischen Grundlagen des Staates und der Gesellschaft besungen hatte, die auch hundert Jahre später noch nicht veraltet schienen. Wenn Solon sein Lebenswerk und die Prinzipien beschreibt, von denen er sich bei seinen Reformen leiten ließ (»...durch meine Macht habe ich Gewalt zugleich und Recht in eins gefügt«), wenn er warnend den Zeigefinger hebt, um auf die Gefahren jeder Maßlosigkeit hinzuweisen (»Überfluß bringt frevelnden Hochmut hervor, wenn üppiger Wohlstand Menschen zuteil wird, deren Gesinnung nicht dazu paßt«), wenn er schließlich die Einheit und Solidarität aller Athener beschwört, deren Fehlen allein, nicht aber der Wille der unsterblichen Götter die Heimat ins Verderben stürzen könne[57], dann ist das für Perikles und seine Altersgenossen nicht nur eine Geschichtslektion, sondern ein geistiger Besitz, den es immer wieder zu durchdenken und in ihrem künftigen Handeln als Staatsbürger und verantwortliche Politiker für den politischen Alltag zu aktualisieren gilt.

## *Immer der Beste sein...*

Die Krönung der an sich nicht sehr intensiven, im wesentlichen auf eine Nutzanwendung in unterschiedlichen Lebensbereichen gerichteten literarischen Bildung war die Beschäftigung mit den homerischen Epen. Homer, im Altertum als *der* Dichter schlechthin gefeiert, ist nach einem Worte Platons »der Erzieher Griechenlands« gewesen[58] – und das gilt sicher auch für seine Stellung im athenischen Bildungswesen zur Zeit der Perserkriege[59]. Es war die Ethik des Agonalen, des Wettstreits der Besten um den ersten Platz, das Bemühen darum, der eigenen Tugend (areté) den Vorrang zu sichern, die die Faszination der Rhapsodengesänge für die griechischen Pädagogen ausgemacht haben. Kaum jemand bezweifelte, daß eine derartige auf Konkurrenz ausgerichtete Ethik einer fernen heroischen Zeit auch für die eigene Gegenwart vorbildhaft sei. Generationen griechischer (und später auch römischer) Schüler haben Hunderte oder gar Tausende homerischer Verse auswendig zu rezitieren gelernt, und selbst den schlechtesten und faulsten dürfte sich die berühmte Forderung an den homerischen Helden (und indirekt damit an ihn selbst) eingeprägt haben, die da lautete: »immer der Beste sein und die anderen übertreffen«[60]– eine aus heutiger Sicht nicht unproblematische erzieherische Maxime. Ob ein Mann wie Perikles sie bewußt beherzigt hat, ob sich sein politisches Handeln unmittelbar aus der Verinnerlichung einer solchen Ethik ableiten läßt, vermag niemand zu beurteilen. Wohl aber erscheint es nicht fehl am Platze, auf diesen allgemeinen geistigen Hintergrund hinzuweisen.

Körperliches Training, musikalische Unterweisung und Erziehung durch die Dichtung: Das waren die drei Säulen der »alten Erziehung« im Athen des frühen fünften Jahrhunderts. Wie seine Alterskameraden gleicher sozialer Herkunft ist auch Perikles im Rahmen dieser pädagogischen Vorstellungen zu einem *kalos k'agathos* erzogen worden, zu einem jungen Mann, der sich selbst in die aristokratische Tradition seiner Familie gestellt sah und sich zu den Wertvorstellungen und Idealen der athenischen Oberschicht bekannte. Wenn Plutarch Perikles als Aristokraten im Denken und in seiner äußeren Erscheinung schildert, als Mann, dem das »Bad in der Menge« zuwider war[61], dann geht diese Prägung des Olympiers nicht zuletzt auf seine Erziehung zurück.

### *Damon – Lehrer von hohem Rang*

Perikles ist zeit seines Lebens ein Mensch gewesen, der den Umgang mit Intellektuellen und Künstlern schätzte. Unter den Männern, die die antike Tradition als seine Erzieher und Lehrer nennt, finden sich Geistesgrößen ersten Ranges wie der Philosoph Anaxagoras, dessen Ruhm weit über Athen hinaus erstrahlte. Ohne Zweifel ist Perikles durch Anaxagoras und andere bedeutende Gelehrte nicht unwesentlich geprägt worden; als Erzieher des *jungen* Mannes können sie indes nicht gelten. Das scheitert an ganz einfachen chronologischen Gründen: So ist Anaxagoras um 500 v. Chr. geboren worden und war damit nur um etwa sieben Jahre älter als Perikles. Das gleiche gilt für den Naturphilosophen Zenon von Elea, als dessen Zuhörer Perikles bezeichnet wird[62]. Wenn diese Überlieferung richtig ist, so kann auch dieser Kontakt aus dem gleichen Grunde erst zustande gekommen sein, als Perikles das Jünglingsalter schon hinter sich hatte. Wir werden daher die geistige Welt dieser Männer und die Frage einer Beeinflussung oder Prägung des Perikles durch sie erst später behandeln.

Etwas anders sieht es bei einem weiteren Erzieher aus, mit dem

Perikles lange Zeit Umgang hatte, seinem Musiklehrer Damon von Oia. Zwar dauerte dieser geistige Kontakt auch noch in einer Zeit an, als Perikles schon in höchster politischer Verantwortung stand, doch ist es nicht völlig ausgeschlossen, daß er schon als Siebzehn- bis Zwanzigjähriger unter der pädagogischen Obhut Damons heranwuchs.

Es ist nicht viel, was die antiken Quellen über diesen Damon zu berichten wissen. Doch schon das Wenige, das wir erfahren, reicht aus, um zumindest eines feststellen zu können: Perikles' Eltern haben sich um die beste Erziehung ihres zweitältesten Sohnes bemüht.

Die Lehrerpersönlichkeit des Damon bleibt letztlich verschwommen. Die Urteile über ihn, von kompetenten Männern gefällt, weisen ihn jedoch als hervorragend qualifizierten, anregenden Intellektuellen aus. So rühmt ihn der Redner Isokrates als den einsichtsvollsten Bürger seiner Zeit; Platon hebt seine pädagogischen Qualitäten und seine fachliche Kompetenz auf mehreren Gebieten hervor: Damon habe nicht nur die Musik, sondern auch alle anderen Lehrgegenstände den Jünglingen anständig beizubringen verstanden[63]. Als Musiktheoretiker genoß er einen ausgezeichneten Ruf[64]; Perikles hätte keinen kundigeren Lehrer in diesem wichtigsten Bereich der »alten Erziehung« haben können.

Wie stand es indes um die »anderen« Dinge, die Damon seinem Schüler vermittelte? Darin gingen die Meinungen der Zeitgenossen weit auseinander. Fest steht, daß Damon sich auch als Philosoph verstanden hat und ein Anhänger der sophistischen Aufklärung war. Tatsächlich paßt es ja gut zusammen, daß ein geistig so reges, neuen Ideen vergleichsweise so aufgeschlossen gegenüberstehendes Adelshaus wie das der Alkmeoniden es nicht ungern sah, wenn die Erziehung der neu heranwachsenden Generation in den Händen kritischer Pädagogen lag, die sich in ihrem Denken neuen Fragen und Horizonten zuwandten.

Am problematischsten war die Erziehungstätigkeit Damons in den Augen mancher Athener auf politischem Gebiet. Damon war offensichtlich alles andere als ein bloßer Theoretiker und stiller Denker, der über den Niederungen der Alltagspolitik schwebte. Ganz im Gegenteil: Er nahm sehr engagiert am politischen Leben teil und scheute auch keine klare Stellungnahme zu Einzelfragen der Politik. Philosophisches Denken und politisches Handeln ergänzten einander im Verständnis des Damon, und er wird sich bemüht haben, seinen Schülern diese Einsicht zu vermitteln. Politische Erörterungen, hitzige Diskussionen über aktuelle Tagesprobleme, nachdenkliche Gespräche über die Frage der besten Staatsform, die Grundlagen des sozialen Lebens in der Polis Athen, die Ansprüche, die die Gemeinschaft an die führenden Staatsmänner zu stellen habe, die ethisch-philosophischen Grundwerte des Staates und die Möglichkeiten, sie in konkrete Politik umzusetzen: All das dürfte immer und immer wieder auf dem anspruchsvollen Lehrplan eines Damon gestanden haben.

Von ihm hat Perikles einen gründlichen Einblick in die politische Diskussion erhalten. Der Schüler dankte es seinem Lehrer, indem er seinen Rat auch dann noch einholte, als er zum führenden Staatsmann Athens aufgestiegen war. Der Einfluß, den Damon auf ihn ausübte, war sicher nicht gering. Es scheint, als habe Perikles auch in ganz konkreten Angelegenheiten der Tagespolitik den Ratschlägen Damons entsprochen und seine Anregungen in politisches Handeln umgesetzt.

### *Graue Eminenz der attischen Politik?*

Da Perikles eine Reihe von Feinden hatte und auch Damons politische Ansichten nicht unumstritten waren, ist es kaum verwunderlich, daß Gegner aus der Beratertätigkeit des ehemaligen Lehrers politisches Kapital zu schlagen versuchten. Interessierte Kreise streuten das Gerücht, Damon sei eine Art grauer Eminenz der attischen Politik und der politische Gestaltungswille des Perikles beruhe auf nicht viel mehr als einer kritiklosen Umsetzung der Einflüsterungen seines Lehrers in politische Entscheidungen.[65]

Das war eine durchsichtige Kampagne vor allem gegen den Olympier, um dessen staatsmännische Fähigkeiten in Zweifel zu ziehen. Und sie blieb nicht ohne Erfolg: Damon selbst war es, der schließlich das Opfer dieser Gerüchte wurde, als er wegen »gefährlicher Umtriebe und Tyrannenfreundlichkeit« durch Ostrakismos aus Athen verbannt wurde[66].

Kein Zweifel, daß der Einfluß Damons auf den Politiker Perikles in dieser Reaktion überschätzt wurde. Kein Zweifel aber auch, daß seine Bedeutung als Lehrer des jungen Perikles nicht gering veranschlagt werden darf. Plutarch hat das in ein schönes Bild gebracht, wenn er sagt: »Für Perikles' staatsmännische Schulung bedeutete der Verkehr mit diesem Manne dasselbe, was für den Sportler der Umgang mit dem Trainer und Fechtmeister bedeutet.[67]«

Bei diesem Mentor, bei dem gesellschaftlichen Hintergrund, der Abstammung aus vornehmstem Hause, dem frühen Umgang mit politischen Größen, die im Elternhaus ein- und ausgingen, bei der durchaus auf aristokratische Ideale ausgerichteten Erziehung konnte man davon ausgehen, daß Perikles in der attischen Politik dereinst möglicherweise eine nicht unerhebliche Rolle würde spielen können. Was freilich kaum jemand voraussehen konnte, war die Tatsache, daß dieser als Aristokrat geborene und erzogene Mann in dem nach den Perserkriegen erstarkten Athen zum Chef der demokratischen Partei aufsteigen, daß sein Name sich untrennbar mit der klassischen athenischen Demokratie verbinden werde.

## 3. KAPITEL
# Aufstieg im Parteienkampf

### *Wiederaufbau mit neuem wehrpolitischem Konzept*

Die Jahre, in denen Perikles bei den besten Lehrern Athens zur Schule ging, waren für seine Heimatstadt Athen eine Zeit rascher Veränderungen und eines kometenhaften Aufstiegs in politischer, wirtschaftlicher und kultureller Hinsicht. Nach 479 hieß es für die Athener zunächst, ihre Stadt möglichst rasch wieder aufzubauen, um die Spuren der Verwüstung, die die zweimalige persische Besetzung der Stadt hinterlassen hatte, zu beseitigen und zu einem »normalen« zivilen Leben zurückzukehren. Von dem unerwarteten Erfolg über den persischen Koloß beflügelt und durch die eigene großartige Leistung und den unübersehbaren Macht- und Prestigezuwachs in ihrem Selbstbewußtsein gestärkt, unterzogen sich die Athener mit ungeheurem Einsatz der großen Aufgabe des Wiederaufbaus. Und nicht nur das! Die Athener hatten ihre Lektion gelernt. Die Perserkriege hatten ihnen mit erschreckender Deutlichkeit gezeigt, wie schutzlos eine unbefestigte Stadt war, die lediglich in der Akropolis über eine natürliche Festung verfügte. Und sie hatten ihnen außerdem sehr drastisch klargemacht, wie sehr ihr Wohl und Wehe unter diesen Umständen von der Zuverlässigkeit ihrer Bundesgenossen abhing – und die war ja nun nicht gerade über jeden Zweifel erhaben gewesen.

Der Blick in die jüngste Vergangenheit ließ es demnach geraten erscheinen, die Stadt nunmehr durch Verteidigungsanlagen wirkungsvoller zu schützen, um den bevorstehenden Wiederaufbau gleichsam auf eine sicherere Grundlage zu stellen. Nachdenklichen Politikern mußte aber auch der Blick auf die Zukunft verraten, daß eine starke Befestigung der Stadt dringend zu wünschen sei. Angesichts des Knirschens im Getriebe der gesamtgriechischen Allianz, der Meinungsunterschiede und Streitereien vor allem mit den spartanischen Verbündeten, die ihnen in den letzten Jahren zu schaffen gemacht hatten, gehörte keine besondere prophetische Gabe dazu, um vorauszusehen, daß auch innergriechische Rivalitäten, möglicherweise sogar kriegerische Auseinandersetzungen zumindest nicht völlig ausgeschlossen waren. Und da im Bewußtsein der eigenen Leistung kaum jemand in Athen daran dachte, gegenüber den Forderungen des »Vorstehers von Hellas« klein beizugeben und sich dem spartanischen Führungsanspruch zu beugen, empfahl es sich, den Ernstfall in das wehrpolitische Kalkül früh genug einzubeziehen.

Wie wohlbegründet solche Erwägungen waren, sollte sich schneller zeigen, als viele angenommen hatten. Themistokles gelang es, die Mehrheit seiner Mitbürger für ein ehrgeiziges Projekt zu gewinnen: Innerhalb kürzester Zeit, so schlug er vor, solle Athen durch einen Mauerring umgeben und so zu einer starken Festung ausgebaut werden – und das mit unbedingter Priorität vor allen anderen notwendigen Wiederaufbaumaßnahmen.

### *Zusammenstoß mit Sparta*

Kaum war mit dem Mauerbau begonnen worden, als schon eine Gesandtschaft der mißtrauischen Spartaner in Athen vorstellig wurde. Ob man sich dieses Unternehmen denn auch gut überlegt habe, wollten die Spartaner wissen; und ob nicht eine derart befestigte Stadt, wenn sie einer möglicherweise wieder nach Griechenland vorrückenden persischen Invasionsarmee in die Hände falle, einen äußerst vorteilhaften Stützpunkt für die »Barbaren« abgeben würde?[1]

Die blauäugig vorgebrachten Bedenken der Spartaner hatten, konsequent zu Ende gedacht, nicht nur eine ausgesprochen zynische Note – die Athener sollten also, bitte schön, von vornherein auf eine Verteidigung ihrer Stadt verzichten –; sie waren außerdem noch vorgeschoben. Die eigentlichen Beweggründe, die zur besorgten Intervention geführt hatten, lagen natürlich auf einer anderen Ebene: Der geplante Mauerbau war aus spartanischer Sicht im *innergriechischen* Kräftefeld ein äußerst bedenkliches Unternehmen, das das politische und militärische Gewicht des ohnehin schon so mächtig gewordenen Athen nochmals deutlich stärken würde. Die Spartaner hatten sehr wohl erkannt, daß ihnen in der attischen Metropole eine gefährliche Konkurrentin erwuchs, und bemühten sich nun, diese in den Perserkriegen begonnene Entwicklung zum Stillstand zu bringen oder zumindest abzubremsen.

Auch in Athen war jedermann klar, worauf die spartanische Intervention in Wirklichkeit abzielte. Gleichwohl schreckte Athen noch vor einer harten Kontroverse zurück. Statt dessen setzte man auf Zeitgewinn und griff zu einer wirksamen List. Die spartanischen Gesandten wurden freundlich angehört, man sicherte ihnen zu, die von ihnen aufgeworfenen Fragen und neuen Gesichtspunkte sehr ernsthaft überdenken zu wollen, und entließ sie in ihre Heimat. Nur wenig später ließ sich Themistokles mit einer athenischen Delegation nach Sparta schicken, um das Mißtrauen der Spartaner zu zerstreuen. Tatsächlich aber vertröstete er dort die spartanischen Politiker von Tag zu Tag; erst wenn die restlichen Mitglieder seiner Gesandtschaft am Eurotas eingetroffen seien, werde er ihnen Athens Entscheidung in der Frage des Mauerbaus mitteilen können.

Während sich Themistokles dieser Hinhaltetaktik bediente, um die Spartaner zum Stillhalten zu veranlassen, wurde in Athen fieberhaft an der Fertigstellung der Stadtmauer gearbeitet. Selbst Kinder und Frauen, Sklaven und in Athen lebende Ausländer wurden zwangsverpflichtet; als Baumaterial diente alles, dessen man in der kurzen Zeit habhaft werden konnte. Schutt und Steine aus den Trümmern der von den Persern zerstörten Gebäude standen ja in großen Mengen zur Verfügung, und selbst Grabstelen wurden in die Befestigung mit eingemauert. Noch Jahrzehnte später, so berichtet Thukydides, war es der Mauer wegen der Verwendung unterschiedlichster Baumaterialien und des teilweise wenig fachmännisch durchgeführten Baus anzusehen, daß sie in großer Eile entstanden war[2].

Solche ästhetischen Gesichtspunkte zählten damals für die Athener verständlicherweise nicht. Worauf es ihnen ankam, war allein der funktionale Aspekt der Befestigung. Hauptsache, die Mauer bot ihnen so schnell wie möglich den Schutz, der es ihnen erlauben würde, sich den Spartanern und anderen alarmierten griechischen Städten selbstbewußt stellen zu können. Und eben dieses Ziel hatten sie erreicht, als sie dem in Sparta weilenden Themistokles Vollzug melden konnten.

Auf diese Nachricht hin schenkte Themistokles den Spartanern reinen Wein ein. Er teilte ihnen unverblümt mit, daß seine Landsleute die Stadt in der Zwischenzeit so stark befestigt hätten, daß der Mauerring ihnen ausreichenden Schutz vor jedem Angreifer biete. Im übrigen möchten sie künftig zur Kenntnis nehmen, »daß die Athener sich sehr wohl auf ihr eigenes und das allgemeine Beste verstünden«.[3]

Eine schwere diplomatische Niederlage für Sparta! Die Athener hatten ihre Konkurrenten durch eine List hingehalten und inzwischen ein *fait accompli* geschaffen. Angesichts der machtpolitischen Verhältnisse, aber auch mit Rücksicht auf die öffentliche Meinung in Griechenland, die den Athenern damals wegen ihrer Leistungen bei der Perser-Abwehr noch recht gewogen war, konnten es sich die Spartaner nicht erlauben, die Angelegenheit zu einem ernsthaften Konflikt eskalieren zu lassen.

So machten sie gute Miene zum bösen Spiel und gaben der athenischen Delegation zur Antwort, ihre Boten hätten ja auch den Mauerbau nicht verbieten, sondern lediglich einen guten Rat erteilen sollen.

Fürs erste war die gespannte Lage durch diese Reaktion der Spartaner entschärft. Unter der Oberfläche indes wuchsen das gegenseitige Mißtrauen und Konkurrenzdenken weiter. Dem scharfen Analytiker Thukydides ist es nicht entgangen, daß die Ereignisse des Winters 479/78 gleichsam der Auftakt zu dem am Ende mörderischen Dualismus zwischen Athen und Sparta waren. Seinem Überblick über die wahren Ursachen des Peloponnesischen Krieges hat der Historiker daher den Bericht über den Mauerbau und seine dramatischen Umstände vorangestellt. Sein Fazit, daß trotz des offiziell guten Einvernehmens eine »heimliche Verstimmung« zurückgeblieben sei[4], erscheint psychologisch ebenso einleuchtend, wie es für den Fortgang der Dinge im athenisch-spartanischen Verhältnis von tatsächlicher Bedeutung war. Athens Außenpolitik in jenen Jahren war ungemein offensiv – nicht immer direkt gegen Sparta gerichtet, aber doch Konfrontationen nicht scheuend und vor allem darauf angelegt, sich bietende Gelegenheiten zur Stärkung des eigenen Einflusses kühn beim Schopfe zu fassen.

Nirgends zeigt sich diese ungebrochene Dynamik deutlicher als in der Perserkrieg-Frage. Fest stand: Zunächst war der Großkönig erfolgreich in seine Schranken verwiesen worden. Freilich konnte niemand wissen, ob und wann der gedemütigte Perserkönig einen neuen Anlauf unternehmen werde, Hellas unter seine Herrschaft zu zwingen. Ein noch viel brennenderes Problem war die Situation der kleinasiatischen Griechenstädte, die erneut vom Perserreich abgefallen waren, sich angesichts ihrer geographischen Lage aber einer ständigen Bedrohung durch persische Truppen ausgesetzt sahen.

Ein Rückzug der griechischen Flotte aus den kleinasiatischen Gewässern hätte eine akute Gefährdung der Ionier zur Folge gehabt. Für den Großkönig wäre das vermutlich das Signal gewesen, die unbotmäßigen Griechen mit Waffengewalt in sein Reich zurückzuzwingen. Die Spartaner indes, nicht zuletzt durch eine Reihe innenpolitischer Probleme in ihrer politischen und militärischen Bewegungsfreiheit eingeschränkt, verspürten wenig Neigung, den teuren und personalintensiven überseeischen Krieg fern der Peloponnes über das Stadium der akuten Bedrohung hinaus jahre- oder jahrzehntelang fortzuführen. Ihr Ratschlag, die Ionier sollten ihre Metropolen in Kleinasien aufgeben und mit all ihrer Habe nach Griechenland auswandern und dort neue Städte gründen, war sehr pragmatisch und sehr ehrlich, verriet aber wenig Fingerspitzengefühl und taktisches Einfühlungsvermögen – zumal die Athener nichts Eiligeres zu tun hatten, als den entgegengesetzten Rat zu geben und sich als Garantiemacht wärmstens zu empfehlen.[5]

Es ist kaum zweifelhaft, daß Athen in den Monaten nach der Schlacht von Mykale die zumindest bei einem Teil der spartanischen Führungsschicht feststellbare Abneigung gegen eine Fortsetzung des »ionischen Abenteuers« geschickt ausgenutzt hat. Mit ihrer unentschlossenen Haltung und durch das großspurige, gegen Freund und Feind rücksichtslose Auftreten ihres kleinasiatischen »Statthalters« Pausanias verscherzten sich die Spartaner bei den Ioniern in jenen Tagen manche Sympathien. So fiel es der athenischen Propaganda nicht schwer, den Bundesgenossen eine Fortsetzung des Krieges unter Führung Athens schmackhaft zu machen und sich als glaubwürdige Alternative zum wenig souverän agierenden »Vorsteher von Hellas« anzubieten. Immerhin konnten die Athener dabei ja völlig zu Recht auf ihre Vormachtstellung zur See und ihren Anteil am Triumph über die »Barbaren« verweisen. Man kann sich den Tenor vieler Unterredungen, die damals mit den führenden Männern der ionischen Griechenstädte geführt worden sind, lebhaft vorstellen. Ein schwacher Nachhall davon kommt noch in der von Thukydides gestalteten Rechtfertigungsrede der Athener am Vorabend des Peloponnesischen Krieges zum Ausdruck, in der die Spartaner mit den »Sünden« ihrer Vergangenheit konfrontiert werden:

»Fiel uns doch gerade diese Macht auch ohne Grausamkeit zu, da ihr (Spartaner) keine Lust hattet, gegen den Rest der Barbaren im Feld auszuharren und die Verbündeten sich an uns anschlossen und selber baten, wir möchten die Führung übernehmen. Und dann zwang uns die Natur der Dinge selbst, unsere Herrschaft in der jetzigen Form auszubauen ...«[6]

So ganz und gar ohne eigenes Zutun, wie es in diesen Sätzen klingt, ist den Athenern der Oberbefehl im weiteren Krieg gegen Persien nicht zugefallen. Tatsache ist allerdings, daß Sparta sich hier eine Blöße gegeben hat, die Athen geschickt nutzte. Das von den Spartanern hinterlassene Machtvakuum war von Athen blitzschnell ausgefüllt worden.

## *Seebund »auf ewige Dauer«*

Als die Spartaner wenige Monate später merkten, welche Chance sie verspielt und wie sie zum großen Teil aus eigener Schuld der Konkurrentin in die Hände gearbeitet hatten, war es schon zu spät. Ihr Angebot, sich wieder an den militärischen Operationen zu beteiligen, wenn ihrem Admiral Dorkis der Oberbefehl über die griechische Flotte übertragen werde, wurde kühl zurückgewiesen. Dorkis kehrte daraufhin mit seiner kleinen Truppe in die Heimat zurück.[7] Fortan nahm Sparta am Kampf gegen Persien nicht mehr aktiv teil –

eine folgenschwere historische Entscheidung, die Spartas Ansehen in der griechischen Welt schmälerte, auch wenn die spartanische Propaganda das ganze als noble Geste freiwilligen Verzichts darzustellen bemüht war.[8]

Folgenschwer war diese Entwicklung der Dinge nicht nur für Sparta, sondern auch für alle anderen beteiligten Parteien, für Athen ebenso wie für die griechischen Städte, die sich nunmehr der Führung Athens unterstellt hatten. Die neue, 478/77 begründete Eidgenossenschaft gegen die Perser war ein Schutz- und Trutzbündnis, das auf dem feierlichen Schwur beruhte, Freund und Feind gemeinsam zu haben. Zur Bekräftigung des Eides und zum Zeichen dafür, daß der Waffenbund »auf ewige Dauer« geschlossen sei, wurden Metallklumpen im Meer versenkt[9] – in den Augen vieler Bundesgenossen im nachhinein ein verhängnisvolles Ritual, wurde es doch von der Vormacht des Bundes später mehrfach als Handhabe betrachtet, »abtrünnige« Bundesgenossen notfalls sogar mit Waffengewalt in der Eidgenossenschaft zu halten.

In der Euphorie des Sieges über das mächtige »Barbaren«-Reich, in der von Zuversicht und Selbstvertrauen getragenen Aufbruchsstimmung der neuen, nunmehr offensiven Phase in der Auseinandersetzung mit Persien hatte offenbar kaum jemand daran gedacht, welch wirksames Machtmittel Athen mit diesem Seebund in die Hand bekam. Niemand erkannte anscheinend die Gefahr eines möglichen Mißbrauches dieses Machtmittels als Waffe in der innergriechischen Auseinandersetzung. Gewiß, man wird auch den führenden Politikern und Militärs auf athenischer Seite, die damals für den Abschluß des Bündnisses verantwortlich waren, nicht unterstellen dürfen, daß sie die skrupellose machtpolitische Handhabung des Seebundes, wie sie Athen später praktizierte, vorausgesehen oder gar bewußt angestrebt hätten. Wohl aber haben sie mit klarem Blick erkannt, daß Athens in den Perserkriegen errungene Stellung als Vormacht in Hellas durch das neue Bündnis gefestigt und ausgebaut würde. Kein Zweifel: Athen *wollte* diese Stellung, und es nutzte jede Gelegenheit, diesem Ziel näherzukommen.

Zunächst freilich waren sich die Vertragsschließenden einig in der antipersischen Zielsetzung des Bündnisses, das in der modernen Forschung die Bezeichnung Delisch-Attischer Seebund trägt. Der griechische Begriff spricht eine deutlichere Sprache: Die Griechen nannten die Eidgenossenschaft »Die Athener und ihre Bundesgenossen« (οἱ Ἀθηναῖοι καὶ οἱ σύμμαχοι; *hoi Athenaioi kai hoi symmachoi).* Tatsächlich hatte Athen schon aufgrund des weitaus größten Kontingents an Schiffen, die es der gemeinsamen Flotte zur Verfügung stellte, ein gewaltiges Übergewicht. Dennoch ging es bei Entscheidungen des Bundes zumindest formal sehr demokratisch zu: Auf den regelmäßigen Treffen aller Mitgliedsstaaten auf der »heiligen« Insel Delos, dem Mittelpunkt der Kykladen, wo auch die Bundeskasse deponiert war, hatte jeder Bündner nur eine Stimme. Athen führte den Vorsitz in der Versammlung, konnte jedoch theoretisch zunächst leicht überstimmt werden. Mitglieder des Seebundes waren vor allem Städte, die ein vitales Interesse an einer weiteren Zurückdrängung der Perser hatten; die kleinasiatischen Gemeinden also ebenso wie die vielen Inselstaaten der Ägäis und an den nordgriechischen Küsten gelegene Städte. Operationsgebiet war demnach zunächst das Ägäische Meer; mit einer Ausweitung dieses Gebietes war aber angesichts der gewaltigen Erstreckung des persischen Riesenreiches von vornherein sicher zu rechnen.

### *Vom Entstehen politischer »Sachzwänge«*

Wer einen Seekrieg führen will, braucht dazu in erster Linie Schiffe, eine banale Feststellung, die aber bei der Zusammensetzung des Bundes aus sehr unterschiedlichen Poleis nicht ohne machtpolitische Brisanz war. Alle Bündner hatten satzungsgemäß ein Schiffskontingent zur gemeinsamen Flotte beizusteuern, das sich zahlenmäßig nach der jeweiligen Bevölkerungszahl richtete. Wie aber sollten kleine Gemeinden von tausend oder fünfzehnhundert Vollbürgern eine Triere bemannen und unterhalten können, die eine Besatzung von rund zweihundert Wehrfähigen umfaßte? Die Satzung des Seebundes wußte eine Antwort darauf: Mitglieder, die das ihnen vorgeschriebene Flottenkontingent nicht stellen konnten oder wollten, mußten statt dessen Beiträge in die Bundeskasse zahlen.

Ein scheinbar bequemer Ausweg, der sich da anbot! Zahlreiche Poleis, die sich in den nächsten Jahren dem Bund anschlossen, machten von dieser Möglichkeit gern Gebrauch. Bei sorgfältiger Kalkulation waren solche Beitragszahlungen offensichtlich erheblich günstiger als der kostspielige Bau und die aufwendige Ausrüstung und Unterhaltung eigener Kriegsschiffe.

Nun wäre es allerdings wenig sinnvoll gewesen, die Geldbeiträge in der Bundeskasse auf Delos zu horten und dort ein riesiges Vermögen anzusammeln. Was der Bund entsprechend seiner Zielsetzung brauchte, war ja eine schlagkräftige, starke Flotte, die die Perser das Fürchten lehren sollte. Und damit sind wir bei dem für die Bündner äußerst bedenklichen Aspekt der Angelegenheit. Es war die Vormacht des Bundes, die sich – gegen entsprechende Vergütungen aus dem gemeinsamen Fond, versteht sich – bereit erklärte, die benötigten Trieren zu bauen und zu bemannen, die andere Städte nicht beisteuern konnten oder wollten. Auf diese Weise erhielt Athen als Führungsmacht natürlich ein noch größeres Übergewicht, als es ohnehin schon besessen hatte. Die Versuchung, den Seebund nur mehr als wirksames Instrument zur Durchsetzung der eigenen politischen und wirtschaftlichen Ziele zu mißbrauchen, nahm so mit jedem Kriegsschiff zu, das im Piräus und nicht in der Reede von Siphnos, Tenedos oder Halikarnaß vom Stapel lief.

Die innenpolitischen Auswirkungen für Athen nicht zu vergessen! Die Gründung des Seebundes und die Weiterführung des Seekrieges gegen Persien waren in gewisser Weise eine logische Konsequenz des einst von Themistokles durchgesetzten Flottenbauprogramms. Tausende von Theten, Angehörige der untersten Steuerklasse, hatten als Ruderer auf der Flotte einen ordentlich bezahlten, »krisenfesten« (wenngleich nicht unbedingt sicheren) Arbeitsplatz gefunden. Volkswirtschaftlich gesehen, war es für Athen eine günstige Regelung, einen nicht unerheblichen Teil der eigenen Bevölkerung für das Geld anderer in Lohn und Brot zu haben – von der dadurch erzielten Steigerung der eigenen Wehrkraft einmal ganz abgesehen!

Gefährlich wurde die Sache allerdings dann, wenn der Seebund Kapazitäten zurücknehmen sollte. Das war die Kehrseite der Medaille: Wurde – aus welchen Gründen auch immer – ein Teil der Flotte nicht mehr gebraucht, so kamen erhebliche soziale und finanzielle Belastungen auf Athen zu; eine gespannte Situation auf dem Arbeitsmarkt würde zumindest kurzfristig die Folge solcher Kapazitätsbeschränkungen sein. Damit aber war die Politik Athens für die nächsten Jahrzehnte weitgehend vorgezeichnet. Es mußte darauf hinwirken, daß der Seebund stets genug »Arbeit« in Gestalt militärischer Unternehmungen hatte, und hatte gleichzeitig dafür zu sorgen, daß nicht durch den Austritt von Mitgliedern aus der Bündnisorganisation finanzielle Einbußen entstanden, die letztlich auf die soziale und wirtschaftliche Lage in Athen negative Rückwirkungen haben könnten.

Mit der Gründung und Organisationsstruktur des Delisch-Attischen Seebundes waren somit »Sachzwänge« verbunden, deren Eigendynamik das Handeln der athenischen Politiker bis zum Ausbruch des Peloponnesischen Krieges nachhaltig beeinflussen sollte. Nicht zuletzt ist Perikles ein »Opfer« dieser Entwicklung geworden, die sich schon verselbständigt hatte, als er auf die Kommandobrücke des attischen Staatsschiffes trat.

## *Offensiv, erfolgreich und bedenkenlos – Die Politik des Seebundes*

Zunächst freilich war der Delisch-Attische Seebund eine militärische Organisation, die sich bei ihren Mitgliedsstaaten großer Beliebtheit erfreute. Und nicht nur das: In den achtziger und siebziger Jahren des 5. Jahrhunderts traten immer mehr Städte dem antipersischen Bündnis bei. Die Faszination, die der Seebund damals ausübte und die vielen den Blick für die heikle Frage des Verhältnisses zwischen der Führungsmacht Athen und den übrigen Bundesgenossen trübte, ist leicht zu erklären. Es waren die Schlagkraft und der Erfolg des Bundes in den ersten Jahren seines Bestehens, die ihm laufend neue Mitglieder verschafften. Den Verantwortlichen in vielen Poleis, die zunächst noch mit dem Beitritt gezögert hatten, erschien es in dieser Situation als fahrlässiges Versäumnis, sich nicht noch kurz entschlossen auf die Seite dieser offensichtlich erfolgreichen Militärorganisation zu stellen.

Der erste Schlag des gerade aus der Taufe gehobenen Seebundes richtete sich gegen die letzte Bastion des Perserkönigs in Nordgriechenland. Das war die in Thrakien an der Mündung des Strymon gelegene Festung Eion, die noch von persischen Truppen gehalten wurde. Die Stadt wurde vermutlich im Winter 477 von den Streitkräften des Seebundes belagert und einige Monate später erobert. Da die Griechen in der Zwischenzeit die im Hinterland von Eion siedelnden Thraker, die die Perser bislang mit Lebensmitteln versorgt hatten, verjagen konnten, blieb den Eingeschlossenen schließlich nur die Kapitulation. Der persische Kommandant zog es vor, die Niederlage in spektakulärer Weise zu demonstrieren: Er ließ die Stadt in Brand stecken und beging zusammen mit anderen hochgestellten Persern in den Flammen Selbstmord.[10]

War die Eroberung von Eion im Rahmen der antipersischen Zielsetzung des Seebundes erfolgt, so ließ die nächste Aktion der Flotte erkennen, daß man den Aufgabenbereich des Bündnisses durchaus großzügig absteckte: Der Seebund sollte auch eine Art Polizistenfunktion im Ägäischen Meer wahrnehmen. Mit welcher Selbstverständlichkeit die Flotte auf der östlich von Euböa gelegenen Insel Skyros intervenierte, zeigen die von Plutarch aufgeführten Gründe für das Eingreifen:

»Doloper (Thessalier) bewohnten die Insel, Leute, die das Land lässig bestellten, von altersher Seeräuberei trieben und schließlich auch nicht von den bei ihnen einlaufenden Handelsleuten die Hände ließen, sondern einige thessalische Kaufleute... ausgeraubt und in Fesseln gelegt hatten.«[11]

Es bereitete den Kräften des Seebundes unter Führung Athens keine große Mühe, die gefährdete Ordnung wiederherzustellen. Skyros wurde erobert, die Doloper wurden vertrieben – und auf der nunmehr »frei« gewordenen Insel attische Kolonisten angesiedelt.[12]

Etwa in die gleiche Zeit fiel das Vorgehen gegen Karystos, eine der vier großen Städte Euböas. Mit ihrer Lage auf der Südspitze der

Insel war die Stadt gleichsam eine Nachbarin Athens, nur durch eine relativ schmale Wasserstraße von Attika getrennt. Der Vorwurf, den man Karystos machte, war hart: Unterstützung der persischen Invasionsarmee im Jahre 480. In Wirklichkeit hatten die Einwohner von Karystos für ihre fatale Fehleinschätzung schon unmittelbar nach dem Ende des Krieges gebüßt. Der wahre Grund für den Angriff Athens und seiner Bundesgenossen war ein anderer: Karystos hatte sich bisher geweigert, Mitglied des Seebundes zu werden – und eben das wurde jetzt »nachgeholt«, und zwar mit Waffengewalt. Thukydides' Formulierung, man habe sich »nach einiger Zeit in einem Vertrag geeinigt« und dadurch den Krieg beendet[13], ist etwas schönfärberisch.

Der »Vertrag«, um den es damals ging, erzwang den Beitritt von Karystos zum Delisch-Attischen Seebund und legte der Stadt die respektable Beitragszahlung von zunächst siebeneinhalb Talenten pro Jahr auf.

Schon in seinen ersten Jahren operierte also der Seebund unter attischer Führung alles andere als zimperlich oder zurückhaltend. Immerhin konnten aber noch alle Bundesgenossen den Eindruck haben, daß die Aktionen für sie von Nutzen seien, insofern die Ägäis im großen und ganzen sicherer und damit für Handel und Wandel noch offener wurde. Unter diesen Umständen war es erträglich, wenn Athen offenbar die besten Stücke aus der jeweiligen »Beutemasse« für sich beanspruchte.

### *Kimon – unzeitgemäß, aber beliebt*

In Athen selbst fanden die Erfolge der Seebundsflotte natürlich den Beifall der Bürger, zeigten doch schon die ersten Nachkriegsjahre, welch reiche Früchte die feste Haltung in den Jahren der Kriegsnot und die sehr bewußt auf Stärkung der eigenen Macht angelegte Politik nach 479 trugen. Entsprechend großer Beliebtheit erfreute sich der Politiker, der in einem nicht mehr genau durchschaubaren Machtkampf Themistokles, den eigentlichen »Vater« des Sieges über die Perser, allmählich verdrängt hatte und selbst zur beherrschenden Gestalt dieser Jahre in Athen aufgestiegen war: Kimon, ein Politiker und Feldherr aus vornehmstem attischem Adelsgeschlecht, der bei allen Feldzügen der achtziger und frühen siebziger Jahre den Oberbefehl über die Streitkräfte des Seebundes führte.

Es mutet auf den ersten Blick merkwürdig an, daß die neue, »moderne« Zeit, die nach den Perserkriegen angebrochen war, ausgerechnet durch einen Mann verkörpert wurde, der ein Aristokrat vom Scheitel bis zur Sohle war, aber sozusagen ein unaufgeklärter, in konservativsten Wertvorstellungen und Verhaltensweisen ver-

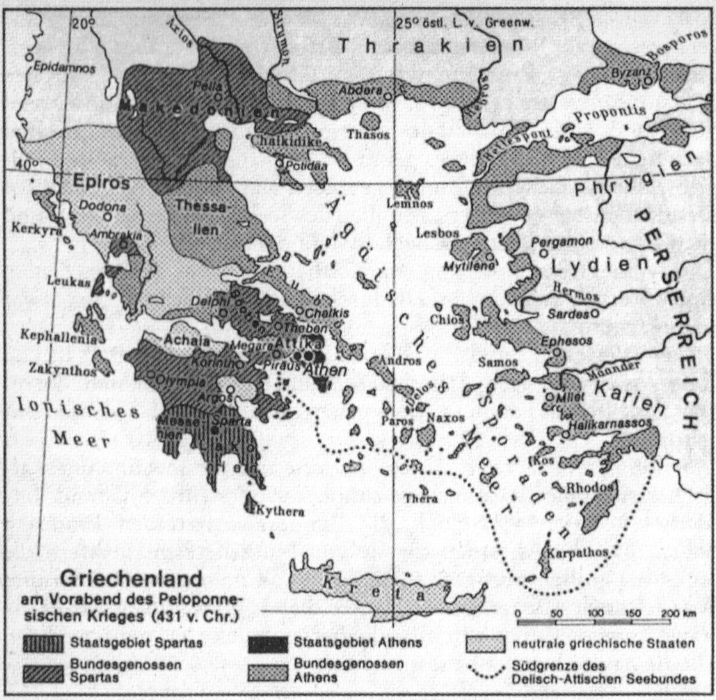

Griechenland am Vorabend des Peloponnesischen Krieges (431 v. Chr.)

harrender Adliger der »alten Schule«, dessen ganze Erscheinung als »fürstlicher Herr« (H. Berve) wesentlich besser ins frühe 6. als in das dritte und vierte Dezennium des 5. Jahrhunderts gepaßt hätte – jedenfalls, soweit das einen Staat wie Athen angeht, der auf dem Wege zu der demokratischsten Staatsform weit vorangeschritten war, die die Alte Welt jemals hervorgebracht hat.

In Sparta – ja, da hätte man sich Kimon schon eher im Kreise der tonangebenden Oligarchen vorstellen können. Und tatsächlich machte Kimon gar kein Hehl daraus, daß er mit den Idealen des spartanischen »Kosmos« und der spartanischen Gesellschaftsordnung sympathisierte. Programmatisch nannte er einen seiner Söhne Lakedaimonios – was für einige seiner Landsleute ein ähnlich rotes Tuch gewesen sein dürfte wie hierzulande noch vor einiger Zeit die »revolutionären« Vornamen »Che« oder »Fidel«. Auch im politischen Leben trat Kimon offen für Sparta ein und schreckte mitunter nicht einmal davor zurück, seinen Landsleuten die Spartaner öffentlich als Vorbild zu empfehlen. Ein ärgerliches »So sind die Spartaner nicht« kam dann und wann über seine Lippen, wenn ihm in Athen etwas nicht paßte oder er seine Mitbürger bewußt provozieren wollte.[14]

Ob er sich freilich mit seinem recht bewegten, luxuriösen Privatleben in seiner »geistigen Heimat« Sparta viele Freunde gemacht hätte, darf bezweifelt werden. Wie so vielen Phillakonen in Athen einige Jahrzehnte später, die sich als Angehörige einer *jeunesse dorée* durch ihr betont »spartanisches« Auftreten in Kleidung und äußerem Habitus, ja sogar durch Sprechen in spartanischem (dorischem) Dialekt vom demokratischen »Fußvolk« abheben wollten, hätte es wohl auch Kimon in der grauen Kasernenatmosphäre am Eurotas wenig gefallen – ob er in einer der Homosexualität so großen Raum einräumenden Gesellschaft wie Sparta seinem zweifelhaften Ruhm als Herzensbrecher und Frauenheld[15] hätte gerecht werden können, sei dahingestellt. Jedenfalls hätte er mit seiner im ganzen »jugendlich leichtfertigen und üppigen Lebensführung«[16] in Sparta ständig angeeckt.

Nun konnte das allerdings umgekehrt kein Grund dafür sein, warum Kimon in Athen trotz seiner unverhohlenen phillakonischen Ansichten so großen Kredit genoß und Jahr für Jahr als Stratege wiedergewählt wurde, ja sogar derartig klar an der Spitze der Politik Athens stand, daß moderne Historiker die Zeit von 478 – 462 v. Chr. teilweise geradezu als »Kimonische Ära« bezeichnen. Es waren in der Tat andere Qualitäten, die seine »Schwächen« wettmachten und einen so genuinen Repräsentanten der alten Aristokratie zum führenden Politiker eines demokratischen Staates aufsteigen ließen. Kimon galt trotz aller seiner Ecken und Kanten als fähiger, integrer Politiker und Feldherr. In seiner Funktion als Oberbefehlshaber der attischen und der Bundesstreitkräfte genoß er hohes Ansehen. Seine Kompetenz, sein persönlicher Mut und seine Führungsqualitäten standen außer Frage. Und die vielen Erfolge, die Athen zusammen mit dem Seebund in jenen Jahren errang, stärkten Kimons Stellung ganz beträchtlich.

### *Vertreter friedlicher Koexistenz*

Und die Freundschaft zu Sparta, die Kimon unumwunden als Maxime seiner Politik herausstellte? Auch diese Haltung war – noch – kein Hindernis, in Athen höchste politische und militärische Verantwortung zu tragen. Unter einer Voraussetzung allerdings: Die Loyalität gegenüber dem eigenen Staat mußte über jeden Verdacht erhaben sein. Und daran bestand bei Kimon kein Zweifel. Gerade weil er offen für ein gutes Verhältnis zu Sparta warb und sich zu seiner Sympathie für das spartanische System bekannte, konnte ihn niemand verdächtigen, insgeheim der Anführer einer Fünften Kolonne zu sein, der seine Heimat dem Vorsteher von Hellas militärisch oder machtpolitisch »auslieferte«.

Kimon stand bei vielen im Rufe eines ehrlichen Maklers zwischen den beiden bedeutenden Mächten Griechenlands und ihren unterschiedlichen politischen, gesellschaftlichen und wirtschaftlichen Systemen, eines Mannes, der für eine friedliche Koexistenz der beiden Städte eintrat und der damit nicht zuletzt an eine bei allen Enttäuschungen doch große Stunde in der griechischen Geschichte anknüpfen wollte: die gemeinsame Abwehr der Persergefahr. Noch immer dauerte ja die Bedrohung der griechischen Freiheit durch das östliche Riesenreich – zumindest in den Augen der meisten Griechen – fort, und so konnte Kimon trotz der Mauerbau-Affäre noch eine Mehrheit unter den Athenern für seine Strategie und die ihr zugrundeliegende Überzeugung gewinnen, daß nicht die Spartaner, sondern nach wie vor die Perser die größte Gefahr für Athen darstellten. Immerhin war ja die feierlich vereinbarte Eidgenossenschaft zwischen Athen und Sparta offiziell noch in Kraft; hinzu kam, daß ein denkbarer Zweifrontenkrieg – gegen Persien *und* Sparta – für eine Stadt, deren Energien gerade durch eine anstrengende Wiederaufbauphase in Anspruch genommen wurden, keine besonders verlockende Aussicht sein konnte.

Es gab also trotz der angespannten Lage noch eine Reihe guter Gründe, die für Kimons außen- und wehrpolitische Konzeption sprachen. Es scheint, als habe sich Kimon genau damit gegen Themistokles durchgesetzt, der offensichtlich stärker auf eine Konfrontation mit Sparta abzielte – und diese einige Jahre »zu früh« verfochtene Position mit einem tiefen politischen Sturz büßen mußte. Um 470 wurde der einst als Befreier Griechenlands umjubelte Themistokles wegen angeblicher Konspiration mit dem persischen Feind in Abwesenheit zum Tode verurteilt – ein schändliches Fehlurteil, das letztlich auf die prinzipielle außenpolitische Auseinandersetzung der siebziger Jahre zurückzuführen sein dürfte.

### *Fürstlicher Herr mit demagogischem Talent*

Kimon verstand es zudem sehr gut, Stimmung für sich und seine Politik zu machen, und zwar auf eine Art, für die die Athener verständlicherweise sehr aufgeschlossen waren: Er betätigte sich als großzügiger Mäzen, indem er seine Heimatstadt mit öffentlichen, aus eigener Tasche finanzierten Bauten verschönerte. Vor allem aber griff er hilfsbedürftigen Landsleuten mit Geld- oder Sachspenden unter die Arme. Einem Manne, der so freigebig mit seinem Besitz umging, gönnten die meisten Athener seinen eigenen aristokratisch-luxuriösen Lebensstil. Und wenn sich auch viele im klaren darüber waren, daß Kimons Leutseligkeit und Spendierfreudigkeit nicht nur selbstlosen Zwecken dienten, so war ihnen doch ein solcher Politiker, der einen Teil seiner politischen Laufbahn mit tiefen Griffen in sein Privatvermögen pflasterte, wesentlich lieber als andere, denen man zutraute, daß sie nur deshalb öffentliche Ämter anstrebten, um sich aus der Staatskasse persönlich zu bereichern.

Welch riesigen Umfang die privaten Sozialleistungen Kimons hatten, läßt die anschauliche Schilderung Plutarchs erahnen: »Er ließ die Einfriedungen von seinen Gütern entfernen, damit ... die bedürftigen Mitbürger die Freiheit hätten, ohne Scheu von den Früchten zu nehmen, und bei sich zu Hause ließ er alltäglich ein zwar einfaches, aber für viele ausreichendes Mahl bereiten, zu dem jeder Arme, der es wollte, hereinkommen und so einen Unterhalt haben konnte, ohne zu arbeiten ... Ihn selbst begleiteten stets befreundete junge Leute in guter Kleidung, und jeder von ihnen mußte, wenn Kimon ein dürftig gekleideter älterer Bürger begegnete, die Kleider mit ihm tauschen; und das erschien den Leuten sehr großzügig. Dieselben jungen Leute trugen auch reichlich Geld bei sich und traten auf dem Markt an ehrbare Arme heran und legten ihnen schweigend Geld in die Hände.«[17]

Der konservative Plutarch, das wird schon aus dem Tenor der zitierten Sätze klar, schätzte Kimon sehr. So erklärt sich manche übertriebene Formulierung, und so erklärt sich auch das Bestreben des Biographen, seinen Helden vor Unterstellungen und Verdächtigungen in Schutz zu nehmen. »Wer das als demagogisches Bemühen um die Gunst der Masse verdächtigte«, so klärt Plutarch seine Leser auf, »wurde durch die sonstige Richtung und Haltung des Mannes widerlegt, die durchaus aristokratisch und spartanisch war ...« Mag ihn hier der Vorwurf der politischen Ein- oder Blauäugigkeit treffen, so hat er doch in der folgenden Feststellung recht, daß Kimon sich im Unterschied zu vielen anderen, »die er sich auf Kosten des Staates bereichern sah, in seiner politischen Tätigkeit unantastbar und unbestechlich zeigte«.[18]

Etwas anderes freilich, ist man versucht hinzuzufügen, blieb einem Mann wie Kimon, wollte er sich im harten Konkurrenzkampf der attischen Politik erfolgreich behaupten, auch gar nicht übrig. Mit seinem ganzen Auftreten und Lebensstil sowie seiner konservativen, sparta-freundlichen Grundeinstellung bot er seinen Gegnern an sich schon genügend Angriffsflächen. Mangelnde persönliche Integrität oder militärische Erfolglosigkeit konnte er sich deshalb einfach nicht erlauben – da hätte ihn nicht einmal eine Verdopplung oder Verdreifachung seiner karitativen Bemühungen vor dem Sturz ins politische Abseits retten können.

So aber konnte er sich rund eineinhalb Jahrzehnte unangefochten an der Spitze des attischen Staates behaupten; eine historische Persönlichkeit, die sich im Grunde genommen selbst überlebt hatte, ein fürstlicher Herr, der in der Polis Athen als Fremdkörper hätte empfunden werden müssen – wenn er sich nicht (scheinbar) selbstlos in den Dienst dieses Staates gestellt hätte.

### *Aristokratisches Intermezzo ohne Zukunft*

Kimon ist so in gewisser Weise die Symbolfigur für eine konservative Wende Athens in den Jahren nach dem Erfolg über die Perser[19], ein Aristokrat, der noch einmal die alten Werte der gesamtgriechischen Adelskultur verkörperte und propagierte – und sie in den neuen Rahmen des demokratischen Staates hinüberzuretten oder neu zu definieren versuchte, wie es sich am Beispiel der in grandiose Dimensionen der Großzügigkeit gesteigerten traditionellen Gastfreundschaft zeigte.

Gleichwohl: Mehr als ein Intermezzo konnte diese geschichtliche Phase nicht sein. Zu stark drängten die Entwicklungen auf sozialem, wirtschaftlichem und politischem Gebiet in eine andere Richtung, die sich mit dem patriarchalischen Politik-Verständnis eines Kimon über kurz oder lang nicht deckte. Kimon mochte seine Freigebigkeit noch so selbstverständlich praktizieren, er konnte nicht verhindern, daß viele diese Geschenke eines Privatmannes als Almosen und freiwillige Wohltaten ansahen, deren Gewährung ebenso wie ihr Umfang letztlich allein auf der persönlichen Entscheidung des Spenders beruhten. Mit dem gewachsenen und gerade durch die Gründung und Organisationsform des Seebundes weiter ansteigenden Selbstbewußtsein breiter Schichten des attischen Volkes vertrug sich eine Sozialpolitik, die immer auch mit dem Odium des Gönnerhaften belastet war, auf Dauer nicht.

Zeugiten und Theten, die beiden unteren Vermögensklassen, auf die sich die Wehrfähigkeit Athens schon in den letzten Schlachten der Perserkriege und erst recht in den folgenden Jahren der militärischen und politischen Expansion entscheidend stützte, konnten sich letztlich mit den »milden Gaben« eines fürstlichen Herrn an der Spitze des Staates nicht zufrieden geben – zumal angesichts der offenen Frage, was oder besser wer nach Kimon kommen werde –; sie stellten Ansprüche und Forderungen an die Gemeinschaft. Zugespitzt formuliert: Auf längere Frist konnten sie nicht »Geschenke«, keine »Gnade« wollen, sondern sie mußten ihr gutes, durch Leistung erworbenes Recht gegenüber dem Staat einklagen.

Immerhin gelang es Kimon trotz allem, vergleichsweise lange die Schalthebel der Macht in Athen zu bedienen; nicht zuletzt dadurch, daß er aus Überzeugung für einen kompromißlosen Konfrontationskurs gegenüber Persien eintrat. Angesichts der ebenso deprimierenden wie schließlich triumphalen Erlebnisse der Athener in den Perserkriegen, die sich zu einem brisanten Gemisch von Haß, Überlegenheitsgefühl und Patriotismus verbunden hatten, war diese Politik bei sehr vielen Athenern populär. Welche Rolle die »Perserfrage« in den siebziger Jahren in der öffentlichen Meinung Athens spielte, wird schlaglichtartig an einem großen dramatischen Erfolg deutlich, den der Dichter Aischylos im Jahre 472 mit seiner Tragödie »Die Perser« (Persai) errang.

### *Vergangenheitsbewältigung mit Stil: Aischylos' »Perser«*

Wenn ein Tragiker mit zeitgeschichtlichen Stoffen an die Öffentlichkeit trat, so war das eine recht große Ausnahme. Und es konnte auch sehr heikel sein, wie das abschreckende Beispiel von Phrynichos' »Fall von Milet« zeigte, das im Jahre 493 sozusagen wegen Erregung öffentlichen Ärgernisses von den Behörden kurzerhand verboten worden war. Solch scharfe Reaktionen brauchte freilich Aischylos einundzwanzig Jahre nach dem ersten Theaterskandal der europäischen Geschichte nicht zu befürchten. Vielmehr drückte er in seinem Stück vieles von dem aus, was seine Mitbürger empfanden; und da diese Gefühle diesmal auf der Linie der offiziellen Politik Athens lagen, war dem Dichter großer Beifall sicher.

Der literarische und philosophische Gehalt der »Perser«, der sie auch heute noch zu einem lesens- und aufführungswerten Drama macht, liegt indes gerade in seiner bewußten Absage an vordergründiges Triumphgeschrei und chauvinistische »Abrechnungs«-Mentalität gegenüber den besiegten »Barbaren«. Gewiß, der Freiheitsliebe und Tüchtigkeit seiner athenischen Mitbürger hat Aischylos seinen Tribut gezollt; Stolz auf das eigene Vaterland und die ganze griechische Nation durchzieht das Drama. Im Mittelpunkt aber steht der – nicht ohne Mitgefühl – dargestellte Fall des mächtigen Perserkönigs Xerxes, der zum philosophisch-religiösen Lehrstück aufgewertet wird: Es ist die Hybris, der frevelnde Übermut des Xerxes gegenüber göttlichem Willen und göttlicher Ordnung, die ihn ins Verderben stürzt.

Die Vergänglichkeit irdischen Ruhms und Reichtums durch eigene Verblendung und Schuld: Das ist die ins Allgemeine gewendete, das tatsächliche historische Geschehen weit hinter sich lassende Aussage der Tragödie. Manch ein Athener mag dies vielleicht sogar mit einem Anflug von Sympathie für den gedemütigten Großkönig empfunden haben angesichts des eindrucksvollen Kontrastes zwischen dem Trauerlied des Chores, der die ganze frühere Macht und Pracht des Xerxes in der Vergangenheit beschreibt, und dem erbarmungswürdigen Auftritt des geschlagenen, von seinen Getreuen verlassenen Königs, der sein Geschick beklagt: »Weh mir! Unseligster ich, daß so mein Haupt dies Los, das verhaßt unerwartete, traf! So sinnlos wild stürzt' sich der Dämon auf Persias Volk! Wie trag ich es, oh! Hinschwindet die Kraft mir in Mark und Gebein! Und seh ich dort die Getreuen des Volkes – Zeus, hätte doch fern mit dem anderen Heer, mit den Taten zugleich mich begraben des Todes Verhängnis!«[20]

Es ehrt die Athener, daß sie dieser bei aller einseitig-griechischen Sicht doch zurückhaltenden, nachdenklichen Form der »Vergangenheitsbewältigung« an den Dionysien des Jahres 472 zum Siege verholfen haben: Aischylos errang mit den »Persern« den ersten Preis im dramatischen Wettstreit. Natürlich waren die »Perser« auch ein politisches Stück, und sicherlich unterstützte Aischylos damit auch die offizielle Persien-Politik des Seebundes, insofern er sie durch die Interpretation vergangenen Geschehens moralisch gleichsam absicherte und ihr eine geradezu religiöse Legitimation verlieh – auch wenn die Warnung vor Hybris keineswegs nur gegenüber den persischen Gegnern Gültigkeit beanspruchte.

### *Perikles' Choregie: Erster öffentlicher Auftritt*

Um diese politische Wirkung des Stückes wußte auch jener Mann, der die Aufführung der Tragödie finanziert und an ihrem Erfolg dadurch maßgeblichen Anteil hatte: Es war Perikles, der 472 v. Chr. die Funktion des für die »Perser« verantwortlichen Choregen wahrnahm und damit zum ersten Male in das Rampenlicht der attischen Öffentlichkeit trat.[21]

Es ist sehr wahrscheinlich, daß Perikles sich freiwillig und überlegt für die Finanzierung gerade dieses Aischylos-Stückes entschieden hat. Daß er irgendwann einmal überhaupt zu einer solchen Aufgabe herangezogen wurde, ergab sich aus seiner Zugehörigkeit zu einer der wohlhabendsten Familien Athens. Jede Familie, die über ein Mindestvermögen von drei Talenten verfügte, mußte in Athen von Zeit zu Zeit »Leiturgien« übernehmen, d. h. speziell definierte »Dienste für die Öffentlichkeit«, die aus dem Privatvermögen zu bestreiten waren. Nach einer Aufstellung des englischen Althistorikers J. K. Davies sind aus dem Zeitraum zwischen 600 und 300 v. Chr. 779 namentlich bekannte Männer überliefert, die zu einer Leiturgie herangezogen worden sind, unter ihnen also auch Perikles.[22]

Es gab verschiedene Formen der Leiturgie, darunter auch unregelmäßige wie etwa die der Ausrüstung eines Schiffes in Kriegszeiten, wenn die Staatskasse leer war. Die Choregie aber gehörte zu den ordentlichen Leiturgien. Trotz der erheblichen Summen, die dabei im Spiele waren[23], fanden sich meist freiwillige Bewerber, die als Choregen (»Chorführer«) die Kosten für die Sänger und die Gesamtausstattung eines Theaterstückes übernehmen mußten. Im einzelnen hieß das: Sie kamen für den Unterhalt der Chormitglieder, des Ausbilders und des Flötenspielers in den Probemonaten vor der Aufführung des Stückes auf, und sie finanzierten sämtliche Requisiten wie Masken und Kostüme. Wie aufwendig er sein Drama ausrichten wollte, lag im Ermessen des Choregen. Wer freilich an der Ausstattung knauserte, konnte sich leicht ausrechnen, daß sein Stück kaum Chancen hatte, den ersten Platz zu erringen. So gesehen mußten ehrgeizige Choregen tief in die Tasche greifen, wenn sie zumindest von sich aus die Weichen auf Erfolgskurs stellen wollten.

Ehrgeiz und der Wunsch, sich vor den Augen Tausender von Mitbürgern als erfolgreicher und großzügiger Chorege zu profilieren, waren in der Tat für viele wohlhabende Athener ein ausreichender Anreiz, sich zu dieser Leiturgie zu verpflichten. Als Lohn für seine hohen finanziellen Aufwendungen winkten vor allem dem Choregen, dessen Dichter und Truppe den ersten Preis gewonnen hatten, Popularität und öffentliche Auftritte, die seinem Sozialprestige förderlich waren: ein prominenter Platz in der Festprozession, mancherlei Ehrungen und vor allem die Gewißheit, die aufmerksamen Blicke seiner Mitbürger auf sich zu ziehen. »Tue Gutes und sprich darüber«: Im Sinne dieses Mottos bemühten sich manche siegreichen Choregen, denen der Erfolg des Augenblicks zu wenig bedeutete, darum, die Erinnerung an ihre Leiturgie lebendig zu halten, und ließen deshalb für ihr Ensemble und sich selbst Ehrenstatuen oder ähnlich haltbare »Gedächtnisstützen« anfertigen und aufstellen; aus eigener Tasche natürlich, was freilich im Vergleich zu den übrigen Kosten kaum mehr ins Gewicht fiel...

Es gibt kein Indiz dafür, daß auch Perikles seinen Ruhm als Chorege in einer so penetranten Form zu sichern versucht hätte. Wohl aber hat er die Choregie sicher als Chance gesehen und genutzt, erstmals aus dem Schatten der Anonymität herauszutreten und sich seinen Mitbürgern als »hoffnungsvoller junger Mann« aus bestem Hause vorzustellen. Welche Figur er dabei gemacht hat, ist ebenso wenig überliefert wie andere Details seiner Choregie. Ohne Zweifel hat der Glanz des von Aischylos errungenen Sieges auch auf ihn ausgestrahlt, so daß die erfolgreiche Choregie seiner politischen Karriere zumindest nicht geschadet hat. Vielleicht hat sie ihm sogar geholfen, den steinigen Weg zur Macht ein Stück weit zu ebnen. Eine zu große Bedeutung sollte man dem allerdings zumal angesichts des Schweigens der literarischen Überlieferung über diesen ersten großen öffentlichen Auftritt des etwa zwanzigjährigen Perikles wohl nicht beimessen.

### *Sündenfall der attischen Machtpolitik*

In den nächsten Jahren trat Perikles offenbar nicht in erwähnenswerter Weise in Erscheinung. Die einzigen Nachrichten, die diesen Zeitraum betreffen, beziehen sich auf seinen Militärdienst. Was Plutarch darüber zu berichten weiß, erscheint floskelhaft und wenig substantiell: Perikles habe sich als »tapferer, wagemutiger Soldat bewährt«[24]. Wir erfahren nichts über die Dauer seines Wehrdienstes und auch nicht, auf welchen Kriegsschauplätzen er eingesetzt worden ist.

So bleibt es eine bloße Spekulation anzunehmen, daß Perikles unter seinem späteren Widersacher Kimon gedient haben könnte, der in der Zeit bis 463 die Operationen des Seebundes gegen die Perser leitete.

Und nicht nur gegen die Perser! Anfang der sechziger Jahre – das genaue Datum ist nicht bekannt[25] – ereignete sich gleichsam der »Sündenfall« der attischen Machtpolitik. Die Insel Naxos, mit ihrer Größe und Einwohnerzahl ein bedeutender Bündner des Delisch-Attischen Seebundes, hatte ihre Mitgliedschaft gekündigt. Athen statuierte sofort ein Exempel, das seine Wirkung auf die übrigen Bundesgenossen nicht verfehlt haben dürfte: Naxos wurde belagert und schließlich erobert. Erstmals hatte Athen eine Bundesstadt mit Waffengewalt in die »auf ewige Dauer« geschlossene Symmachie zurückgezwungen – der Anfang einer langen, unerfreulichen Reihe ähnlicher Aktionen, die den Historiker Thukydides in diesem Zusammenhang zu der eher noch wohlwollenden Feststellung veranlaßt haben, die Athener seien im Laufe der Zeit »nicht mehr beliebt als Herrscher gewesen« . . .[26].

Was mit dem »abtrünnigen« Naxos geschehen war, hätte auf die übrigen Seebundstaaten als schrilles Alarmsignal wirken müssen. Wenn sie damals jedoch anscheinend die Tragweite des Geschehens noch nicht richtig beurteilt haben, so mag das auf die ansonsten nach wie vor erfolgreiche Kriegführung der Bundesflotte zurückzuführen sein. Kurz zuvor [27] war es Kimon nämlich gelungen, das tyrannisch regierte Byzanz zu erobern und den »Tyrannen« zu vertreiben. Das war niemand anderer als der spartanische Regent Pausanias, der allerdings über die Stadt nicht im Auftrag seiner Heimat herrschte, sondern nach seiner offiziellen Rückberufung 478/77 auf eigene Faust mit einer einzigen Triere erneut losgefahren war und es tatsächlich fertiggebracht hatte, Byzanz unter seine Kontrolle zu bringen. Auf welche Machtmittel er sich dort stützte, ist völlig unklar. Man munkelte jedoch, Pausanias habe ausgezeichnete Verbindungen zum Perserkönig geknüpft, dem er einst als Befehlshaber der griechischen Truppen die Stadt entrissen hatte. Daß ihn persische Lebensweise und vor allem die »schrankenlose« Macht persischer Herrscher faszinierten, war nicht zu bezweifeln. Ob er indes wirklich mit den »Barbaren« gegen seine Landsleute konspiriert hat, ließ sich nicht schlüssig beweisen – was die spartanischen Ephoren im Jahre 469 nicht daran hinderte, massiv gegen ihn vorzugehen und ihn, als er sich schutzflehend in den Tempel der Athena Chalkioikos geflüchtet hatte, dort elend verhungern zu lassen, indem sie das Heiligtum kurzerhand zumauern ließen.

Ob Landesverräter oder nicht, für Kimon war der uneingeschränkt herrschende Pausanias ein Dorn im Auge. Zu allen Zeiten ist Byzanz, das spätere Konstantinopel und heutige Istanbul, durch seine Lage am Bosporus ein strategisch unerhört wichtiger Platz gewesen. Wer über die Stadt gebot, hatte damit die Kontrolle über den Zugang zum Schwarzen Meer. Und der war für Athen und andere Städte des Seebundes lebenswichtig; zum einen wegen der lukrativen Handelsbeziehungen mit dem Schwarzmeergebiet und seinen teilweise sehr attraktiven Märkten, zum anderen, um die vor allem für Athen unverzichtbaren Getreideimporte aus dem heutigen südrussischen Raum zu sichern. Schon damals wurde schätzungsweise die Hälfte des von Athen eingeführten Getreides von der Krim bezogen. Das waren ansehnliche Mengen, benötigten doch »die Athener mehr importiertes Getreide als irgend jemand sonst«.[28]

### *Kimons Triumph am Eurymedon*

Ein noch größerer Triumph sollte den nunmehr sieggewohnten Bundestruppen freilich noch bevorstehen. Schauplatz dieses Triumphes war das südliche Mittelmeer, genauer die Gewässer an den Küsten der kleinasiatischen Landschaft Pamphylien. Dort hatte der Perserkönig eine starke Flotte zusammengezogen, mit der er möglicherweise zu einem weiteren Schlag gegen Hellas ausholen wollte. Ob Persien Anfang der siebziger Jahre wirklich wieder zur Offensive im Krieg gegen Hellas zurückkehren wollte, ist allerdings sehr umstritten.

Wie dem auch sei, Kimon war entschlossen, der erneuten »Aufrüstung« der Perser, die sich teilweise auch phönizischer Verbündeter versichert hatten, rechtzeitig zu begegnen. Und so stach er 467 oder 466 mit einer imposanten Flotte des Bundes in See und nahm Kurs auf die Gewässer nordwestlich von Zypern. Am Fluß Eurymedon in Pamphylien kam es zur entscheidenden Auseinandersetzung. In einer zu Lande und zu Wasser ausgefochtenen Doppelschlacht wurden die persischen Streitkräfte vernichtend geschlagen. Den Griechen fiel unermeßlich reiche Beute in die Hände, von der der allergrößte Teil nach Athen gebracht und der Erlös für ein aufwendiges Bauprogramm – u. a. die Südmauer der Akropolis – verwendet wurde.[29]

Viel bedeutsamer als der materielle Gewinn der Schlacht am Eurymedon waren die politischen und militärischen Folgen des Sieges. Plutarch bewertet ihn wegen des zweifachen Erfolges höher als den Sieg von Platää im Jahre 479, und der Jahrhunderte später schreibende Historiker Diodor tut es ihm gleich, wenn er triumphierend anmerkt, »daß bis zu diesem Tag die Geschichte keine so ungewöhnlichen und so wichtigen Taten« verzeichnet habe.[30] Der Dichter Simonides feierte die im Kampf gefallenen griechischen Helden in einem eindrucksvollen Epigramm:

> »Am Eurymedon ließen hier diese ihr blühendes Leben,
> als sie im Kampfe das Heer medischer (persischer) Schützen zu Land
> wie auf den hurtigen Schiffen mit sausenden Speeren bezwangen.
> Doch ein strahlendes Mal gab ihrem Mute der Tod.«[31]

Ob der Vergleich zwischen den persischen Niederlagen am Eurymedon und in Platää überzogen ist oder nicht, eines steht fest: Die Doppelschlacht an der Küste des südlichen Kleinasiens markiert den Höhepunkt der ebenso dynamischen wie erfolgreichen Expansionspolitik Athens in den Jahren nach der akuten Bedrohung Griechenlands durch die Perser. Sie stellte die Stärke und den Aktionsradius der Flotte überaus wirkungsvoll unter Beweis. Und jetzt brachte auch eine Reihe von griechischen Städten Lykiens und Kariens den Mut auf, sich gegen ihre persischen Besatzungen zu erheben. Der überzeugende Sieg Athens und seiner Bündner am Eurymedon hatte die Autonomiebestrebungen im südlichen Kleinasien nachdrücklich gefördert. Und er hatte damit zugleich die Allianz erheblich gestärkt. Keine der Griechenstädte, die ihren persischen Kommandanten davongejagt hatten, konnte es sich erlauben, die »freie« Zukunft ohne Rückversicherung zu gestalten. Sie traten zwangsläufig dem Delisch-Attischen Seebund bei, der sich so zu einer noch mächtigeren Organisation entwickelte. Der eigentliche Gewinner freilich hieß Athen; die führende Stadt des Bündnisses stand auf der Höhe ihrer Macht.

Der Triumph am Eurymedon stellte zugleich den Höhepunkt in der militärischen und politischen Karriere Kimons dar. Offenbar um den Schwung des gerade errungenen Sieges auszunutzen und die Perser weiter in die Knie zu zwingen, entschloß sich Kimon, den Kriegsschauplatz rasch zu wechseln und die letzten persischen Besitzungen in Thrakien anzugreifen. Dort wollte er anscheinend gegenüber den letzten persischen »Widerstandsnestern« in Europa »reinen Tisch« machen.

Ein höchst erwünschter Nebeneffekt dieser Expedition – oder gar das eigentliche Anliegen? – war der Wunsch, das thrakische Hinterland für den attischen Handel zu öffnen. Die athenische Wirtschaft war ebenso wie die Politik auf Expansionskurs; die Suche nach neuen Märkten war so ein naheliegendes Ziel militärischer Operationen. Und noch etwas lockte die Begehrlichkeit der Athener an: das thrakische Pangaion-Gebirge mit seinen Gold- und Silberbergwerken. Dort hatte sich einst schon Peisistratos nach seinem zweiten Sturz die Mittel verschafft, um die Söldner zu bezahlen, die ihn in Athen wieder an die Macht brachten, und dort förderten um 350 v. Chr. die nunmehr unter makedonischer Herrschaft stehenden Minen die beachtliche Menge von 1000 Talenten pro Jahr.[32]

Ein nicht zu verachtendes Wirtschafts- und Rohstoffpotential, das Kimon damals für Athen erschließen wollte! Der Plan hatte nur einen entscheidenden Schönheitsfehler, wie sich sehr bald nach dem Sieg über die Stützpunkte der Perser und die mit ihnen verbündeten Thraker zeigen sollte: Die Insel Thasos, die einen erheblichen Teil ihres Wohlstandes genau diesen Wirtschaftsbeziehungen zu Thrakien verdankte und den größten Teil ihrer Staatseinkünfte aus Bergwerken im Pangaionmassiv bezog – und zwar in solchen Ausmaßen, daß die Bürger keine Steuern zu bezahlen brauchten[33] –, diese Insel konnte nicht tatenlos dabei zusehen, wie sich das mit ihr verbündete Athen ziemlich skrupellos in ihre Interessensphäre einmischte.

Thasos trat unter Protest aus dem Seebund aus[34]. Und Athen reagierte darauf genauso unerbittlich wie wenige Jahre zuvor gegenüber dem »Abfall« von Naxos. Es ging mit bewaffneter Macht gegen die »abtrünnigen« Bundesgenossen vor. Kimon leitete auch hier die militärischen Operationen, die jedoch nicht so reibungslos wie sonst zum gewünschten Ziel führten. Zwar konnte die thasische Flotte rasch besiegt werden, doch gestaltete sich die Belagerung der »unbotmäßigen« Stadt schwieriger als erwartet. Der Konflikt, der 465 v. Chr. ausgebrochen war, zog sich über mehr als zwei Jahre hin. Erst im dritten Kriegsjahr kapitulierten die Thasier. Ihr Widerstand gegen das mächtige Athen kam sie teuer zu stehen. Ohne Erbarmen diktierten die Sieger dem unterlegenen Thasos ihre Bedingungen: »Es hatte die Mauer zu zerstören, seine Schiffe auszuliefern, an Geld soviel, wie ihre Schätzung bestimmte, sofort zu bezahlen und künftig beizusteuern und auf das Festland und das Bergwerk zu verzichten.«[35]

Der aus athenischer Sicht schließlich glückliche Ausgang der Thasos-Krise konnte nicht darüber hinwegtäuschen, daß die ganze Expedition doch wesentlich anders verlaufen war, als viele gehofft haben mögen. Daß das weitaus überlegene Athen – zusammen mit seinen Verbündeten! – fast drei Jahre gebraucht hatte, um die einstige Bundesgenossin niederzuringen, war nicht gerade ein militärisches Ruhmesblatt. Und Kimon, der als Vater der früher errungenen Erfolge gefeiert worden war, mußte es sich gefallen lassen, daß er nun auch für den schleppenden Verlauf der Belagerung verantwortlich gemacht wurde.

Noch viel stärker aber erschütterte ein anderes Ereignis, das Athen zur gleichen Zeit traf, seine bislang unangefochtene Stellung.

### *Debakel in Thrakien*

Im Zuge der Erschließung thrakischer Territorien für die attische Siedlungs- und Wirtschaftspolitik wollte man an der Mündung des Flusses Strymon eine Kolonie anlegen. Zehntausend Siedler aus Attika und befreundeten Städten wurden aufgeboten, um die von thrakischen Edonen besiedelte Stadt Enneahodoi (»Neunwege«; das spätere Amphipolis) zu erobern und zu »übernehmen«. Das gelang im Jahre 464 v. Chr. offenbar im ersten Anlauf – und möglicherweise *zu* gut. Denn nur kurze Zeit später stießen die Kolonisten weiter ins Binnenland vor, wo sie jedoch auf heftige Gegenwehr der Thraker trafen. Die Gegner hatten ihre zuvor zersplitterten Kräfte beim Ort Drabeskos zusammengezogen. Dort stellten sie sich dem griechischen Siedlerzug entgegen – und errangen einen vollständigen Sieg.

So knapp Thukydides über dieses Geschehen berichtet, so deutlich wird doch, daß das thrakische Siedlungsabenteuer in einer Katastrophe endete. Der Historiker spricht davon, daß die griechischen Kräfte »vernichtet« worden seien, und er bezieht das ausdrücklich auf die Zahl 10 000.[36] Selbst wenn die Verluste geringer waren und »nur« einige tausend Griechen damals umgekommen sind, war das ganze Unternehmen nicht nur ein kompletter Fehlschlag, sondern eine mit hohem Blutzoll erkaufte Unfähigkeitsbescheinigung für die verantwortlichen Militärs und Politiker. Kimon war zwar persönlich wohl nicht an dieser gescheiterten Koloniegründung beteiligt; als *spiritus rector* der attischen Politik, zumal der Thrakien-Offensive, aber konnte er sich nicht gänzlich aus der Mitverantwortung für das Debakel stehlen. Das Tief in seiner Erfolgsbilanz war offenkundig; der Ruhm des strahlenden Feldherrn begann zu verblassen.

Eben darauf hatten seine Gegner in Athen schon lange gewartet. Ihnen hatte die ganze konservative Wende, die Athen nach 479 unter Führung Kimons genommen hatte, nicht gepaßt. Durch politisch motivierte Anklagen gegen andere führende Vertreter der aristokratischen »Renaissance« hatten sie sich bemüht, indirekt auch Kimons Stellung zu erschüttern – eine bislang vergebliche Hoffnung, da Kimon sich nach wie vor durch seine Popularität und vor allem sein erfolgreiches Wirken für die gemeinsame Polis Athen auf eine Mehrheit stützen konnte.

Nun aber, nach der Rückkehr Kimons vom thasischen Kriegsschauplatz (462 v. Chr.), schien sich das Blatt gewendet zu haben. Die allgemeine Stimmung war nicht mehr so eindeutig für Kimon; die Enttäuschung über die schmerzlichen Ereignisse in Thrakien war nicht zu übersehen. Und darin erkannte die demokratische Opposition ihre Chance: Sie erhob Anklage gegen den Feldherrn Kimon.

### *Kimon auf der Anklagebank – Perikles' erster politischer Auftritt*

Der Vorwurf hieß: passive Bestechung. Nach der Eroberung der vorher thasischen Gebiete in Thrakien wäre es, so die Ankläger, ein leichtes gewesen, weiter nach Makedonien einzudringen und einen großen Teil des Landes zu erobern. Diesen naheliegenden Plan habe Kimon verworfen – und zwar nur deshalb, weil ihn der Makedonenkönig Alexander I. durch eine hohe Bestechungssumme davon abgehalten habe[37].

Einer der Ankläger Kimons war Perikles, der damals zum ersten Male im »partei«-politischen Streit in Erscheinung trat. Und er zeigte von Anfang an deutlich Flagge: Der gebürtige Aristokrat Perikles hatte sich auf die Seite der demokratischen Opposition gestellt; eine Entscheidung, die ebensosehr auf nüchternem Kalkül hinsichtlich persönlicher Profilierungsmöglichkeit beruhte wie auf politischem Scharfblick, der Perikles erkennen ließ, daß die Tage des eigentlich schon überlebten patriarchalischen Politik-Verständnisses eines Kimon und seiner Freunde angesichts der strukturellen Veränderungen der letzten Jahrzehnte in Athen gezählt waren.

Diese Überlegungen und Einsichten dürften den etwa dreißigjährigen Perikles bewogen haben, sich zum Anwalt der Interessen des Demos zu machen – und nicht etwa die angebliche Ähnlichkeit des jungen Politikers mit dem Tyrannen Peisistratos, die ihn nach Meinung Plutarchs zunächst Auftritte in der Öffentlichkeit ganz meiden und dann ins Lager der Demokraten eintreten ließ, weil er als aristokratischer Politiker sonst allzu leicht wegen der »Verwechslungsgefahr« mit Peisistratos tyrannischer Neigungen verdächtigt und ostrakisiert worden wäre[38].

Diese Version mutet recht naiv an. Wäre sie wahr, so würde sie der Urteilsfähigkeit der Athener ein schlimmes Armutszeugnis ausstellen. Tatsächlich aber läßt sich die Entstehung dieser Geschichte relativ leicht erklären. Als Perikles Jahre später der mächtigste Politiker Athens war, wurden seine Gegner nicht müde, ihn als Alleinherrscher und Tyrannen zu verketzern. Das ging so weit, daß einige oppositionelle Komödiendichter ihn und seine Anhänger als »die neuen Peisistratiden« bezeichneten[39]. Geschickt wurde da ein politisches Feindbild mit abschreckendem historischem Etikett entworfen. Und nach dem bekannten politischen Strickmuster »Wir haben es ja gleich gewußt und gesagt« schmückten die politischen Gegner diesen Vorwurf noch durch »glaubwürdige« Anekdoten aus der Frühzeit ihres Kontrahenten aus. So wußten sie auch die erbauliche Geschichte von einem alten Mann zu erzählen, der bei einer der ersten öffentlichen Reden des Perikles gewarnt habe: »Dieser Mann ist dem Peisistratos nicht unähnlich. Und deshalb müßt ihr euch vor diesem Mitbürger hüten!«[40] Mit anderen Worten: Das von Plutarch genannte angebliche Motiv des Perikles, sich auf die Seite der Demokraten zu stellen, beruht auf einer falschen Übertragung seiner späteren Stellung als »Olympier« im demokratischen Staat und der daraus abgeleiteten Vorwürfe seiner Widersacher auf die ersten Schritte seiner politischen Laufbahn.

Nun also der erste große Auftritt des Perikles auf politischer Bühne! Wirkungsvoller als einer der Ankläger im Prozeß gegen den berühmten Kimon hätte er diesen Auftritt kaum gestalten können – wenn auch zu berücksichtigen ist, daß er sich gewiß auch schon vorher als Anhänger der demokratischen »Partei« zu erkennen gegeben hat und nicht, wie es unsere Überlieferung suggeriert, sozusagen mit einem völlig unerwarteten Paukenschlag aus dem Nichts ins volle politische Rampenlicht getreten ist. Im Prozeß selbst hat Perikles sich weitgehend zurückgehalten. Er soll nur einmal das Wort ergriffen haben; möglicherweise aus taktischen Gründen, um sich als politischer Neuling nicht allzu stark – und damit in den Augen mancher Beobachter vielleicht unziemlich – zu profilieren, vielleicht aber auch einfach deshalb, weil er hinter seinen teilweise erfahreneren Mitanklägern zurücktreten mußte.

Wenig glaubwürdig ist dagegen die Begründung, die Plutarch für die Zurückhaltung des Perikles gibt. Er beruft sich dabei auf den Publizisten Stesimbrotos, einen Zeitgenossen des Perikles, der zu berichten wußte, daß Elpinike, die Schwester des Kimon, den jungen

Ankläger ihres Bruders am Vorabend des Prozesses aufgesucht habe, um ihn um Milde und Rücksichtnahme zu bitten. Darauf habe Perikles lächelnd geantwortet: »O Elpinike, du bist zu alt, viel zu alt, um solche Dinge durchzusetzen«, habe sich dann aber doch letztlich durch die Fürbitte der Elpinike erweichen lassen[41]. Das Ganze ist vermutlich eine üble Erfindung des athenischen Stadtklatsches, die allein dadurch einen Anflug von Glaubwürdigkeit erhält, daß Elpinikes Leumund nicht der allerbeste gewesen ist und man hinter vorgehaltener Hand über ihre sexuellen Verfehlungen bis hin zu blutschänderischem Verkehr mit ihrem Bruder Kimon tuschelte[42]. Der Versuchung, solche süffisanten Anekdoten in Umlauf zu bringen, konnte ein ebenso unkritischer wie polemischer »Klatschkolumnist« wie Stesimbrotos nicht widerstehen, ging es ihm, dem gebürtigen Thasier, in seinem um 430 v. Chr. verfaßten Pamphlet über führende Politiker Athens doch darum, aus der Sicht der unterdrückten Bundesgenossen einige »Wahrheiten« über diese Repräsentanten der verhaßten Machtpolitik Athens loszuwerden[43].

Kimon setzte sich in dem Prozeß, in dem es immerhin um sein Leben ging, energisch zur Wehr. Er verteidigte sich vor allem mit dem Hinweis auf seine guten Beziehungen zu Sparta. Als Gastfreund der Lakedaimonier schätzte er »typisch« spartanische Tugenden wie Einfachheit und Enthaltsamkeit sehr; er habe es im Unterschied zu anderen Politikern nicht nötig, hinter reichen Geschenken fremder Mächte herzulaufen. Seine Politik sei es stets gewesen, »*die Stadt* auf Kosten der Feinde reich zu machen«.[44]

Mit dieser im Grunde ehrlichen Verteidigungsrede, in der er sich nochmals offen zur Freundschaft mit Sparta bekannte, konnte Kimon sich einer Verurteilung entziehen. Im wesentlichen aber war der Freispruch eine politische Entscheidung des Gerichts, die deutlich machte, daß Kimon noch einen ausreichenden Rückhalt im Volk besaß. Gleichwohl war der Prozeß, den Perikles und seine Freunde angestrengt hatten, ein unüberhörbares Warnsignal. Kimons Stern war gesunken, und der Prozeß trug nicht gerade dazu bei, das Vertrauen in ihn zu stärken. Ob die demokratische Opposition wirklich gehofft hatte, das Gericht von der Stichhaltigkeit ihres Bestechungsvorwurfes zu überzeugen, ist fraglich.

Eher mag sie den Prozeß als politisches Stimmungsbarometer angesehen und eine Art Zermürbungstaktik gegenüber Kimon verfolgt haben. Die gemeine Logik des *calumniare audacter, semper aliquid haeret* (»verleumde nur wacker, irgend etwas bleibt immer hängen!«) war den athenischen Politikern des 5. Jahrhunderts viel zu geläufig, als daß sie Skrupel empfunden hätten, wenn sie auf diese Wirkung setzten.

## Sparta in höchster Bedrängnis

Wie angeschlagen Kimons Stellung inzwischen war, sollte sich nur wenige Wochen nach dem Freispruch zeigen, als die Volksversammlung in einer hitzigen Debatte über ein heißes außenpolitisches Eisen diskutierte. Damals war aus Sparta eine Delegation eingetroffen, die einen dringenden Hilferuf an Athen richtete: Die Athener möchten ihnen beim Kampf gegen die aufständischen Messenier zu Hilfe kommen und möglichst rasch ein erfahrenes Heer in Marsch setzen.

Tatsächlich befanden sich die Spartaner in einer argen Bedrängnis, wie sie sie seit Menschengedenken nicht mehr erlebt hatten. Ursache ihrer Schwierigkeiten war ein verheerendes Erdbeben gewesen, das die Stadt im Jahre 464 v. Chr. getroffen hatte. Durch die Naturkatastrophe, die ganze Berggipfel im nahegelegenen Taygetos-Gebirge förmlich losgesprengt hatte, soll Sparta »bis auf fünf Häuser völlig zerstört« worden sein[45]. Viel schlimmer aber war die hohe Zahl von Menschenleben, die das Unglück forderte: Man sprach von mehr als 20 000 Opfern unter der spartanischen Bevölkerung[46] – eine Zahl, die zwar zu hoch gegriffen erscheint, die aber immerhin die tragischen Dimensionen der Katastrophe anschaulich werden läßt.

Damit nicht genug. Auf die seit Jahrhunderten unterdrückten Messenier, die die Spartaner einst im Kriege besiegt und als Kollektiv in die Sklaverei gestoßen hatten, wirkte das Erdbeben wie ein Wink des Schicksals. Die freiheitsliebenden Heloten nutzten die Gunst der Stunde und erhoben sich gegen ihre verhaßten Herren. Die Spartaner standen damals am Rande des Abgrundes. Hätten die aufständischen Heloten die Oberhand über die zahlenmäßig um ein Vielfaches unterlegene spartanische Herrenschicht gewonnen, so wäre das das Ende des klassischen spartanischen Staates gewesen. Mit größter Mühe war es jedoch den überlebenden Spartanern gelungen, dem ersten Ansturm der Heloten standzuhalten. Diese änderten daraufhin ihre Strategie und zogen alle Kräfte in der messenischen Festung Ithome zusammen, in der sie sich vor den sie belagernden Spartanern verschanzten.

Auch wenn damit die akute Bedrohung für die Existenz der spartanischen Herrenschicht fürs erste gebannt war, stellte sich die Lage aus spartanischer Sicht nicht gerade rosig dar. Einen bewaffneten Feind auf dem eigenen Territorium mittlerweile zwei Jahre ohne Erfolg zu belagern, mußte die Spartaner, die noch unter dem Schock der furchtbaren Ereignisse von 464 standen, unsicher und nervös machen – abgesehen davon, daß die ständige Präsenz starker Truppenverbände bei Ithome einen großen Teil des spartanischen Heeres im eigenen Land band und die außenpolitische Bewegungsfreiheit Spartas stark beeinträchtigte.

Das war die Lage, die die Spartaner im Jahre 462 zu ihrem Hilferuf an Athen veranlaßte – eine Entscheidung, die ihnen angesichts der latenten Spannungen und des schwelenden Zorns gegenüber der rasch expandierenden Konkurrentin nicht leichtgefallen sein dürfte. Wenn die spartanischen Gesandten dennoch bewußt als Bittsteller in Athen auftraten – Aristophanes wird später übertreibend, aber im Kern nicht falsch darüber spotten, daß der Delegationsleiter »Perikleidas einst von Sparta flehend kam und am Altar im Heroldspurpur bleich sich niederwarf und um ein Hilfsheer bat«[47] –, dann zeigt das sehr deutlich, in welcher Notlage sie immer noch steckten.

In Athen gingen die Meinungen darüber, wie man auf das Hilfeersuchen Spartas reagieren solle, erheblich auseinander. Kimon blieb seiner seit Jahren verfolgten außenpolitischen Konzeption treu und verhielt sich so, wie es die Spartaner, deren Gastfreund er war, von ihm erwarten durften: Er plädierte mit all seiner Autorität für die Entsendung eines athenischen Hilfskorps nach Messenien.

Anders die demokratische Opposition. Ihr Anführer Ephialtes, der damit sicher auch die Überzeugung des Perikles wiedergab, widersetzte sich diesem Ansinnen vehement. Er sprach die Konkurrenzsituation zwischen Sparta und Athen offen an; eine Unterstützung des Gegners konnte nach Ansicht der Demokraten nur eine Schwächung der Stärke Athens sein. Das ebenso konsequente wie geradezu brutale Fazit aus diesen Überlegungen kleidete Ephialtes in den an die Volksversammlung gerichteten Antrag, »keine Hilfe zu bringen und nicht eine feindliche Stadt gegen Athen wiederaufzurichten, sondern den Stolz Spartas darniederliegen und zertreten zu lassen«.[48]

Kimon hatte große Mühe, gegenüber dieser harten Position der Demokraten für eine Unterstützung Spartas zu werben. Er scheint vor allem an die gemeinsamen Erfolge im Kampf der Griechen gegen die Perser erinnert und die damals geschlossene Eidgenossenschaft zwischen Athen und Sparta beschworen zu haben. Die Athener sollten, so appellierte er an die Volksversammlung mit einem eindrucksvollen Bild, nicht zulassen, »daß Griechenland fortan lahme und die Stadt (Athen) ohne ihr Nebenroß fahre«.[49]

Ein letztes Mal sollte es Kimon gelingen, eine Mehrheit für seinen außenpolitischen Kurs zu gewinnen. Er hatte sein gesamtes politisches Gewicht in die Waagschale geworfen; und, wenn auch unter erheblichem Prestigeverlust und mit etlichen Blessuren, gesiegt. Die Volksversammlung beschloß mehrheitlich, dem Hilfegesuch Spartas zu entsprechen. Kimon selbst erhielt den Auftrag, mit einem

Heer nach Messenien auszurücken, das die Spartaner vor allem durch seine größere Erfahrung im »unspartanischen« Belagerungskampf unterstützen sollte.[50]

### *Generalangriff auf eine konservative Festung*

Als Kimon kurz darauf Athen an der Spitze von viertausend Hopliten verließ, konnte er noch nicht wissen, daß er mit seinem Abstimmungserfolg in der Ekklesia einen Pyrrhussieg errungen hatte. Jetzt, da der inzwischen recht umstrittene Kimon mit einem erheblichen Teil seiner Anhänger außer Landes war, sahen die Demokraten ihre Stunde gekommen. Und sie handelten. Was Ephialtes und Perikles mit ihren Gesinnungsfreunden in wenigen Wochen durchsetzten, wird je nach politischem Standort oder prinzipiell unterschiedlicher Terminologie der Betrachter als demokratische Reform oder demokratische Revolution in der Verfassungsgeschichte Athens bezeichnet. Sicher ist, daß in jenen Tagen ein bedeutender Schritt zu dem politischen Fundament hin getan wurde, auf dem die klassische athenische Demokratie der Perikleischen Zeit beruhte.

Schon in den vergangenen Jahren hatten die Demokraten sich bemüht, Ansehen und Kompetenzen des Areopags zu unterhöhlen, indem sie Mitglieder dieses Verfassungsorgans wegen angeblicher oder tatsächlicher Unterschlagungen und anderer Verfehlungen vor Gericht zitierten. Der Kampf gegen diesen Rat, der nach seinem Tagungsort auf dem der Akropolis gegenüberliegenden »Areshügel« benannt war, erschien ihnen notwendig, weil er ein letztes Bollwerk der überkommenen aristokratischen Ordnung im demokratischen Staat darstellte. Ein so elitärer, mit großen Vollmachten ausgestatteter »Hüter der Gesetze« mußte den Demokraten ein Dorn im Auge sein. Welche Stellung der Areopag im Staat besaß, beschreibt Aristoteles in seinem »Staat der Athener«:

»Der Rat der Areopagiten hatte die Aufgabe, die Gesetze genau zu überwachen, und verwaltete die meisten und bedeutendsten Staatsgeschäfte. Denn er konnte jeden, der sich eine Ungehörigkeit zuschulden kommen ließ, rechtsgültig mit Strafen und Geldbußen belegen. Die Wahl der Archonten, aus denen sich die Areopagiten zusammensetzten, erfolgte nach Adel und Vermögen.«[51]

Auch wenn ein Teil dieser ursprünglichen Funktionen mittlerweile auf Beamte übergegangen war, an einer Tatsache führte kein Weg vorbei: Die Zusammensetzung des Areopags aus ehemaligen Archonten, die nur aus dem Kreis der beiden höchsten Zensusklassen gewählt wurden, wies ihn als prinzipiell konservativ-oligarchisches Organ aus.

Die Anklagen gegen einzelne Areopagiten hatten darauf abgezielt, den Rat als Ganzes in seiner Autorität zu schwächen. Im Jahre 462 nun erfolgte der Generalangriff. Ephialtes und die anderen Führer der Demokraten leiteten der Volksversammlung Beschlußvorlagen zu, die eine spürbare Entmachtung des Areopags vorsahen.

Der Zeitpunkt war gut gewählt. Kimon, der Hauptgegner der Demokraten, hatte in der letzten Zeit viel Kredit verspielt; zudem war er außer Landes und konnte nicht in die tagespolitische Debatte eingreifen. Schließlich war ein nicht unbedeutender Teil seiner Anhänger mit ihm zusammen nach Messenien aufgebrochen – und das hatte möglicherweise erhebliche Auswirkungen auf die Mehrheitsverhältnisse in der Ekklesia. Diese taktischen Vorteile mußten die Demokraten ausnutzen, wenn ihr Sturm auf die »Adels«-Festung Areopag erfolgreich sein sollte.

Die angestrebte Entmachtung des Areopags glückte tatsächlich. Wie die von der Volksversammlung gebilligte Neuordnung im einzelnen aussah, läßt sich aufgrund der schlechten Quellensituation nicht sagen. Eines indes ist sicher: Dem Areopag wurden wichtige Befugnisse im öffentlich-rechtlichen und politischen Bereich entzogen. Fortan hatte er nur noch die Blutgerichtsbarkeit bei Mordprozessen; außerdem behielt er seine sakralrechtlichen Befugnisse. Ganz offensichtlich hüteten sich die Demokraten klug davor, sich unnötige Vorwürfe wegen unzulässiger Eingriffe in uralte, religiös sanktionierte Bräuche zuzuziehen und damit womöglich die Durchsetzung ihrer eigentlichen Ziele aufs Spiel zu setzen. Worauf es ihnen ankam, war die Verlagerung wichtiger gerichtlicher Verfahren wie Prozesse wegen Hochverrats, Amtsverletzung und anderer politischer Straftaten auf ein demokratisches Gremium wie Volksversammlung und Volksgericht. Und dieses Ziel haben sie dank ihrer geschickten Taktik und ihres klugen Timings voll erreicht.

Noch in einem weiteren Punkt scheinen dem Areopag 462 v. Chr. wichtige Befugnisse genommen worden zu sein[52]. Trotz einer sehr unklaren Überlieferungslage ist anzunehmen, daß sich in der Kontrolle der führenden Beamten damals Wesentliches geändert hat. In späteren Jahren mußten sich alle Archonten und Strategen einer strengen Rechenschaftsablegung (Euthyne) stellen. Ähnliche Kontrollen hat es schon vor 462 gegeben, und damals gehörten sie zu den Aufgaben des Areopags – in den Augen des Ephialtes und seiner Freunde ein undemokratisches Verfahren, das zur Cliquenwirtschaft geradezu einlud. Und dem wurde vermutlich im Zuge der Reformen des Jahres 462 ein Riegel vorgeschoben. Nicht mehr der Areopag, sondern der Souverän selbst, das Volk von Athen, sollte fortan darüber entscheiden, ob ein Beamter ordentlich und unbestechlich im Dienste der Polis gearbeitet oder sich einer Pflichtverletzung schuldig gemacht hatte.

So dunkel manches an dem von Ephialtes geschnürten Reformpaket bleiben mag, der Grundzug aller Maßnahmen ist klar. Er hieß: Verlagerung möglichst vieler Kompetenzen auf demokratische Gremien. Angesichts der politischen, gesellschaftlichen und wirtschaftlichen Entwicklung Athens seit den Reformen des Kleisthenes war die Zeit für eine solch entschiedene Wende zu noch stärkerer Mitbeteiligung breiter Volksschichten an den politischen Entscheidungen reif.

### *Ephialtes – »Mundschenk ungemischter Freiheit«*

Für die Verfassungsgeschichte Athens und das politische Klima bedeutete der Erfolg, den die Demokraten damals durch die Annahme ihrer Reformen in der Volksversammlung erzielten, eine tiefe Zäsur. Das haben schon die Zeitgenossen so empfunden – ob sie der neuen Ordnung nun aufgeschlossen oder ablehnend gegenüberstanden. Die Gegner der Reform müssen verbissen gegen die Vorlagen des Ephialtes angekämpft, sie als gefährliches Experiment auf dem Wege zu Chaos und Anarchie verteufelt haben. Ein Nachhall dieser konservativen Kritik findet sich bei dem – ebenfalls konservativen, aber mehr als ein halbes Jahrtausend später schreibenden – Perikles- und Kimon-Biographen Plutarch:

»Als Kimon wieder zu einem Feldzug (nach Messenien) ausgefahren war, fühlte die Menge sich aller Zügel entledigt, beseitigte die bestehende Staatsordnung und die väterlichen Bräuche, nach denen sie bisher gelebt hatte, nahm unter Führung des Ephialtes dem Rat auf dem Areopag bis auf wenige Ausnahmen die Gerichtshoheit, machte sich selbst zur Herrin der Gerichte und stürzte so den Staat in eine uneingeschränkte Demokratie, wobei auch Perikles schon ein Wort mitredete und die Sache des Volkes vertrat.«[53]

An anderer Stelle greift Plutarch einen sehr anschaulichen Vergleich Platons auf, der in seinem »Staat« vor den Folgen demokratischer »Zügellosigkeit« warnt: »Wenn ein demokratischer Staat in seinem Freiheitsdurst schlechte Mundschenken als Berater hat und sich an der ungemischten Freiheit über das Maß hinaus berauscht, dann bestraft er seine Beamten... und beschuldigt sie verbrecherischer und oligarchischer Gesinnung.«[54] Als ein solcher Mundschenk habe sich damals, da ist sich Plutarch mit anderen Kritikern der Demokratie sicher, Ephialtes erwiesen, als er durch die Entmachtung des Areopags den Bürgern »den Becher der Freiheit voll bis zur Berauschung einschenkte«, ist doch nach seiner Meinung »das Volk dadurch außer Rand und Band geraten, so daß es sich... wie ein wildes Pferd dem Zügel nicht mehr fügen wollte«.[55]

Diese Angriffe sind maßlos überzogen und nur verständlich, wenn man die spätere Entwicklung der attischen Demokratie mit im Auge hat. So plastisch und polemisch geschickt der (von Komödiendichtern entlehnte) Vergleich des Demos mit einem wilden Pferd, das sich nicht mehr bändigen lasse, sein mag; er kann für die Jahre nach 462 und die ganze Perikleische Ära nicht richtig sein, wenn zur gleichen Zeit dieselben Kritiker dem Strategen Perikles vorwerfen, er führe ein monarchisches, quasi-tyrannisches Regiment. Bei den Reformen von 462 stand Perikles freilich noch in der zweiten Linie, im Schatten des Ephialtes, der sich als Chef der demokratischen »Partei« tatsächlich als »Mundschenk der ungemischten Freiheit« erwiesen hat; ein Mann, den man mit seiner persönlichen Integrität, seinem Idealismus und seiner theoretischen Begabung vielleicht ganz passend mit dem Franzosen Robespierre hat vergleichen können[56].

### *Ein verhängnisvoller Affront*

Die innenpolitischen Veränderungen konnten nicht ohne Rückwirkung auf die Außenpolitik Athens sein. Das mußte jedem klar sein, der die scharf anti-spartanische Haltung der demokratischen »Partei« in der Debatte um den Hilferuf Spartas verfolgt hatte. Gewiß war der Kurswechsel im Inneren daher ein deutliches Vorzeichen für eine bevorstehende Neuorientierung Athens in Sicherheits- und außenpolitischen Fragen. Zumindest war auf mittlere Frist damit zu rechnen, falls die Mehrheitsverhältnisse von 462 sich in den nächsten Jahren stabilisieren sollten. Daß es freilich zu einem derart plötzlichen, kompromißlosen Kurswechsel kam, wie er sich damals in kürzester Frist vollzog, stand nicht nur mit dem innenpolitischen Sinneswandel der Athener im Zusammenhang, sondern ging auf einen schlimmen Affront Athens durch Sparta zurück.

Zwar ist die chronologische Abfolge der dramatischen innen- und außenpolitischen Ereignisse des Jahres 462/61 nicht völlig geklärt, doch spricht vieles dafür, daß die Spartaner erst *nach*, ja sogar *wegen* des demokratischen Umschwungs in Athen den entscheidenden Schritt vollzogen haben, der zum Bruch mit der Konkurrentin führte.

Bei der Belagerung der Messenier war trotz der Verstärkung aus Athen und anderen Städten noch kein Fortschritt erzielt worden. Noch immer hielten sich die Aufständischen in der Bergfestung verschanzt. Es gab also überhaupt keinen Grund für die Spartaner, eigene oder verbündete Truppen abzuziehen. Doch eben dazu entschlossen sie sich: Sie bedankten sich bei Kimon höflich für die Unterstützung, die ihnen das attische Hilfskorps gebracht habe, und baten ihn, seine Truppen wieder nach Attika in Marsch zu setzen.

Die dafür gegebene Begründung war nicht gerade überzeugend: Man brauche die Athener nun nicht mehr.

Es mußte indes auffallen, daß die Athener die einzigen waren, deren die Spartaner angeblich nicht mehr bedurften. Die Hilfstruppen aus den übrigen mit Sparta verbündeten Städten blieben an Ort und Stelle. Gerüchte über die wirklichen Beweggründe der Spartaner mögen außerdem durchgesickert sein, so daß den brüskierten Athenern sehr rasch klar wurde, was tatsächlich hinter der spartanischen Aufforderung steckte. In Sparta war man seit eh und je mißtrauisch gegenüber Fremden; die von einer Übermacht von Feinden – ihren eigenen Heloten! – permanent bedrängten Spartaner argwöhnten überall Agenten und Spione. Mitunter steigerte sich dieser Argwohn zu einer Hysterie, die mit rationalen Überlegungen kaum noch etwas zu tun hatte.

So auch im Jahre 462, als den Spartanern plötzlich – möglicherweise, nachdem sie von dem innenpolitischen Umschwung in Athen gehört hatten – der Verdacht kam, das athenische Hilfskorps könne mit den belagerten Messeniern gemeinsame Sache machen und sich gegen Sparta stellen. Bürgern eines Staates, der dem Demos »ungezügelte Freiheit« einräumte, war in spartanischen Augen alles zuzutrauen, selbst ein Komplott mit aufständischen Sklaven. Und diese viertausend potentiellen Aufwiegler und Kollaborateure wollte man möglichst rasch aus dem Lande haben!

Der Verdacht war absurd; schon die Persönlichkeit Kimons, der die athenischen Truppen in Messenien befehligte, war eine Garantie für unbedingte Loyalität gegenüber den spartanischen Bundesgenossen. Für solche Erwägungen waren die von Panik ergriffenen Spartaner damals aber offenbar nicht zugänglich, und so machten sie sich eines unerhörten diplomatischen Fauxpas schuldig, der verhängnisvolle Auswirkungen auf das Klima zwischen Athen und Sparta haben sollte.[57]

Als sich die Nachricht von dem einzigartigen Affront spätestens nach der Rückkehr des Hilfskorps unter Kimons Führung in Athen herumgesprochen hatte, schlugen die Wellen der Empörung hoch. Die Entrüstung war nur zu verständlich, fühlten sich die Athener doch vor der gesamten griechischen Öffentlichkeit düpiert und als unzuverlässige Bundesgenossen verleumdet. Wenn das Spartas Antwort auf die »edelmütige« Geste der zunächst umstrittenen Hilfeleistung war, dann konnte man fortan sehr gut auf solche Freunde verzichten.

In dieser emotional aufgeheizten Atmosphäre hatten jene, die schon früher für einen harten Kurs gegenüber Sparta plädiert hatten, leichtes Spiel. Die Volksversammlung beschloß einen außenpolitischen Kurswechsel, der für die Politik Athens in den nächsten Jahrzehnten – und damit angesichts der Bedeutung der attischen Metropole auch für ganz Hellas – kaum zu überschätzende Bedeutung hatte: Athen kündigte die ursprünglich zur Abwehr der Perser geschlossene Eidgenossenschaft mit Sparta auf und ging gleichzeitig ein neues Bündnis mit Argos, Spartas schärfster Konkurrentin auf der Peloponnes, ein.[58]

Auch Kimon, der Sparta-Freund, wurde ein Opfer des neuen Kurses. Ausgerechnet ihm, der sich so leidenschaftlich für eine Unterstützung der bedrängten Spartaner eingesetzt hatte, hatten seine »Gastfreunde« diese schallende diplomatische »Ohrfeige« gegeben und damit einen ihrer verläßlichsten Partner in Athen politisch bloßgestellt, ja in den Augen vieler der Lächerlichkeit preisgegeben. So hatte er keine Chance, die in der Zeit seiner Abwesenheit durchgesetzten Reformen wieder rückgängig zu machen. Er bemühte sich zwar darum, das von den Demokraten angerichtete »Unheil« wieder aus der Welt zu schaffen, doch stand er auf verlorenem Posten.

Innen- wie außenpolitisch fand er für seine Politik keine Mehrheit mehr. Im Gegenteil. Als »Spartanerfreund und Feind des Volkes« wurde er bald nach seiner Rückkehr aus Messenien ostrakisiert[59]. Jahre später rief man ihn aus dem Zwangsexil zurück. Aber das änderte nichts an der Tatsache, daß die Kimonische Ära nun vorbei war.

### *Perikles – Nutznießer eines Mordanschlags*

Eine neue Epoche in der Geschichte des Stadtstaates Athen war angebrochen. Aber es war nicht Ephialtes, der nunmehr als Chef der demokratischen »Partei« an die Stelle des konservativen Kimon trat. Vielleicht hätte er sich als bedeutender Staatsmann erwiesen, aber seine Gegner gaben ihm keine Gelegenheit dazu. Noch im Jahre 461, wenige Monate nach seinem und der Demokraten Triumph im innenpolitischen Kampf, fiel Ephialtes einem feigen Mordanschlag zum Opfer. Es konnte nie geklärt werden, wer hinter dem nächtlichen Attentat auf den Führer der Demokraten gestanden hat[60]; doch ist es kaum zweifelhaft, daß es sich dabei um einen Racheakt konservativer Kreise handelte, die ihre Niederlage nicht hatten verwinden können.

Daß im hitzigen politischen Tageskampf, der im demokratischen Athen des 5. Jahrhunderts durchaus oft mit Mitteln ausgetragen wurde, die nach modernem Demokratieverständnis »unter der Gürtellinie« liegen, auch Verdächtigungen aufkamen, der unmittelbare Nutznießer des Attentats habe das Verbrechen geplant und angestiftet, braucht nicht zu verwundern. Glaubwürdig sind solche Vorwürfe, der Nachfolger des Ephialtes habe den demokratischen

Führer »aus Eifersucht und Neid auf seinen Ruhm heimtückisch ermordet«[61], nicht. Und so fällt kein Schatten eines Verbrechens auf den Beginn jener neuen Zeit, die wir die »Perikleische« nennen.

Denn es war Perikles, bisher der zweite Mann der Demokraten, der nach dem gewaltsamen Tode seines Vorgängers den »Vorsitz« der demokratischen »Partei« übernahm. Die Aufgabe, die vor ihm lag, war nicht leicht. In der Innenpolitik kam es darauf an, das in der Verfassungsreform von 462 Erreichte zu sichern und weiter auszubauen. Außenpolitisch mußte er nach Möglichkeit an die erfolgreiche Persien- und Seebunds-Politik Kimons anknüpfen, aber unter veränderten Bedingungen: Der eben vollzogene außenpolitische Kurswechsel hatte das bis dahin latente Spannungsverhältnis zu Sparta in eine offene, feindselige Konkurrenzsituation einmünden lassen, die das Perikleische Athen im Guten wie im Schlechten entscheidend prägen sollte.

# 4. KAPITEL
# Im Dienste des demokratischen Imperialismus

## *Grenzen der Macht*

»Vierzig Jahre lang behauptete sich Perikles unter Männern wie Ephialtes, Leokrates, Myronides, Kimon, Tolmides und Thukydides (Sohn des Melesias) an der Spitze des Staates, und nach des letzteren Sturz und Verbannung blieb er als Stratege fünfzehn Jahre hindurch ununterbrochen im Besitz der höchsten Macht und Gewalt, obwohl dieses Amt sonst jährlich wechselte.«[1]

Mit diesen Worten charakterisiert Plutarch die Stellung des Perikles im athenischen Staat, und er unterteilt seine »Regierungszeit« in zwei verschiedene Phasen, wobei die Ostrakisierung des Thukydides im Jahre 443 den Wendepunkt darstellt. Tatsächlich konnte Perikles nach der Verbannung seines schärfsten Widersachers die Staatsgeschäfte führen, ohne auf die Opposition besondere Rücksicht nehmen zu müssen.

Für die Beurteilung der ersten zwei Jahrzehnte seiner politischen Arbeit an verantwortlicher Stelle bringt das erhebliche Schwierigkeiten mit sich, da die Quellen vor allem hinsichtlich der Außenpolitik Athens oft nicht erkennen lassen, auf wessen Initiative bisweilen selbst wichtige Kriegszüge zurückgehen. Der Entscheidungsprozeß in der Volksversammlung bleibt vielfach undeutlich; es ist nicht immer klar, inwieweit Perikles die Verantwortung für bestimmte Aktionen trägt, ob sie seiner außenpolitischen Konzeption entsprechen, ob er nur aus taktischen Gründen der innenpolitischen Opportunität auf Anregungen der Gegenseite reagierte oder ob – was für einzelne Entscheidungen keineswegs auszuschließen ist – manche Unternehmungen gegen seinen Willen und Rat beschlossen und durchgeführt wurden. Sicherlich behielten die Demokraten nach 462 im großen und ganzen die Oberhand und bestimmten den Kurs der attischen Politik; aber es hieße doch, die Komplexität der innenpolitischen Mechanismen und das Gewicht der eher oligarchisch eingestellten Gegner zu unterschätzen, wollte man Perikles als ersten Mann der Demokraten für die Außen- und Sicherheitspolitik der fünfziger Jahre pauschal verantwortlich machen.

Es gilt hier, Sachzwänge in Rechnung zu stellen, die für Politiker im Altertum oft nicht weniger bindend und beengend waren als heutzutage – was nicht ausschließt, daß sie hier und da ebenso als vermeintlich bequeme Rechtfertigung des eigenen Tuns herangezogen und mißbraucht wurden.

Einer dieser Sachzwänge, mit denen sich die Demokraten nach ihrer »Machtübernahme« konfrontiert sahen, war sicherlich die Fortsetzung der expansiv-aggressiven Seebundspolitik gegen Persien. Da sie Athen in der Vergangenheit erheblichen, für den einzelnen Bürger persönlich spürbaren Nutzen gebracht hatte, war sie äußerst populär. Zudem hatte sie auch in sozialer Hinsicht eine bemerkenswerte Eigendynamik entwickelt; die Tätigkeit als Ruderer auf den Trieren der Seebundsflotte sicherte Tausenden von Theten ein ordentliches, regelmäßiges Einkommen und entlastete zugleich den athenischen Arbeitsmarkt, auf den die Erfolge der Vergangenheit durch die gestiegene Zahl nach Athen eingeführter Sklaven erhebliche Rückwirkungen gehabt hatten.

Hier war das Erbe der Kimonischen Ära eine viel zu große Bürde, als daß Perikles sich darüber hätte hinwegsetzen können. Andererseits gibt es keine Anhaltspunkte dafür, daß das demokratische Programm auf eine prinzipielle Änderung des erfolgreichen Kurses in der Seebund- und Ägäispolitik abgezielt hätte. Offenbar haben Perikles und seine Freunde also das Nebeneinander zweier außenpolitischer Fronten – gegen Persien *und* gegen Sparta – mit den Kräften Athens grundsätzlich für vereinbar gehalten.

### *Forsch ins ägyptische Abenteuer*

Daß diese doppelte Frontstellung ganz erhebliche Anstrengungen und sicher auch nicht geringe Opfer erfordern würde, dürfte ihnen daher klar gewesen sein. Ob ihnen allerdings die Tragweite jener folgenreichen militärischen Entscheidung bewußt geworden ist, die Athen im Frühjahr 460[2] traf, bleibt zweifelhaft. Es ist gut möglich, daß die Demokraten damals dem Druck der kimonfreundlichen »Partei« nachgegeben und sich gegen eigene Bedenken für ein Engagement entschieden haben, das mehr den Charakter eines Abenteuers als den eines wohlüberlegten Feldzuges hatte.

Gemeint ist damit die ägyptische Expedition, die im Jahre 460 mit einem großen Erfolg Athens begann und sechs Jahre später in einer furchtbaren Katastrophe enden sollte. Im Sommer des Jahres 465 war der persische Großkönig Xerxes ermordet worden. Die Folge waren blutige Machtkämpfe am Königshof. Artaxerxes I., der jüngere Sohn des Ermordeten, erwies sich als schwacher Herrscher; entsprechend groß waren die Wirren, die das mächtige Reich erschütterten und in seiner Handlungsfähigkeit beeinträchtigten. In dieser Situation erkannten Teile des ägyptischen Volkes ihre Chance, sich erneut gegen die persische Herrschaft aufzulehnen. Der Anstoß zu einer auf weite Teile des Landes übergreifenden Erhebung ging von den Libyern aus, die den westlichen Teil des Nildeltas bewohnten. Unter Führung ihres Fürsten Inaros gingen sie daran, die persischen Besitzer aus Ägypten zu vertreiben und das alte Pharaonenreich wiederherzustellen.[3]

Auf der Suche nach Bundesgenossen in diesem Befreiungskampf stieß Inaros schnell auf Athen. Er lud den Seebund zu einem vereinten Vorgehen gegen den gemeinsamen Feind ein – und die Athener sagten ja.

Es ist nicht überliefert, auf wessen Betreiben dieser Beschluß gefaßt worden ist. Die Argumente allerdings, die für eine Intervention in Ägypten sprachen, liegen auf der Hand. Es bot sich zum einen die Chance, die Perser aus dem östlichen Mittelmeer hinauszudrängen und damit auch die mit ihnen verbündeten Phönizier zu schwächen, die für den griechischen Handel in diesem Raum eine große Konkurrenz darstellten. Und auch in Ägypten selbst lockte reiche »Beute«. Es war eine der großen Kornkammern der alten Welt, und das war für Athen, das unbedingt auf Getreideimporte angewiesen war, ein sehr wichtiger Aspekt. Hinzu kamen andere begehrte Waren wie Papyrus, die man aus einem »befreiten« Ägypten leichter und preiswerter einführen zu können hoffte.

Demgegenüber verblaßten die sicherheitspolitischen Bedenken, die ein derartiges Unternehmen weit entfernt von einer eigenen Nachschubbasis schwierig erscheinen ließen. Auch die Aussicht, zahlenmäßig starke Kräfte des Seebundes in der Ferne zu binden, während gleichzeitig eine zweite Front in Mittelgriechenland gehalten werden mußte, schreckte die Mehrheit der Athener nicht ab. Wie Perikles sich in dieser Frage verhalten hat, ist nicht bekannt. Aber selbst wenn er gegen das Unternehmen gewesen sein sollte, dürfte er sich aus taktischen Gründen gescheut haben, seine ganze Autorität für eine Ablehnung des von Inaros gestellten Bündnisersuchens in die Waagschale zu werfen. Zu verlockend schienen die Aussichten, dem angeschlagenen persischen Koloß einen weiteren heftigen Stoß zu versetzen.

Und so wurde die Seebundflotte, die gerade mit zweihundert Schiffen vor Zypern operierte, um die hauptsächlich von Griechen bewohnte Insel von der persischen Herrschaft zu befreien, nach Ägypten beordert. Dort fuhren die Schiffe den Nil hinauf. Eine persische Flotte, die sich den Athenern und ihren Verbündeten entgegenstellte, wurde vernichtend geschlagen. Kurze Zeit später konnten die Aufständischen und ihre griechischen Bundesgenossen einen weiteren überragenden Erfolg verbuchen. Sie eroberten Memphis, den bedeutendsten persischen Stützpunkt in Oberägypten. Die Zitadelle der Stadt freilich, auf die sich starke medische Kräfte zurückgezogen hatten, vermochten sie nicht im Handstreich zu nehmen. Angesichts des überaus glücklichen Beginns des Feldzuges schien es indes nur eine Frage der Zeit, bis auch die hinter den »Weißen Mauern« von Memphis verschanzten »Barbaren« kapitulieren müßten[4].

### *»Demokratischer« Imperialismus*

Durch die Intervention des Seebundes in Ägypten ließ sich Athen nicht daran hindern, in Griechenland selbst offensiv gegen Sparta und vor allem gegen dessen Bundesgenossen vorzugehen. Das entsprach dem außenpolitischen Programm der Demokraten, und daran hielten sie sich, obwohl ein erheblicher Teil der attischen Streitkräfte in Ägypten gebunden war und damit für den Einsatz auf dem griechischen Kriegsschauplatz nicht zur Verfügung stand. Es ist bemerkenswert, daß Athen sich in den Jahren nach 461 dem aufreibenden Zweifrontenkrieg bewußt aussetzte und selbst hohe Opfer dabei in Kauf nahm. Wie hoch diese Opfer waren, zeigt schlaglichtartig die inschriftlich erhaltene Verlustliste der Phyle Erechtheis, die in einem einzigen Kriegsjahr – vermutlich 459 v. Chr. – nicht weniger als 180 gefallene Athener verzeichnete[5]. Auf die gesamte Bürgerschaft hochgerechnet, ergäbe das den gewaltigen Aderlaß von 1800 ums Leben gekommener Vollbürger.

Das sind erschreckende Zahlen, für die die führenden demokratischen Politiker, unter ihnen auch Perikles, mitverantwortlich waren. Offenbar war man nicht bereit, zugunsten des vielleicht als mehr von außen aufgezwungen empfundenen Ägyptenfeldzuges bei der eigenen außenpolitischen Konzeption zurückzustecken. Und die zielte, so verwirrend die zahlreichen einzelnen Feldzüge der Folgezeit auch anmuten mögen, im ganzen doch auf die Expansion Athens in Mittelgriechenland und, soweit möglich, auf der Peloponnes, unauflöslich verbunden mit einer Zurückdrängung des spartanischen Einflusses und einer allmählichen Einkreisung Spartas. Mit einer energischen Umsetzung dieses Kurses in reale Politik – und ihre »folgerichtige« Verlängerung, den Krieg – wollten die Demokraten wohl nicht bis zum Abschluß der Ägypten-Expedition warten; sicher auch in der Hoffnung, den Elan des 462 vollzogenen innen- wie außenpolitischen Aufbruches zu nutzen und den durch die Kimonische Ära entstandenen »Nachholbedarf« im innergriechischen Kräfteringen nicht noch weiter auf die lange Bank zu schieben.

Für alle kriegerischen Verwicklungen der nächsten Jahre in Griechenland, an denen Athen beteiligt war, lassen sich auch Gründe und Anlässe anführen, die außerhalb der eigentlichen athenischen Tagespolitik lagen. Da gab es Hilferufe an Athen, da gab es Bündnisverpflichtungen, und da gab es Konflikte, in die Athen aufgrund seiner Stellung als Hegemonialmacht gleichsam wie durch einen Sog hineingezogen wurde. Das alles darf jedoch nicht zu der Vorstellung verleiten, Athen sei in die militärischen Aktivitäten mehr oder weniger »hineingeschlittert«. Im Gegenteil. Die attische Führung nutzte die sich bietenden Gelegenheiten nur zu gern, um sich militärisch zu engagieren. Zu keinem Zeitpunkt gab sie das Gesetz des Handelns aus der Hand – hierin sich deutlich unterscheidend von der in Sparta herrschenden Schicht, die sich nicht selten durch Zögern und Halbherzigkeit die Kritik der eigenen Bundesgenossen zuzog. Und noch ein Unterschied sticht klar hervor: Während Sparta im allgemeinen mit der Aufrechterhaltung des Status quo zufrieden war, betrieb Athen eine deutlich auf die Ausweitung des eigenen Macht- und Einflußbereiches abzielende Politik, die durchaus das Attribut »imperialistisch« verdient.

Die erste Gelegenheit, Sparta zu schwächen, nahmen die Athener kurz nach dem Abschluß des Bündnisvertrages mit Argos wahr. Sie schalteten sich in die seit langem anhaltenden spartanisch-argeischen Kriege ein – und errangen in der Koalition mit Argos einen ersten Sieg über ein spartanisches Heer bei Oinoë in der Argolis. In der Geschichte der langen Feindschaft der beiden peloponnesischen Rivalen bedeutete dieser Erfolg nicht allzu viel, und im gesamtgriechischen Vergleichsrahmen war er nicht mehr als eine Fußnote der Geschichte wert. Bezeichnenderweise wird er von den Historikern auch gar nicht erwähnt; möglicherweise auch deshalb, weil an der siegreichen Schlacht auf athenischer Seite nur ein *Freiwilligen*-Heer teilgenommen hat. In Athen freilich wurde der Erfolg propagandistisch enorm aufgewertet; ein Gemälde mit Szenen aus dem Beginn der Schlacht schmückte die berühmte Stoa Poikile, die »bunte Wandelhalle« – in unmittelbarer Nachbarschaft von Darstellungen wesentlich bedeutenderer Ereignisse wie der Schlacht von Marathon und der mythischen Schlacht zwischen Athenern und Amazonen[6].

Kurze Zeit später griff Athen erneut in eine innerpeloponnesische Auseinandersetzung ein. Zwischen Korinth und Megara waren Feindseligkeiten ausgebrochen, in deren Verlauf sich die Megarer an Athen wandten. Daß die attische Führung damals schnell zugriff, erklärt sich unmittelbar aus ihrer prinzipiellen geostrategischen Konzeption. Die Kontrolle über das Territorium Megaras war gleichbedeutend mit der Kontrolle der schmalen Landverbindung zwischen der Peloponnes und Attika. Zu Lande war Athen viel leichter verwundbar als zur See, und diese Überlegungen bestimmten die attische Wehrpolitik auf Jahre hinaus.

Soweit die Haben-Seite der Rechnung. Das Minus stellte die Brüskierung Korinths dar, das das Eingreifen Athens zugunsten Megaras zu Recht als feindseligen Akt ansah und mit militärischen

Aktionen darauf reagieren würde. Soweit ließ Athen es jedoch gar nicht kommen. Man ging in die Offensive und führte ein Landungsunternehmen in Halieis durch, um von dort den Korinthern in den Rücken zu fallen. Der Plan wurde jedoch durchkreuzt; die vereinigten Heere von Korinth und Epidauros konnten die attischen Truppen zurückschlagen (459/58). Das war indes nur ein vorübergehender Erfolg, den Athen wenig später in einer Seeschlacht bei Kekryphaleia wettmachen konnte. Die Flotte der Peloponnesier wurde besiegt[7]; der Saronische Golf, das Meer zwischen der peloponnesischen Ostküste und Attika, schien damit unter athenischer Kontrolle zu stehen.

### *Kampf gegen die »Augenbutter des Piräus«*

Eben dies rief eine weitere Polis auf den Plan, die darin eine tödliche Umarmung durch die Handelskonkurrentin aus Attika argwöhnen mußte: Aegina, die »Perle des Saronischen Golfes«, ein reger, wohlhabender Inselstaat, dem es bisher gelungen war, seine Selbständigkeit vor dem übermächtigen, in Sichtweite liegenden Athen zu bewahren, sah seine Bewegungsfreiheit zunehmend eingeschränkt. Und das nicht ohne Grund, bemühten sich die Athener doch schon seit einigen Jahrzehnten darum, diese »ärgerliche« Rivalin unter ihre Herrschaft zu bekommen.

Es war keine Frage, daß Aeginas Lage kritisch geworden war. Über kurz oder lang mußten die Aegineten mit einem vehementen athenischen Angriff rechnen, lag doch die Insel geradezu im Schnittpunkt der beiden außenpolitischen Stoßrichtungen Athens nach 462. Das dorische Aegina war eigentlich immer stärker dem peloponnesischen Festland als Attika zugewandt gewesen und galt nicht zufällig als eher spartafreundlich. Zur wehrpolitischen Konzeption einer möglichst sicheren Abschirmung Athens vor Angriffen aus der Peloponnes war somit eine Kontrolle über Aegina, den potentiellen Stützpunkt Spartas, unerläßlich. Hinzu kam das Streben Athens nach Seeherrschaft im Bereich des Ägäischen Meeres. Und da mußte den Athenern eine traditionell starke Seemacht wie Aegina, dessen Flotte sich noch in der Schlacht bei Salamis besonders ausgezeichnet hatte[8], ein Dorn im Auge sein. Schließlich die Rivalität auf handels- und wirtschaftspolitischem Gebiet: Zumal im Zuge einer machtpolitische und ökonomische Interessen immer enger miteinander verquickenden attischen Politik konnte der Wunsch, eine unliebsame Konkurrentin auszuschalten, nicht ausbleiben.

Wie sehr es sich dabei um Überlegungen handelte, von denen sich gerade die neue attische Führung leiten ließ, geht aus einem berühmten Wort des Perikles hervor. Er bezeichnete Aegina plastisch als »Augenbutter« oder, ein bißchen drastischer und wohl treffender ausgedrückt, als die »Eiterbeule des Piräus«[9]. Die Antike hatte für Aussprüche berühmter Männer, für griffige Formeln, anekdotenhafte Sentenzen ein großes Faible. Plutarch hebt ausdrücklich hervor, daß von Perikles nur wenige solcher Aussprüche überliefert seien. Um so größeres Gewicht erhält der Augenbutter-Vergleich. Er läßt das Engagement des Perikles in der Aegina-Frage deutlich erkennen und kann so mit aller Vorsicht als Beleg dafür gewertet werden, daß die politische und militärische Strategie Athens in Griechenland nach 462 entscheidend von ihm mitgetragen worden ist.

Wenn sich Aegina im Jahre 458 nun in die Feindseligkeiten einschaltete und sich offen auf die Seite von Korinth und Epidauros stellte, so war das nicht viel mehr als ein Akt der Notwehr, ein verzweifelter Versuch, der drohenden Umklammerung mit Hilfe einiger Verbündeter zuvorzukommen. Aussichten auf Erfolg mochte er dadurch erwecken, daß ein großer Teil der gegnerischen Flotte wegen der Unternehmungen Athens in Ägypten in die Kämpfe im Saronischen Golf nicht eingreifen konnte.

Es zeigte sich indes rasch, daß Athen selbst mit einem reduzierten Schiffskontingent gemeinsam mit seinen Verbündeten in der Lage war, die Flotte der Aegineten und ihrer peloponnesischen Bundesgenossen zu besiegen. Die Seeschlacht, in der beide Seiten aufeinandertrafen, endete mit einem großen Erfolg Athens, das siebzig feindliche Schiffe erbeuten konnte. Damit beherrschten die Athener den Saronischen Golf. Sie verhängten eine Seeblockade über Aegina, die Stadt selbst wurde von starken athenischen Verbänden belagert.

Die Situation spitzte sich von Tag zu Tag zu. Der Fall Aeginas schien absehbar. Nur ein Abzug der attischen Belagerungsstreitmacht konnte ihn verhindern. Auch um das zu erreichen, griff Sparta jetzt in die Auseinandersetzungen ein – *erst* jetzt, wie manche Mitglieder des Peloponnesischen Bundes empfunden haben dürften. Zuvor hatten schon die mit Aegina verbündeten Korinther und Epidaurer versucht, die Belagerer durch einen Entlastungsangriff auf Megara wegzulocken. Vergebens. Trotz der Kämpfe an anderen Fronten, über die noch die Rede sein wird, setzte ein starkes attisches Heer die Belagerung Aeginas fort. Es dauerte zwei Jahre, bis die Aegineten am Ende waren. Im Jahre 457/56 mußten sie kapitulieren.

Die Athener waren am Ziel ihrer Wünsche, und sie ließen es die einstige Rivalin schmerzlich fühlen, wie störend sie die »Augenbutter des Piräus« jahrzehntelang empfunden hatten: Die Mauern Aeginas wurden geschleift, sämtliche Schiffe mußten ausgeliefert werden, und die Stadt wurde gezwungen, in den Seebund einzutreten. Unter der jährlichen Beitragszahlung von dreißig Talenten hatte der Inselstaat fortan schwer zu leiden[10]. Im ersten Jahr des Peloponnesischen Krieges (431 v. Chr.) wurden die Aegineten als unzuverlässige Bundesgenossen mit Frauen und Kindern gar zwangsdeportiert; viele von ihnen einige Jahre später an ihrem Zufluchtsort mitleidlos von athenischen Truppen umgebracht, weil die Athener die Aegineten, wie Thukydides lakonisch bemerkt, »seit eh und je haßten«[11].

Die Niederwerfung der »verhaßten« Aegineten verschaffte Athen endgültig die uneingeschränkte Seeherrschaft im Saronischen Golf und sicherte gleichzeitig die Westflanke Athens vor unangenehmen Überraschungen. Auch wenn Perikles dabei als kriegführender Stratege nicht in Erscheinung getreten ist, dürfte das Vorgehen gegen die alte Rivalin nicht nur seine ausdrückliche Billigung gefunden haben, sondern sogar auf die wesentlich von ihm mitbestimmte Neukonzeption der attischen Wehrpolitik zurückzuführen sein.

## *Bau der Langen Mauern*

In diese Neukonzeption fügte sich ein Unternehmen bestens ein, das trotz der gewaltigen Anstrengungen, zu denen Athen sich damals durch den Mehrfrontenkrieg gezwungen sah, im Jahre 458 begonnen wurde: Der Bau der Langen Mauern – auch »Schenkel« genannt –, die Athen mit seinem Hafen Piräus verbanden, war ein folgerichtiger Schritt des neuen Wehrkonzeptes, das die kriegerische Auseinandersetzung mit Sparta und seinen Bündnern ausdrücklich einbezog. Die Gefahr, die von dieser Frontstellung ausging, kam vom Lande auf Athen zu; noch galt die Hoplitenphalanx der Spartaner als das schlagkräftigste griechische Heer. Ebenso wie die Besetzung des Territoriums von Megara, dem als Durchmarschgebiet für jedes peloponnesische Heer eine außerordentliche strategische Bedeutung zukam, und die Sicherung der Westflanke Attikas durch die Eroberung des potentiellen Brückenkopfes Aegina diente auch der Bau der Langen Mauern dazu, Athen vom Lande aus zu einer uneinnehmbaren Festung zu machen. In diesem Verteidigungskonzept war die Verbindung zum Piräus lebenswichtig für Athen. Solange man die See beherrschte, traten selbst bei einer längeren Belagerung keine Versorgungs- und Nachschubprobleme auf. Außerdem war so eine ungestörte Verbindung zur eigenen Flotte gesichert, die ihrerseits den Krieg in das Gebiet der Feinde tragen und so für eine Entlastung der belagerten Stadt sorgen konnte.

In den folgenden Jahren wurden zunächst die sogenannte Nördliche und die Phalerische Mauer bis zum Hafen Phaleron gebaut. Die mächtigen »Schenkel« waren über dreieinhalb Meter breit und etwa 6,5 km lang[12]. Da der Boden teilweise sumpfig war, erforderte die Legung des Steinfundaments, auf dem sich der Oberbau aus Lehmziegeln erhob, besondere Sorgfalt und ließ die Kosten für den Bau in die Höhe schnellen. Plutarch zufolge soll Kimon mit seinen gewaltigen finanziellen Mitteln dabei ausgeholfen haben[13] – eine Fehlinformation, die sich wohl aus der früheren mäzenatenhaften Bautätigkeit Kimons im öffentlichen Bereich erklären läßt.

Tatsächlich entsprach ja der Mauerbau überhaupt nicht dem außenpolitischen Kurs Kimons, der sich stets um ein entspanntes Verhältnis zu Sparta bemüht hatte. Vielmehr waren es die Demokraten, die nunmehr an das von Themistokles 479 v. Chr. initiierte Verteidigungsprogramm anknüpften und es konsequent zu Ende führten. Es ist wohl nicht zu spekulativ, Perikles als den für die Fortsetzung dieses Konzepts verantwortlichen Politiker anzunehmen. Ausdrücklich mit seinem Namen ist allerdings erst das letzte Teilstück der Langen Mauern, der um 445 gebaute dritte (mittlere) »Schenkel«, verbunden, der später als Südliche Mauer bezeichnet wurde[14].

Noch während der Belagerung Aeginas und des Baus der Langen Mauern kam es in Mittelgriechenland zu heftigen Kämpfen, die von peloponnesischer Seite zumindest teilweise darauf abzielten, den athenischen Druck auf Aegina zu verringern. Truppen aus Korinth und Epidauros fielen in das Gebiet des mit Athen verbündeten Megara ein. Sie hofften, entweder mit Megara leichtes Spiel zu haben, falls Athen nicht Hilfe leiste, oder aber die athenische Belagerungsarmee von Aegina weglocken zu können – angesichts der gleichzeitig in Ägypten weilenden attischen Streitmacht ein naheliegender Gedanke. Sehr rasch mußten die Peloponnesier erkennen, daß sie sich verrechnet hatten. Die athenischen Politiker setzten alles auf eine Karte und ließen sich auf eine weitere Front ein. Das war eine Entscheidung, die nur durch höchste Aufrüstung und Einsatz aller verfügbaren Kräfte zu verwirklichen war. Das ging an die Substanz der Wehrfähigkeit der Stadt, wie aus Thukydides' Feststellung hervorgeht, daß damals alle »in der Stadt noch Verbliebenen, die Jüngsten und Ältesten, nach Megara ausrückten«[15]. Es ist schon bemerkenswert, welche Opfer die Demokraten, kaum an die Macht gelangt, dem Volk zuzumuten wagten – und dabei die Stimmung in der Bürgerschaft offensichtlich weitgehend richtig einschätzten.

Das Kriegsglück half ihnen zudem, ihre Mitbürger einigermaßen bei Laune zu halten. Die Kämpfe um Megara zogen sich zwar eine Zeitlang hin, endeten aber schließlich mit einem Sieg der athenischen Streitkräfte. Vor allem die Soldaten aus dem unterlegenen Korinth hatten viele Gefallene zu beklagen; die Athener scheinen dagegen vergleichsweise geringe Verluste erlitten zu haben[16].

## *Spiel mit dem Feuer: Erster Zusammenstoß mit Sparta*

Es war wohl auch dieser glückliche Ausgang des Kriegsjahres 458, der der athenischen Führung den Mut gab, sich im folgenden Jahr auf eine recht riskante Unternehmung einzulassen, bei der der Gegner erstmals Sparta hieß. Vielleicht auch, um erneut Aegina vom athenischen Druck zu entlasten, hatten die Spartaner eine Armee von 1500 eigenen Hopliten sowie 10000 Bundesgenossen nach Mittelgriechenland geführt. Eigentlicher Anlaß des Eingreifens war ein Überfall der Phoker auf eines der Dörfer von Doris, die den Spartanern als Heimat ihres Stammes galten. Daß das mächtige peloponnesische Aufgebot die Phoker schnell in ihre Schranken verwies und das überfallene Dorf befreite, war eine Angelegenheit weniger Tage.

Nach diesem Erfolg schickten sich die Spartaner an, wieder in ihre Heimat zurückzukehren. In diesem Moment aber verlegte Athen ihnen den Weg, indem es den Korinthischen Golf durch Kriegsschiffe sperrte und gleichzeitig den Landweg über den Isthmos im Gebiet von Megara besetzte. Nichts deutet darauf hin, daß dieser Schritt eine Defensivmaßnahme gewesen wäre. Zu den Kriegszielen Spartas gehörte damals allem Anschein nach kein Einfall in attisches Gebiet. Erst als ihnen der Weg abgeschnitten wurde, zogen die Spartaner ins östliche Böotien in die Nähe der Grenzfestung Tanagra – nicht ohne sich mit den Athen feindlich gesonnenen Thebanern zu verbinden. Es spricht vieles für die These, daß Athen damals die Bedrohung des eigenen Territoriums durch die spartanisch-thebanische Koalition nur dadurch heraufbeschworen hat, daß es den Peloponnesiern erst *nachträglich* den Rückweg in die Heimat abschnitt.

Ein Spiel mit dem Feuer, auf das sich auch Perikles damals eingelassen hat, der an dem durch die athenische Strategie unvermeidlich gewordenen Kampf in führender Stellung teilnahm. Immerhin wagte man sich an eine zahlenmäßig starke Armee des Gegners heran; und das, obwohl die eigenen Streitkräfte nach wie vor zersplittert und die Langen Mauern noch nicht so weit gediehen waren, daß sie vor einem im schlimmsten Falle in Attika einmarschierenden feindlichen Heer schon Schutz boten. Ein weiteres Unsicherheitsmoment kam hinzu: Die oligarchischen Sparta-Freunde in Athen sahen in jenen Tagen gute Chancen für einen Umsturz in ihrer Heimatstadt; ein Teil der Opposition wurde offen verdächtigt, geheime Kontakte zur spartanischen Armee geknüpft und sie um einen Einmarsch in Attika gebeten zu haben, »um mit ihrer Hilfe der Volksherrschaft und dem Mauerbau ein Ende zu setzen«[17].

In dieser Situation gehörten zu der Entscheidung, sich den Spartanern in einer offenen Feldschlacht entgegenzustellen, zumindest großer Mut und Vertrauen in die eigene Stärke, aber wohl auch ein gewisses Maß an politisch-militärischem Abenteurertum, dessen Selbstsicherheit sich auch aus ideologischen Quellen speiste. Ein scharfer Kritiker des athenischen Engagements von 457 bewertet diesen Sachverhalt so: »Der Demos, erregbar wie er war, verstand eben nicht zu warten, und war nur zu geneigt, sich keck auf die verschiedensten Dinge einzulassen«; und er spart auch nicht mit Kritik an der athenischen Führung, der er militärischen Dilettantismus vorwirft, darunter auch Perikles, in dem er einen der »Haupturheber« der damaligen Strategie vermutet[18].

Diese Kritik mag angesichts der für die Ereignisse eher dürftigen Quellensituation[19] überzogen sein. Sicher aber ist, daß Athen damals sehr hoch reizte, als es sich in einer angespannten, unübersichtlichen Situation auf einen Waffengang mit Sparta einließ.

Bei Tanagra stießen beide Heere aufeinander. Die Schlacht wurde auf beiden Seiten mit hohem Einsatz und großer Erbitterung geführt. Angeblich soll sich sogar der verbannte Kimon am Schlachtort eingefunden und seine Mithilfe angeboten haben, was jedoch scharf zurückgewiesen worden sei. Dieser Bericht ist wohl unhistorisch, enthält aber insofern einen wahren Kern, als er die Einstellung der Anhänger Kimons in diesem Kampf verdeutlicht. Als Fünfte Kolonne des Gegners verdächtigt, bemühten sich die Gegner der Demokratie um Rehabilitierung, indem sie sich besonders tapfer einsetzten. Viele von ihnen ließen ihr Leben auf dem Schlachtfeld. Jedermann im athenischen Heer wußte freilich, was auf dem Spiel stand, und verhielt sich dementsprechend. So auch Perikles, der sich nach dem Zeugnis Plutarchs »durch seinen todesmutigen Einsatz vor allen ausgezeichnet« haben soll.

Der Kampf wurde schließlich dadurch entschieden, daß die mit Athen verbündete thessalische Reiterei sich auf die Seite des Gegners schlug und damit die Weichen für den Sieg der Peloponnesier stellte. Beide Seiten hatten hohe Verluste zu beklagen, und trotz ihres Sieges verspürten die Spartaner keine Neigung, eine weitere militärische Konfrontation mit Athen zu riskieren. Der Weg zur Rückkehr auf die Peloponnes stand ihnen nun offen; das war ihr Ziel in der Schlacht von Tanagra gewesen; mehr nicht. Der einzige Schaden, den sie Athen nach ihrem Sieg zufügten, traf ihre eigentlichen Gegenspieler nicht sehr hart: Sie fällten auf dem Gebiet des mit Athen verbündeten Megara die Obstbäume[20].

In Athen konnte man aufatmen. Das Wagnis einer direkten Konfrontation mit einem spartanischen Heer hatte zwar Opfer gekostet und zunächst eine Niederlage mit sich gebracht. Da die Spartaner indes ihren Sieg nicht zu aggressivem Vorgehen genutzt hatten, blieb der Schaden in Grenzen. Mehr noch: Nach dem Abmarsch des peloponnesischen Heeres lag Mittelgriechenland ziemlich ungeschützt da. Und so waren kaum zwei Monate vergangen, als erneut ein athenisches Heer in Böotien einfiel. In der Schlacht bei Oinophyta wurden die Streitkräfte der mittelgriechischen Landschaften geschlagen. Mit Ausnahme von Theben stand damit ganz Mittelgriechenland unter der Kontrolle Athens. Das war sehr wahrscheinlich im Herbst des Jahres 457 der Fall.

### *Höhepunkt eines Expansions-»Rausches«*

Mit der Bilanz der ersten fünf Jahre ihrer Außenpolitik konnten die Demokraten – und damit natürlich auch Perikles, der »Partei«-Chef – trotz einiger Rückschläge im ganzen sehr zufrieden sein: Die Beherrschung Mittelgriechenlands, die Unterwerfung Aeginas, das wohl unmittelbar nach dem athenischen Sieg bei Oinophyta völlig demoralisiert die Waffen streckte, und die Fertigstellung der Langen Mauern (Winter 457/Frühjahr 456[21]) waren unbestreitbare Erfolge des neuen außenpolitischen Kurses, der auf Expansion in Griechenland bei gleichzeitiger Sicherung der eigenen Stadt abzielte.

Es war nur zu verständlich, wenn diese Bilanz einem Großteil der Athener imponierte. Und so bereitete es dem Admiral Tolmides im Jahre 456 keine Mühe, in der Volksversammlung eine Mehrheit für seinen kühnen Plan zu gewinnen: Der Vorschlag der athenischen Führung, mit einer Flotte von fünfzig Schiffen die Peloponnes zu umfahren, um die Spartaner zu demütigen und, wo möglich, nach Kräften zu schädigen, wurde von den meisten Athenern gern akzeptiert. Im Hochgefühl der Freude über die gerade errungenen Triumphe und im Vertrauen auf die eigene Stärke sagte man gern ja zu einer Unternehmung, die sicher auch als Demonstration der attischen Macht für die ganze griechische Öffentlichkeit gedacht war.

Die Umseglung der Peloponnes, der viel gerühmte Periplous[22], wurde dann auch tatsächlich ein voller Erfolg. Die viertausend Athener unter der Führung des Tolmides deckten die Schwächen Spartas schonungslos auf. Sie gingen mehrfach an peloponnesischen Küsten an Land und verwüsteten feindliche Gebiete. Am eindrucksvollsten war die Eroberung und Zerstörung des spartanischen Hafens Gytheion mitsamt den Werften. Die Stadt ging in Flammen auf, im umliegenden Gebiet konnten die attischen Truppen plündern und brandschatzen, ohne auf nennenswerte Gegenwehr zu stoßen – und das nicht irgendwo auf dem verhältnismäßig großen Territorium der Spartaner, sondern gleichsam unmittelbar vor deren Haustür, nur rund dreißig Kilometer von Sparta entfernt.

Für Sparta bedeutete dieses Unternehmen des Tolmides nicht nur erhebliche materielle Verluste, sondern auch eine empfindliche Prestigeeinbuße. Es machte aber auch wie schon die Ereignisse nach der Schlacht von Tanagra allen klar, wer in der Auseinandersetzung der beiden mächtigsten griechischen Städte die offensive und wer die defensive Politik betrieb. Daß die Spartaner sich so zurückhaltend verhielten und damit bewußt das Risiko in Kauf nahmen, daß ihre eigenen Bundesgenossen diese »Passivität« mit Kopfschütteln und zunehmender Verärgerung quittierten, hing vor allem mit der gespannten innenpolitischen Situation zusammen. Zwar war die Krise des Helotenaufstandes inzwischen gemeistert, nachdem die überlebenden Aufständischen gegen freies Geleit die Bergfestung Ithome verlassen und sich mit Hilfe Athens in Naupaktos an der Nordseite des Korinthischen Golfes angesiedelt hatten (wahrscheinlich 459 v. Chr.), aber der Schock saß tief. Die Wunden, die das furchtbare Erdbeben von 464 und die existenzbedrohende Erhebung großer Teile der Sklavenbevölkerung aufgerissen hatten, waren noch lange nicht vernarbt. Die Verantwortlichen in Sparta taten demnach gut daran, eine behutsame, die eigenen Kräfte nicht überstrapazierende Politik zu betreiben – was ihnen angesichts der stürmischen Attacken Athens gewiß nicht leicht gefallen ist.

Ganz anders Athen, das sich in den letzten Jahren unter der Führung der Demokraten geradezu in einen Expansionsrausch hineingesteigert hatte. Wohl war viel attisches Blut geflossen, hatten die ständigen kriegerischen Aktivitäten nicht nur Hunderten, sondern Tausenden athenischer Bürger das Leben gekostet, doch schien dieser Preis angesichts des enormen Machtgewinns und der damit verbundenen wirtschaftlichen Vorteile nicht zu hoch. Die Krönung der so gesehen erfolgreichen Politik stellte der spektakuläre Periplous des Tolmides dar.

## *Desaster in Ägypten*

Auf welch brüchigem Fundament diese Erfolgsbilanz stand, sollte den Athenern jedoch nur zu bald aufgehen. Eine bis dahin einzigartige Katastrophe öffnete ihnen die Augen dafür, welche ungeheuren Risiken eine forcierte Expansionspolitik barg, die nicht einmal vor einem Mehrfrontenkrieg zurückschreckte.

Die Rede ist von den Ereignissen, die sich in den Jahren 455/54 in Ägypten abspielten. Dort hatten sich die Dinge weniger günstig entwickelt, als es der für die alliierten Truppen überaus erfolgreiche Auftakt des Feldzuges hatte erhoffen lassen. Die Zitadelle von Memphis war trotz aller Bemühungen der Belagerer in der Hand der persischen Verteidiger geblieben. Es dauerte eine Zeitlang, bis die schwerfällige persische Kriegsmaschinerie auf Touren kam. In der

Zwischenzeit hatte der Großkönig versucht, die innergriechischen Gegensätze auszunutzen. Er schickte einen Vertrauten an den Eurotas, der den Spartanern riesige Geldsummen in Aussicht stellte, wenn sie in Attika einfielen und so die Athener zwängen, einen Teil ihrer Truppenverbände vom ägyptischen Kriegsschauplatz abzuziehen, um die eigene Heimat zu schützen. Die Spartaner gingen jedoch damals (noch) nicht auf das problematische Bündnisangebot eines »Barbaren«-Reiches ein, gegen das sie noch wenige Jahrzehnte zuvor erbittert die Freiheit Griechenlands verteidigt hatten[23].

Nachdem er mit Bestechung nicht weitergekommen war, entschloß sich der Perserkönig, Ägypten durch eine eigene militärische Intervention großen Stils wieder unter seine Herrschaft zu bringen. Die von der späteren Überlieferung genannten 300000 Mann, die damals in Marsch gesetzt worden sein sollen[24], stellen eine gewaltige Übertreibung dar. Immerhin enthält diese Angabe wohl insofern einen historischen Kern, als die persisch-phönizische Streitmacht, die nach Ägypten entsandt wurde, eine auch zahlenmäßig sehr ernst zu nehmende Entsatzarmee für die bedrängten persischen Besatzungstruppen gewesen sein dürfte.

Das zeigte sich schon in der ersten Schlacht, in der die beiden Heere aufeinandertrafen. Die alliierten Streitkräfte, Athener und Verbündete sowie die Kontingente der aufständischen Ägypter, wurden geschlagen; die Griechen mußten Memphis verlassen und zogen sich auf die Nilinsel Prosopitis zurück. Dort belagerte sie die persische Armee anderthalb Jahre lang ohne Erfolg.

Das waren lange achtzehn Monate, in denen die eingeschlossenen Athener und ihre Bundesgenossen aus der Heimat offensichtlich nur wenig Unterstützung erhielten. Der Nachschub funktionierte wohl ganz ordentlich; über Versorgungsengpässe berichten die Quellen nichts. Was die Heimat jedoch nicht – oder nur in unzureichendem Maße – schickte, waren zusätzliche Streitkräfte, die den festsitzenden Griechen durch Entlastungsangriffe auf die persischen Truppen hätten Luft schaffen können. Woher hätte Athen die Soldaten auch nehmen sollen? Man befand sich in einem Zweifrontenkrieg, und die militärischen Aktivitäten im Kampf gegen Sparta und den Peloponnesischen Bund ließen eine Abkommandierung weiterer Einheiten nach Ägypten nicht zu – jedenfalls dann nicht, wenn der eingeschlagene offensive Kurs fortgesetzt werden sollte.

So sahen sich denn die auf Prosopitis belagerten Athener schließlich zur Kapitulation gezwungen, als sie durch eine List der Perser der gegnerischen Übermacht nicht mehr standhalten konnten. Die Perser hatten den Kanal um die Insel ausgetrocknet und das Wasser abgeleitet, so daß die griechischen Schiffe auf dem Trockenen lagen und die Angreifer die Insel mit dem Fußvolk erreichen konnten. Ein

Teil der Unterlegenen versuchte, sich zum Mittelmeerhafen Kyrene durchzuschlagen. Der Fußmarsch durch die Wüste unter der gnadenlosen Sonne Ägyptens wurde zu einer Tortur, der Tausende erlagen. Das Desaster des so hoffnungsvoll gestarteten ägyptischen »Abenteuers« hat Thukydides in wenigen Sätzen geschildert:

»So ging die hellenische Macht zugrunde nach sechsjährigem Kriege; wenige von vielen retteten sich zu Fuß durch Libyen und Kyrene, die meisten kamen um. Ägypten aber gehorchte wieder dem Großkönig.«[25]

Damit aber noch nicht genug. Die ägyptische Katastrophe setzte sich nur wenige Tage später gleichsam mit einem zweiten Teil fort. Ein Geschwader von fünfzig Trieren aus Athen und anderen Städten des Seebundes, das Teile der eingeschlossenen griechischen Truppen ablösen sollen, fuhr ahnungslos in die Nilmündung ein. Es geriet dort in Kämpfe mit einer phönizischen Flotte, die im Solde des Perserkönigs stand. Die Seeschlacht endete mit einem triumphalen Sieg der Phönizier; die meisten griechischen Schiffe wurden zerstört, ihre Besatzungen fielen; nur wenige konnten entkommen. »So endete«, beschließt Thukydides seine Ausführungen, »der große Feldzug der Athener und ihrer Verbündeten nach Ägypten.«[26]

Das klingt eher beiläufig dahingesagt. Tatsächlich steht die kühl-distanziert wirkende Prägnanz des Historiker-Berichts in einem beklemmenden Kontrast zum Ausmaß der Katastrophe, die damals über die Seebundtruppen in Ägypten hereinbrach. Wie hoch die Verluste der Griechen waren, hängt entscheidend von der Frage ab, ob in den sechs Kriegsjahren Truppen aus Ägypten abgezogen worden waren oder ob die Besatzung aller zweihundert Trieren, die ursprünglich zugunsten des Freiheitskampfes der Aufständischen eingegriffen hatten, als »Basiszahl« für die Aussage des Thukydides anzusehen ist, daß nur »wenige von vielen« sich hätten retten können. Da Thukydides selbst nichts über eine Verringerung der griechischen Streitkräfte in Ägypten sagt, ist eine Schlußfolgerung *ex silentio* nicht völlig von der Hand zu weisen, die tatsächlich vom Verlust von insgesamt etwa 250 Schiffen und der zumal für griechische Verhältnisse atemberaubenden Zahl von 40-50000 gefallenen Griechen ausgeht. Die übrigen Quellen helfen nicht viel weiter. Sie widersprechen einander; der Redner Isokrates spricht ausdrücklich von den anfänglichen zweihundert Schiffen, deren Besatzungen umgekommen seien – zu ergänzen wäre die wenige Tage später geschlagene Flotte von fünfzig Kriegsschiffen –, dagegen erwähnt der griechische Arzt Ktesias, der im vierten Jahrhundert in Persien lebte, »nur« vierzig Trieren und 6000 Soldaten[27].

Die moderne Forschung bietet in dieser quellenmäßig letztlich nicht sicher zu entscheidenden Frage ein ebenso uneinheitliches

Bild[28]. Aber selbst wenn man annimmt, daß nach dem ersten großen Erfolg der Griechen bei der Eroberung von Memphis ein nicht geringer Teil der Invasionstruppen vom ägyptischen Kriegsschauplatz abberufen worden ist, ergeben sich immer noch Verluste von kaum weniger als 20000 Mann; etliche Tausend unter ihnen aus Athen, das damit einen furchtbaren Preis für das anfangs so aussichtsreiche Ägypten-Abenteuer bezahlen mußte.

### *Perikles – verantwortlich für die ägyptische Katastrophe?*

Wer trug die Verantwortung für die schwerste militärische Katastrophe, die das antike Athen, vom Scheitern der Sizilischen Expedition im Peloponnesischen Krieg abgesehen, jemals getroffen hat? Die Frage ist in der modernen Literatur breit erörtert worden, ohne daß es zu einer Annäherung der teilweise weit auseinander klaffenden Positionen gekommen wäre. Natürlich steht Perikles im Zentrum dieser heftigen Diskussion. Als Chef der demokratischen »Partei«, die seit 462 in Athen dominierte, trug er sicherlich eine Mitschuld an dem ägyptischen Desaster. Ob man ihn allerdings als Hauptschuldigen am Untergang vieler tausender Mitbürger bezeichnen darf, wie etwa der englische Althistoriker E. M. Walker, der der Außenpolitik des Perikles »völlige Fehlkalkulation« vorwirft[29], ist fraglich.

Das Problem liegt schlicht in der unzureichenden Quellenlage für diese Zeit. Es läßt sich daraus nicht erschließen, wie stark die Position des Perikles damals schon gewesen ist. Sicher konnte er nicht schalten und walten, wie er wollte – das gilt selbst für die Zeit seines »monarchischen« Regiments nach 443. Er mußte Rücksichten nehmen; auf die führenden Köpfe seiner eigenen »Partei« ebenso wie auf die Vorstellungen der gegnerischen Seite, die 462 v. Chr. zwar zunächst geschlagen, aber doch nicht endgültig ausgeschaltet war. Und vor allem mußte er die Stimmung bei den Bürgern selbst in sein politisches Kalkül einbeziehen. Wenn man ihm nun wirklich die volle Last der Verantwortung für den tragischen Ausgang des ägyptischen Abenteuers anlasten wollte, dann bliebe immer noch die Frage offen, ob er sich von der allgemeinen Stimmung in dieses Abenteuer hatte hineinreißen lassen oder ob er die öffentliche Meinung in dieser Weise zunächst selbst beeinflußt hatte; ob er also »Getriebener« oder »Treibender« gewesen ist.

Auch das muß offen bleiben. Ansprechender und realistischer als derart verabsolutierende Fragestellungen mit dem Ziel einer eindeutigen Schuldzuweisung erscheint die Vermutung, daß die athenische Außenpolitik damals von unterschiedlichen Einflüssen geprägt worden ist, daß der die Kräfte Athens letztlich doch über die Maßen beanspruchende Zweifrontenkrieg einen Kompromiß darstellte, auf den sich die Vertreter der beiden verschiedenen Konzeptionen hatten einigen können: die Fortsetzung des Perserkrieges als – wohl nicht ungern gewährtes – »Zugeständnis« an die Anhänger der kimonischen Linie und der Kampf gegen Sparta als wesentlicher Bestandteil der neuen, von den Demokraten bestimmten Politik Athens nach 462. Das war ein außerordentlich ehrgeiziges Programm, das die Zersplitterung der eigenen Kräfte bewußt in Kauf nahm und, wie die Verlustliste der Phyle Erechtheis zeigt, auch einen hohen Preis an Menschenleben einkalkulierte. Jahrelang schien der Erfolg, meßbar an dem trotz gelegentlicher Rückschläge stetig sich ausweitenden Einfluß- und Machtbereich Athens, dieser Kompromißkonzeption recht zu geben; erst die furchtbare Niederlage in Ägypten öffnete den Athenern die Augen dafür, daß sie ihre Kräfte überschätzt hatten.

Nun erweist sich allerdings die Qualität und Führungskraft eines Staatsmannes in besonderem Maße durch die Fähigkeit, eine realistische und vorausschauende Politik zu betreiben, die Risiken und Chancen nüchtern gegeneinander abzuwägen und verantwortungsbewußte Konsequenzen aus diesen Überlegungen zu ziehen – und eben nicht der Versuchung nachzugeben, die eigene Klientel durch kurzfristige Erfolge zufriedenzustellen und allgemeinen Stimmungen allzu willfährig nachzugeben; jedenfalls nicht ohne auf die möglichen Gefahren eines der tagespolitischen »Laune« zu stark verhafteten Kurses hinzuweisen.

Man wird weder Perikles noch anderen Politikern Athens in jenen Jahren den Vorwurf ersparen können, nicht rechtzeitig gewarnt und energisch gehandelt zu haben. Die ägyptische Katastrophe war ja kein unabwendbares, durch eine plötzliche, nicht vorhersehbare Entwicklung gelenktes »Schicksal« gewesen. Die Niederlage hatte sich Monate zuvor angekündigt; die Abdrängung der in Ägypten operierenden griechischen Kräfte aus der Offensive in die Defensive war jedermann bekannt. Infolge des Engagements auf dem innergriechischen Kriegsschauplatz aber standen offensichtlich keine Truppen mehr zur Verfügung, die man als Verstärkung an den Nil hätte entsenden können – das jedoch nicht, weil Sparta den Athenern damals den Krieg aufgezwungen hätte, sondern weil Athen selbst seine Expansionswünsche unbedingt realisieren wollte. Nicht einmal die drohende Allianz zwischen Persien und Sparta hatte die Athener, soweit es sich bei der mageren Quellenlage beurteilen läßt, über eine Kursänderung nachdenken lassen. Und mit welcher Verbissenheit die einmal eingeschlagene Richtung unbeirrt verfolgt wurde, zeigt die Reaktion Athens auf die schweren Kämpfe in Mittelgriechenland: Trotz der zeitweise nicht geringen Bedrängnis, in die man dort geraten war, wurden die Belagerungstruppen von Aegina nicht abgezogen oder auch nur reduziert. Aegina sollte endlich fallen, und diesem Ziel zuliebe wurden an anderen Fronten erhebliche Risiken in Kauf genommen.

Man kann Verständnis dafür aufbringen, daß die vor kurzem an die Macht gelangten Demokraten nicht bereit waren, *ihre* außenpolitischen Ziele zugunsten der konkurrierenden »Kimon-Konzeption« ohne weiteres aufzugeben. Fatal für Athen sollte es werden, daß diese Position bis zum bitteren Ende durchgehalten wurde – auch dann noch, als sich eine mögliche Niederlage in Ägypten abzeichnete.

Die athenische Führung hat damals versagt. Entweder haben Perikles und die anderen Spitzenpolitiker die Situation falsch eingeschätzt, oder sie haben es nicht gewagt, ihre Bedenken in der Volksversammlung laut genug zu äußern und zu einer – wenigstens zeitlich begrenzten – Kurskorrektur zu raten. Sicher war es angesichts der damals noch äußerst erfolgreichen Bilanz nicht leicht, eine Mehrheit für eine Beschränkung des außenpolitischen Engagements zu bekommen; die Expansionspolitik war ohne Zweifel sehr populär. Auch hätte das bedeutet, den zwischen Demokraten und Aristokraten herrschenden Konsens, dessen Grundlage ja gerade eine doppelgleisige offensive Wehrpolitik war, in Frage zu stellen. Das hätte Unruhe und heftige Auseinandersetzungen in die Bürgerschaft getragen. Ungleich bequemer war es, weiterhin auf die Kompromißformel zu bauen und mit Blick auf das bisher Erreichte auch für die Zukunft optimistisch zu sein.

Dieses Verhalten aus heutiger Sicht zu kritisieren, mag unbillig erscheinen. Von einem überdurchschnittlichen Politiker aber müssen auch und gerade in demokratischen Staaten Weitblick und Führungsstärke verlangt werden, die sich in bestimmten Situationen auch im Widerstand gegen kurzfristig populäre Entscheidungen konkretisieren. Diese Haltung hat in Athen in der ersten Hälfte der fünfziger Jahre, wie es scheint, kein führender Politiker eingenommen. So gesehen muß auch Perikles eine Mitschuld an dem furchtbaren Ausgang des ägyptischen Abenteuers gegeben werden. Er war ebenso wie die anderen demokratischen Führer für eine betont riskante Außen- und Wehrpolitik eingetreten, die selbst in der Stunde der Gefahr keine Flexibilität gegenüber der eigenen außenpolitischen Programmatik kannte oder erkennen ließ.

Besonnenheit und Blick für die Realitäten waren offenbar keine staatsmännischen Tugenden, die den fünfunddreißigjährigen Perikles ausgezeichnet hätten. F. Schachermeyr macht es sich etwas zu leicht, wenn er Perikles der Mitverantwortung für die erste Katastrophe der attischen Machtpolitik enthebt, weil er sich damals, »soweit wir sehen, seinen Begabungen entsprechend vorwiegend mit der allmählichen Verwirklichung des innenpolitischen Programms« beschäftigt habe. »Den Krieg«, so fährt Schachermeyr fort, überließ er dagegen den Haudegen seiner Partei ...«[29a]. Differenzen in der Führungsspitze der Demokraten, wie sie hier vermutet werden, mag es gegeben haben. Aber abgesehen von einer höchst problematischen säuberlichen Scheidung des demokratischen Programms in Innen- und Außenpolitik – beide Teile waren eng aufeinander bezogen, wie im nächsten Kapitel gezeigt wird –; abgesehen auch von der überlieferungsmäßig gar nicht so klaren Aufgabenteilung, die Perikles vor allem die Innenpolitik zugewiesen hätte: Mitverantwortung trägt doch auch der Politiker, der, in ein Führungsteam eingebunden, andere in entscheidenden Lebensfragen seines Volks gewähren läßt, ohne warnend den Finger zu heben oder sich eindeutig von einer als gefährlich erkannten Politik zu distanzieren.

Der Schock der ägyptischen Katastrophe saß tief. Aber in Athen bewahrte man einen kühlen Kopf, flüchtete man sich nicht in eine Panik, die alles nur noch schlimmer gemacht hätte. Der athenische Imperialismus war in eine Krise geraten; soviel war klar. Ein Ausweg mußte gefunden werden, und der hieß: allmählicher Rückzug, langsames Herunterfahren der auf Hochtouren laufenden attischen Kriegsmaschine; und dabei nach Möglichkeit Sicherung der in der Vergangenheit gewonnenen Machtstellung. Nicht mehr Expansion mit allen Kräften, sondern Festigung des Status quo war in den nächsten Jahren das oberste Ziel der Außenpolitik Athens. Diese – an früheren ehrgeizigen Plänen gemessen – realistische, behutsame und überlegte Reaktion auf die Ereignisse in Ägypten scheint von Perikles nicht nur voll mitgetragen, sondern wesentlich durch ihn gesteuert worden zu sein. Er trat jedenfalls in der Folgezeit mehrfach in hoher militärischer Position in Erscheinung.

### *Verlegung der Bundeskasse – nicht gerecht, aber nützlich*

Die erste Maßnahme, mit der der Seebund auf das Wiedererstarken der Perser reagierte, war nur vordergründig aus der Not der Niederlage geboren: Auf Antrag der Samier, hinter denen aber sicher athenische Politiker standen, beschloß die Versammlung des Delisch-Attischen Seebundes, die Bundeskasse von Delos nach Athen zu verlegen. Das Argument für diesen Transfer der gemeinsamen Gelder lag auf der Hand. Die Gefahr eines persischen Überfalls auf das kleine, »wehrlose« Delos sei nach dem ägyptischen Debakel zu groß; es gelte, die Kasse vor dem Zugriff des Großkönigs in Sicherheit zu bringen – und da bot sich das durch seine Befestigungsanlagen wirkungsvoll geschützte Athen natürlich als Zufluchtsort an.

Es mag sein, daß echte Besorgnis bei diesem Beschluß der Bundesversammlung Pate gestanden hat. Ebenso sicher war das jedoch nur die eine Seite der Medaille. Auf der anderen Seite bot sich Athen damals eine günstige Gelegenheit, die Bundeskasse stärker unter die eigene Kontrolle zu bekommen. Der Zugriff auf die Bundesgelder wurde für die Führungsmacht zumindest leichter, weniger umständlich. Ob man schon 454 mit dem Gedanken spielte, unter Umständen auch entgegen der Satzung des Bundes zweckgebundene Gelder der Allianz zur Entlastung der athenischen Staatskasse heranzuziehen, ist nicht überliefert. Bedenkt man jedoch den großen Finanzbedarf Athens, seine konsequent weiter ausgebaute Führungsstellung innerhalb des Bundes und den dann recht rasch erfolgenden Mißbrauch erheblicher Summen der Bundeskasse, so tritt man wohl der attischen Führung nicht zu nahe, wenn man ihr schon für die Zeit der Transferierung der Gelder nicht nur lautere Motive unterstellt. Zumal Perikles, der später ungeniert und gegen die wütenden Proteste der Bündner und der innenpolitischen Opposition hohe Beträge aus der Bundeskasse »abzweigte«, um damit die eigene Stadt »zu vergolden und herauszuputzen und sie mit kostbaren Steinen, mit Bildern und Tempeln von tausend Talenten zu behängen wie ein eitles Weib«[30], dürfte hinter dem Antrag der Verlegung der Kasse nicht ohne Hintergedanken gestanden haben.

So war – jedenfalls für Athen! – das Nützliche mit dem Angenehmen verbunden worden. Gerecht, so soll Aristides damals formuliert haben, gerecht sei die Sache nicht, aber nützlich[31]. Der Ausspruch ist erfunden; denn Aristides war im Jahre 454 schon lange tot; aber er ist gut erfunden, insofern er das »natürliche« Ergebnis des Konfliktes zwischen Rechtmäßigkeit und Interessenpolitik Athens anschaulich unterstreicht.

Die Überführung der Bundeskasse nach Athen war also kein überstürzt gefällter Beschluß, dessen Revidierbarkeit offen blieb, sondern eine ziemlich endgültige, sehr bewußt auf einen günstigen Zeitpunkt abgestimmte Maßnahme. Wie wenig er als Provisorium gedacht war, zeigen die schon 454/53 einsetzenden Tributquotenlisten. Das waren sehr ordentlich geführte Aufzeichnungen über den sechzigsten Teil eines jeden Beitrages, der der Athena als Dank für den von ihr gewährten »Schutz« der Kasse offiziell zustand. Diese sogenannten Aparchai (»Erstfrüchte«), die der Göttin selbstverständlich zufielen, sollten die ersten für Athen »nützlichen« Auswirkungen des Verlegungs-Beschlusses sein – und schon das läßt erhebliche Zweifel an den honorigen Motiven seiner Urheber aufkommen.

Athen war seit dem Ende der Perserkriege zu einer imperialen Macht in Griechenland aufgestiegen. Daran änderte auch die Niederlage in Ägypten nichts. Und eine imperiale Macht kann sich keine abrupten Kehrtwendungen in ihrer Außenpolitik leisten – zumindest dann nicht, wenn sie unmittelbar durch eine militärische Schlappe ausgelöst zu sein scheinen. Der ohnehin eingetretene Prestigeverlust durfte nicht noch durch einen überstürzten Rückzug vom innergriechischen Kriegsschauplatz verschärft werden.

Großmächte neigen dazu, Einsicht mit Schwäche und Trotz mit Konsequenz zu verwechseln. Gleichsam um zu demonstrieren, daß die Großmacht Athen selbst so bittere Niederlagen wie das ägyptische Desaster »wegstecken« könne, entschied man sich zu einer Art Neuauflage des Periplous, mit dem Tolmides die Macht Athens so eindrucksvoll unter Beweis gestellt hatte. Diesmal war es Perikles, der das Unternehmen als Stratege leitete (454/53). Mit einer Flotte von fünfzig Trieren und tausend Hopliten stach er in Pagai auf dem Gebiet von Megara ins Meer. Die Fahrt nach Westen durch den Korinthischen Golf wurde mehrfach für Landungsmanöver unterbrochen. Eine Armee von Sikyon, die sich den Athenern in den Weg stellte, wurde geschlagen, ohne daß Perikles nachsetzte. Vielmehr fuhr er mit der Flotte weiter, nahm im verbündeten Achaia weitere Soldaten an Bord, verließ den Korinthischen Golf und nahm Kurs nach Norden auf das in Akarnanien gelegene Oiniadai. Die Belagerung der Stadt zog sich einige Zeit hin; außer Verwüstung und Brandschatzung des Umlandes aber gelang Perikles kein durchgreifender Erfolg. Er gab schließlich den Befehl zum Rückzug. Die athenische Flotte kehrte nach Pagai zurück; eine tatsächliche »Umfahrung« der Peloponnes hatte nicht stattgefunden[32].

Das Unternehmen war kein ausgesprochener Mißerfolg, zumal es auf athenischer Seite keine Verluste gegeben hatte. Aber es war auch keine besondere militärische Leistung, die Perikles als hervorragenden Strategen ausgewiesen hätte. Das wohlwollende Urteil Plutarchs, Perikles sei »von da an im Urteil der Feinde ein furchtbarer Gegner, in den Augen seiner Mitbürger ein vorsichtiger und doch tatkräftiger Heerführer« gewesen[33], stimmt nur im zweiten Teil. In der Tat war Vorsicht in der damaligen Lage Athens eine bittere Notwendigkeit und galt so als große Tugend; den Anschein der Tatkraft sollte das ganze Unternehmen außerdem erwecken – aber eben gepaart mit Verzicht auf riskante Manöver. Das Ganze war mehr ein Rückzugsgefecht, das Athens Stärke noch einmal demonstrieren, aber sicher keinen neuen Offensiv-Abschnitt in der Auseinandersetzung mit den Peloponnesiern einleiten sollte. So war es von Perikles wohl angelegt worden, und im Sinne dieser bescheidenen, auf die Wahrung des Status quo bedachten Zielsetzung mochte man es als Erfolg ansehen.

### *Die Waffen schweigen*

Kurz zuvor war ein anderer Feldzug ähnlich vorsichtig abgebrochen worden. Athen hatte versucht, in Thessalien stärker Fuß zu fassen, war jedoch auf heftigen Widerstand gestoßen. Eine Belagerung der Stadt Pharsalos wurde ergebnislos aufgegeben; das attische Heer kehrte nach einigen Scharmützeln in die Heimat zurück[34]. Auch hier scheute man sich offenbar, zu große Risiken einzugehen. Athen hatte noch einmal seine Ansprüche in Nordgriechenland angemeldet; es sah sich jedoch vorerst nicht in der Lage, sie energisch weiterzuverfolgen. Immerhin, der Kriegszug hatte den Gegnern Respekt eingeflößt und Athens Präsenz gezeigt.

So gesehen konnten die Athener beruhigt die dringend benötigte Pause in den militärischen Auseinandersetzungen auf dem griechischen Kriegsschauplatz einlegen. Sie brauchten eine Zeit der Ruhe, um sich von den gewaltigen Anstrengungen und den furchtbaren Opfern der zehn zurückliegenden Kriegsjahre zu erholen. Für die Defensivstrategie der Spartaner ist es bezeichnend, daß sie keinen Versuch unternahmen, diese für sie günstige Situation zu nutzen. So schwiegen in den nächsten Jahren in Griechenland die Waffen. Einige Zeit später kam es sogar zu einem offiziellen Waffenstillstand zwischen Athen und den Peloponnesiern (vermutlich 451 v. Chr.[35]). Er wurde auf fünf Jahre abgeschlossen und beendete den sogenannten Ersten Peloponnesischen Krieg, in dem das demokratische Athen und das oligarchische Sparta sowie die jeweiligen Bundesgenossen erstmals aneinandergeraten waren.

Ein stürmischer Abschnitt in der Geschichte Athens war damit zu Ende gegangen; ein ereignisreicher Abschnitt auch im Leben des Perikles. Ihm gelang es in dieser Zeit, seine Stellung als einer der wichtigsten Politiker Athens zu festigen und weiter auszubauen. Noch hatte er nicht jene Machtfülle erreicht, die ihn später zu *dem* führenden Staatsmann seiner Polis machte.

Aber der Grund dazu war gelegt. Er hatte es verstanden, sich große Teile der Bevölkerung Athens zu verpflichten, und damit eine Machtbasis erworben, die seine weitere Karriere entscheidend fördern sollte. Dazu hatte die – im ganzen trotz des Rückschlags in Ägypten – als sehr erfolgreich empfundene offensive Außenpolitik der Demokraten wesentlich beigetragen. Einen noch wichtigeren Anteil daran hatten jedoch die Reformen im Inneren, durch die Perikles und seine politischen Freunde die Verfassung ihrer Stadt konsequent zu einer wahren Volksherrschaft im Sinne des antiken Demokratie-Verständnisses weiterentwickelten.

## 5. KAPITEL

# Wegbereiter einer »sozialen Demokratie«

### *Konservative Kritik am »Versorgungsstaat«*

»Ich höre, daß Perikles die Athener faul, feige, geschwätzig und geldgierig gemacht hat, indem er sie als erster zu Söldlingen erniedrigte«: Dieses vernichtende Urteil über einen wichtigen Teil des innenpolitischen Programms des Perikles legt Platon seinem Lehrer Sokrates im Dialog »Gorgias« in den Mund[1]. Ähnlich vollmundige Kritik äußerten andere konservative Athener, die an der »Bezahlung« von Richtern, Beamten, Theaterbesuchern und Teilnehmern an Volksversammlungen Anstoß nahmen. So der Komödiendichter Aristophanes in seinen »Ekklesiazusen«:

> »Seht zu, daß ihr die Männer abdrängt,
> die von der Stadt hierher
> Marschieren, die früher, als
> Der Sold nur 'nen Obolos
> Betrug, gar nicht kamen und
> Dasaßen und schwatzten
> Am Markt mit den Weibern, doch
> Nun drängen sich alle 'ran!
> Einst, als noch Myronides
> Hier glänzte, der Ehrenmann,
> Da wagte es keiner,
> Zu leisten des Bürgers Pflicht
> Für schimpflichen Tagelohn.
> Zur Stelle war jeder
> Und brachte Proviant sich mit:
> Ein wenig zu trinken, Brot,
> Zwei Zwiebeln und allenfalls
> 'ne Handvoll Oliven.
> Jetzt strecken die Hand sie aus,
> Was auch für den Staat sie tun,
> Nach dem Dreiobolenstück –
> Als wären sie Knechte!«[2]

Von dieser Kritik war es nur noch ein kleiner Schritt zu den Klagen des »Alten Oligarchen«, der in seinem zwischen 431 und 424 verfaßten bitterbös-sarkastischen Pamphlet über den »Staat der Athener« mit der attischen Demokratie abrechnet. Er prangert die Ausbeutung der Reichen durch die Armen an, »hält es doch das Volk für angemessen, Geld zu verdienen mit seinem Singen, Rennen, Tanzen und Fahren in den Schiffen, damit es selber den Gewinn habe und die Reichen zugleich verarmen«. Um verantwortungsvolle Ämter, die Erfahrung und Sachkunde voraussetzen, reiße sich der Demos, so der »Alte Oligarch« weiter, nicht, die überlasse er gern den Adligen; »alle Ämter aber, die dazu da sind, Sold zu tragen und Nutzen ins Haus zu bringen: um die bewirbt sich das Volk«.[3]

Der demokratische Staat somit ein Versorgungsunternehmen für die unteren Schichten? Die Verfassung als Instrument einer legalen Umverteilung des Vermögens auf kaltem Wege? Die Teilnahme am politischen Leben nicht als Erfüllung staatsbürgerlicher Pflicht und Ausdruck patriotischen Engagements, sondern als wohlfeile Einkommensquelle für einen arbeitsscheuen, geldgierigen Pöbel? Und Perikles schließlich als Erfinder und Förderer dieses schändlichen politischen Selbstbedienungsladens?

Orientiert man sich nur am wütenden Aufschrei derer, die durch den von Perikles verfolgten Ausbau des demokratischen Staates ihre eigenen Privilegien bedroht sahen, so liegt eine positive Antwort auf diese Fragen nahe. Man muß den Kritikern des demokratischen Systems zugute halten, daß sie zum Teil aufgrund einer Erfahrung mit dem Funktionieren dieses Systems geurteilt haben, die über die »Regierungszeit« des Perikles hinausreichte und tatsächlich einige Schwachstellen und Auswüchse kennengelernt hatte. Und doch zielt ihre Kritik auf ganz allgemeine Gesichtspunkte, die gleichsam an die Substanz des demokratischen Staatsgedankens gehen, wie ihn das fünfte Jahrhundert verstanden hat. Aristoteles wird einige Jahrzehnte später rückschauend die »Diäten« für Beamte, Richter und Ekklesia-Besucher als eines von mehreren Spezifika einer demokratischen Verfassung anführen:

»Wo eine Volksversammlung in der Lage ist, reichliche Tagegelder zu geben, da zieht sie alle Entscheidungen an sich. ...Ferner werden Tagegelder gewährt für alles, wenn möglich, oder doch wenigstens für Behörden, Gerichte, Rat und die wichtigsten Volksversammlungen.«[4]

Es war Perikles, der diesen »demokratischen« Brauch als erster vorgeschlagen und durchgesetzt hat. Grund genug also, dieser heftig umstrittenen Praxis nachzugehen und nach ihren Anfängen, ihrer Bedeutung und den politischen Zielen ihres Urhebers zu fragen.

### *Gleiches Recht für alle – noch längst nicht verwirklicht*

Bei der Kleisthenischen Verfassungsreform hatte der Begriff der Isonomia, des »gleichen Rechts für alle«, eine wichtige Rolle gespielt. Bis zur Mitte des fünften Jahrhunderts bezeichnete dieser Ausdruck die athenische Verfassung; erst danach kam das neue Wort der Demokratia, »Volksherrschaft«, auf. Die gleiche Stellung vor dem Gesetz erwies sich für jeden attischen Bürger in der Möglichkeit, an der Volksversammlung teilzunehmen. Sie war der eigentliche Souverän; hier fielen letztlich sämtliche wichtigen politischen Entscheidungen; ihr gegenüber waren alle Beamten rechenschaftspflichtig. Die politische Freiheit des Vollbürgers bestand somit ganz wesentlich darin, an den Beschlüssen der gesamten Bürgerschaft mitwirken zu dürfen. Dabei hatte jede Stimme das gleiche Gewicht.

Soweit der Buchstabe der Verfassung. Die Verfassungswirklichkeit sah indes ganz anders aus. Da gab es eine Reihe von Strukturen, die sich aus dem Adelsstaat erhalten hatten. Das zeigte sich etwa in der Besetzung der Beamtenstellen, die nur den beiden führenden Vermögensklassen offenstanden. Zeugiten und Theten war es verwehrt, in diesen Funktionen am politischen Leben Anteil zu haben. Das war eine deutliche Einschränkung, an der auch die Tatsache nichts änderte, daß die Klassen keine starren, den einzelnen für sein ganzes Leben festlegenden Kasten waren. Wer durch Arbeit, Geschick oder Glück sein Vermögen mehrte, rückte beim nächsten Zensus automatisch in eine höhere Klasse auf – eine »vertikale Mobilität«, von der gerade angesichts des Wirtschaftsaufschwungs in der Glanzzeit Athens nach den Perserkriegen viele Athener profitierten.

Gleichwohl, die Startchancen für die Eigentümer mittelgroßen und erst recht größten Grundbesitzes waren allemal besser. Sie hatten ein regelmäßiges Einkommen und waren Konjunkturschwankungen weit weniger ausgesetzt als Aufsteiger aus anderen Branchen, etwa dem Handwerk und dem Handel. Hinzu kam die gesellschaftliche Stellung der »alten Reichen«, die sich immer noch als die eigentliche zur Führung der Staatsgeschäfte berufene Elite verstanden – und von vielen Mitbürgern auch aus den unteren sozialen Schichten so eingeschätzt wurden.

Auch politische Gleichheit muß eingeübt werden, und bei aller Unzufriedenheit gegenüber offensichtlichen Unzulänglichkeiten des Adelsregimes im frühen sechsten Jahrhundert stellte doch die jahrhundertealte Tradition der Aristokraten in der Lenkung des Staatswesens ein nicht zu unterschätzendes Eigengewicht und vor allem ein immenses Erfahrungspotential dar, aus dem die Nachfahren jener Geschlechter einen erheblichen Teil ihres Selbstwertgefühls und Führungsanspruches ableiteten. Es gehörte schon ein beträchtlicher Mut, ein hohes Maß von Selbstvertrauen dazu, sich als »einfacher« Bürger – selbst als sozialer Aufsteiger – mit diesen Leuten zu messen und es gleichermaßen mit ihnen *und* ihrer Vergangenheit aufzunehmen. Nicht zuletzt auf diese Autorität einer traditionellen Führungsschicht hatte sich der Areopag zur Zeit der Kimonischen Ära stützen können.

Aber das Selbstbewußtsein der mittleren und unteren Volksschichten war doch gewachsen; die von ihnen mitgetragene militärische Leistung Athens in und nach den Perserkriegen hatte ihnen auch politisch gleichsam den Rücken gestärkt. Der Erfolg der Demokraten im Jahre 462 war der sichtbarste Ausdruck für dieses Erstarken; die Verbannung Kimons ein folgerichtiger Schritt der damals vollzogenen Wende.

Die neue Führung Athens war mit dem Versprechen an die Macht gelangt, dem Demos mehr Rechte zu geben, die theoretisch verbürgte Isonomia auch faktisch herzustellen, das sozusagen blutleere verfassungsrechtliche Konstrukt zu beleben, es für den einzelnen anschaulich, fühlbar werden zu lassen. Gewiß, es stand jedem Bürger frei, an der Ekklesia teilzunehmen oder sich als Mitglied in das seit Solon bestehende Heliaia-Gericht wählen zu lassen. Auch für niedrige Ämter mochte er sich bewerben dürfen. Nur war das alles aus sehr banalen Gründen kaum zu realisieren: Wie sollte einer, der weit außerhalb Athens wohnte, regelmäßig auch nur zu den zehn bis fünfzehn wichtigsten Volksversammlungen im Jahr in die Metropole kommen? Seinen Verdienstausfall zahlte ihm niemand; ebensowenig dem Tagelöhner oder Arbeiter in der Hauptstadt selbst, der es vorzog, von seinen staatsbürgerlichen Rechten Gebrauch zu machen, anstatt das für den eigenen Lebensunterhalt und die Versorgung seiner Familie benötigte Geld zu verdienen. Wie sollte gar einer, der auf seiner Hände Arbeit angewiesen war, ein Ehrenamt ein Jahr lang im Interesse der Allgemeinheit verwalten?

Anspruch und Wirklichkeit der demokratischen Verfassung klafften hier sehr deutlich auseinander. Perikles und seine Demokraten-»Partei« erkannten das und hatten Verbesserungen in Aussicht gestellt. Sie waren im Wort, und angesichts der keineswegs schwachen Opposition taten sie gut daran, den Vertrauensvorschuß, den sie von der Volksversammlung erhalten hatten, nicht leichtfertig zu verspielen, sondern ihre Versprechungen möglichst bald einzulösen.

### *Laienrichter vor einer Prozeßlawine*

Daran gingen sie mit dem gleichen Schwung des »Neubeginns«, der auch für die Außenpolitik nach 462 so kennzeichnend war. Der erste Schritt war offenbar die Schaffung neuer Gerichtshöfe, die aus der alten Heliaia hervorgingen. Die Reform stand vermutlich in engem Zusammenhang mit der Entmachtung des Areopags, der wesentliche juristische Kompetenzen einbüßte. Die neuen Dikasterien

(Gerichtshöfe) dagegen erhielten erheblich größere Rechtsprechungsbefugnisse, als sie die Heliaia besessen hatte. Alljährlich wurden fortan nicht weniger als 6000 Geschworene aus freiwilligen Bewerbern ausgelost. Sie sollten einen möglichst repräsentativen Querschnitt aus der Gesamtbevölkerung darstellen. Die Volksgerichte waren deshalb kein konkurrierendes Organ zur Volksversammlung, sondern eher ein kleineres »Parallel-Organ«, das als Entlastung der Ekklesia diente. Ein zweiter Losentscheid teilte die Gesamtzahl von 6000 Richtern auf einzelne – zahlenmäßig je nach Art des Prozesses unterschiedliche, aber stets mehrere hundert Köpfe umfassende – Gerichtshöfe auf.

Rechtsprechung gehörte in Athen zu den demokratischen Rechten der Bürger; man kannte keine Berufsjuristen, sondern vertraute die Jurisdiktion gleichsam unmittelbar dem Urteil des Souveräns an. Das barg nicht geringe Risiken; doch konnten die durch Eid bekräftigte Verpflichtung der Geschworenen auf die Gesetze des Staates und die große Zahl der Laienrichter immerhin als eine gewisse Barriere gegen Willkür- oder Gutdünkenjustiz gelten.

War damit das Ziel einer möglichst breiten Beteiligung des Demos an der Ausübung eines seiner vornehmsten Rechte erreicht, so zeichneten sich doch Schwierigkeiten oder unerwünschte Folgen dieser Reform ab. Einmal stieg die Zahl der Prozesse in den nächsten Jahren rasant an. Zwar tagten an den 150-200 Gerichtstagen im Jahr nicht alle Dikasterien gleichzeitig, doch war die zeitliche Beanspruchung der einzelnen Geschworenen recht hoch. Spötter wie Aristophanes kleideten ihre Kritik an diesem Aufwand in die übertriebene Feststellung, in Athen müßten an dreihundert Tagen im Jahr sämtliche 6000 Richter tagen, um die Prozeßlawine zu bewältigen[5]. In dieser Übertreibung wird jedoch eine Tendenz sichtbar: Die Tätigkeit als Geschworener wurde mehr und mehr zu einem »full-time-job«, der alles andere, eben auch den Broterwerb, in den Hintergrund drängte. Damit drohte sich die Verfassungswirklichkeit sehr schnell von der Theorie zu entfernen. Wollte man die Rechtsprechung nicht den wohlhabenden Bürgern überlassen, so gab es nur eine wirksame Möglichkeit, dieser Gefahr zu begegnen: Die Richter mußten für ihre Tätigkeit einen Sold erhalten, der einen gewissen Ersatz für ihren Verdienstausfall garantierte. Und eben diesen Richtersold (Misthos dikastikos) hat Perikles wohl zu Beginn der fünfziger Jahre eingeführt[6].

### *Diäten – Wahlgeschenk oder politische Notwendigkeit?*

Das war ohne Zweifel eine volksfreundliche Maßnahme, durch die Perikles seine persönliche Popularität steigern konnte und wollte.

Er wäre ein schlechter Politiker gewesen, hätte er nicht auch diesen Aspekt im Auge gehabt. Es galt, gegenüber der wachsamen Opposition Punkte zu sammeln; die Zeit der Verbannung Kimons zu nutzen, um die eigene Anhängerschaft zufriedenzustellen und sie nach Möglichkeit zu vergrößern.

In der periklesfeindlichen Literatur wird dieser Gesichtspunkt der Einführung der Diäten natürlich unterstrichen; sogar der Vorwurf erhoben, Perikles habe damals in demagogischer Weise zu diesem Mittel gegriffen, um mit der privaten Freigebigkeit eines Kimon konkurrieren zu können. Verglichen mit dem »königlichen Vermögen« seines ostrakisierten Widersachers, war Perikles, obwohl an sich recht wohlhabend, ein mittelloser Politiker. Um sich jedoch die Volksgunst zu erhalten, habe er auf Anraten des Damon von Oia zu einem wenig ehrenhaften, aber ungemein effektiven und die eigenen Mittel geschickt schonenden Kunstgriff Zuflucht genommen, nämlich »dem Demos doch dessen eigenes Vermögen zu schenken«. Nicht einmal die Idee dieses in seiner Einfachheit »genialen Tricks« wollten seine Gegner ihm zubilligen; selbst dazu, so verbreiteten sie, habe er der Einflüsterungen einer grauen Eminenz bedurft[7].

Das übergeordnete Ziel dieser Propaganda ist klar. Es hieß: Demontage des *Staatsmannes* Perikles, Hinabziehen des »Olympiers« auf den Boden nüchterner, sehr irdischer Interessenpolitik. Liest man die Kritik genau, so meint man indes auch einen bewundernd-neidischen Unterton mitzuhören, der freilich durch das Pathos staatsphilosophisch sich gebender Beunruhigung über den verderblichen Einfluß der Diäten-Einführung auf das zuvor »bescheidene und arbeitsame Volk« kräftig überlagert wird.

Um kein Mißverständnis aufkommen zu lassen: Natürlich waren dabei auch eigennützige, parteitaktische Überlegungen im Spiele. Perikles wollte sich beliebt machen, wollte den »Lockangeboten« eines großzügigen Kimon und seiner politischen Freunde etwas ebenso Attraktives entgegensetzen. Wer Demokratie bejaht, sollte nicht pharisäerhaft einen »Geburtsfehler« der Demokratie verdammen, nämlich daß Politiker, um Mehrheiten zu bekommen, sich bis zu einem gewissen Grade die Neigung ihrer Wähler erstreiten müssen – und das eben auch mit Wahlgeschenken. Es ist schon auffällig, wie wenig man Kleisthenes als »Begründer« der attischen Demokratie seine opportunistische Kehrtwendung zum Demos hin vorgeworfen hat und mit welch heftiger Polemik demgegenüber die demokratischen Reformen des Perikles oft – bis in die moderne Forschung – allein unter dem Blickwinkel reiner Kampfmittel eines »Partei«-Funktionärs beurteilt worden sind.

Wahlgeschenke, Bestechung, Züchten einer »Sozialstaatsmentalität« – alles Vorwürfe, die Perikles gegenüber erhoben worden sind und erhoben werden. Selbst wenn sie in dieser absoluten Form zuträfen: In welchem Licht erscheinen da die »freiwilligen«, privaten Unterstützungsleistungen Kimons? Auch sie wurden doch nicht politisch zweckfrei als reine Liebesgaben ausgeteilt, sondern sehr bewußt als Waffe im Kampf um die Volksgunst eingesetzt. Ein Vergleich beider Methoden fällt sehr zugunsten des perikleischen »Systems« aus, weil dahinter der Gedanke der demokratischen Chancengleichheit stand, der Versuch, die ungleichen Startvoraussetzungen bei der Teilnahme am politischen Leben Athens wenigstens teilweise auszugleichen. Die Besoldung der Geschworenentätigkeit sollte es ärmeren Athenern ermöglichen, ihre Rechte als Staatsbürger wahrzunehmen – und auch die staatsbürgerlichen Pflichten ein wenig attraktiv machen. Außerdem waren diese Zahlungen streng leistungsgebunden. Anspruch darauf hatte nur, wer sich tatsächlich um die Angelegenheiten der Polis kümmerte. Sie beruhten also auf einem Anspruch des einzelnen gegenüber der Gemeinschaft, der er diente: ein Anspruch wohlgemerkt im positiven Sinne.

Anders dagegen die »Sozialleistungen« eines Kimon. Sie hatten einen unübersehbaren Almosencharakter. Hier gab ein steinreicher Gönner seinen mittellosen Mitbürgern ein bißchen von seinem Überfluß ab. Das waren jederzeit kündbare Leistungen, auf die niemand einen Anspruch haben konnte, weil er ja nichts dafür tat. Das Gefühl, von der Großzügigkeit eines Privatmannes abhängig zu sein, wird nicht jeder Athener als erhebend empfunden haben; dies um so weniger, als diese Leistungen ja ziemlich unverhüllt auf eine politische Bestechung hinausliefen. Das ist der schärfste Gegensatz zwischen den beiden »Systemen«: Das eine wollte breiten Schichten des Volkes die Ausübung demokratischer Rechte erleichtern, während das andere sie, pointiert formuliert, genau davon abhalten wollte.

Die Einführung des Richtersoldes entsprach demnach den allgemeinen Zielen des demokratischen Programms. Daß Perikles als Initiator dieser Reform dadurch in der Gunst des Volkes stieg, war ein zweiter, nicht unwesentlicher Pluspunkt in den Augen der Demokraten; aber es war eben nicht der einzige Gesichtspunkt.

## *Richtersold unter dem Existenzminimum*

»Anspruchsmentalität« und »Versorgungsdenken« wurden, faßt man die Vorwürfe der antiken Kritiker mit modernen Schlagworten zusammen, auf diese Weise von Perikles und seiner »Partei« gezüchtet. Verschwenderisch seien die Athener dadurch geworden, übermütig und arbeitsscheu. Das hört sich ganz überzeugend an, wenn gleichzeitig die gewaltigen Summen, zu denen sich die verschiedenen Diäten einige Zeit später addierten, genannt werden. Kein Zweifel, daß das Staatsbudget dadurch erheblich belastet worden ist. Insofern mochte die oligarchische Propaganda auf den ersten Blick einleuchten – zumal in Verbindung mit negativen Charaktermerkmalen eines Demos, den mit »Masse« oder gar »Pöbel« gleichzusetzen mancher Reiche und Adlige in Versuchung war.

Ein Blick auf die Soldzahlung, die der *einzelne* Richter bezog, läßt die ganze aufgeblasene Argumentation schnell in sich zusammensinken: Zwei Obolen waren es, ab 425 – der steigenden Inflation entsprechend – drei Obolen[8], die jeder Geschworene erhielt; und zwar pro Sitzungstag; das heißt, wenn er tatsächlich an einem Gerichtsverfahren beteiligt war. Interessant ist der Vergleich dieses Misthos mit einigen Preisen zur Zeit des Peloponnesischen Krieges. Damals kosteten:

| | |
|---|---|
| 1 Stück Salzfleisch: | 1 Obole |
| 3 Kotyloi Wein (0,75 l): | 1 Obole |
| 1 Taube: | 3 Obolen |
| $^{1}/_{6}$ Scheffel Getreide (ausreichend für acht Tage für 1 Person): | 3 Obolen |
| Reinigen eines Mantels: | 3 Obolen |
| 1 Paar Schuhe: | 48 Obolen (= 8 Drachmen)[9]. |

Man sieht: Der Richtersold reichte zum Lebensunterhalt kaum aus; schon gar nicht, um eine ganze Familie davon zu ernähren; von einer Bereicherung aus öffentlichen Mitteln ganz zu schweigen. Um 420 brauchte ein normaler Familienvater mindestens 1 Drachme Tagesverdienst (6 Obolen)[10]; er konnte es sich also mitnichten auf der Richterbank bequem machen und der Arbeit Lebewohl sagen. Die Erkenntnisse der modernen Forschung bezüglich des Richtersoldes faßt der Bochumer Althistoriker K.-W. Welwei in seinem kürzlich erschienenen Werk über »Die griechische Polis« unmißverständlich so zusammen: »Diese Minimalentschädigung lag unter dem Existenzminimum, zumal die einzelnen Richter... nicht ununterbrochen das ganze Jahr hindurch ihre Tätigkeit ausübten«[11].

Damit zerplatzen die Vorwürfe der Kritiker wie Seifenblasen. Die nüchternen Zahlen entlarven sie als das, was sie in Wirklichkeit waren: eine ziemlich unerträgliche Mischung aus verleumderischer Propaganda und tief verinnerlichtem Standesdünkel. Es galt in konservativen Kreisen als unfein, sich für »selbstverständliche« Politen-

Pflichten bezahlen zu lassen – wie es darüber hinaus bei denselben Leuten vielfach überhaupt als unfein galt, sich mit seiner Hände Arbeit den täglichen Lebensunterhalt zu verdienen. Aus der Optik derer, für die 2 oder 3 Obolen eine lächerliche Summe waren, weil sie in Hunderten oder Tausenden von Drachmen oder gar in Talenten rechneten, mag das verständlich sein. Es war ja auch die Optik derer, die ohnehin meinten, Politik sei eher die Sache der Besitzenden und eine zu starke Beteiligung des Demos am politischen Leben Athens sei eine äußerst bedenkliche, ja gefährliche Sache – zumal sie ja offensichtlich auf Kosten der traditionellen Führungsschichten ging. Gleichwohl gehörte eine ordentliche Portion von blankem Zynismus dazu, wenn Wohlhabende über die »Segnungen« des vermeintlichen Sozialstaates Athen spöttisch anmerkten, in der Zeit des Perikles sei das »Füllhorn« für die »Geschenkeempfänger« geradezu übergeflossen[12].

## *Verführer des Volkes? – Antike Propaganda und modernes Fehlurteil*

Es hat, das soll nicht verschwiegen werden, auch Mißbrauch dieses Staatssoldes gegeben, Versuche einzelner, nur den Tagessatz zu »kassieren«, ohne sich tatsächlich an der Rechtsprechung zu beteiligen; ein gewisses Versorgungsdenken vor allem bei älteren, erwerbsunfähigen Männern, sich durch die Tätigkeit als Richter ein kleines Zubrot zu verdienen – in späterer Zeit auch die fatale Neigung der Volksgerichte, reiche Angeklagte im Zweifelsfall zu verurteilen und ihnen drastische Strafen aufzubürden – auch mit dem Hintergedanken, die Finanzierung des juristischen Systems auf diese Weise sicherzustellen. Die Frage ist nur, ob Perikles als »Vater« des Misthos für derartige Auswüchse haftbar gemacht werden kann, wie es zum Beispiel Platon ausdrücklich getan hat und wie es andere Moralisten auch in der Neuzeit behauptet haben.

So etwa Jacob Burckhardt, der das Schaugeld (Theorikon) als den »schändlichsten Sold« bezeichnet und sich dem Urteil Böckhs anschließt, das athenische Volk sei ein »Tyrann« gewesen, der sich aus den öffentlichen Kassen mit vollen Händen bedient habe, »um daraus seine Lüste zu befriedigen«. Perikles war für diese schlimmen Seiten der attischen Demokratie nach Burckhardts Meinung verantwortlich, er sei entsprechend gezwungen gewesen, den gierigen Demos »mit Genüssen jeder Art hinzuhalten«. So seien den Athenern einige fatale Fehlentscheidungen unterlaufen, gehetzt durch die vielen Volks- und Gerichtsversammlungen, an denen sie teilnahmen: »Denn die beruhigende Kraft der täglichen Arbeit fehlte den meisten.«[13]

Abgesehen von der letzten, sachlich unhaltbaren und logisch anfechtbaren Unterstellung: Was ist von dem Mangel an Weitblick zu halten, den Burckhardt Perikles hier indirekt vorwirft? Es ist immer eine große Versuchung für den Historiker, in sein Urteil zu stark das eigene Wissen um die Entwicklung und den Ausgang mancher Dinge einzubringen. Natürlich liegt in der Herstellung solcher Zusammenhänge, der Verfolgung bestimmter Linien eine zentrale Aufgabe jeder Geschichtsforschung. Insofern ist die Wertung politischer Entscheidungen auf dem Hintergrund des eigenen Mehr-Wissens grundsätzlich wichtig und richtig.

Im Falle der attischen Demokratie ist das jedoch nur bedingt zulässig. Als er die Einführung des Richtersoldes und später anderer Diäten vorschlug, konnte Perikles sich an keinerlei früheren Erfahrungen orientieren. Die Demokratie war damals nicht viel mehr als ein Experiment; niemand konnte sich dabei auf programmatische Schriften, staatsphilosophisch durchdachte Konzeptionen oder geschichtliche Erkenntnisse stützen. Der Ausbau dieser Verfassung war ein Sichvorwärtstasten auf unsicherem Terrain. Mehr Demokratie wagen – das bedeutete in jener Zeit, ein Wagnis mit völlig unbestimmtem Ausgang auf sich zu nehmen, etwas historisch bis dahin Einzigartiges auszuprobieren; und nicht »nur« wie im Jahre 1969 den Mut und den Optimismus aufzubringen, sich an liberalere, demokratischere Vorbilder anzulehnen, die die Idee der Demokratie reiner zu verwirklichen schienen, als es die bundesdeutsche Verfassungswirklichkeit bis dahin erreicht habe.

Wer Perikles und seinen politischen Freunden diesen Bonus vorenthält, urteilt unhistorisch und in gewisser Weise unfair. Dies um so mehr, als die Einführung der Soldzahlungen ja nun wirklich keine besonders radikale, unverantwortliche Maßnahme eines hemmungslosen Demagogen war, sondern eine sehr wirksame, wohlüberlegte und dem eigenen politischen Programm entsprechende Möglichkeit, die Kluft zwischen Verfassungsanspruch und Verfassungswirklichkeit zu verringern.

### *Subventionen für Zuschauer – Ausdruck demokratischer Kulturpolitik*

Die Zahlung einer Unkostenpauschale, wie Perikles sie zuerst bei den 6000 Geschworenen durchgesetzt hatte, wurde in den nächsten Jahren oder Jahrzehnten konsequent auf andere Bereiche der politischen Betätigung ausgedehnt. Die genauen Zeitpunkte sind nicht überliefert. Sicher aber scheint, daß Perikles der Motor dieser Entwicklung gewesen ist, die den Demokratisierungsprozeß beschleunigen und intensivieren sollte.

Nach den Richtern haben wohl ziemlich rasch auch die durch das Los bestellten Beamten Anspruch auf eine bescheidene Besoldung erhalten. Deren Höhe ist für die Perikleische Zeit nicht bekannt, dürfte allerdings auch unterhalb des Existenzminimums gelegen haben. Auch die Ratsherren, Mitglieder der Boule der Fünfhundert, die als Beratungsorgan der Volksversammlung vorgeschaltet war und ihre Tagesordnung festlegte, erhielten Sitzungsgeld. Es belief sich im vierten Jahrhundert auf fünf oder sechs Obolen pro Tag; für die Zeit des Perikles liegen keine Angaben vor[14].

Noch größer wurde die Zahl der durch staatliche Geldleistungen unterstützten Athener, als das Schaugeld (Theorikon) eingeführt worden war. Es gibt widersprüchliche Berichte darüber, auf wessen Antrag diese »Schauspielzulage« zurückgeht. Plutarch nennt ausdrücklich Perikles und beruft sich dabei auf ältere Quellen[15]. Tatsächlich paßt diese Maßnahme hervorragend zu all dem, was über die demokratische Sozial- und Kulturpolitik des Perikles bekannt ist. Es ist daher sehr wahrscheinlich, daß die Anfänge der im 4. Jh. sehr stark ausgeweiteten Schaugelder auf den »Olympier« zurückgehen.

Es war eine großartige, ungemein modern anmutende Idee, die hinter der Einführung des Theorikon stand: Vom Staat gewährte Zuschüsse für den Besuch von Theateraufführungen! Bedürftige Athener, die sonst nicht daran denken konnten, sich kulturelle Genüsse zu erlauben, weil sie ihre paar Obolen für die dringendsten Lebensbedürfnisse bitter nötig hatten, erhielten so den Gegenwert für das Eintrittsgeld und einen geringen Verpflegungskostenzuschuß.

Das war praktizierte demokratische Kulturpolitik, in gewisser Hinsicht sogar ein Ersatz für das fehlende staatlich finanzierte Schulwesen.

Auch über das Theorikon haben sich viele Moralisten in Altertum und Neuzeit heftig erregt. Das mag hinsichtlich der im 4. Jh. üblichen Praxis, die nicht mehr direkt »leistungsgebunden« war, nicht völlig verfehlt sein. Für das 5. Jh. trifft diese Kritik aber sicher nicht zu. Da wird mitunter der Eindruck erweckt, als stelle das Schaugeld so etwas wie einen Unterhaltungsbeitrag aus öffentlicher Kasse, eine Art Kinofreikarte oder ermäßigter Fernsehgebühr dar; ein Zugeständnis an die Vergnügungssucht des athenischen Pöbels, erfunden aus purer Popularitätshascherei eines den Staatssäckel ungeniert ausbeutenden Karrierepolitikers.

Gewiß, das Schaugeld war populär, und das hatte seine Auswirkungen auf die Beliebtheitskurve dessen, der dafür eingetreten war. Mit purer, womöglich noch seichter Unterhaltung hatte das Ganze jedoch nichts zu tun. Das Theorikon wurde zunächst für die drei Tragödienaufführungen am Dionysosfest gewährt. Diesen Theaterstücken aufmerksam zu folgen, verlangte den Zuschauern Konzentration und geistige Mühe ab. Es waren ja durchweg ernste, tiefgründige, literarisch anspruchsvolle Dramen, die da aufgeführt wurden; kein dahinplätscherndes, mit Platitüden oder Klamaukszenen durchsetztes Boulevardtheater primitiver Machart, das nur der Zerstreuung, dem »Abschalten« gedient hätte. Oder, polemisch ausgedrückt: Mancher zumindest der modernen Kritiker des Schaugelds würde vielleicht lieber freiwillig selbst ein finanzielles Opfer bringen, als den anstrengenden Tragödienwettbewerb an den Großen Dionysien über sich ergehen zu lassen.

### *Auf dem Wege zur Chancengleichheit*

Und noch ein Aspekt wird allzugern übersehen. Theater: Das hieß in Athen Kultur *und* Kult; ja Kult an erster Stelle. Mit den Tragödien und Satyrspielen (und auch den Komödien) wurde das Fest des Dionysos gefeiert, wurden dem Gott gleichsam Geschenke dargebracht. Und das war den Athenern der Perikleischen Zeit sehr bewußt. Theater war ihnen in einem weiteren Sinne Gottesdienst, auch wenn es dabei nicht still und beschaulich, sondern mitunter lärmend und jedenfalls sehr engagiert zuging. Theaterspiel war fest verwurzelter Bestandteil der athenischen Staatsreligion; Dichter, Schauspieler *und* Zuschauer nahmen so in unterschiedlichen Funktionen an einem kultischen Ereignis teil.

Der Besuch der Dramenaufführungen gewann damit einen eminent politischen Charakter, war in des Wortes ursprünglicher Bedeutung Teilnahme am Leben der Polis, Wahrnehmung der Pflichten eines Politen. Dies auch den ärmeren Bürgern faktisch zu ermöglichen, war der Sinn der Schaugelder – erneut eine sehr konsequente Schlußfolgerung aus der Erkenntnis, daß Theorie und Praxis des demokratischen Systems so lange nicht zur Deckung gelangen konnten, wie verschiedene Ausgangsvoraussetzungen den einzelnen sozialen Gruppen innerhalb der Bürgerschaft eine unterschiedlich intensive Teilnahme am politischen Geschehen erlaubten.

Die »gute alte Zeit«, in der nach Aristophanes »niemand es wagte, zu leisten des Bürgers Pflicht für schimpflichen Tagelohn« – sie war nur gut gewesen für die, die ihren Bürgerpflichten infolge eines finanziellen Polsters umsonst hatten genügen können. Es gehört zu den bedeutendsten, originellsten Leistungen des Perikles, daß er diesen elitären Zustand durch die Soldzahlungen beendet, die athenische Demokratie dadurch gleichsam zu einer lebendigen Verfassung gemacht, Geist und »Körper« dieser Staatsform durch *praktizierte* Isonomie zu einer Einheit verschmolzen hat. Die Legende vom politischen Rentnertum im Athen der Perikleischen Zeit, das

Zerrbild eines faulen Demos, der sich, durch »großzügige Sozialleistungen« abgesichert, einem nur durch »unqualifiziertes Politisieren« zeitweilig gestörten *dolce far niente* habe hingeben können, ist eine ebenso unhistorische wie törichte Denunzierung des Sozialstaatsgedankens, der Idee einer »sozialen Demokratie«, wie sie das Athen der Perikleischen Zeit zum ersten Male hervorgebracht – und zumindest teilweise verwirklicht – hat.

### *»Armen Teufeln kommt's zupaß« – Die Flotte als Futterkrippe der Theten?*

Trotz allem: Das böse Wort vom »Staat als Futterkrippe für den Kleinbürger« steht nach wie vor im Raum. U. Kahrstedt hat es in seiner 1948 erstmals erschienenen »Geschichte des griechisch-römischen Altertums« mehrfach verwendet, bemerkenswerterweise nicht nur im Zusammenhang mit den staatlichen Diätenzahlungen. Vielmehr dehnt er diese Vorstellung auch auf den militärischen Bereich im Perikleischen Athen aus. Als »Bestreben zum Ausbau der Futterkrippe« wertet er u. a. die Tatsache, daß auch tausend Wachsoldaten und sechzehnhundert Bogenschützen festen Sold erhalten haben[16]. Der wichtigste Etatposten, der ebenfalls für den militärischen Bereich angesetzt werden mußte, fehlt dabei noch: die kostenintensive Flotte Athens, deren Ruderer und Kampfsoldaten sich selbstverständlich auch aus der staatlichen »Futterkrippe« bedienten.

So sahen es jedenfalls konservative Kreise in Athen, denen die große Bedeutung der Flotte für die Stärke Athens ein Dorn im Auge war. Das war aus ihrer Sicht vielleicht verständlich, wog doch die Leistung der Hopliten für die Macht Athens entsprechend geringer. Der »Alte Oligarch« ärgert sich nicht wenig darüber, daß die Wohlhabenden als die traditionellen Träger der attischen Wehrkraft ins militärische Abseits gedrängt worden seien. Aber er erkennt es immerhin – nach dem Motto: Ist dies schon Tollheit, hat es doch Methode[17] – an, daß »nur das Volk es ist, das die Schiffe treibt und dadurch (!) der Stadt ihre Machtstellung verschafft«, und deshalb die in der Kriegsmarine Beschäftigten »für die Stärke der Stadt mehr leisten als das schwere Fußvolk und die Vornehmen und überhaupt die Edlen«[18].

Neben der schmerzlichen Einbuße an Prestige stehen aber auch noch handfeste wirtschaftliche Eigeninteressen hinter diesen Klagen. Je mehr Athen zur Seemacht wurde und bewußt in Krisenzeiten auf die Verteidigung des flachen Landes durch eine starke Hoplitenarmee verzichtete, um so ungeschützter waren die Güter (und damit die Einkommensquellen) der Grundbesitzer feindlichen

Angriffen und Verwüstungen ausgesetzt. Viele Athener, unter ihnen sicher auch zahlreiche Kleinbauern, haben daher den Bau der riesigen Befestigungsanlagen für die *Stadt* mit sehr gemischten Gefühlen verfolgt. Den Konflikt, der sich daraus ergab, und den Zorn der Besitzenden auf die Flotte Athens hat Aristophanes auf eine knappe Formel gebracht:

> »Ins Meer die Schiffe! Armen Teufeln kommt's zu paß,
> Den Reichen aber und den Bauern paßt das nicht«[19].

Armen Teufeln kommt's zupaß: Darin steckt er wieder – der Vorwurf, die Demokraten hätten unter Führung des Perikles den Staat zu einem Versorgungsunternehmen für die Habenichtse umfunktioniert. Tatsächlich ist nicht zu bestreiten, daß Tausende von Theten als Ruderer auf den Schiffen Athens ein regelmäßiges Einkommen bezogen. Es lag in der Zeit vor dem Peloponnesischen Krieg bei höchstens drei oder vier Obolen, stellte also nicht mehr als das Existenzminimum dar. Keine Rede davon, daß jemand mit diesem Sold hätte Rücklagen bilden können. Bei dem großen Personalbedarf mußte man im übrigen sogar in Friedenszeiten auf Rudermannschaften auch aus den verbündeten Städten, teilweise sogar auf Sklaven zurückgreifen. Die hohe Zahl der von Athen unterhaltenen Schiffe kann also nicht auf Forderungen der mittellosen Athener zurückzuführen sein, die sich auf diese Weise neue krisenfeste Arbeitsplätze hätten sichern wollen – was umgekehrt nicht heißt, daß die Flottenpolitik nicht gerade bei den ärmeren Schichten der Bevölkerung ungeteilten Beifall gefunden hätte.

### *Wehr-Sold – Eine notwendige Neuerung*

Ohne Zweifel *waren* die Rudererstellen auf den Kriegsschiffen begehrt. Perikles ließ nach 449 pro Jahr sechzig Trieren auslaufen, auf denen sich die Mannschaften für den Ernstfall vorbereiten und ausreichend Erfahrung für den Seekrieg erwerben sollten, aber auch die Chance hatten, acht Monate lang einen festen Sold zu beziehen. Plutarch zählt diese ausgedehnten Flottenmanöver zu den Maßnahmen des Perikles, mit denen er Arbeitslosigkeit und materieller Not begegnen wollte.[20] Und es besteht kein Grund, dieses Motiv nicht ernst zu nehmen – wenn man es nicht als alleiniges oder zentrales Motiv dieser Operation mißversteht.

Aber was war das für ein Staat, der seine Bürger für die Ableistung des Wehrdienstes regelrecht besoldete? Die Verteidigung der eigenen Polis – das sollte doch selbstverständlichste Bürgerpflicht und vornehmstes Bürgerrecht sein! Das war in der Tat die jahrhundertelang gültige Auffassung gewesen, die folgerichtig nur die Begüterten als Träger der Wehrkraft zugelassen hatte. Es liegt auf der Hand, daß sich dieses Prinzip in Perikleischer Zeit nicht mehr aufrechterhalten ließ: Zu lange zogen sich die Kriegszüge hin, zu weit war der Operationsradius von Flotte und Heer geworden, zu groß das von Athen beanspruchte Herrschafts- und Interessengebiet. Das mußte jedem Verständigen einleuchten, mochte er auch noch so betrübt über diesen wirklich gravierenden Traditionsbruch sein und die Revolutionierung der Wehrverfassung bedauern.

Und es hat auch jenen Schichten der attischen Bürgerschaft eingeleuchtet, die nach traditioneller Auffassung unbesoldeten Kriegsdienst hätten leisten müssen. Wie anders könnte man ihre »Bereitschaft« interpretieren, sich auch ihrerseits die Kosten erstatten zu lassen, die ihnen aus ihrer militärischen Tätigkeit erwuchsen? Denn sie haben sich bereitwillig aus der »Futterkrippe des Staates« bedient: Die sechzehnhundert Bogenschützen, zwölfhundert Reiter, fünfhundert Wächter der Schiffshäuser und die zweitausendfünfhundert ständig unter Waffen stehenden Hopliten – sie alle erhielten Sold und zum Teil zusätzliche Naturalleistungen wie Verpflegungsgeld oder Ausrüstungsbeihilfen. Im Kriegseinsatz zahlte der Staat allen seinen Soldaten Sold, und zwar unabhängig vom Vermögen des einzelnen. So hatten selbst reiche Angehörige der ersten zwei Steuerklassen Anspruch auf eine Bezahlung, die sich im Peloponnesischen Krieg auf eine Drachme pro Tag belief[21].

Das alles waren aus der Sicht des einzelnen keine besonders attraktiven Einkommen. Der athenische Staat war beileibe kein Versorgungsparadies für Drückeberger, die sich in Flotte und Heer ein bequemes Leben machen wollten. Auf der anderen Seite der Rechnung standen nämlich Mühsal, harte körperliche Beanspruchung, das Risiko von Verwundung und Tod; was angesichts der vielen Kriegszüge Athens alles andere als eine bloß theoretische Möglichkeit war. Und die Versorgung der Kriegsopfer ließ sehr zu wünschen übrig, wie V. Ehrenberg resümiert: »Im ganzen war der Soldatensold kaum hoch genug, um viele anzulocken, und die Staatspension von einem Obolos pro Tag, die jedem Vollinvaliden und auch jedem Kriegsbeschädigten ausgezahlt wurde, war eher eine Prämie wegen verringerter Erwerbsfähigkeit als ein regelrechtes Existenzminimum.«[22]

Gleichwohl: Insgesamt gesehen, ging all das mächtig ins Geld. Die entsprechenden Ausgaben des Staates waren in Friedenszeiten schon sehr hoch, im Kriege summierten sie sich zu irrwitzigen Beträgen, die den normalen Haushalt der Polis um ein Vielfaches überstiegen[23]. Dieser riesige Aufwand bot manche Angriffsfläche für Kritik. Nur ist nicht bekannt, daß auch nur ein wohlhabender Bürger die Soldleistungen des Staates zurückgewiesen hätte. Im Gegenteil: An der Rüstung hat manch einer kräftig verdient – vom einfachen Schmied bis hin zum steinreichen Rüstungsfabrikanten aus der Schicht der Metöken. Es ist schon eine entlarvende Szene, die Aristophanes in seinem »Frieden« gestaltet hat: Nach dem Waffenstillstand mit Sparta im Jahre 421 bricht da bei den Waffenhändlern und Rüstungsproduzenten das große Wehklagen aus: Ruiniert seien sie, um Brot und Nahrung gebracht, obendrein dem Spott ihrer Landsleute ausgesetzt, die ihnen raten, die nunmehr unverkäuflichen Helme und Panzer als Nachtgeschirr anzubieten[24].

Gewiß, die begüterten Athener mußten auch erhebliche Mittel zur Finanzierung der Rüstungsausgaben beisteuern. So kosteten vor allem die Trierarchien viel Geld, mit denen reiche Bürger zwangsweise zur Instandhaltung einer Triere und ihres Geräts – allerdings ohne die Aufwendungen für Verpflegung und Sold der Besatzung – für ein Jahr verpflichtet werden konnten. Heftige Klagen über die damit verbundenen finanziellen Belastungen kamen aber frühestens in der Zeit des Peloponnesischen Krieges auf und steigerten sich dann im 4. Jh. zu mitleiderregenden Schilderungen der armen Reichen, die sich dadurch an den Rand des Bankrotts gedrängt wähnten[25].

### *Ausbeutung der Bundesgenossen – in nationalem Konsens*

Auf die Perikleische Zeit ist diese Entwicklung nicht übertragbar; die später vielbeklagte »Ausbeutung« der Besitzenden durch den Demos muß sich damals sehr in Grenzen gehalten haben. Kein Wunder, belasteten die enormen Rüstungsausgaben Athens doch weniger die eigene Bevölkerung als die Bundesgenossen. Da war eine kräftige Komplizenschaft aller athenischen Bevölkerungsschichten im Spiel, da herrschte eine mächtige »Allparteienkoalition«, wenn es um die Frage der Heranziehung der Seebund-»Partner« zu finanziellen Opfern im Interesse einer gemeinsamen Sache ging, die doch oft nur die Sache Athens war. Keine Frage, daß die Finanzierung des gewaltigen militärischen Apparats und damit auch ein beträchtlicher Teil der Geldzahlungen für die Angehörigen der beiden unteren Vermögensklassen auf der, zurückhaltend formuliert, Nutzung der Stellung Athens als Vormacht des Seebundes beruhte. Der Ausbau der »sozialen Demokratie« durch Perikles erfolgte, das sollte man nüchtern und ehrlich feststellen, zumindest teilweise auf dem Rücken der Bundesgenossen Athens. Das harte Wort von der Ausbeutung der Bündner erscheint hier nicht übertrieben.

Das ist jedoch, was die Beurteilung der »Leistungen« des Perikles in diesem Zusammenhang angeht, nur die halbe Wahrheit. Tatsache ist, daß die entscheidenden Weichenstellungen schon lange vor der Zeit erfolgten, in der Perikles und die Demokraten eine Mehrheit in der Volksversammlung erringen konnten. Die Wendung Athens zur See: Das war eine Entwicklung und Folge der Perserkriege. Die Gründung des Seebundes: Sie lag in einer Zeit, als die Konservativen an der »Regierung« waren. Die ersten gewaltsamen Unterdrükkungen aufbegehrender Bundesgenossen: Dafür war Kimon verantwortlich, der aristokratische Politiker und Feldherr par excellence. Die Bestrebungen Athens, sich bei allen Erfolgen der gemeinsamen Flotte das größte und schönste Stück aus der Beutemasse zu sichern: Auch das gehörte zur Realität in den Beziehungen zwischen der Führungsmacht und ihren »Partnern« schon in der Kimonischen Ära. Darüber können auch schöne Worte nicht hinwegtäuschen, die Kimons Handeln aus »panhellenischer Verantwortung« erklären, die ihn den »Kampf gegen den persischen Landesfeind« führen ließen, während die imperialistische Politik des Perikles und seiner Anhänger nur »aus wirtschafts- und machtpolitischen Gründen ausschließlich zum Nutzen ihrer Stadt« zu verstehen sei[26].

Nein, die Grundlagen für das traurige Kapitel des Mißbrauchs der athenischen Vormachtstellung gegenüber den Bundesgenossen waren schon gelegt, als Perikles die Politik der Demokraten zu gestalten begann. Sie beruhten gleichsam auf einem »nationalen Konsens«, der auch später trotz aller Angriffe der Opposition nur in Detailproblemen in Frage gestellt wurde.

Der Sozialstaatsgedanke, wenn man ihn so nennen will, hinsichtlich der Wehrverfassung mitsamt den unweigerlich daraus folgenden Vorteilen für die unteren Schichten des athenischen Volkes war somit keine spezifisch demokratische Idee. Perikles war hier nicht Erneuerer, sondern Fortsetzer. Seine Politik war in diesem Bereich weitgehend vorgezeichnet durch die Politik Athens in den Perserkriegen und in der Kimonischen Ära. Die relativ breite Darstellung dieser Ereignisse und Entscheidungen auf früheren Seiten dieses Buches erschien deshalb notwendig, um auch die Kontinuität – nicht nur den Neubeginn – zu zeigen, in der die Politik des Perikles und seiner »Partei« nach 462 stand. In dieser Situation einen radikal anderen Kurs zu steuern, sich über die Barriere der bestehenden »Sachzwänge« kühn hinwegzusetzen, daran war nach dem Erfolg von 462 nicht zu denken. Wer es versucht hätte, hätte furchtbaren Schiffbruch erlitten. Aber es versuchte auch niemand, weil ein derartiger Kurswechsel damals völlig außerhalb des Denkhorizontes aller Athener lag.

### *Akropolis-Bauprogramm – Auch zur Belebung des Arbeitsmarkts*

Perikles, sagten wir, setzte in dieser Frage nur den eingeschlagenen Kurs fort – das freilich mit einer Energie und einer in den Augen der

Bündner geradezu unerbittlichen Konsequenz, die sehr stark von parteitaktischen Überlegungen bestimmt war. Perikles erkannte die Chance, seine Klientel durch politische und soziale »Zugeständnisse« fester an sich zu binden, und er nutzte sie – nicht selten auf Kosten der Bundesgenossen.

Das betrifft zum einen die Bemühungen, Arbeitsplätze zu schaffen. Vor allem die Flotte bot die entsprechenden Möglichkeiten dazu, und so wurde die zur Zeit Kimons begonnene Politik der stärkeren Einbeziehung von Theten und Zeugiten in das Militärwesen Athens weitergeführt. Daran war eigentlich wenig Neues, ebensowenig im übrigen an den Soldzahlungen selbst für Bogenschützen, Reiter und Hopliten, die schon kurz nach den Perserkriegen eingeführt worden zu sein scheinen.

Auf einem anderen Sektor dagegen tat sich Perikles als Neuerer hervor. Ein Ziel des von ihm vorgeschlagenen riesigen Bauprogramms war auch die Schaffung und Sicherung von Arbeitsplätzen über längere Zeit; wohlgemerkt nicht das einzige Ziel, aber doch ein wichtiges. Das erste dieser großen Projekte, die der Staat in Auftrag gab, war der Bau der Langen Mauern. Hier erweist sich schon, wie verzerrend eine Verabsolutierung des Arbeitsplatz-Aspektes wäre. In erster Linie ging es dabei um die Erfüllung einer zentralen Forderung im wehrpolitischen Programm der Demokraten. Daß daneben auch eine spürbare Belebung des Arbeitsmarktes eintrat, mag ein willkommener Begleitumstand gewesen sein – mehr aber nicht, zumal andererseits Heer und Flotte angesichts des gleichzeitig geführten Mehrfrontenkrieges dringenden Personalbedarf hatten.

Das Akropolis-Bauprogramm, das auf Perikles' Vorschlag in der ersten Hälfte der vierziger Jahre gestartet wurde, und der gleichzeitige Bau anderer Tempel hatten neben anderen Intentionen – Religion und Repräsentation seien an dieser Stelle nur stichwortartig genannt – auch arbeitsmarktpolitische Zielsetzungen. In dem berühmten Bericht Plutarchs wird das ganz deutlich, wo er aufzählt, wer aus der Belebung der öffentlichen Bautätigkeit Nutzen zog:

»Vielerlei Materialien wurden benötigt, Steine, Erz, Elfenbein, Gold, Eben- und Zypressenholz, und zu ihrer Bearbeitung brauchte es mancherlei Handwerker, so Zimmerleute, Bildhauer, Kupferschmiede, Steinmetzen, Färber, Goldarbeiter, Elfenbeinschnitzer, Maler, Sticker, Graveure. Die Transporte zur See brachten den Reedern, den Matrosen und Steuerleuten Beschäftigung, diejenigen zu Lande den Wagenbauern, Pferdehaltern und Fuhrleuten, den Seilern, Leinewebern, Sattlern, Straßenbauern und Bergknappen. (...). Die Vielfalt der Arbeiten machte es möglich, daß sozusagen jedem Alter und jedem Stand reicher Gewinn zuströmte.«[27]

Jedes Alter und *jeder Stand* profitierte nach Plutarch von diesem gewaltigen Bauprogramm; und dieser Gesichtspunkt wird heute zu Recht wieder stärker von den Althistorikern betont. Es waren tatsächlich alle sozialen Schichten vom Unternehmer über den Handwerker bis hin zum Lohnarbeiter und Sklaven[28], die an diesen Projekten mitarbeiteten und – bis auf die Sklaven – gut daran verdienten.

### *Ein sehr gemäßigter »Wohlfahrtsstaat«*

Aufschlußreich ist auch die Begründung, die Plutarch für den von Perikles gewünschten Arbeitsmarkteffekt anführt. Einerseits habe Perikles die nicht auf der Flotte dienenden ärmeren Bürger an den »Segnungen« des Bundesschatzes beteiligen wollen, auf der anderen Seite aber »sollte ihnen das auch nicht unverdient und ohne Arbeit in den Schoß fallen«[29]. Mit anderen Worten: Was Perikles offenbar nicht wünschte, war die Züchtung einer Wohlfahrtsstaatsmentalität, der zufolge der vom Staat »versorgte« Bürger die Hände in den Schoß legen und von der Arbeit Abschied nehmen konnte. Das wäre zwar auch wirtschafts- und finanzpolitisch völlig unerreichbar gewesen; doch unterstreicht dieser Gesichtspunkt noch einmal, wie unglaubwürdig der von Platon erhobene Vorwurf ist, Perikles habe den athenischen Demos zu einem Heer geldgieriger Müßiggänger gemacht.

Andere Vorwurfe gegenuber dem Bauprogramm trafen freilich ins Schwarze: Die wütende Kritik der Opposition an dem skrupellosen Finanzierungs-»Modell« des Perikles, der dabei ungeniert auf die Kasse des Delisch-Attischen Seebundes zurückgriff und das ungerührt mit der Bemerkung rechtfertigte, »das Geld gehöre nicht denen, die es zahlen, sondern denen, die es bekommen«[30] – diese Kritik war nur zu berechtigt.

Ob allerdings dahinter lautere Motive standen, ist doch sehr zweifelhaft. Das Ganze diente der Opposition mehr als Hebel gegen den ungeliebten mächtigen »Olympier« und seine demokratische Politik, war ein – letztlich gescheiterter – Versuch, Perikles in die Defensive zu drängen. Es schwang sicher auch Protest gegen das demokratische Repräsentationsprogramm der Perikleischen Zeit mit, hier und da vielleicht auch echte Empörung über die Verschleuderung eigener und fremder Finanzmittel. Doch die da so laut schrien, hatten sich vorher mit Kräften an der Unterdrückungspolitik Athens beteiligt und hatten davon profitiert – was nicht als Verteidigung des in der Tat in seiner Skrupellosigkeit und selbstverständlichen Offenheit skandalösen Griffs in die Bundeskasse mißverstanden werden, sondern lediglich auf die gar nicht so selbstlosen Motive der Perikles-Gegner aufmerksam machen sollte, die nun auf einmal ihre verantwortungsbewußte Zuneigung zu den geschröpften Bündnern entdeckt hatten.

Keine Frage, daß Perikles bei diesem Bauprogramm und anderen sozialen Maßnahmen auch an die Bedürfnisse seiner Anhängerschaft und seine eigene Popularität gedacht hat. Insofern ist er sicherlich »Partei«-Politiker gewesen. Aber es wäre zu einseitig, diesen Aspekt zu stark in den Vordergrund zu stellen. Worauf es ihm auch ankam, war das Wohlergehen der gesamten Bürgerschaft Athens; auch das Anliegen, Ruhm und Glanz der eigenen Polis zu erhöhen. Die begüterten Schichten des Volkes sind ja keineswegs vom finanziellen »Segen« solcher Programme ausgeschlossen worden. Selbst die Großgrundbesitzer haben, wenn schon nicht unmittelbar, so doch indirekt aus der damit erzielten Stärkung der innerathenischen Kaufkraft Nutzen gezogen, weil ihre Produkte höheren Absatz fanden.

Keine Ausgrenzung bestimmter gesellschaftlicher Gruppen also aus dem »Wohlfahrtsstaat« Athen, wohl aber eine sozusagen mit starken sozialen Komponenten arbeitende Politik des Perikles, die die Schwächeren deutlich begünstigte und ihnen in bescheidenem Umfang auch Aufstiegsmöglichkeiten eröffnete. Man mag das als Stimmenfang eines gewieften Parteipolitikers ansehen, man kann es aber auch als das demokratischer Überzeugung verpflichtete Sozialprogramm eines Politikers von aristokratischer Geburt werten, der von Herkunft, Bildung und Vermögen her auch auf der »anderen Seite« hätte stehen können. Wahrscheinlich liegt die »Wahrheit« – falls es so etwas bei dieser Problematik überhaupt gibt – irgendwo in der Mitte zwischen den beiden Extremen.

### *Wende in vorperikleischer Zeit*

Verwirklichung eines demokratischen Programms: Das hieß auch, die Bedeutung der seit langem bestehenden Vermögensklassen als Barrieren der politischen Mitwirkung zu verringern. Was zu Solons Zeiten ein echter Fortschritt auf dem Wege zu einer politischen Mitbestimmung breiterer Schichten, als es im aristokratischen Staat der Fall gewesen war, gelten konnte – und auch so beabsichtigt war –, das drohte in der Mitte des 5. Jh.s zu einem Hemmschuh der demokratischen Entwicklung zu werden. Noch immer hing ja die Qualität der politischen Rechte des einzelnen Bürgers zu nicht geringem Teil von seiner Zensusklasse ab.

Warum nicht einfach das gesamte Vierklassensystem abschaffen? Nach modernem Demokratieverständnis wäre das die einfachste, selbstverständlichste Lösung des Problems gewesen. Nicht so in Athen, wo selbst (und gerade!) zur Zeit der »radikalen« Demokratie die Klasseneinteilung auch ein wirksames Instrument einer abgestuften Pflichtenskala war. Für die Stellung, die der einzelne im

Kriegswesen einnahm, war diese Einteilung der Bürgerschaft ebenso wichtig wie für die Frage, welche finanziellen Leistungen einer für die Gesamtheit erbringen mußte. Direkt erhobene Lohn- und Einkommensteuer lehnte man in Athen (und anderen griechischen Staaten) zwar ab, weil sie als »Kopfsteuer« nicht mit der Würde eines Freien vereinbar schien; wohl aber wurden wohlhabende Athener zu Leiturgien und in Notsituationen auch zu einer Zwangsabgabe verpflichtet.

Von daher war ein Fortbestehen der Vermögensklassen sinnvoll und widersprach nicht zwangsläufig demokratischen Vorstellungen. Unzeitgemäß war jedoch die Bindung politischer Rechte an die Zugehörigkeit zu einer bestimmten Klasse. Denn das militärische »Argument« fiel ja fort: Jeder athenische Bürger, vom Fünfhundertscheffler bis zum Thes, leistete seinen Beitrag zur Wehrfähigkeit der Polis, wenn auch in unterschiedlicher Funktion. Diese Ausweitung der militärischen Beanspruchung auch auf die unteren Klassen machte über kurz oder lang politische Zugeständnisse notwendig; das war eine fast zwangsläufige Konsequenz der See-Orientierung Athens in und nach den Perserkriegen.

Die eigentliche »Revolution«, der Bruch mit der aristokratischen Tradition des Infanterie- und Reiterkampfes lag, als die Demokraten an die Macht kamen, schon zwei Jahrzehnte zurück. Das Flottenbauprogramm des Themistokles war die entscheidende Weichenstellung gewesen. Nicht umsonst wertet Thukydides das als einen kühnen Schritt; »als erster *wagte* es Themistokles auszusprechen, man solle sich ganz aufs Meer verlegen«[31], sagt der Historiker rückblickend über diese entscheidende Wende der attischen Wehrpolitik. Eine Politik, die dann ja glänzend durch den Erfolg über die Perser bestätigt worden war – und an diesem Erfolg hatte die Flotte den größten Anteil, auch wenn Konservative wie Platon sich alle Mühe gaben, diese Leistung nachträglich herunterzuspielen[32].

Schließlich die vielen Siege der Flotte, die nach der Gründung des Seebundes die Grundlage für Athens ungeheuren Aufstieg bildeten: Da konnte man wohl mit einigem Recht vom »Schiffsvolk, das die Stadt so oft gerettet hat«, sprechen[33]. Und da war es an der Zeit, hinsichtlich der politischen Rechte dieses »Schiffsvolkes« Konsequenzen zu ziehen.

### *Abschaffung von Klassengrenzen – de iure und de facto*

Es war Perikles, der dies wenige Jahre nach der Wende von 462 getan hat. Auf seinen Antrag hin wurde im Jahre 457/56 die Zulassung der Zeugiten, der Angehörigen der dritten Vermögensklasse, zum Archontenamt beschlossen. Mnesitheides wurde kurz darauf zum ersten Archonten gelost, der nicht aus den beiden höchsten Zensusklassen kam[34]. Perikles war dabei eigentlich wenig mehr als der Vollstrecker einer notwendigen, vielleicht sogar als überfällig empfundenen Maßnahme. Er selbst scheint die sachliche Folgerichtigkeit dieser Verfassungsänderung aus der militärisch-sozialen Entwicklung seit den Perserkriegen auch deutlich ausgesprochen zu haben[35].

Es hätte sich nun angeboten, in einem letzten Schritt auch den Theten die Bekleidung aller Ämter ausdrücklich zu gestatten; vielleicht einige Jahre später, um durch behutsames Vorgehen keine Emotionen zu schüren. Perikles hat diesen letzten Schritt nicht getan. Die Gründe dafür sind unbekannt. Vielleicht erschien ihm eine in den Augen der Opposition so radikale Maßnahme als zu riskant. Die Möglichkeit eines oligarchischen Staatsstreichs bestand ja stets; Heißsporne auf der anderen Seite gab es genügend. Sie warteten nur auf eine günstige Gelegenheit, um die verhaßten Demokraten davonzujagen und die Verfassung nach ihrem Geschmack umzuschreiben. Gewiß, die Gefahr eines solchen Umsturzes war in den Jahren, als Perikles auf der Höhe seiner Macht stand und sich Athen eines nie erlebten Wohlstandes erfreute, ziemlich gering. In dem Moment jedoch, wo dem von vielen verachteten Thetenstand offiziell volle Bürgerrechte zugestanden worden wären, hätte es vielleicht kritisch werden können.

Mehr als eine Vermutung ist das jedoch nicht. Wohl aber scheint recht sicher, daß Perikles einen Ausweg aus dem Dilemma gefunden hat, der die Opposition nicht vor den Kopf stieß und trotzdem im Ergebnis auf die faktische Zulassung der Theten zum Archontat hinauslief. Was juristisch nicht durchsetzbar schien, wurde in der Verfassungswirklichkeit womöglich stillschweigend geduldet. Ein Thes, der bereit war, Archon zu werden, gab einfach auf die Frage nach seiner Klassenzugehörigkeit eine falsche Antwort. Der prüfende Beamte drückte ein Auge zu und ließ den Kandidaten passieren[36]. Damit war die Angelegenheit ohne großes Aufsehen erledigt. »Passieren« konnte bei dieser Praxis ohnehin nichts, weil die Archontenstellen keinesweges so üppig besoldet waren, daß sie zu begehrten Pfründen geworden wären. Eher war das Gegenteil der Fall, und das war gerade für die finanziell schlecht gestellte Bevölkerung nicht gerade ein besonderer Anreiz. *So* verlockend war es nun auch wieder nicht – jedenfalls für diese Schicht –, eines der höchsten Ämter Athens zu bekleiden.

Oder soll man sagen: nicht *mehr* so verlockend? Denn in der Zwischenzeit waren die Athener bei der Besetzung der meisten Beamtenstellen zu einem auf den ersten Blick recht sonderbar anmutenden System übergegangen. Die Amtsträger wurden per Los bestimmt. Dieses Verfahren muß recht bald nach dem Machtantritt der Demokraten auch auf das Archontat ausgedehnt worden sein.

Eine phantastische Vorstellung: Nicht die Qualifikation, nicht das bessere politische Durchsetzungsvermögen gab den Ausschlag für den einen oder anderen Bewerber, sondern eine weiße Bohne, die Glück bedeutete, oder eine schwarze Bohne, die Pech signalisierte. Was hat das mit Demokratie zu tun? Oder anders herum gefragt: Werden da nicht alle Vorbehalte und Vorurteile konservativer Kritiker gegenüber der »radikalen« Demokratie Athens in der Zeit des Perikles glänzend bestätigt?

So mag das Losverfahren auf den oberflächlichen Betrachter, der sich an der Demokratievorstellung moderner westlicher Leistungsgesellschaften orientiert, tatsächlich wirken. Im antiken Demokratieverständnis jedoch spielte der Gedanke der Gleichheit aller Staatsbürger eine zentrale Rolle; und zwar nicht nur der *Chancen*gleichheit, sondern einer tatsächlichen Gleichheit, die von Erfahrung, Wissen, Bildung, gesellschaftlicher Stellung und Vermögen völlig losgelöst war. Alle Staatsbürger waren danach in gleicher Weise zur Übernahme eines Amtes berechtigt. Nach einem Jahr mußten sie dann wieder abtreten: Aus den Regierenden wurden wieder Regierte. Dieses ständige, auf dem ungemein wichtigen Rotationsprinzip beruhende Wechselspiel galt als höchster Ausdruck demokratischer Gleichheit. Je kompromißloser dieses Prinzip durchgesetzt wurde, um so demokratischer ging es in einem Gemeinwesen zu, wie Aristoteles ausführt:

»Von den Demokratien ist die erste diejenige, in der die Gleichheit am meisten vorhanden ist. Unter Gleichheit versteht das Gesetz einer solchen Demokratie dies, daß keiner, reich oder arm, einen Vorrang hat, daß kein Teil über den anderen regiert, sondern beide vollkommen ebenbürtig sind. Wenn nämlich die Freiheit sich vor allem in der Demokratie findet, wie einige meinen, und ebenso die Gleichheit, so wird diese am meisten darin bestehen, daß alle so gleichmäßig als möglich an der Regierung teilhaben.«[37]

Und das war in Athen in der Tat der Fall; dort hatte jeder Bürger die Chance, einmal im Leben ein staatliches Amt zu bekleiden und für eine befristete Zeit »Herrschaftsträger« zu sein.

Athen mithin stets am Abgrund der Anarchie, im Taumel eines exzessiven Freiheits- und Gleichheitsgedankens auf schlingerndem, unberechenbarem Demokratie-Kurs? Diese Schreckensvision ist oft genug beschworen worden. Die sich selbst für die »Besten« und Befähigtsten hielten, die Aristokraten, sind nicht müde geworden, die Gefahren einer scheinbar so sehr auf den Zufall und so wenig auf Kompetenz und Effizienz abgestellten Regierungspraxis in den schwärzesten Farben zu malen. Das war verständlich, fühlten sie sich doch als die durch Adel, Reichtum und Sachkenntnis Ausgezeichneten von einer »unfähigen« Masse betrogen und unterdrückt.

Freilich: Das Bild, das sie da zeichneten, war auf weite Strecken ein propagandistisch zugkräftiges Zerrbild. Mochten sie damit bei ihren Landsleuten wenig Anklang finden, bei manchen modernen Betrachtern haben sie einen späten Erfolg errungen. Die bestätigen nämlich die »äußerst bedenklichen« Tendenzen, die sich durch die zunehmende Demokratisierung ergeben haben sollen. Da ist die Versuchung nicht fern, mit diesen Bedenken auch politisch-propagandistische Wirkung für die eigene Zeit zu erzielen. So geschehen in der NS-Zeit, als Perikles zum Führer hochstilisiert wurde, der allein das sonst drohende Chaos habe verhindern können. Auszug aus einem Schul-Geschichtsbuch aus dem Jahre 1940:

»461 (!) verlor der Areopag seine letzten politischen Rechte; die solonische Klasseneinteilung wurde beseitigt (!): auch die Nichtbesitzenden wurden jetzt zu allen Ämtern zugelassen; 457/56 wurde sogar die Archontenwürde allen Bürgern, außer den völlig Unbemittelten, zugänglich gemacht. Von nun an bedrohte die Demokratie den Staat mit Anarchie und Pöbelherrschaft in dem Augenblick, wo es an der geeigneten Führerpersönlichkeit fehlte ...«[38].

## *... und die nüchterne Wirklichkeit*

In Wirklichkeit war die sogenannte radikale athenische Demokratie keineswegs so radikal, daß sie den Realitätssinn auf dem Altar der Ideologie feierlich geopfert hätte. Es waren genügend Sicherheitsmomente eingebaut, die den Gefahren, die dem demokratischen Losverfahren zweifellos innewohnten, wirkungsvoll steuerten. Da war einmal die Weisungsgebundenheit der gesamten Exekutive Athens. Kein Beamter konnte etwas gegen den Willen der Volksversammlung durchsetzen; er war eher ein ausführendes Organ dieses Volkswillens als ein autonom handelnder Herrschaftsträger. Zudem konnte er für alle Handlungen zur Rechenschaft gezogen werden;

athenische Beamte, hat man zu Recht gesagt, »lebten unter dem scharfen Schwerte der Verantwortlichkeit« (Wilamowitz).

Gerade weil es viele Beamtenstellen gab, war der Amtsbereich des einzelnen sehr eingeschränkt; da konnte niemand, von Ausnahmen abgesehen, zu mächtig werden. Außerdem das Rotationsprinzip und das Verbot, zivile Ämter mehr als einmal zu bekleiden – außer der Mitgliedschaft im Rat der Fünfhundert, die zweimal erlaubt war[39] – diese Bestimmungen verhinderten, daß sich ein »unentbehrliches« Spezialistentum bilden konnte. Sie waren aber zugleich eine Gewähr dafür, daß die Unfähigkeit einzelner nicht allzu großen Schaden verursachte. Nach einem Jahr war der »Spuk« vorbei. »Wenn man«, sagt Aristoteles, »nur kurze Zeit im Amt ist, kann man weniger leicht Unheil anrichten als in langer Zeit«[40] – und das diente nicht nur als Bollwerk gegen Cliquenwirtschaft und Familienklüngel, sondern auch gegen Inkompetenz und Unerfahrenheit.

Und schließlich das Wichtigste: War das Archontat früher nicht nur das höchste, sondern auch das mit den größten Machtbefugnissen ausgestattete Amt gewesen, so war es mittlerweile politisch außerordentlich »entschärft« worden. Das Strategenamt hatte ihm den Rang abgelaufen; nicht die Archonten, sondern die Strategen waren die mächtigsten Männer Athens.

Und die wurden *gewählt!* All das, was den meisten anderen Beamten, die ihre Stelle dem Los zu verdanken hatten, fehlen durfte, wurde von den Strategen unbedingt gefordert: Sachverstand, Erfahrung, Führungskraft, Durchsetzungsvermögen. Ohne diese Eigenschaften hatte kaum ein Bewerber die Chance, beim kritischen Demos eine Mehrheit zu finden. Ursprünglich ein rein militärisches Amt, entwickelte sich die Strategie immer stärker zu einem umfassenden Leitungsamt in der Polis Athen – eine Aufwertung, die sich vor allem aus ihrem Charakter als *Wahl*amt erklären läßt.

Es ist bezeichnend, daß die Strategie als militärische Funktion von dem Verbot der Wiederholung ausdrücklich ausgenommen war. Sie bot einer kleinen Elite wirklicher Spitzenpolitiker die Gelegenheit, sich zu profilieren und so lange an der Macht zu bleiben, wie sie sich auf eine Mehrheit stützen konnten. So wurde auch die in Kriegführung und Politik notwendige Kontinuität einigermaßen sichergestellt; jedenfalls in Perikleischer Zeit. Denn es war eben das Strategenamt, das Perikles viele Jahre hindurch bekleidete und das die Amtsautorität für seine Politik lieferte. Wie sich diese überragende Stellung des Perikles mit dem Demokratie-Gedanken der attischen Verfassung vertrug, wird später noch zu erörtern sein.

An dieser Stelle kam es darauf an zu zeigen, daß die Ausgestaltung der athenischen Demokratie, für die Perikles und seine Gesinnungsfreunde nach 462 verantwortlich waren, nicht auf einem demagogisch-opportunistischen Konzept weltfremder Idealisten oder skrupel- und gedankenloser Polit-Hasardeure beruhte, sondern Möglichkeiten und Gefahren einer auf Gleichheit und Freiheit beruhenden Verfassung sehr sorgfältig gegeneinander aufwog und die notwendigen Sicherungen einbaute – darunter im übrigen auch die Bestimmung, daß neben führenden militärischen Funktionsträgern auch die hohen Finanzbeamten *gewählt* wurden.

Den besten Beweis dafür, daß die »radikale« Demokratie in hochsensiblen Bereichen – wo es um Sicherheit und Geld ging – sehr wohl Vorsicht walten ließ, liefert im Grunde jener unbekannte oligarchische Pamphletist, der oft als Zeuge für die Auswüchse der Demokratie herhalten muß. Voll Ärger, aber sachlich korrekt konnte er feststellen: »Alle Ämter, die der Gesamtheit des Volkes Segen bringen, wenn sie in guten Händen sind, und Gefahr, wenn in schlechten, die verlangt sich das Volk nicht im mindesten (durch Los) offenzuhalten ...; denn sehr wohl versteht es das Volk, daß es größeren Nutzen davon hat, wenn es nicht selbst diese Ämter verwaltet, sondern sie von den Vermögendsten verwalten läßt.«[41]

Die politischen und sozialen Fortschritte, aus denen vor allem die unteren Schichten Athens seit der demokratischen Wende von 462 Nutzen zogen, waren beachtlich. Hier wurde unter der Ägide des Perikles ernst gemacht mit dem Programm einer »sozialen Demokratie«, die nicht nur den schönen Anspruch einer durch Isonomia ausgezeichneten Verfassung vertrat, sondern sie auch inhaltlich erfüllte. Manches von dem, was damals geschaffen worden ist, hat Perikles gleichsam selbständig konzipiert und im Sinne des demokratischen Programms durchgesetzt. Dazu gehört die Einführung der Tagegelder für Richter und Beamte. Anderes dagegen – die Besoldung von Ruderern und Soldaten in Friedenszeiten, die Ausdehnung politischer Rechte auf weitere Kreise der attischen Bürgerschaft – war durch die historische Entwicklung seit den Perserkriegen notwendig geworden. Hier hat Perikles sozusagen die Fäden aus der Kimonischen Zeit weitergesponnen – allerdings mit einer Energie und Tatkraft, die durchaus als persönliche Leistung zu werten sind; wie ja überhaupt der Mut, mit dem überfällige Reformen angepackt werden, keine Selbstverständlichkeit ist.

## *Handwerk und Handel – Motor des perikleischen »Wirtschaftswunders«*

Auch in einem anderen Bereich steuerten die Demokraten im wesentlichen jenen Kurs weiter, der ebenfalls seit dem Ende der Perserkriege und der Gründung des Seebundes eingeschlagen worden war. Gemeint ist der zügige Auf- und Ausbau der attischen Wirtschaft, die in den fünfzig Jahren zwischen Perserkriegen und Peloponnesischem Krieg einen Boom erlebte, der im klassischen Griechenland einzigartig war.

Selbstverständlich war diese Entwicklung nicht, wenn man an die riesigen Schäden denkt, die sowohl die Landwirtschaft als auch Gewerbe und Handel durch die zweimalige persische Invasion in Attika erlitten hatten. Mit ungebrochenem Elan waren die Athener jedoch 479 an den Wiederaufbau herangegangen, und sie hatten schnell den Vorkriegsstandard erreicht.

Und nicht nur das. In die neue Metropole, Führungsmacht eines schlagkräftigen Seebundes, strömten immer mehr Menschen aus anderen griechischen Städten. Sie fanden bereitwillig Aufnahme als Metöken (Mitbewohner), die gerade auf dem Sektor von Handwerk und Handel einen erheblichen Beitrag zum steigenden Wohlstand Athens leisteten. Sicher stieg auch die Zahl der Sklaven in Athen an; die ständigen Kriege brachten große Mengen von Unfreien nach Athen. Mit dem Ansteigen der Bevölkerungszahl weitete sich naturgemäß der Binnenmarkt aus. Für die Ökonomie der griechischen Poleis war der *städtische* Absatz, nicht etwa der Export von Waren, der entscheidende Nachfragefaktor. Für Athen bedeutete das eine kräftige Erhöhung der Güterproduktion und des Umsatzes. Zwar blieb die Landwirtschaft nach wie vor die ökonomische Grundlage, doch waren die Chancen für Handwerker und Händler angesichts des verbreiterten Binnenmarktes sehr gestiegen. Das war eine wichtige Voraussetzung für eine weitere Spezialisierung und Arbeitsteilung in der Produktion, wie schon ein griechischer Autor des vierten Jahrhunderts richtig beobachtet hat:

»In den kleinen Städten macht derselbe Mann Bett, Tür, Pflug, Tisch, und oft baut er auch noch die Häuser und ist froh, wenn er dadurch Kunden genug hat, um seinen Lebensunterhalt verdienen zu können. (…) In den großen Städten dagegen genügt infolge des größeren Absatzes für jeden Handwerker ein einziges Gewerbe zum Lebensunterhalt, und oft nicht mal ein ganzes, sondern der eine macht Männer-, der andere Frauenschuhe, ja mitunter lebt der eine lediglich vom Vorschneiden des Leders, der andere näht es zusammen, einer schneidet nur die Röcke zu, der andere näht ausschließlich die zugeschnittenen Stücke zusammen …«[42].

Und so wuchs denn in den siebziger und sechziger Jahren des fünften Jahrhunderts in Athen die Zahl der Handwerksbetriebe und der kleinen Geschäfte und Buden stetig an. Vor allem den Nord- und Ostrand der Agora, des Marktplatzes, säumten unzählige Verkaufsstände, an denen alle Dinge des täglichen Bedarfs feilgeboten wurden. In den Höfen der Häuser oder in kleinen Anbauten waren Werkstätten untergebracht; die dort produzierten Güter wurden vielfach vom Hersteller selbst verkauft. Auf den Abhängen des Areopags ließen sich zahlreiche Handwerker mit ihren Betrieben nieder; Töpfer siedelten sich in den Tälern an, wo genügend Wasser zur Verfügung stand. Der Kerameikos war ein regelrechtes Töpferviertel; Schmiede und Bronzegießer bevorzugten die Umgebung des Hephaistion, das ihrem Schutzgott Hephaist gewidmet war. Und überall in der Stadt betrieben Garküchenbesitzer, Bäcker, ambulante Verkäufer und Dutzende von spezialisierten Händlern ihr Geschäft, gleich, ob sie »Sardinen, Kohle, Feigen, Leder, Mehl« oder »kleine Löffel, Bücher, Siebe, Kuchen und Samen« im Angebot hatten[43].

Vereinzelt entstanden auch schon Produktionsstätten, die über die Größe der sonst üblichen Familienbetriebe hinausgingen. Die Griechen nannten sie Ergasteria, vielleicht am besten mit Manufakturen vergleichbar. Mit industrieller Produktion hatte das nichts zu tun. Wenn ein solcher Produktionsbetrieb zehn bis fünfzehn Arbeitskräfte beschäftigte, so galt er selbst im 4. Jh., als die Zahl derartiger Betriebe gestiegen war, als »nicht mehr klein«. Ein Unternehmen mit einer Belegschaft von zwanzig bis dreißig Mann gehörte damals zur Spitzengruppe[44].

### *Piräus – Drehscheibe des internationalen Handels*

Die attische Wirtschaft orientierte sich jedoch nicht nur am wachsenden heimischen Markt; sie bemühte sich auch, zusätzlich zu den Fernhandelsverbindungen, die schon vor den Perserkriegen bestanden, neue Märkte zu erschließen. Das war nicht leicht, da die anderen griechischen Poleis zum Teil eine recht protektionistische Politik betrieben – Autarkie galt nicht nur den Philosophen, sondern auch in der Realpolitik als sehr erstrebenswertes Ziel einer Polis – und dementsprechend ihre Märkte gegen fremde Erzeugnisse abschotteten. Ein interessantes Beispiel dafür weiß Herodot zu berichten: In Aegina habe ein Gesetz bestanden, das es untersagt habe, »etwas Attisches oder sonst ein Tongeschirr zum Heiligtum zu bringen, denn jeder solle hinfort aus einheimischen Töpfen trinken«[45]. Hinzu kam der Konkurrenzdruck durch andere bedeutende Handelsstädte wie Aegina und Korinth, die ebenso wie Athen nach neuen Absatzmärkten suchten.

Nach 478 freilich hatte Athen einen entscheidenden Vorteil gegenüber den Konkurrenten: Es nutzte den Seebund ziemlich ungeniert als Instrument der eigenen Außenwirtschaftspolitik – und das tendenziell von Anfang an. Man denke nur an die kriegerischen Auseinandersetzungen mit dem Inselstaat Thasos (465-463/62); Anlaß des erbittert geführten Krieges war Athens skrupelloses Eingreifen im thrakischen Interessengebiet der Insel gewesen. Man hatte dort schlicht die Gold- und Silberbergwerke im Pangaion-Gebirge übernehmen und das thrakische Hinterland für den attischen Handel öffnen wollen; und man tat eben das, nachdem Thasos niedergerungen worden war. Der dafür verantwortliche Stratege aber hieß Kimon. Er praktizierte damals (und bei anderen Gelegenheiten) das vor, was seine Nachfolger, unter ihnen Perikles, fortgeführt und ohne Skrupel gewissermaßen vervollkommnet haben.

Die Stellung Athens als größter Warenumschlagplatz des östlichen Mittelmeeres und des Piräus als Drehscheibe des internationalen Handels, die der Staatskasse hohe Zolleinnahmen garantierte: Das Fundament dazu ist schon in den ersten Jahren und Jahrzehnten nach den Perserkriegen gelegt worden. Bereits damals erlebte das zuvor noch recht verträumte Dorf Piräus seinen steilen Aufstieg zum größten Handelsplatz (Emporion) der griechischen Welt, dessen Bedeutung von Isokrates später so beschrieben wird:

»Es ist schwierig zu bestimmen, nach wohin die eine Ware abgesetzt werden muß, von woher die andere eingeführt werden soll. Aber auch dafür schafft Athen eine Abhilfe. Denn es hat als ein Emporion mitten in Griechenland den Piräus eingerichtet, ein Emporion, das einen so großen Überfluß hat, daß alles das von Athen leichter beschafft werden kann, was von den anderen als Einzelware zu holen schwierig ist«[46].

Sollte dieser Wirtschaftsaufschwung Bestand haben, so führte das fast zwangsläufig zu einer weiteren expansionistischen Politik Athens. Tatsächlich weist ja die Stoßrichtung der militärischen Unternehmen Athens nach 462 sehr deutlich auf die Handelskonkurrenten Korinth und Aegina. Konnte der Einfluß Korinths durch den Bündnisvertrag Athens mit dem benachbarten Megara nur zurückgedrängt, nicht aber entscheidend geschwächt werden, so gelang den Athenern mit der Eroberung Aeginas die Ausschaltung einer in athenischen Augen seit langem sehr ärgerlichen Rivalin. Die Hartnäckigkeit, mit der man dieses Ziel verfolgt hat, spricht für sich: Selbst als in Mittelgriechenland eine für Athen äußerst bedrohliche Lage entstanden war, wurden keine Truppen von der Belagerung Aeginas abgezogen. Und die sehr harten Friedensbedingungen, die Athen der einstigen Konkurrentin nach deren Kapitulation diktierte, zeigen vollends, wie sehr in diesem Konflikt neben sicherheitspolitischen Erwägungen auch ökonomische Interessen im Spiel waren.

Macht- und Wirtschaftspolitik Athens gingen Hand in Hand. Das zeigte sich immer stärker, und das entsprach durchaus den Zielen schon eines Kimon. In dieser Frage hat es zwischen den »Parteien« in Athen überhaupt keinen Streit gegeben, so daß die Krokodilstränen, die die athenische Opposition später wegen der Unterdrückung der Bundesgenossen vergoß, nicht sehr überzeugend wirken, sondern schnell als stumpfe Propagandawaffe gegen den ungeliebten Perikles zu durchschauen sind. Der Imperialismus Athens beruhte geradezu auf einem »nationalen« Konsens, auch wenn die unteren Schichten des Volkes von dieser Politik der Stärke mehr als die grundbesitzende Oberschicht profitiert zu haben scheinen[47].

### *Bürgerrecht – Der Demos gibt sich exklusiv*

Insgesamt gesehen waren es nicht geringe materielle Vergünstigungen und politische Rechte, die die Bürger Athens aufgrund der Stellung ihrer Stadt in der griechischen Welt genossen. So wurde der Erwerb des athenischen Bürgerrechts zunehmend attraktiv. Es war sicher nicht nur die Teilhabe an den sozialen und politischen Vorrechten, die dieses Bürgerrecht mit sich brachte, sondern auch das Bewußtsein, Vollbürger dieser blühenden, mächtigen Polis zu sein und deren politischen Kurs mitbestimmen zu können, was dem einzelnen das Gefühl einer gewissen Exklusivität gab.

Und das sollte nach dem Willen des Demos so bleiben! Man teilte ungern mit zu vielen, wollte das schmeichelnde Elite-Bewußtsein nicht dadurch gefährden, daß man das Privileg des attischen Bürgerrechtes allzu großzügig anderen verlieh. Dies um so mehr, als zu erwarten war, daß man die dadurch garantierten Vorteile nach der »Aufbau«-Leistung zwischen den siebziger und fünfziger Jahren und der Konsolidierung der unangefochtenen Führungsstellung Athens künftig in noch reicherem Umfange werde in Anspruch nehmen können. Die Früchte dessen, was die athenische Bürgerschaft bisher unter großen Mühen und hohen Opfern erreicht hatte, sollten nach Möglichkeit keinen »Schmarotzern« zugute kommen, die man im Grunde bequem aus dem exklusiven Kreis der Vollbürger heraushalten könne.

In diese Richtung mögen gegen Ende der fünfziger Jahre die Überlegungen vieler athenischer Bürger vor allem aus den unteren Schichten gegangen sein. Es war Perikles, der sich an die Spitze dieser »Bewegung« stellte. Im Jahre 451/50 wurde auf seinen Antrag hin in der Volksversammlung ein verschärftes neues Bürgerrechtsgesetz erlassen. Danach hatte fortan nur noch jeder männliche Einwohner Athens nach vollendetem achtzehntem Lebensjahr den Anspruch darauf, in die Bürgerliste aufgenommen zu werden, wenn *beide* Eltern athenischer Abstammung waren[48].

Das war ein deutlicher Bruch mit der bisher üblichen liberalen Praxis der Bürgerrechtsverleihung. Bis zu Perikles' Bürgerrechtsgesetz von 451/50 hatte es genügt, wenn der Vater aus Athen stammte. Die Mutter eines Bürgers konnte aus einer anderen griechischen Stadt gebürtig sein; ja sie konnte sogar Nichtgriechin sein. Bedeutende Männer, die die Geschichte Athens entscheidend mitgeformt hatten, stammten von einer nicht-athenischen Mutter ab: Themistokles ebenso wie Kimon – und auch der Alkmeonide Kleisthenes.

Wenn Perikles sich damals für das neue restriktive Bürgerrechtsgesetz stark machte, so bedeutete das eine drastische Distanzierung von seiner Herkunft und Familie. Für den athenischen Adel waren »internationale« Verbindungen mit Aristokratengeschlechtern aus anderen griechischen Poleis stets selbstverständlich gewesen; man pflegte freundschaftliche Kontakte und heiratete untereinander. Da stellten die Alkmeoniden keine Ausnahme dar; eher traf das Gegenteil zu.

Die Illiberalität des neuen Bürgerrechtsgesetzes muß von der athenischen Aristokratie wie eine Ohrfeige durch den Demos empfunden worden sein. Sie ist aber wohl kaum mit einer demokratischen Ideologie zu erklären, die bewußt die Zerschneidung historisch gewachsener Bindungen unter den Adligen in ganz Griechenland als Relikt einstiger gesamtgriechischer Adelskultur zum Ziel gehabt hätte. Die Beweggründe waren eher vordergründiger materieller Natur.

Für die Motive des Perikles bedeutet das: Bei der Beantragung des neuen Bürgerrechtsgesetzes dachte und handelte er vor allem als »Partei«-Politiker, als Führer der Demokraten, der auf diese Weise den Wünschen und dem Selbstwertgefühl seiner politischen Klientel entgegenkommen wollte. Es war eine taktische, auf Popularitätsgewinn abzielende Maßnahme, die vielleicht unter stärkerem politischem Konkurrenzdruck zustande gekommen ist. Als das Gesetz verabschiedet wurde, war Kimon nämlich aus der Verbannung nach Athen zurückgekehrt.

Politische Einsicht im Sinne einer auch theoretisch durchdachten demokratischen Konzeption stand bei diesem Antrag des Perikles dagegen nicht Pate. Zu sehr verstieß das neue Gesetz gegen die Großzügigkeit und Liberalität einer Aristokratie, von der auch Perikles zeit seines Lebens geprägt blieb. Wie wenig er persönlich von diesem Diskriminierungsgesetz gehalten haben mag, erhellt aus der Tatsache, daß er Mitte der vierziger Jahre Aspasia, eine Milesierin, zur Frau nahm. Nach attischem Recht war das jedoch keine vollgültige Ehe. Der Sohn Perikles, der aus dieser Verbindung hervorging, galt als Bastard[49]; er hatte folglich keinen Anspruch auf das attische Bürgerrecht. Nur mit großer Mühe gelang es dem Staatsmann Perikles wenige Monate vor seinem Tode, die Zustimmung der Volksversammlung zu einer Ausnahmeregelung zugunsten seines Sohnes zu erreichen – einer Ausnahme zu dem kleinlichen, mit der Größe und dem Freiheitsgedanken des Perikleischen Athen so wenig zu vereinbarenden Gesetz, das der »Partei«-Politiker Perikles gut zwanzig Jahre zuvor selbst eingebracht hatte[50].

### *Demokratie-Verständnis*

Das Bürgerrechtsgesetz von 451/50 ist ein – vielleicht verständlicher, aber sicher nicht notwendiger – Makel einer ansonsten in ihrer Folgerichtigkeit und ihren Bemühungen um Angleichung von Anspruch und Wirklichkeit großartigen demokratischen Konzeption der Perikleischen Zeit. Perikles war nicht ihr alleiniger »Erfinder«, aber er war ein energischer Wegbereiter dieses ersten großen Experiments der Weltgeschichte, das sich Demokratie, Herrschaft des Volkes, nennt. Wenn Lincolns berühmte Definition der Demokratie zutrifft, daß sie »government of the people, by the people, for the people« sei, so kommt die Verfassungswirklichkeit Athens zur Zeit des Perikles diesem Ideal sehr nah. Ein wesentliches Verdienst des Perikles liegt darin, daß er die Bedeutung des dritten Teils der Definition erkannt und eine soziale Politik »for the people« betrieben hat. Diese Komponente war die unverzichtbare Grundlage dafür, daß der Demos seine »verbrieften« Mitbestimmungsrechte *in praxi* tatsächlich wahrnehmen konnte.

Die Gegner der Demokratie haben das nicht verstanden oder nicht verstehen wollen. Daher das von den antiken Ideologen entworfene Zerrbild vom Wohlfahrts- und Versorgungsstaat, das den unteren Volksschichten in Perikleischer Zeit ein sorgenfreies, faules Leben auf Kosten des Staates ermöglicht habe. Die Vorstellung von einem derartigen Paradies ist nachweislich ebenso falsch wie die von manchem modernen Ideologen aufgestellte Behauptung, die große Masse in Athen habe nicht zu arbeiten brauchen, weil die Unfreien durch ihre Arbeit eine für alle ausreichende ökonomische Basis geschaffen hätten. Auch dieses Bild einer ausbeuterischen Freiheit-Demokratie auf Kosten der Sklaven ist grundverkehrt[51]. Die ganz überwiegende Mehrheit der attischen Bevölkerung hat gearbeitet *und* Demokratie praktiziert – das ist die Wirklichkeit der »sozialen Demokratie« der Perikleischen Zeit gewesen. Wahr ist allerdings, daß zumindest ein erheblicher Teil der gewaltigen Kosten, die dieses System verschlang, nur durch eine rücksichtslose imperialistische

Politik aufzubringen war, die weder die Gegner noch die Verbündeten Athens schonte.

### *Frauen, Sklaven, Metöken – im politischen Abseits*

Und wahr ist – natürlich – auch, daß die Demokratie der Perikleischen Zeit nicht als Demokratie im heutigen Verständnis des Wortes anzusehen ist. Gewiß, in Athen herrschte der Demos, das Volk; aber das war nur eine Minderheit der gesamten Bevölkerung, die auf dem Staatsgebiet der Polis Athen lebte.

Ausgeschlossen von der Mitwirkung an den Angelegenheiten der Polis waren Kinder, Jugendliche und Frauen. Daß Frauen zum Gehorchen, nicht zum Befehlen geschaffen seien, stand für die Griechen fest[52]; daraus folgte ihre Nichtbeteiligung in politischen Fragen. Wenn überhaupt, dann war der Gedanke an Frauen in der Politik für einen Griechen wohl nur in Gestalt einer ironisch-provozierenden Utopie denkbar – so etwa in Aristophanes' Komödie »Ekklesiazusen« (Weibervolksversammlung), wo der Dichter sich die Aufrichtung einer Weiberherrschaft anstelle der korrupten und unfähigen attischen Männer-Demokratie ausmalt. Dabei liegt gerade in der Absurdität dieser Vorstellung die komische Wirkung des Stückes.

Ausgeschlossen waren auch die Sklaven; sie galten als beseelte Werkzeuge[53], die man vermieten oder verkaufen, vererben oder verpfänden konnte. Die Stimmen derer, die gerade im 5. Jh. v. Chr. darauf aufmerksam machten, daß »Gott alle frei geschaffen und die Natur niemanden zum Sklaven gemacht« habe und daß das Herrschaftsverhältnis zwischen Herren und Sklaven »wider die Natur« und daher »nicht gerecht, sondern gewaltsam«[54] sei – das waren die Stimmen von Außenseitern, die kaum jemand zur Kenntnis nahm. Zumindest hat niemand, nicht einmal die Sophisten als Vertreter dieser Thesen, Konsequenzen für die gesellschaftliche Wirklichkeit daraus gezogen, und so konnte Aristoteles mit seinem wenig später geführten »Nachweis« über die natur*gemäße* Herrschaft von Herren über »natürliche« Sklaven[55] der Zustimmung aller Freien (übrigens auch vieler Unfreier!) sicher sein. Keiner verschwendete deshalb einen Gedanken daran, den 80-110000 Sklaven (beiderlei Geschlechts)[56], die nach modernen Schätzungen im Athen des Perikles gelebt haben, irgendeinen Anteil am politischen Entscheidungsprozeß zu gewähren. Nach griechischem Verständnis gehörten die Sklaven überhaupt nicht zur Polis, die bezeichnenderweise als »Gemeinschaft der Freien und Gleichen« oder als »eine gewisse Anzahl von Bürgern mit politischen Rechten« definiert wurde[57].

Schließlich die Metöken. Sie waren als freie, in Athen ansässige Ausländer zwar den Bürgern in wirtschaftlicher Hinsicht weitgehend gleichgestellt – die Besteuerung war allerdings höher –; politische Rechte aber besaßen sie nicht. Mit aller Vorsicht läßt sich ihr Status mit dem von Ausländern in modernen Staaten vergleichen, die ja auch nur in sehr wenigen Ländern am politischen Entscheidungsprozeß aktiv teilnehmen dürfen, und das zudem meist nur auf unterster kommunaler Ebene. Mitte des 5. Jahrhunderts gingen die Athener dazu über, ihre ausländischen »Mitbewohner« zum Wehr- und Kriegsdienst heranzuziehen, doch kam offenbar keiner auf die Idee, die Metöken dafür mit politischen Rechten zu belohnen. Hin und wieder wurde besonders verdienten Metöken das attische Bürgerrecht verliehen, doch blieben das Einzelfälle. Einer Gemeinschaft, die sich durch ein so restriktives Bürgerrechtsgesetz abkapselte, mußte es fern liegen, eine doch recht beachtliche Zahl von Fremden freiwillig in die Bürgerschaft aufzunehmen. Einschließlich Frauen und Kinder dürfte die Zahl der Metöken immerhin bei über 30000 gelegen haben[58].

Mit der Masse derer verglichen, die nach griechischer Auffassung nicht zum Kreis der Politen gehörten, war der athenische Demos eine Minderheit, eine Elite von ca. 40-50000 männlichen Vollbürgern. Das gilt es stets zu beachten, wenn von einer demokratischen Staatsform im alten Hellas die Rede ist – ohne freilich mit erhobenem Zeigefinger diese »undemokratischen Zustände« ebenso unhistorisch wie überheblich zu kritisieren. Als historische Leistung, als Entwicklung und »Erfindung« war die athenische Demokratie ein weitgehend gelungenes Experiment. Zu diesem Gelingen hat Perikles mit den demokratischen und sozialen Reformen der fünfziger Jahre und ihrem Ausbau in den folgenden zwei Jahrzehnten mehr als jeder andere beigetragen.

## 6. KAPITEL
# Jahre der Bewährung

### *Rückkehr des Rivalen*

Hundert Tage »Schonfrist« erhält in modernen westlichen Demokratien eine neue Regierung; diese hundert Tage hält die Opposition gleichsam still, um der politischen Konkurrenz eine Chance zu geben, sich in ihre neue Rolle einzupassen, einen eigenen Stil zu finden und wichtige politische Akzente zu setzen.

Dergleichen gab es im demokratischen Athen des 5. Jh.s v. Chr. nicht. Vom ersten Tag an mußten die 462 an die Macht gelangten Demokraten sich in den Volksversammlungen mit einer eifersüchtigen Opposition auseinandersetzen – einer Opposition, die den »Regierenden« um so aufmerksamer und unerbittlicher auf die Finger schaute, als sie den eigenen Machtverlust noch nicht hatte verwinden können. Der heimtückische Mord an Perikles' Vorgänger Ephialtes war ein nur zu beredter Ausdruck dieser gespannten Atmosphäre.

In *einem* freilich mag man in gewisser Weise eine Parallele zu der heute üblichen hunderttägigen Schonfrist sehen: Das war die Atempause, die Perikles und seine politischen Freunde durch die Verbannung ihres einflußreichsten Widersachers gewannen. Und das bedeutete eine »Schonung« nicht nur von gut drei Monaten, sondern von zehn Jahren. So lange mußte der durch Ostrakismos kaltgestellte Kimon im Ausland bleiben, und diese Zeit über blieb er tatsächlich außerhalb Attikas.

Der Bericht Plutarchs, Kimon sei schon Mitte der fünfziger Jahre nach der Schlacht von Tanagra in der Stunde der Not von seinen Landsleuten zurückgerufen worden – und Perikles selbst habe den entsprechenden Antrag gestellt! – verdient keinen Glauben. Der Realpolitiker Perikles hätte damals keine größere Dummheit begehen können, als seinen Erzrivalen ausgerechnet in einer brisanten Situation nach Athen zurückzuholen. Es war wohl mehr der Moralist in Plutarch, dem solch eine geradezu romantisch anmutende Versöhnungsszene sehr gelegen kam, konnte er doch gleich im nächsten Satz darüber räsonieren, »wie patriotisch *damals* selbst die Feindschaften, wie gemäßigt um des Gemeinwohls willen die Leidenschaften waren«, wenn selbst »der Ehrgeiz sich der Not des Vaterlandes beugte«.[1]

Nein, so edel und großmütig ging es seinerzeit im Kampf zwischen Demokraten und Oligarchen in Athen keinesweges zu. Im Gegenteil: Gerade die Zeit der erzwungenen Verbannung Kimons hatte Perikles sehr zielstrebig genutzt, um insbesondere das innenpolitische Programm der demokratischen »Partei« zu großen Teilen zu verwirklichen. In all diesen Jahren hört man von Kimon nichts, und es wäre schon erstaunlich, wenn ein in Athen weilender Kimon das Feld derart sang- und klanglos seinen politischen Gegnern überlassen hätte.

Gewiß, ein solcher Beweis *ex silentio* wiegt nicht so schwer. Um so größeres Gewicht erhält er jedoch im Zusammenhang mit den Vorgängen des Jahres 451 v. Chr. Damals war die »schöne Zeit« für die Demokraten zu Ende. Kimons Verbannungsfrist war abgelaufen, und der Vollblutpolitiker Kimon ließ sicher nicht einen einzigen Tag über diese Frist hinaus verstreichen, bevor er sich wieder in die politische Arena Athens begab. Und tatsächlich entfaltete er bald erhebliche Aktivitäten, gelang es ihm in kürzester Zeit, an wichtigen Entscheidungen maßgeblich beteiligt zu werden. Sofort trat er wieder ins volle Rampenlicht der Geschichte – und das alles wirkt doch überzeugender als die Annahme, Kimon sei frühzeitig aus dem Exil zurückgekehrt und habe einige Jahre lang ruhig abgewartet, bevor er sich wieder ins politische Tagesgeschäft gestürzt habe.

Perikles war durch die Rückkehr des Kimon in eine nicht leichte Lage geraten. Mochte er seine Stellung in den letzten Jahren auch gestärkt haben, so erwuchs ihm doch in Kimon ein ernst zu nehmender Konkurrent, dessen frühere Erfolge auch beim Demos nicht vergessen waren. Das wog um so schwerer, als der athenische Imperialismus ja gerade nach der furchtbaren ägyptischen Katastrophe und der dadurch erzwungenen Abwendung von einer Expansionspolitik um jeden Preis in einer Krise steckte – einer Krise, für die manch einer die Demokraten verantwortlich gemacht haben dürfte. Bei dieser Konstellation, in der die demokratischen Führer die Verteidigung des Status quo den zuvor erfolgverwöhnten Athenern als große Leistung erklären mußten, bedeutete das Wiedererscheinen eines von der Aura des sieggewohnten Feldherrn umgebenen politischen »Schwergewichts« wie Kimon eine nicht zu unterschätzende Gefahr für die bisher Mächtigen der attischen Politik.

Perikles dürfte sich dessen voll bewußt gewesen sein. Und er scheint sich auf das Kräftemessen mit Kimon, das wegen der festgelegten Zeit des Zwangsexils ja vorauszusehen war, geschickt vorbereitet zu haben. Eine Abwägung aller Faktoren mußte ihm den Verzicht auf einen rigorosen innenpolitischen Machtkampf auf Biegen und Brechen nahelegen. Und so scheint er sich – erneut »anscheinend«, weil die Quellenlage keine eindeutigen Aussagen zuläßt – dazu entschlossen zu haben, den Führer des aristokratischen Lagers schnell in eine »parteienübergreifende« Außenpolitik zum Wohle des gemeinsamen Vaterlandes einzubinden. Jedenfalls weist nichts darauf hin, daß die schwerwiegenden außenpolitischen Entscheidungen der Jahre 451-449 nach Kampfabstimmungen über unterschiedliche Konzeptionen der »Parteien« zustande gekommen wären.

Kimons gute Beziehungen zu Sparta waren in Athens damaliger Lage denn auch recht nützlich. Kimon genoß das Vertrauen der Spartaner wie kein zweiter Athener. Er war der Mann, der geradezu prädestiniert war, den faktisch seit drei Jahren bestehenden Waffenstillstand mit den peloponnesischen Widersachern Athens auch förmlich zu besiegeln. Daß den Demokraten ein solcher Schritt angesichts der ideologischen Differenzen mit dem als Hort der Oligarchie betrachteten Sparta schwerfallen mußte, war verständlich. Da man aber – erschöpft durch die Mühen der vergangenen Kriegsjahre und mit neuen, lohnenden Unternehmungen schon liebäugelnd – fürs erste einen sicheren Frieden in Hellas wünschte, kam die Rückkehr Kimons den Demokraten damals wenigstens in dieser Hinsicht nicht ganz ungelegen. Und wirklich ging der fünfjährige Friedensvertrag, den Athen und Sparta im Jahre 451 schlossen, auf Kimons Vermittlung zurück[2], der sich natürlich gern für eine Politik der Versöhnung in Hellas zur Verfügung stellte, die er in den Jahren vor seinem Sturz konsequent verfolgt hatte.

## *Zypern-Feldzug mit überraschendem Ausgang*

Damit hatte Athen in Griechenland den Rücken frei für einen neuen kraftvollen Anlauf in der militärischen Auseinandersetzung mit den Persern. Kurz nach dem Abschluß des Friedensvertrages mit Sparta stach eine gewaltige Flotte von Kriegsschiffen aus Athen und den Bündnisstaaten in See[3]. Sie nahm Kurs auf Zypern, das von der persischen Besatzung befreit werden sollte. Verantwortlicher Stratege und Befehlshaber der Flotte war der Mann, der aufgrund seiner früher erzielten Siege über die »Barbaren« auch diesmal als Garant einer erfolgreichen Kriegführung erschien: kein anderer als Kimon.

Dieses Kommando kam einer politischen Rehabilitierung des gut zehn Jahre zuvor in die Wüste geschickten aristokratischen Führers gleich. Für die Demokraten, zumal für Perikles, muß eine solche Aufwertung Kimons ebenso schmerzlich wie alarmierend gewesen sein. Denn nicht nur personell, sondern auch programmatisch war die Außenpolitik Athens damit auf den früheren »oligarchischen« Kurs zurückgeschwenkt. Gleichwohl empfahl es sich für die Demokraten angesichts der allgemeinen Stimmung in Athen, gute Miene zum bösen Spiel zu machen und die Neuorientierung der Außenpolitik mitzutragen. So konnten sie zumindest Einfluß nehmen und wurden nicht in die Ecke trotziger Neinsager abgedrängt.

Die Zypern-Expedition schien die in sie gesetzten Erwartungen der Athener zunächst voll zu bestätigen. Einige Städte der Insel konnten von persischen Besatzungstruppen befreit werden; sechzig Schiffe entsandte Kimon sogar nach Ägypten, um dort dem alten Verbündeten Amyrtaios beizustehen, der nach wie vor einen Aufstand gegen die persischen Okkupatoren seiner Heimat in Guerilla-Art weiterführte. Auf dem zyprischen Kriegsschauplatz selbst belagerte die griechische Flotte die Stadt Kition, die von einer starken persischen Garnison gehalten wurde. Offensichtlich hatten die Perser sich nicht nur mit großen Mengen an Kriegsmaterial eingedeckt, sondern verfügten auch über erhebliche Lebensmittelvorräte, die trotz der von Kimon verhängten Seeblockade keine Not in der Stadt aufkommen ließen[4].

Anders dagegen im griechischen Lager. Dort machten sich erste Versorgungsengpässe bemerkbar, als die Belagerung von Kition sich länger hinzog, als man vorher geglaubt hatte. Und dann trat etwas ein, das eine völlig neue Situation in Athens Außen- wie Innenpolitik schaffen sollte: Eine Krankheit oder eine Wunde, die er im Verlauf der Kämpfe vor Kition erlitten hatte – die genaue Ursache war später nicht mehr bekannt –, raffte Kimon dahin. Die Lage der Griechen war schon vorher prekär; mit dem Verlust ihres Oberbefehlshabers drohten Panik und Führungslosigkeit zu einer Niederlage zu führen. Deshalb soll Kimon noch auf dem Sterbebett Befehl gegeben haben, die Belagerung Kitions aufzuheben und nach Griechenland zurückzukehren. Selbst sein Tod, so weiß Plutarch zu berichten, sei Freund und Feind einen vollen Monat lang verheimlicht worden, so daß »die Griechen ... von Kimon ... noch dreißig Tage nach seinem Tod geführt worden seien«[5].

Ob dieser Bericht zutrifft, bleibe dahingestellt. Tatsache ist jedoch, daß die griechische Flotte die zyprischen Gewässer verließ. Auf der Rückfahrt stieß sie mit gegnerischen, aus Phöniziern, Zypriern und Kilikiern bestehenden Streitkräften zusammen, die im Solde des Großkönigs standen. Die Seeschlacht endete mit einem Sieg der Griechen; gleichzeitig errang auch das vor Kition liegende griechische Landheer einen überzeugenden Erfolg über die »Barbaren«. Damit stand der Weg in die Heimat offen[6]. Das eigentliche Ziel der zyprischen Expedition war nicht erreicht, wohl aber hatten die Streitkräfte des Seebundes Achtungserfolge erzielt, die ihre Vormachtstellung im Ägäischen Meer eindrucksvoll unterstrichen und dem Großkönig jede Neigung nehmen mußten, seinerseits die Auseinandersetzung offensiv im gegnerischen Machtbereich weiterzuführen.

Der unerwartete Tod Kimons bedeutete für Athen in mancher Hinsicht eine wichtige Zäsur. Innenpolitisch führte er zu einem unmittelbaren Wiedererstarken der Demokraten. Ihr erster Mann Perikles war nun unangefochten der bedeutendste athenische Staatsmann. Der von der anderen Seite rasch als Gegenspieler aufgebaute Thukydides, Sohn des Melesias, ein Verwandter des Kimon, war zwar ein reicher und angesehener Mann[7], aber er besaß doch nicht das Profil seines Vorgängers in der Führung der oligarchischen »Partei«. Glänzende militärische Leistungen, wie sie Kimons Autorität begründet hatten, konnte er nicht vorweisen. Im Gegenteil, als Feldherr ist er überhaupt nicht in Erscheinung getreten. Wohl aber war er ein begabter Redner, ein kluger Taktiker, der sich vor der Volksversammlung gekonnt in Szene zu setzen und seinem Widerpart Perikles zumindest rhetorisch einigermaßen Paroli zu bieten verstand[8]. Das alles konnte indes nicht darüber hinwegtäuschen, daß Perikles der erfahrenere und versiertere Mann war, der schon seit fast eineinhalb Jahrzehnten zur Garde der Spitzenpolitiker zählte und dadurch seinem gerade erst ins politische Rampenlicht getretenen Konkurrenten deutlich überlegen sein mußte. Das heißt nicht, daß Perikles diesen neuen Gegner nicht hätte ernst zu nehmen brauchen. Wohl aber hatte er es leichter, seine Politik durchzusetzen, als wenn ihm ein Opponent vom Range eines Kimon gegenüberstand, der seinen Nachfolger an Statur und Ausstrahlungskraft weit überragte. So gesehen bot Kimons Tod Perikles die Chance, die Zügel wieder straffer in die Hand zu nehmen – eine Chance, die sich der Olympier nicht entgehen ließ.

War damit innenpolitisch eine Weichenstellung zugunsten der Demokraten unter Führung des Perikles erfolgt, so zogen Kimons Tod und der zumindest nicht völlig geglückte Ausgang des Zypern-Unternehmens auch Änderungen in der Außenpolitik Athens nach sich. Die Demokraten waren allem Anschein nach nie so eifrige Verfechter einer aggressiven Persien-Politik gewesen wie ihre innenpolitischen Widersacher. Sie setzten stärker auf die Ausweitung der athenischen Macht in Griechenland und die Zurückdrängung des spartanischen Einflusses. Die turbulenten Ereignisse des Jahres 449 boten ihnen nun eine günstige Gelegenheit, als Reaktion auf die Neuorientierung der athenischen Außenpolitik nach der Rückkehr Kimons nun ihrerseits einen allmählichen Kurswechsel einzuleiten.

## *Neue Persien-Politik: Wechsel vom »Heißen« zum Kalten Krieg*

Wie sich diese Wende im Verhältnis zu Persien konkret gestaltet hat, ist sehr umstritten. Die Quellen zeichnen höchst unterschiedliche Bilder, die letztlich nicht miteinander vereinbar sind. Die alles entscheidende Frage ist dabei, ob die Berichte über den sogenannten Kallias-Frieden glaubwürdig sind. Seit Jahrzehnten streiten Althistoriker in Dutzenden von Büchern und Zeitschriftenartikeln darüber, ob Athen damals durch Vermittlung des Kallias einen förmlichen Friedensvertrag mit dem Großkönig geschlossen habe oder ob dieser Vertrag unecht sei. Die Debatte um die Historizität des Kallias-Friedens ist eine der großen Streitfragen der Alten Geschichte, bei der sich die Wissenschaftler in zwei Lager gespalten haben. Die Mehrheit hält eine solche ausdrückliche, völkerrechtlich verbindliche Abmachung Athens und seiner Bündner mit dem Großkönig für historisch; eine durchaus gewichtige Minorität bestreitet energisch, daß ein derartiges Abkommen jemals geschlossen worden sei[9].

In einer kürzlich erschienenen Studie hat der Kölner Althistoriker K. Meister die ganze Frage noch einmal von allen Seiten her beleuchtet[10]. Er kommt dabei in überzeugender Beweisführung zu dem Ergebnis, daß der Kallias-Friede ungeschichtlich sei. Neben einer Reihe anderer schwerwiegender Bedenken steht dabei die Tatsache, daß der Historiker Thukydides diesen Vertrag mit keiner Silbe erwähnt, im Vordergrund – und das wiegt schwer, wenn man bedenkt, daß Thukydides sowohl ein zeitgenössischer wie glaubwürdiger Geschichtsschreiber gewesen ist. Hinzu treten Bedenken hinsichtlich der politischen Folgewirkungen eines so weitgehenden Friedensschlusses: Hätte Athen damit im Jahre 449 offiziell den Abschluß der Perserkriege verkündet, wie hätte es da seine wichtigste machtpolitische Waffe im innergriechischen Kampf, den Delisch-Attischen Seebund, weiterhin fest in der Hand halten können? Wenn dieses Schutz- und Trutzbündnis einst mit dem erklärten Ziel, die Perser aktiv zu bekämpfen, begründet worden war, so hätte der Abschluß eines Friedensvertrages mit dem »barbarischen Erzfeind« folgerichtig die Auflösung dieses nunmehr »nutzlosen« Bündnisses nach sich ziehen müssen.

Gewiß, einer mittlerweile von der Partnerin zur Herrin im Bündnis aufgestiegenen Großmacht Athen könnte man die Skrupellosigkeit unterstellen, diese Konsequenz einfach nicht zu ziehen und das in politischer wie wirtschaftlicher Hinsicht so überaus nützliche »Instrument« nicht freiwillig aufzugeben, »nur« weil die ursprüngliche Zielsetzung keinen Bestand mehr hatte. Klug wäre das indes nicht gewesen, hätte es doch zu einer Welle von Austritten von Bundesgenossen geführt, die nicht bereit waren, sich nur noch als unfreiwillige Helfer und Geldgeber des attischen Imperialismus mißbrauchen zu lassen. Diese Überlegung leuchtet auch den Vertretern der Geschichtlichkeit des Kallias-Friedens ein; entsprechend sind sie bemüht, mit dem Jahr 449 den Übergang des Seebundes von einer Symmachie (bundesgenossenschaftlicher Organisation) zu einer Arché (Herrschaft) Athens nachzuweisen – eine These, die sich jedoch zum einen mit den schon sehr früh zu beobachtenden herrschaftlichen Allüren der Vormacht nicht verträgt und die zum anderen den Zwangscharakter des Seebundes für den Anfang der vierziger Jahre stärker betont, als es von den Quellen her zu belegen ist.

Hätte Perikles im Jahre 449 wirklich Frieden mit Persien geschlossen, so hätte das der attischen Politik für die nächsten Jahre und Jahrzehnte nicht jene größere Bewegungsfreiheit verschafft, die ja gerade das Ziel eines solchen Abkommens gewesen sein müßte. Statt dessen hätte Athen dadurch andauernde ernste Konflikte mit seinen Bündnern geradezu vorprogrammiert, die teilweise auch so schon entstanden – weil es die attische Führung in der weiteren Verfolgung der »Perser-Frage« gemächlich angehen ließ.

*Darin* – und nicht in einem förmlichen Friedensabkommen – bestand die Neuorientierung nach 449: Die kriegerische Initiative gegen das »Barbaren«-Reich wurde zurückgenommen, es wurden keine größeren Unternehmungen beschlossen; beide Seiten ließen es stillschweigend beim Status quo bewenden, der den Persern weitgehend Ruhe vor griechischen Expansionsgelüsten sicherte. Denn die drohten auch andere potentielle Aufstandsherde im Perserreich immer wieder zu entfachen, wie das ägyptische Beispiel zeigte. Für Athen bedeutete diese unausgesprochene Übereinkunft die ungefährdete Fortdauer seiner Vormachtstellung im Ägäischen Meer, gleichsam die faktische Anerkennung dieses Raums als legitime Interessensphäre der attischen Seemacht.

Daß beide Seiten sich auch in der Folgezeit mißtrauisch beäugten, Beobachtungsschiffe patrouillieren und sich hier und da zu kleineren Übergriffen hinreißen ließen, macht deutlich, daß hier nur ein lange Zeit über »Heißer Krieg« in die Phase eines »Kalten Krieges« übergegangen war, der keineswegs auf einem förmlichen Friedensabkommen beruhte. Die Spannungen zwischen dem Seebund und dem Perserreich in der Zeit zwischen 449 und 412 hat der englische Althistoriker S. K. Eddy anschaulich so geschildert:

»Es gab keine größeren Flottenoperationen mehr, die Hunderte von Kriegsschiffen zählten, wie es in der Vergangenheit der Fall gewesen war, statt dessen herrschte über dreißig Jahre lang eine Art von Kaltem Krieg zwischen den beiden Mächten, eine Situation von unbestimmter Bedrohung, von Überfällen, kleinen Erfolgen, Gegenaktionen, von Gesandtschaften und Drohungen.«[11]

Erstaunlich ist nur, daß Eddy *für* die Geschichtlichkeit des Kallias-Friedens eintritt!

### *Unruhe im Seebund*

Schon der Übergang vom »Heißen« zum Kalten Krieg gegen den persischen »Erzfeind« trug Athen als Führungsmacht des Bündnisses eine Menge Probleme ein. Wie sollte man den »Bundesgenossen« klarmachen, daß nach wie vor die Rüstungsanstrengungen nicht vermindert werden dürften? Wie die Glaubwürdigkeit einer entschlossenen Verteidigungspolitik angesichts einer »bedrohlichen« Situation vertreten, die offenkundig in Wirklichkeit in eine Phase der Entspannung eingemündet war? Wie die an sich schon fraglich gewordene Stellung Athens als Schutzmacht kleinerer »Bündner« begründen, wenn der ursprüngliche Zweck der Allianz als anti-persische Koalition kaum noch zu erkennen war?

Sicher, die athenische Politik gegenüber den eigenen Verbündeten hatte sich schon in den letzten Jahren nicht gerade durch Zartgefühl und Skrupel ausgezeichnet. Oft genug hatte man den Herrn herausgekehrt und manch einen Bundesgenossen durch kaum verhüllten Egoismus verprellt. Aber es wäre doch denkbar unklug gewesen, die schlechte Stimmung im Bündnis noch durch eine Politik zu steigern, die ganz offen mit Persien Frieden schloß und gleichwohl ebenso offen darauf pochte, daß der Seebund als reines Herrschaftsinstrument Athens bestehen blieb – obwohl die eigentliche »Geschäftsgrundlage« durch den angeblichen Kallias-Frieden weggefallen war.

Das alles paßt nicht zu der damals von Perikles betriebenen Politik, die durchaus von Augenmaß und Realitätssinn geprägt war. Der Seebund, Athens schärfste Waffe, wäre dadurch ohne Not zu einem überaus stumpfen Instrument geworden, das kaum noch zu kontrollieren gewesen wäre, falls Athen nicht zu nackter Gewalt Zuflucht nehmen sollte.

Schon so wurde es immer schwerer, dieses Instrument einigermaßen sachgemäß zu bedienen. Ärgerliches Murren und deutliches Aufbegehren gegen die ungeliebte Vormacht des Bundes griffen ohnehin mehr und mehr um sich; die Stimmung war in vielen Bundesstädten ausgesprochen mürrisch gegenüber Athen. Und der de-facto-Waffenstillstand mit Persien trug nicht gerade dazu bei, die Einsicht in die Notwendigkeit des Bündnisses zu stärken – schon gar nicht angesichts der ungenierten Finanzierungspraktiken, zu denen Perikles seit 447 griff, um sein ehrgeiziges Bauprogramm für die Akropolis zu verwirklichen. Trotz des wütenden Protests der innenpolitischen Opposition und der Bundesgenossen griff er ungerührt tief in die nunmehr ja in Athen »bewachte« Bundeskasse, die für *diesen* Zweck am allerwenigsten eingerichtet worden war.

Kein Wunder, daß sich Empörung, Unzufriedenheit und der Eindruck, der Seebund habe eigentlich seine Existenzberechtigung verloren, in manchen Regionen zu einem höchst brisanten Gemisch verbanden, das sich in den Jahren 447 und 446 in heftigen Explosionen entlud: Athen sah sich einer Rebellion einstiger Weggefährten im Kampf gegen den »Barbaren«-Feind gegenüber.

Die Gefahr, die von diesen Aufständen für Athen ausging, war nicht zu unterschätzen, da es sich nicht um isolierte Emanzipationsversuche handelte, sondern um eine Art konzertierter Aktion, eine sorgfältig geplante und aufeinander abgestimmte Erhebung in mehreren Gebieten, die Athens ganze Wehrkraft beanspruchen sollte.

### *Aufstände, Rückschläge und ein Bestechungsfall*

Der Sturm brach los im mittelgriechischen Böotien, dessen Poleis allerdings keine freiwilligen Bündner Athens gewesen waren, sondern auf gewaltsamem Wege der attischen Machtsphäre einverleibt worden waren. Nach einigen Anfangserfolgen der Athener im Kampf gegen die von der anti-athenisch eingestellten Oligarchenpartei in den bedeutendsten böotischen Städten aufgewiegelten Gegner erlitten die athenischen Truppen bei Koroneia eine schwere Niederlage. Viele Athener kamen dabei um, eine große Anzahl geriet in Gefangenschaft. Die Folgen waren bitter für Athen. Man erkannte realistisch, daß Böotien nicht zu halten sei, und schloß einen aus athenischer Sicht wenig ruhmvollen Frieden: Abzug der athenischen Besatzungstruppen aus Böotien gegen Freilassung der Gefangenen. Die Aufständischen hatten einen vollen Erfolg erzielt: Böotien war fortan wieder unabhängig. Athen hatte die mühsam erkämpfte Bastion in Mittelgriechenland nicht halten können – ein harter Schlag für den attischen Imperialismus[12].

Doch damit nicht genug. Kurz nach den Kämpfen in Böotien oder sogar noch in der Schlußphase sah sich Athen einer weiteren Bedrohung gegenüber: Die Städte der Insel Euböa, allesamt Mitglieder des Seebundes, erklärten ihren Austritt aus der Bündnisorganisation.

Athen reagierte sofort, und es reagierte so hart wie üblich: Kaum war die Nachricht bekannt geworden, als Perikles mit einem starken Truppenaufgebot nach Euböa übersetzte. Mit aller Härte sollte den »aufständischen« Euböern demonstriert werden, daß Athen auch und gerade nach dem Rückzug aus Böotien nicht gewillt war, seine Machtposition kampflos preiszugeben. Auf Euböa wollte Perikles ein Exempel statuieren, das anderen Mitgliedstaaten des Seebundes jeden Gedanken an Austritt und »Erhebung« austreiben sollte.

Aber es kam alles ganz anders. Kurz nachdem Perikles Attika verlassen hatte, wurden die Athener durch eine neue Hiobsbotschaft alarmiert. Auch das verbündete Megara stellte sich gegen seine bisherige Vormacht. Und was noch gefährlicher war: Es besaß die Unterstützung Spartas, das an der Entscheidung der Megarer sicher nicht unbeteiligt war. Der vereinbarte fünfjährige Waffenstillstand zwischen Sparta und Athen war damals abgelaufen. Schon machten Gerüchte die Runde, nach denen ein spartanisches Heer unter Führung des Königs Pleistoanax auf dem Wege nach Attika sei und schon kurz vor der Grenze stehe.

Eine prekäre Situation für Athen, das sich urplötzlich einem Zweifrontenkrieg gegenüber sah – und das in unmittelbarer Nähe des eigenen Landes. In aller Eile kehrte Perikles mit seinem Aufgebot nach Attika zurück, um den angreifenden Peloponnesiern ein starkes Heer entgegenzuwerfen. Er konnte indes nicht verhindern, daß Pleistoanax in Attika einfiel und einen Teil des Landes verwüstete, bevor er seine Truppen wieder zurückzog.

Zu einer regelrechten Feldschlacht zwischen beiden Heeren ist es im Jahre 446 v. Chr. nicht gekommen[13]. Die Gründe dafür sind nicht genau bekannt. Perikles scheint einer solchen Entscheidung jedoch bewußt aus dem Wege gegangen zu sein; das Risiko einer Schlacht gegen die zu Lande noch unbesiegten spartanischen Hopliten mag ihm zu hoch erschienen sein. Warum der Spartanerkönig seine günstige Position nicht zu einem massiven Angriff auf Attika genutzt hat, war schon im Altertum umstritten.

Man munkelte von einem handfesten Korruptionsfall, der ihn zu diesem Verzicht bewogen habe. Danach soll Perikles das Problem mit der Zahlung einer gewaltigen Bestechungssumme an König Pleistoanax gelöst haben. Im Rechenschaftsbericht über diesen Feldzug, so weiß Plutarch zu berichten, »hatte Perikles eine Summe von zehn Talenten eingesetzt unter dem Titel ›für notwendige Ausgaben‹. Das Volk genehmigte diesen Posten, ohne das Geheimnis in neugieriger Geschäftigkeit lüften zu wollen.«[14]

Diese Vermutung hat einiges für sich, waren doch spartanische Könige durchaus anfällig für derart großzügig bemessene »Entschädigungsgelder«. Und in Sparta war man nur zu geneigt, das unverständliche Verhalten des Pleistoanax, der ohne Not den Befehl zum Rückzug gegeben habe, auf Bestechung zurückzuführen. Er wurde, gerade wieder in der Heimat angelangt, seines Amtes enthoben und zu der hohen Geldbuße von fünfzehn Talenten verurteilt[15] – einem Strafgeld, das er ohne »Sondereinkünfte« gar nicht hätte bezahlen können, da in Sparta offiziell der Besitz von Edelmetall verboten war!

Was immer auch damals zwischen Perikles und Pleistoanax vereinbart worden sein mag, in Athen konnte man angesichts des unerwarteten Rückzuges des spartanischen Heeres vorerst erleichtert aufatmen. Freilich: In den Kelch der Freude über einen so glimpflichen Ausgang des Zweifrontenkrieges mischte sich auch ein bitterer Wermutstropfen: Außer zwei Brückenköpfen auf megarischem Gebiet mußte Athen damals seine Herrschaft über Megara wieder aufgeben. Die strategisch so wertvolle »Pufferzone« zwischen Attika und der Peloponnes konnte nicht länger gehalten werden. Erneut bedeutete dies einen empfindlichen Rückschlag auf dem griechischen Festland für Athen, erneut war eine Bastion gefallen, die erst wenige Jahre zuvor in der stürmischen Expansionszeit unter hohen Opfern errungen worden war.

### *Härte und Konzilianz – Perikles' Taktik in der Krise des Bündnisses*

Euböa aber galt es unbedingt zu halten! Nicht auszudenken, welche Sogwirkung ein erfolgreicher Abfall der euböischen Städte auf andere Mitgliedstaaten des Seebundes gehabt hätte, die nur darauf lauerten, es den »Aufständischen« nachzutun.

Diese Überlegungen bewogen Perikles, nach Abschluß der Kämpfe in Attika erneut mit großem Aufgebot auf die »unbotmäßige« Insel überzusetzen. Die »Reconquista« gelang, und sie wurde mit harten Bandagen ins Werk gesetzt. Niemand sollte künftig daran zweifeln, daß Athen sein »gutes Recht« unnachsichtig durchsetzen werde. Das war die eindeutige Botschaft, die das kompromißlose Vorgehen des Perikles auf Euböa anderen potentiellen »Aufrührern« mitteilen sollte. Das schimmert noch zwischen den Zeilen durch, mit denen Plutarch die energische Kriegführung und »Friedensordnung« des Perikles beschreibt: »Er wandte sich nun erneut gegen die Abtrünnigen, ging mit fünfzig Schiffen und fünftausend Schwerbewaffneten nach Euböa hinüber und *brachte* die Städte wieder *zum Gehorsam.* Während er sich in Chalkis damit begnügte, die reiche und angesehene Ritterschaft... zu verbannen, trieb er die Bewohner von Hestiaia samt und sonders aus dem Lande und siedelte Athener an. Solch unerbittliche Härte zeigte er aber nur in diesem einen Fall, weil die Hestiaier die Mannschaft eines erbeuteten attischen Schiffes niedergemacht hatten.«[16]

Das war die Peitsche, die die Hegemonialmacht Athen deutlich sichtbar für alle »Bundesgenossen« schwang. Aber nur für eine Politik der Härte war die Zeit nicht richtig. Immerhin hatte sich Athen in den letzten Monaten manche Blöße gegeben, und zudem rumorte es im Bündnis gewaltig, nachdem der Krieg gegen Persien zum Stillstand gekommen war. Grund genug für Perikles, neben der Peitsche auch zum Zuckerbrot zu greifen. Es ist auffällig, daß in jenen Jahren die Beiträge vieler Bündner deutlich niedriger lagen als in der Zeit davor und danach. Athen verhielt sich in der damaligen kritischen Situation offenbar recht flexibel, indem es die Beitragslasten spürbar reduzierte und in einigen Fällen sogar vorübergehend ganz aussetzte: eine Geste des guten Willens gegenüber den treuen Bündnern; vor allem aber auch ein Indiz der eigenen Schwäche, die es Perikles geraten erscheinen ließ, das Konto nicht zu überziehen, sondern mit Blick auf die Zukunft vorerst ein wenig zurückzustecken.

»Sein Ansehen als Feldherr gründete vor allem auf seiner Vorsicht. Nie ließ er sich aus freiem Willen auf ein Gefecht ein, bei dem das Risiko groß und der Ausgang ungewiß war«[17] – so das Urteil des antiken Biographen über die militärischen Qualitäten des Perikles. Die dramatischen Ereignisse des Jahres 447/46, als Athen mit dem Rücken zur Wand stand und Perikles sich als Stratege einer gefährlichen Bedrohung gegenübersah, bestätigen Plutarchs Einschätzung voll.

Vorsicht indes nicht nur auf dem Schlachtfeld, sondern auch auf diplomatischem Parkett: Das war die Devise, von der sich Perikles in der Krise des attischen Imperialismus zu Beginn der vierziger Jahre leiten ließ. Athen war damals erschöpft, die ungeheuren Anstrengungen der zurückliegenden Expansionszeit wirkten sich jetzt voll aus. Wie sehr man sich damals trotz allen Elans und aller Begeisterung übernommen hatte, wurde erst jetzt klar, als sich zeigte, daß nicht einmal der Status quo gehalten werden konnte.

## *Frieden mit Sparta: »Zeit zu rüsten...«*

In dieser schwierigen Lage bewies Perikles hohes politisches Urteilsvermögen gepaart mit Verantwortungsgefühl – sicherlich mit größerem Verantwortungsgefühl als in der Zeit der ungehemmten Expansion Athens. Mit klarem Blick für das Mögliche erkannte er die Gefahr, die sich aus zu großer Beanspruchung für Athen ergeben könne, das Risiko, sich zu verzetteln und am Ende machtpolitisch mit völlig leeren Händen dazustehen. Die Vorsicht riet zu einer Konsolidierung der athenischen Position auch unter schmerzlichen Verzichten.

Entsprechend handelte Perikles. Im Herbst oder Winter des Jahres 446/45 wurde die Unterschrift unter einen Vertrag gesetzt, der viele Griechen erleichtert aufatmen ließ: Athen und Sparta, die feindlichen Brüder, reichten sich die Hand zu einem dreißigjährigen Frieden. Fortan sollten nicht nur zwischen den Rivalen selbst, sondern auch ihren jeweiligen Bundesgenossen im Delisch-Attischen Seebund auf der einen und dem Peloponnesischen Bund auf der anderen Seite die Waffen schweigen[18].

Kein leichter Schritt für Athen! Denn die Unterschrift unter den Friedensvertrag brachte erhebliche Einbußen mit sich. Die Athener verpflichteten sich, soweit sie nicht schon durch die kriegerischen Verwicklungen der letzten Monate dazu gezwungen worden waren, sämtliche Truppen aus Mittelgriechenland und vor allem von der Peloponnes abzuziehen. Damit war ein großer Teil der Eroberungen, die wenige Jahre zuvor mit hohem Blutzoll gemacht worden waren, verloren. Wenn sich die athenische Führung und das Volk mit so bitteren Verlusten abfanden, so zeigt das sehr anschaulich, in welch schwieriger Lage Athen sich damals befand.

Auf athenischer Seite war Schwäche das Motiv für diesen Friedensschluß, nicht Einsicht und nicht der prinzipielle Wille zu einer friedlichen Koexistenz mit der peloponnesischen Rivalin. Perikles entschloß sich zu diesem Schritt, der programmatisch kaum mit der Linie der Demokraten zu vereinbaren war, weil er Athen die bitter notwendige Erholung brachte, keineswegs jedoch, weil er sich mit der Machteinbuße seiner Stadt abgefunden und wirklich freundschaftliche Beziehungen zu Sparta angestrebt hätte. Schon im Altertum wollten Gerüchte nicht verstummen, nach denen Perikles Jahr für Jahr erhebliche Geldmengen nach Sparta transferiert habe, um das »Interesse« der dort Verantwortlichen am Frieden mit Athen zu »festigen«. Das muß nicht der Wahrheit entsprechen, wohl aber sind die mutmaßlichen Gründe für diese angebliche Dauerbestechungspolitik bezeichnend: Perikles habe »mit dem Geld *nicht den Frieden* erkaufen wollen, sondern *die Zeit,* um ungestört rüsten und dann den Krieg um so nachdrücklicher führen zu können«[19].

Mochte die militärische Konfrontation vorerst beigelegt oder auch nur aufgeschoben sein, auf diplomatischem und ideologischem Felde ging die Auseinandersetzung zwischen Athen und Sparta um so heftiger weiter. Das konservative, oligarchisch regierte, die Außenwelt abweisende Sparta und das fortschrittliche, aufgeschlossene, demokratisch verwaltete Athen waren die Antipoden der griechischen Welt. Die Gegensätze prallten hier hart aufeinander; die Folge dieses Dualismus war ein intensiver, nur selten zimperlich geführter Kampf nicht nur um die politische und militärische Macht in Hellas, sondern auch um die öffentliche Meinung in ganz Griechenland.

### *Diplomatische Offensive: Athens panhellenische Begeisterung*

Beide Seiten verstanden es ausgezeichnet, ihr jeweiliges politisches und soziales System vor der interessierten gesamtgriechischen Öffentlichkeit zu »verkaufen«. Freilich mit sehr unterschiedlichen Mitteln: Sparta setzte auf den eigenen ein bißchen geheimnisumwitterten Mythos der Exklusivität, an dem mehrere spartanische Generationen erfolgreich gebastelt hatten; Athen dagegen pflegte sein Image als weltoffene Handels- und Wirtschaftsmetropole, die ihren Bürgern größtmöglichen geistigen und politischen Freiraum gewährte.

Einer solchen von Großzügigkeit und Liberalität geprägten Weltstadt stand es nach Perikles' Auffassung gut an, sich als Förderin des gesamtgriechischen Gedankens, als scheinbar uneigennützige Sachwalterin panhellenischer Interessen zu profilieren. Es galt, Sparta auch in dieser Hinsicht auszustechen. Leicht war das freilich nicht, konnten sich die Spartaner doch noch lange in ihrem früheren Ruhm als »Vorsteher von Hellas« sonnen. Das stimmte zwar spätestens seit dem Ende der Perserkriege nicht mehr, doch war für die athenischen Politiker ein hartes Stück propagandistischer »Aufklärungsarbeit« zu leisten, um die Leuchtkraft dieses Nimbus allmählich ermatten zu lassen.

Perikles war der athenische Politiker, der dabei voll in die Offensive ging. Wie er auf ideologischem Gebiet die Polarisierung zwischen Athen und Sparta kräftig anfachte, so ließ er auch propagandistisch nichts unversucht, um Athens Führungsanspruch mit diplomatischen Mitteln zur Geltung zu bringen – und dies angesichts des Schwächeanfalls des attischen Imperialismus zu Beginn der vierziger Jahre um so forcierter.

Es war seine Idee, im Jahre 449 einen panhellenischen Kongreß nach Griechenland einzuberufen. Abgeordnete aus allen wichtigen griechischen Städten sollten sich in der attischen Metropole treffen und über Probleme diskutieren, die sich für ganz Griechenland stellten. Als Beratungspunkte standen auf der Tagesordnung: Beschlußfassung hinsichtlich eines Neubaus der von den »Barbaren« zerstörten Tempel; Erörterung über die Modalitäten der Opfer, die man den unsterblichen Göttern während der Perserkriege gelobt und nach dem siegreichen Abschluß der Kämpfe noch nicht dargebracht hatte, und schließlich Diskussion über Fragen der allgemeinen Sicherheit zur See und eines dauerhaften Friedens in Hellas.

In alle Himmelsrichtungen schwärmten athenische Gesandte aus, die zu dem von Perikles geplanten Kongreß nach Athen einladen sollten. Aus dem schönen Plan wurde freilich nichts. Die Spartaner durchschauten trotz der geschickten Werbung und Rhetorik der großzügigen Gastgeber, daß nicht die reine Selbstlosigkeit dabei Pate gestanden hatte, sondern ganz massive Propaganda-Absichten Athens sich dahinter verbargen. Hätten sie dem Kongreß zugestimmt, so wäre das einer Anerkennung Athens als führender Stadt Griechenlands gleichgekommen. Immerhin, eines hatte Perikles mit seiner Initiative erreicht: Die Spartaner standen als Neinsager und

»Spielverderber« da; ihrem »Starrsinn« verdankte es ganz Griechenland, daß der panhellenische Gedanke so wenig Förderung erfuhr[20].

### *Thurii – gesamtgriechische Kolonie unter athenischer Führung*

Kaum war der Kongreß-Plan geplatzt, da ventilierte Perikles schon eine neue Idee, die erneut als Symbol griechischer Eintracht konzipiert war. Daß sie Athen ein paar zusätzliche Vorteile einbringen sollte, versteht sich von selbst. Der Gedanke war an sich nicht neu: Perikles wollte an die ruhmvolle Zeit der griechischen Kolonisation in der Zeit zwischen 750 und 550 v. Chr. anknüpfen, indem er ein neues Siedlungsprojekt vorschlug. Auch das war an sich nicht ungewöhnlich, waren doch auch noch nach dieser Zeit hier und da neue Pflanzstädte gegründet worden. Athen selbst war gerade in der zweiten Hälfte des fünften Jahrhunderts führend in der Anlage solcher Kolonien. Der eigentlich zündende Gedanke indes war das Bemühen, das Unternehmen in einen programmatisch anspruchsvollen Rahmen zu stellen. Das Zauberwort hieß »panhellenisch«. Eine von *allen* griechischen Stämmen gegründete Pflanzstadt sollte es sein, die sich bald an fernen Gestaden erheben und den Ruhm eines einigen und friedliebenden Griechenvolkes künden sollte.

Ein Ort war rasch gefunden. Der Süden Italiens, ein bedeutendes Siedlungsgebiet der großen griechischen Kolonisation, war von einem Hauptübel des griechischen Mutterlandes nicht verschont geblieben: der ständigen Rivalität und Eifersüchtelei, die sich oft genug in kriegerischen Konflikten entlud. Das berühmt-berüchtigtste Opfer dieses unerbittlichen Konkurrenzkampfes war die Stadt Sybaris gewesen, deren Reichtum und üppige Lebensart sprichwörtlich waren: Sie war im Jahre 510 v. Chr. der Nachbarstadt Kroton zum Opfer gefallen und zerstört worden. Späteren Neugründungen war kein rechter Erfolg beschieden, so daß die einst so stolze, volkreiche Stadt nur noch als Schatten ihrer selbst existierte.

Auf dem Boden des alten Sybaris sollte sich nun nach den Plänen des Perikles eine neue Stadt erheben, die sich der Größe ihrer Vorgängerin würdig erwies. Mit großem Elan ließ Perikles die notwendigen Vorbereitungen anlaufen. Wiederum eilten athenische Gesandte, vom panhellenischen Geist beflügelt, durch ganz Griechenland und warben für das neue Projekt.

Der Erfolg blieb nicht aus. Delphi, das religiöse und moralische »Gewissen« Griechenlands, gab seine Zustimmung, und das reiche und fruchtbare Land, in dem die gesamtgriechische Kolonie geplant war, lockte viele Griechen, die sich von dieser neuen Heimat mehr versprachen als von einem Bleiben in der bisherigen Umgebung.

Unter Führung zweier athenischer Oikisten (Gründer) beteiligten sich Bürger aus allen Teilen des griechischen Mutterlandes an dem Unternehmen. Die Attraktivität der Koloniegründung war sehr groß, Sparta konnte nicht einmal bei den eigenen Bundesgenossen auf der Peloponnes verhindern, daß sich auch aus anderen Städten Freiwillige meldeten[21].

Auch wenn der relativ größte Anteil der Neusiedler aus Athen gekommen sein dürfte, so wurde doch der panhellenische Charakter der Kolonie unmißverständlich hervorgehoben. Die Einteilung der Verwaltungsbezirke orientierte sich an der bunt gemischten Herkunft der Kolonisten; so unterschied man die Phyle u. a. der Arkadier, der Achaier, der Böotier, der Athener und der Euböer[22]. Als Name der Kolonie wurde »Thurii« nach einer dort entspringenden Quelle gewählt[23].

Um deutlich zu machen, daß hier ein besonderes Unternehmen ins Werk gesetzt wurde, gleichsam ein Symbol des »besten« Hellas, bestellte man führende Köpfe der geistigen Prominenz Griechenlands zu Gründungsvätern. So den berühmten Städtebauer und Architekten Hippodamos von Milet, der seinen rationalen Entwurf rechtwinklig sich kreuzender Straßen – ähnlich dem System vieler amerikanischer Großstädte – in Thurii verwirklichen konnte. Und zum Gesetzgeber und »Verfassungsvater« des neuen Gemeinwesens wurde kein Geringerer als der Philosoph Protagoras von Abdera gewonnen, der – hierin dem Hippodamos sehr verwandt – als Sophist ebenfalls ein Vertreter der griechischen Aufklärung war. Von ihm stammt übrigens der als Meilenstein der Philosophiegeschichte bekannte homo-mensura-Satz, dem zufolge der Mensch das Maß aller Dinge ist[24].

### *Demokratische »Dependance« in Süditalien*

So sehr nach außen die gesamtgriechische Seite des Unternehmens auch durch die Wahl anerkannter nicht-athenischer Koryphäen zu Gründungsvätern betont wurde, hinter der Fassade zog Perikles die Fäden, die Thurii wenn nicht zu einer Dependance Athens, so doch zu einem wertvollen Stützpunkt werden ließen. Undenkbar für Perikles, daß die Neugründung sich ideologisch-innenpolitisch von ihrem geistigen Vater emanzipiert hätte! Also wurde sehr bewußt darauf geachtet, daß Thurii eine *demokratische* Verfassung erhielt – nicht gerade eine Kopie der athenischen, aber doch eine wesensverwandte. Schwer durchzusetzen war dieser Plan angesichts der zahlenmäßigen Stärke attischer Kolonisten nicht – zumal nicht Gegner, sondern Anhänger des Perikles dieses politisch verläßliche Rückgrat bildeten[25].

Tatsächlich ging es Perikles bei dem Thurii-Projekt nicht nur um eine publicityträchtige Selbstdarstellung Athens als Förderin griechischen Gemeinsinns und den damit verbundenen Anspruch als politisch-geistige Führungsmacht von Hellas. Vielmehr waren auch ganz handfeste macht- und militärpolitische Erwägungen im Spiel: Athen versuchte, mit der Gründung von Thurii im Westen Fuß zu fassen. Das war ein alter Traum des attischen Imperialismus, den einige Jahrzehnte zuvor schon Themistokles geträumt hatte – und übrigens ganz unverhüllt zum Ausdruck brachte, indem er seine Töchter programmatisch »Italia« und »Sybaris« nannte[26]. Das westliche Siedlungsgebiet griechischer Auswanderer in Süditalien und Sizilien, wegen der vergleichsweise weiteren Räume auch als »Großgriechenland« gerühmt, war aus mehreren Gründen ein lokkendes Ziel attischer Expansionsbestrebungen: Die Stärke und wirtschaftliche Potenz der großgriechischen Städte machten sie zu einem attraktiven Bündnispartner, und außerdem galt Sizilien damals – wie später noch zur Römerzeit – als ausgesprochen fruchtbare Kornkammer – auch dies kein geringer Faktor für die Außenpolitik einer Polis, die chronisch auf Getreideimporte angewiesen war.

Erste Fühler nach Westen hatte Athen schon in den fünfziger Jahren ausgestreckt. Damals wurde ein Bündnisvertrag mit der reichen sizilischen Stadt Segesta abgeschlossen[27], deren einstiger Wohlstand noch heute durch die eindrucksvollen Überreste des Theaters und vor allem des prächtigen dorischen Tempels dokumentiert wird, der sich majestätisch auf einem Hügel inmitten eines weiten Tales erhebt.

Diese West-Politik setzte Perikles in der Gründung von Thurii mit anderen Mitteln fort. Ein geschickter Schachzug, der Perikles ebenso als engagierten Vertreter attischer Macht- und Expansionspolitik wie als klugen Taktiker ausweist. Die »Moral« des panhellenischen Gedankens mit einer auf Ausweitung der athenischen Einflußsphäre angelegten »Realpolitik« zu verknüpfen, war eine meisterhafte politische Leistung, die um so beeindruckender ist, als Athen damals aus einer Schwächeposition heraus handeln mußte.

Perikles hat die Bewährungsprobe, die ihm als führendem Politiker in schwieriger Zeit auferlegt wurde, glänzend bestanden. Die Flexibilität seiner politischen Methode, die schon sein antiker Biograph rühmt[28]: sie sticht hier besonders ins Auge. Freilich: So großartig und weitsichtig diese Form und Fortsetzung der attischen Expansionspläne nach Westen anmuten, so untrennbar sind sie letztlich im Ergebnis auch mit dem furchtbaren Scheitern dieser Westpolitik verbunden, die in der Katastrophe der Sizilischen Expedition im Jahre 413 v. Chr. ihren vernichtenden, Tausende von Menschenleben fordernden Abschluß fand. Perikles konnte diesen Ausgang nicht voraussehen, aber er hat insofern die Voraussetzungen dafür mitgeschaffen, als auch er die Risiken eines so ehrgeizigen politisch-militärischen Engagements in Übersee in Kauf genommen und die Gefahren dieses imperialistischen Kurses vermutlich unterschätzt hat[29].

### *»Wahlkampf«-Thema Akropolis*

Perikles war in den vierziger Jahren ohne Zweifel der führende Staatsmann Athens. Von ihm gingen die wichtigsten Initiativen aus, er verstand es, in den Volksversammlungen meistens eine Mehrheit für seine Politik zu gewinnen.

Ein Kinderspiel war das freilich keineswegs. Die Opposition schlief nicht, und allem Anschein nach gelang es ihrem Führer Thukydides durchaus, sich Gehör und Respekt zu verschaffen. Und *so* rosig war die Lage Athens damals nicht, daß sie den Gegnern des Perikles keine Angriffsflächen geboten hätte. Aber was tat die Opposition im einzelnen, um dem ungeliebten Führer der »Volkspartei« das Leben schwer zu machen?

Sicher ist, daß sie den panhellenischen Bestrebungen des Perikles keine überzeugende eigene Konzeption entgegenstellen konnte. Wie sollte sie auch, zielte doch der ständige Vorwurf gegenüber der von Perikles verfolgten Außenpolitik eher auf dessen Konfrontationskurs gegenüber den anderen Griechen! Und nun »beschämte« Perikles sie mit dieser gesamtgriechischen Initiative, von der man ja auch schlecht gegenüber dem eigenen Volk behaupten konnte, sie diene eigentlich vor allem athenischen Interessen ... So sehr man mit dieser Behauptung ins Schwarze getroffen hätte, so unpopulär mußten derartige »Nestbeschmutzungen« bei den selbstbewußten und patriotischen Athenern ankommen. Der Friedensschluß mit Sparta bot den Gegnern des Perikles noch weniger innenpolitische Munition. Wer jahrzehntelang für eine friedliche Koexistenz zwischen den beiden mächtigsten Städten von Hellas eingetreten war, konnte kaum eine Kehrtwendung von 180 Grad vollziehen. Und die Seebundspolitik? War sie nicht als Hebel zu gebrauchen, um Perikles aus der politischen Verantwortung zu katapultieren?

Wie sehr sich die Opposition in dieser Frage auf Perikles eingeschossen hat, ist umstritten. Eine radikale Ablehnung der Ausnutzung des Seebundes zum Wohle Athens kam sicher nicht in Frage; zu sehr hatten sich auch die Konservativen dabei der Komplicenschaft schuldig gemacht. Zu einzelnen Punkten mögen hier und dort kritische Stimmen laut geworden sein. So scheint die harte Behandlung der aufständischen Städte auf Euböa durch Perikles nicht unumstritten gewesen zu sein, wie ein Zitat aus einer zeitgenössischen

Komödie zeigt. Dort werden Perikles und der Demos mit einem wilden Pferd verglichen, »das sich dem Zügel nicht mehr fügen wollte, sondern *Euböa biß* und die Inseln ansprang«[30].

Mag sein, daß die bis zur Brutalität gehende Kompromißlosigkeit der attischen Politik gegenüber den »Bundesgenossen« von anderen Kritikern ähnlich polemisch aufs Korn genommen worden ist. Als wirklich gravierendes Störfeuer jedoch wird Perikles derartige Vorwürfe kaum empfunden haben, und auch die große Mehrheit der Athener dürfte achselzuckend darüber hinweggesehen haben.

Anders dagegen bei einer anderen Frage, die auch mit dem Seebund und der Behandlung der Bündner zusammenhing. Um das anspruchsvolle Bauprogramm auf der Akropolis zu finanzieren, schreckte Perikles nicht vor einem Griff in die Bundeskasse zurück. Wütende Attacken im In- und Ausland waren die Folge dieser schamlosen Veruntreuung von Bundesgeldern. Die Opposition hatte endlich einen Aufhänger gefunden, ein zündendes Thema, das die Emotionen aufpeitschte und Perikles größte Schwierigkeiten einbrachte.

Es war eine Art von permanentem Wahlkampfthema, mit dem sich Perikles pausenlos konfrontiert sah. In höchstem Maße schändlich sei es, so die Opposition unisono, daß man die angeblich aus Angst vor den Barbaren nach Athen geholte Bundeskasse so ungeniert ausplündere. Ein Schimpf, mit diesen von den Bündnern mühsam erbrachten finanziellen Opfern die eigene Stadt zu vergolden und sie herauszuputzen wie ein eitles Weib.

Und überhaupt: Wozu dieser ganze Bau-Aufwand nötig sei? Er bewirke nur eines: die heillose Zerrüttung der Staatsfinanzen! Ein verantwortungsloser Demagoge verschleudere das Staatsvermögen und blamiere Athen noch dazu vor seinen eigenen Freunden bis auf die Knochen![31]

Vorwürfe, wie sie heute angesichts der prachtvollen Kunstwerke, die damals von Perikles in Auftrag gegeben worden sind, seltsam engstirnig und kleinkariert anmuten. Nicht auszudenken, daß der Bau jener Tempel auf dem Burgberg Athens, die zum Inbegriff griechischer Architektur und Bildhauerkunst geworden sind, unterblieben wäre, wenn sich die damalige Opposition durchgesetzt hätte.

Gleichwohl: Die Finanzierungspraktiken, zu denen Perikles gegriffen hat, *sind* nicht sauber gewesen. Und es hätte nicht viel gefehlt, daß Perikles über das ganze aufwendige Bauprogramm und die Finanzierungsfrage gestolpert wäre. Das geht ganz eindeutig aus den Quellen hervor. Plutarch sagt ausdrücklich, daß kein politisches Vorhaben des Perikles »auf so viel Kritik gestoßen ist wie die Bautätigkeit«[32]. Und das nicht nur bei seinen erklärten Gegnern. Auch unter seinen Anhängern machte sich zeitweise Skepsis breit, ob denn all dieser Aufwand wirklich noch sinnvoll und vertretbar sei.

Auf einer Volksversammlung wäre es beinahe zum Eklat gekommen. Von aufgebrachten Oppositionspolitikern entsprechend eingestimmt, begannen viele Bürger über die hohen Kosten der Tempelneubauten zu murren. Perikles schätzte damals offenbar die Stimmung falsch ein und erntete mit seiner populistisch anmutenden Manipulationsfrage, ob denn das Volk die Ausgaben wirklich hoch finde (wie es seine Gegner behaupteten), völlig unerwartete Zustimmung. Nur mit größtem rhetorischem Einsatz gelang es ihm, die Situation zu retten. »Nun gut«, soll er schlagfertig erwidert haben, »dann sollen die Kosten nicht auf euch fallen, sondern auf mich, und auf die Bauten werde ich *meinen* Namen setzen lassen!« Das half. Der Demos war bei seiner Ehrsucht gepackt und bewunderte zudem die Offenheit und Standfestigkeit seines bedeutendsten Mannes. Im Nu schlug die Stimmung um, und Perikles erhielt den gewünschten Freibrief für die anfallenden Kosten – und zwar ohne Limit[33].

Der von Plutarch erzählte Vorfall weist anekdotische Züge auf. Ob es Perikles wirklich so leichtgefallen ist, den Umschwung herbeizuführen, sei dahingestellt. Tatsache ist, daß ihn die ganze nervenaufreibende Auseinandersetzung um die Baupolitik viel Kraft und zeitweilig wohl auch Ansehen gekostet hat. Einfach war es natürlich auch nicht, die zweckfremde Verwendung von Geldern des Seebundes zu rechtfertigen. Perikles nahm dabei allerdings weder Zuflucht zu intellektuellen Kabinettstückchen, noch suchte er nach gewundenen Ausreden und Vorwänden. Statt dessen erklärte er frank und frei, daß Athen die gesamte Verteidigungslast zu tragen habe, während die Bündner »nur« Geld beisteuerten. Solange die Athener ihren Pflichten als Schutzmacht durch notwendige Rüstungsmaßnahmen nachkämen, könnten sie mit dem Geld tun, was sie wollten. Denn »das Geld gehört nicht denen, die es zahlen, sondern denen, die es erhalten«. Und, als Appell an Stolz und Staatsgesinnung seiner Mitbürger ermunternd hinzugefügt: »Da unsere Stadt mit Kriegsbedarf hinreichend versehen ist, müssen wir die Überschüsse auf Werke lenken, die uns nach ihrer Vollendung ewigen Ruhm und während ihres Entstehens allgemeinen Wohlstand versprechen.[34]«

### *Macht-Spiel*

Das waren Töne, denen sich viele nur schwer entziehen konnten oder wollten – Töne im übrigen, die Perikles nur zu gern anschlug, freilich auch aus Überzeugung. Denn wenn er seine Mitbürger aufforderte, den Kopf erhoben zu tragen und sich zu einem hohen

Selbstwertgefühl zu bekennen[35], dann resultierten diese anspornenden Worte aus seinem festen Glauben an die Überlegenheit seiner Stadt und des »Systems«, das sie – im Unterschied etwa zu dem spartanischen – verkörperte.

Man täte Perikles Unrecht, wollte man ihn ausschließlich als egoistischen »Partei«-Politiker verstehen, dessen ganzes Sinnen und Trachten darauf abzielte, an der Macht zu bleiben, der aber darüber hinaus seinen Mitbürgern keine programmatisch-ideelle Perspektive geboten hätte. Das Gegenteil ist der Fall. Perikles ließ sich in seiner Politik von den demokratischen Grundüberzeugungen leiten, die in der Innenpolitik zu den beschriebenen Reformen führten. Gerade weil er so unzweideutig für dieses sozial-demokratische Programm stand, trat er kämpferisch und engagiert auf, suchte er die Auseinandersetzung mit seinen politischen Gegnern. Er war unbequem, ein Mann mit Ecken und Kanten, kein glatter Funktionärstyp, der sich geschmeidig jeder Festlegung nach Möglichkeit zu entziehen gesucht hätte und mit einem verlogenen Wir-alle-Appell tatsächlich bestehende Gegensätze zu überdecken bemüht gewesen wäre.

Perikles polarisierte, und das nahm ihm ein Teil der Bürger übel. Die Schärfe des Parteienkampfes zwischen Perikles und Thukydides lief ihrem Harmoniebedürfnis zuwider. Und Perikles erschien manchen, weil er der Mächtigere der beiden Kontrahenten war, als Störenfried, der den Staat mit unnötigen Konflikten belaste. So nahm der Komödiendichter Kratinos in seinem Stück »Drapetides« den Parteienzwist in Athen mit deutlicher Spitze gegen Perikles aufs Korn. Er läßt die beiden Rivalen ein »Stadt- und Hundespiel« spielen, das etwa unserem »Mensch ärgere dich nicht« entspricht. Spielbrett war die Stadt, Spielfelder mehrere Linien, auf denen verschiedenfarbige Steine für die beiden Spielerparteien lagen. Die Spielaufgabe bestand darin, einen gegnerischen Stein mit zwei eigenen Steinen »einzukreisen« und ihn auf diese Weise hinauszuwerfen[36].

Ein sonderbares Demokratieverständnis eines Konservativen, das sich in diesem Vergleich äußert! Mit Nostalgie blickte Kratinos in die »gute, alte Zeit« Athens unter dem mythischen König Theseus zurück, der in derselben Komödie als über den Parteien thronende Friedensautorität auftritt, zu der gerade Perikles als »Unruhestifter« und Verantwortlicher für die Eskalation der Zwietracht zwischen den »Parteien« als abschreckende Gegengestalt gezeichnet wird.

Fast sieben Jahre lang dauerte das »Spiel« der beiden Kontrahenten Thukydides und Perikles um die Macht in Athen. Viele Spielsteine wurden in dieser Zeit auf beiden Seiten hinausgeworfen, wenn auch Perikles stets mit deutlichem Abstand in Führung lag. Im Jahre 443 schließlich wurde, um im Bild zu bleiben, das Spiel endgültig entschieden. Und zwar durch jenes von der athenischen Verfassung ausdrücklich vorgesehene Mittel, das im 5. Jahrhundert mehrfach als entscheidendes Werkzeug einer eindeutigen Stabilisierung des politischen Kurses benutzt worden ist: den Ostrakismos. Thukydides mußte für zehn Jahre in die Verbannung gehen[37]. Es waren die berühmten Tonscherben mit der Aufschrift »Thukydides, Sohn des Melesias, aus dem Bezirk Alopeke«, die das Ende des politischen »Spiels« anzeigten. Vierzehn dieser epochemachenden Tonscherben haben die Archäologen mittlerweile aus dem Boden Athens geborgen – im Vergleich zu der Gesamtzahl von 1658 bis jetzt gefundenen Ostraka eine eher geringe Anzahl, die in einem krassen Mißverhältnis zur historischen Bedeutung des Vorganges steht[38].

Das Jahr 443 bedeutet eine tiefe Zäsur in der Geschichte Athens und in der politischen Stellung des Perikles. Er war nun ohne einen annähernd ebenbürtigen Konkurrenten und konnte seine politischen Vorstellungen ungehinderter und wohl auch leichter durchsetzen als jemals zuvor. Was nicht bedeutet, daß er hätte schalten und walten können, wie es ihm beliebte. Denn ohne beim Demos beständig für seine Politik zu werben, ohne Mehrheiten zu gewinnen, hätte er niemals eine solche Position erreicht, wie sie Plutarch für die kommenden anderthalb Jahrzehnte so charakterisiert: »Nach dem Sturz und der Verbannung des Thukydides blieb er als Stratege fünfzehn Jahre hindurch ununterbrochen im Besitz der höchsten Macht und Gewalt, obwohl dieses Amt sonst jährlich wechselte.«[39]

Was der antike Biograph hier mit einem Ausdruck von Bewunderung und Respekt beschreibt, mußte sich den politischen Gegnern des Perikles ganz anders darstellen. Für sie war es eine Schreckensvision, daß nach der Kaltstellung des einzigen ernst zu nehmenden Rivalen Perikles nun allein die Geschicke des Staats bestimmen könnte. Das Wort von der Tyrannis machte schnell die Runde. Die Opposition ahnte, daß ihr schwere Zeiten bevorstanden. Und sie malte ein düsteres Bild von der Zukunft. Wieder war es der Komödiendichter Kratinos, der, noch unter dem Schock der Verbannung des Thukydides stehend, dieser Stimmung in seinem wohl 442 v. Chr. aufgeführten Stück »Plutoi« Ausdruck verlieh. Die schönen Tage des Goldenen Zeitalters unter der Herrschaft des Kronos sind nun endgültig vorbei, »jetzt, da der Anfang der Tyrannis da ist und das Volk die Macht hat ...«[40].

Kronos, der Göttervater der griechischen Welt vor dem »Sündenfall«, ist gestürzt – durch seinen eigenen Sohn Zeus. Die politische Realität entspricht dem mythischen Geschehen. Nach der »gewaltsamen« Ausschaltung des Rivalen kann der »zwiebelköpfige Zeus«[41], wie Perikles unter Anspielung auf seine Kopfform spöttisch genannt wird, unangefochten regieren. Mit dem Jahre 443 ist die eigentliche Ära des attischen Olympiers angebrochen; das Perikleische Zeitalter in der engeren Bedeutung des Wortes hat seinen Anfang genommen.

## 7. KAPITEL
# In Wirklichkeit die Herrschaft des ersten Mannes?

### *Die »größte Zunge der Griechen«*

»Wenn ich ihn im Ringkampf zu Boden werfe«, so soll Perikles' Gegenspieler Thukydides einmal sein Leid in der Auseinandersetzung mit seinem Widersacher geklagt haben, »dann streitet er einfach ab, gefallen zu sein – und zwar so erfolgreich, daß sogar jene ihm glauben, die ihn mit eigenen Augen haben fallen sehen.«[1]

Macht seines Wortes, Eindringlichkeit seiner Rede, Brillanz seiner Rhetorik: Das sind Attribute, die mit Perikles untrennbar verbunden sind. Der Glanz des begnadeten Redners, der ihn umstrahlte – er schien den Zeitgenossen nicht weniger leuchtend als späteren Generationen, die den athenischen Staatsmann geradezu als Vorbild politischer Redekunst verehrten.

So wenig sich auch seine Gegner der Gewalt seiner Rhetorik entziehen konnten, in ihrer Verzweiflung blieb ihnen kein anderes Mittel, als sich spöttisch und ironisch mit dieser Begabung des Perikles auseinanderzusetzen – aber nie ohne einen deutlichen Unterton der Hochachtung und des Respektes. Mochte ihn der Komiker Kratinos auch despektierlich als »größte Zunge der Griechen« karikieren[2], ein Hauch von Bewunderung schwang dabei unüberhörbar mit.

Und auch der Beiname »Olympier«, wie Freund und Feind Perikles nach der Verbannung des Thukydides gern nannten, geht nicht zuletzt auf sein Rednertalent zurück. Er versinnbildlicht zwar in erster Linie die Allmacht, die dieser irdische Zeus in den letzten anderthalb Jahrzehnten seines Lebens besaß, doch war diese Stellung im Staate wesentlich auch ein Erfolg jenes »schrecklichen Donnerkeils, den er in seiner Zunge trägt«.[3]

Donner und Blitz seiner Rhetorik ließen die Gegner zusammenfahren und verstummen, während seine Anhänger bewundernd zu einem charismatischen Politiker aufschauten, auf dessen Lippen sich Peitho, die Göttin der Überredungskunst, geradezu niedergelassen zu haben schien[4].

### *Macht der Rede: »Tyrann mit Worten«*

Selbst Platon, politisch und ideologisch alles andere als ein Verehrer des athenischen Staatsmannes, kam nicht umhin, der rhetorischen Meisterschaft des Perikles seine Reverenz zu erweisen, zumal ihn das von Anaxagoras gelegte philosophische Fundament dieser Eloquenz besonders faszinierte[5].

Wenn schon die Gegner des Perikles seiner Redegabe widerwillig so viel Anerkennung zollten, um wieviel begeisterter mußten da die Lobeshymnen objektiverer Betrachter ausfallen! Und tatsächlich wird Perikles von vielen Autoren des Altertums, vor allem natürlich von Theoretikern der Redekunst, als einer der besten Redner der Antike gepriesen. Da wird ihm eine »geradezu unglaubliche Redekraft« attestiert, da wird die Bemerkung des Aristophanes, der die Rhetorik des Perikles mit vom Himmel hinabfahrendem Blitz und Donner vergleicht, wie ein geflügeltes Wort weitergereicht, und da bezeichnet ihn Cicero, selbst der größte Redner seiner Zeit, schlicht als den »beredtesten Athener«, ja, als »geradezu perfekten Redner«, denn: »Der Charme seiner Rede versetzte Athen in die heiterste Stimmung. Man bewunderte seinen rhetorischen Reichtum und seine Fülle und fürchtete seine Wucht und Heftigkeit.«[6]

Anmut, süßer als Honig, sei von seinen Lippen geflossen, wissen andere Autoren als Lesefrüchte aus athenischen Komikern zu berichten, und selbst bei denen, die inhaltlich mit Perikles' Worten nicht einverstanden waren, habe seine Rede gleichsam in ihren Köpfen Stacheln der Überzeugung zurückgelassen[7].

Valerius Maximus, ein römischer Historiker der frühen Kaiserzeit, versteigt sich gar zu der Formulierung, Perikles habe dank seiner glänzenden Rednergabe »den Nacken freier Athener das Joch der Sklaverei auferlegt«. »Denn«, so seine Begründung für diese Verknechtungs-These, »was gab es zwischen Peisistratos und Perikles für einen Unterschied, außer daß jener seine Tyrannis mit Waffen, dieser sie ohne Waffen – mit Worten – ausgeübt hat?«[8]

Kein Zweifel, dem demokratischen Politiker Perikles hat jene Macht des Wortes, der gerade die Demokratie so großen Rang einräumt, in überreichem Maße zu Gebot gestanden. Kein Zweifel auch, daß er sie als scharfe Waffe im innenpolitischen Kampf einzusetzen verstand, ja daß sie einen der Grundpfeiler der außerordentlichen Machtfülle des athenischen Staatsmannes gebildet hat.

Enttäuschend nur, daß keine echten Kostproben dieser gewaltigen Rhetorik überliefert sind. Die Faszination seines gesprochenen Wortes: Sie konnte sich nur den Zeitgenossen des Perikles mitteilen, die ihm in den vielen Volksversammlungen zuhörten, in denen er das Wort ergriff. Im Unterschied aber zu späteren Zeiten sind diese Reden nicht aufgezeichnet und schriftlich überliefert worden. Nur wenige wörtliche Zitate sind bekannt; außerdem Grundzüge und Inhalt einiger wichtiger Reden, die aber, von Historikern – vor allem von Thukydides, dem Chronisten des Peloponnesischen Krieges – in künstlerischer Freiheit nachgebildet, keine eigentliche Authentizität besitzen, was ihre rhetorische Gestaltung angeht. Lediglich Aufbau und Argumentationsgang einer perikleischen Staatsrede sind dadurch rekonstruierbar.

Sonst jedoch lassen sich nur Einzelbeobachtungen machen. So etwa zu der Bildhaftigkeit seiner Rhetorik. Perikles gelang es offenbar hervorragend, die Vorstellungskraft und das Erinnerungsvermögen seiner Zuhörer durch eingängige Vergleiche zu stimulieren. So prägte er das anschauliche Wort von der »Augenbutter des Piräus«, mit dem er die störende Rolle der Konkurrenzstadt Aegina beschrieb. Die aufbegehrenden Samier, deren Revolte er selbst gewaltsam niederschlug, verglich er mit Kindern, die den Bissen annähmen, aber weinend; auch schreckte er nicht vor drastischen Metaphern zurück, die heutzutage fast makaber anmuten: etwa wenn er in einer Leichenrede formulierte, die Stadt habe ihre Jugend verloren, wie das Jahr den Frühling zu verlieren pflege[9]. Sehr plastisch auch seine Ausdrucksweise in einer Debatte um die Frage künftiger Beziehungen zur Rivalin Sparta: Er, Perikles, sehe den Krieg schon von der Peloponnes heraufziehen[10] – einem Gewitter, einem unabwendbaren Naturereignis gleich, mag mancher Zuhörer den Vergleich weitergedacht haben; aber doch ein Ereignis, für das, wenn überhaupt jemand, dann diejenigen die Verantwortung trugen, aus deren Gebiet die Bedrohung sich näherte (womit denn auch die Kriegsschuldfrage schon entschieden wäre)...

Es waren die klare, anschauliche Sprache und die Kraft seiner Argumentation, die den Ruhm der perikleischen Rhetorik begründet haben; nicht etwa schauspielerhafte, dramatische Gestik und Mimik. Sein Vortragsstil war von größter Selbstbeherrschung geprägt. Perikles verzog kaum eine Miene; schon gar nicht zu einem Lachen. Selbst in leidenschaftlicher Rede achtete er sorgfältig auf den anständigen Faltenwurf seines Gewandes; er sprach engagiert, aber doch ohne Aufregung. Der ruhige Klang seiner Stimme wird ausdrücklich hervorgehoben.[11] Von Zwischenrufen und Mißfallensäußerungen ließ er sich nicht provozieren. Einem besonders unverschämten Störer, der es einen vollen Tag lang darauf anlegte, Perikles aus der Fassung zu bringen, passierte nichts – außer daß Perikles ihm seine wüsten Beschimpfungen mit dem freundlich-besorgten Angebot vergalt, ihn von einem Sklaven mit einer Laterne sicher nach Hause geleiten zu lassen, nachdem es über der unaufhörlichen Anpöbelei Nacht geworden war.[12]

Gleichwohl: Auch diese Episode, die ein Schlaglicht auf die Beherrschtheit des Redners Perikles wirft, kann nicht darüber hinwegtäuschen, daß der ungeheure Ruhm seiner Redekunst in einem geradezu erbärmlichen Verhältnis zu den wenigen konkreten Nachrichten über sein Auftreten als Redner steht. Es bedürfte bei dieser

Quellenlage wohl der Rhetorik eines Perikles selbst, um hierbei ein wirklich klares Bild entstehen zu lassen...

### *»Großkopf Zeus« – Despot im demokratischen Staat?*

Wie auch immer: Sicher ist, daß die gewaltige Kraft seiner Rede einen ganz erheblichen Teil zu der überragenden Stellung des demokratischen »Parteichefs« Perikles in der Demokratie Athen beigetragen hat.

Wieso überhaupt »Demokratie«?

Wurden die auf ständigen Machtwechsel angelegten demokratischen Mechanismen Athens nicht völlig lahmgelegt, wenn da der führende Staatsmann rund fünfzehn Jahre lang unangefochten an der Spitze des Staates stand – ein monarchischer Fels sozusagen inmitten der demokratischen Brandung, ein Monolith aus politischem Urgestein, der allen Stürmen trotzte und niemals in Gefahr geriet, überspült zu werden? Was hatte das alles noch mit einer Herrschaft des Volkes zu tun?

So skeptisch dachte mancher Zeitgenosse, dem die geradezu unerschütterliche Position des Perikles nicht geheuer vorkam. Keine Frage, daß die Opposition ob dieser vermeintlichen Tyrannenherrschaft besonders giftete und das Wort vom Olympier aufkam, der wie Zeus unumschränkt regiere, nachdem er sich mit Gewalt der Herrschaft bemächtigt habe. Allmacht, einsame Entschlüsse, persönliche Politik ohne wirksame Kontrolle – das waren die Vorwürfe, die auf Perikles niederhagelten. Wütend griff mancher Konservative den Demos an, der in seinem Machtrausch nichts Besseres zu tun gewußt habe, als die Stadt dem »Großkopf Zeus« – so in Anspielung auf die zwiebelförmige Kopfform des Perikles – übergeben und sie damit einem Tyrannen ausgeliefert zu haben[13].

Den *locus classicus* der Oppositions-Schelte, die Perikles wegen seiner »ungehemmten Herrschaftsausübung« anprangerte, stellt ein Fragment aus einer Komödie des Telekleides dar. Sie muß kurz nach 443 entstanden sein, als Thukydides durch Ostrakismos kaltgestellt worden war. Der Komiker zieht da mächtig vom Leder; er beschuldigt die Athener, ihrem führenden Mann »die Steuern der Städte übergeben zu haben und die Städte dazu«, ihn pauschal ermächtigt zu haben, »Verträge mit ihnen zu schließen oder zu lösen, die steinernen Mauern teils zu erbauen, dann wieder niederreißen zu lassen«, kurz und gut, alles seiner Entscheidungsbefugnis anheimgestellt zu haben: »Verträge und Frieden und Macht und Gewalt mitsamt dem Glück und Reichtum«[14].

Das Infame an der eindrucksvollen Zusammenstellung ist nicht so sehr die verzerrende, als Mittel der politischen Satire allemal übliche Übertreibung wie der bewußt hervorgerufene Eindruck der Willkür, der Machtausübung nach Lust und Laune, der politischen Todsünde des ständigen Wechselspiels von Hü und Hott. Was beim göttlichen Olympier Zeus als der unerforschliche, menschlichem Verstand nicht zugängliche Ratschluß des obersten Gottes noch respektiert werden konnte, das pervertierte bei diesem irdischen Olympier zu einer unsteten, launischen Zick-Zack-Politik, deren einziges gleichbleibendes Element die Selbstherrlichkeit ihres Urhebers war.

Wenn dieser vermeintlichen Allmacht schon nicht beizukommen war, weil der sture Demos sich weigerte, seinem »Tyrannen« das Vertrauen zu entziehen, dann mußte man wenigstens in dieser satirischen Form seinem Verdruß Luft schaffen: Zumindest sollte dem Eindruck energisch entgegengearbeitet werden, dieser »Despot« mache auch noch gute Politik. In Wirklichkeit, so tönte die Opposition, habe sich dieser Tyrann von Volkes Gnaden an der riesigen Verantwortung seiner Alleinherrschaft mächtig übernommen. »Niedergedrückt von der Last der Geschäfte, sitzt Perikles bald schweren Hauptes in der Stadt, bald läßt er – er ganz allein! – aus seinem elf Speisesofas fassenden Kopf ein lautes Getümmel hervorbrechen.«[15] Mit anderen Worten: Despotismus plus Inkompetenz als Herrschaftsstil eines Tyrannen im demokratischen Staat!

Verständlich ist es schon, daß die Gegner mit solchen Giftpfeilen auf den ungeliebten Führer des Demos zielten. Das Gefühl der eigenen Ohnmacht, von dem viele Oligarchen nach der Ostrakisierung ihres Idols ergriffen waren, mußte die Stellung des Perikles in ihren Augen viel unangreifbarer und »tyrannischer« erscheinen lassen, als sie es in Wirklichkeit war.

Aber war nicht doch etwas Wahres an dem Vorwurf der Opposition, daß hier ein einziger Politiker die Polis wie seinen persönlichen Besitz verwaltete und die jedem anderen auferlegten demokratischen Fesseln rücksichtslos sprengte?

### *»... und bändigte die Masse in Freiheit« – Das Urteil eines Sympathisanten*

Die Sache war zu ernst, als daß sie nur den Gegnern des Perikles Munition für ihre unablässigen Angriffe auf den Olympier geliefert hätte. Auch wohlmeinende Beobachter stellten sich diese Frage, und nicht wenige neigten dazu, sie mit einem klaren Ja zu beantworten.

So auch Thukydides (vor 455 bis ca. 400 v. Chr.), einer der bedeutendsten Historiker, die die Alte Welt hervorgebracht hat. Thukydides war gebürtiger Athener aus vornehmem Hause. Mit dem gleichnamigen letzten bedeutenden Gegenspieler des Perikles ist er weder identisch noch verwandt. Wohl aber entstammte auch er Adelskreisen, die der Politik des Perikles nicht gerade wohlwollend gegenüberstanden. Was ihn persönlich nicht daran hinderte, eine distanzierte, aber letztlich doch pro-perikleische Haltung einzunehmen. Thukydides war ein guter Beobachter des Geschehens auf gesamtgriechischer wie auf innerathenischer Bühne, ein scharfsinniger Analytiker, ein Historiker, dessen Vorzüge in großer Genauigkeit, Gründlichkeit und Fähigkeit zur Abstraktion lagen – in gewisser Weise war er eher als Herodot der »Vater der Geschichte«, der Begründer der abendländischen Geschichtsforschung und Geschichtsschreibung.

Und eben dieser Thukydides war es, der ein berühmtes Wort geprägt hat, als er sich über die Stellung des Perikles im Staate der Athener Gedanken machte. In seinen Augen war es ein großes Kompliment, das er Perikles machte, wenn er ihm bescheinigte: »Er bändigte die Masse in Freiheit, indem er sie selbst führte und nicht von ihr geführt wurde.« Perikles habe es stets vermieden, sich den Launen eines unberechenbaren, wetterwendischen Demos zu fügen. Vielmehr sei er als Zuchtmeister der Volksmasse aufgetreten und habe dafür gesorgt, daß die demokratische Freiheit nicht in Zügellosigkeit ausartete, nicht in Anarcho-Seligkeit überschwappte. Und dann folgt jenes einprägsame Wort, mit dem er das Verhältnis zwischen dem »Monarchen« Perikles und seinem Volk charakterisiert: »Es war dem Namen nach eine Demokratie, in Wirklichkeit aber die Herrschaft des ersten Mannes...«[16]

Eine Wertung, die, um es nochmals ganz deutlich zu sagen, durchaus positiv und anerkennend gemeint war. *Diese* Art der Volks-Herrschaft, das kommt in Thukydides' Analyse klar zum Ausdruck, *diese* Art fand seine Billigung, weil sichergestellt war, daß hier letztlich doch eine überragende Führerpersönlichkeit den Ton angab – und nicht eine bunt zusammengewürfelte Masse mehr oder weniger inkompetenter Bürger. Denn eben das, so fährt unser Augenzeuge fort, sei nach dem Tode des Perikles eingetreten: Da hätten sich die unwürdigen Nachfolger des großen Staatsmannes gegenseitig darin übertrumpft, den Launen des Volkes entgegenzukommen – eine wüste Buhlerei um die Gunst der Masse, die zu selbstmörderischen Konkurrenzkämpfen innerhalb der Bürgerschaft und schließlich gar zur Katastrophe Athens im Ringen mit Sparta geführt habe. Wenn der »Alleinherrscher« Perikles prophezeien konnte, er werde notfalls allein den Krieg gegen die Feinde Athens erfolgreich beenden können, so waren seine Nachfolger nach der Überzeugung des Thukydides nicht einmal fähig, gemeinsam den lebenswichtigen Krieg zu gewinnen. Im Gegenteil:

Gerade das Fehlen einer straffen, bisweilen auch unbequemen Führung, wie sie fünfzehn Jahre lang der »erste Mann« erfolgreich praktiziert habe, habe am Anfang vom Ende der Größe Athens gestanden...[17]

*Masse und Staatsmann – Ein heißes Eisen*

Womit dann nach Meinung vieler moderner Beobachter indirekt der Beweis für die Behauptung des Alkibiades erbracht wäre, die Volksherrschaft sei im Grunde ein »anerkannter Unsinn«[18]. Nur weil die unberechenbare Masse von ihrem »Dompteur« Perikles jahrzehntelang habe gezähmt werden können, habe diese an sich höchst anfällige oder gar gefährliche Staatsform nicht zur politischen Katastrophe Athens geführt. Keine Frage, daß hier ein heikler Punkt antiken und vor allem modernen Demokratieverständnisses berührt ist. Liest man die Ausführungen mancher heutiger Historiker, so fragt man sich allerdings doch ziemlich irritiert, was denn das alles noch mit Demokratie zu tun gehabt haben soll – wenn man schon der Meinung ist, Thukydides habe mit seiner These von der Tyrannis auf verfassungskonformem Wege Recht gehabt. Es mutet schon recht befremdlich an, wenn nach der intensiven Demokratie-Diskussion der sechziger und siebziger Jahre folgende Sätze im Jahre 1983 geschrieben werden:

»Das Problem, dem jeder echte Staatsmann seine Aufmerksamkeit zuwenden muß, ist die Zähmung und Lenkung der Masse. Er kann sie für seine Pläne nicht entbehren, aber er muß dafür sorgen, daß die Wünsche der Masse nicht Oberhand gewinnen, weil sich sonst Folgen einstellen, die ganz unberechenbar sind. In Athen besaß man in der Volksversammlung ein Organ, das durch die politischen Führer gelenkt wurde. Und gerade Perikles hatte es gelernt, sich dieses Instruments mit Virtuosität zu bedienen.«[19]

Wer eigentlich ist für wen da? Ein eigenartiges Verständnis der Demokratie-Definition als Regierung *durch* das Volk und *für* das Volk!

Aber lassen wir die hier berührten Fragen heutigen Demokratie-Verständnisses ruhig beiseite. Fragen wir statt dessen, ob der gerade zitierte Althistoriker sachlich gut beraten war, das Verhältnis zwischen Perikles und dem attischen Demos als Fallstudie seiner bemerkenswerten politischen Theorie heranzuziehen. Wie war es wirklich um die politische Willensbildung im demokratischen Athen der Perikleischen Zeit bestellt?

So bequem, wie es Thukydides' Wort von der »Herrschaft des ersten Mannes« oder die Tyrannis-Vorwürfe der Perikles-Gegner vermuten lassen, konnte Perikles sicher nicht »regieren«. Formal besaß er überhaupt keine Sonderstellung. Er war einer von zehn im Prinzip gleichrangigen, mit gleichen Rechten und Pflichten ausgestatteten Strategen. Gewiß, er überragte seine Kollegen an Autorität, an rhetorischer Begabung und politischer Führungskraft um Längen. Aber er verkörperte doch nicht die Exekutive allein. Neben den anderen neun Strategen, die sehr darauf bedacht waren, sich von ihrem »großen« Kollegen nicht völlig ins Abseits drängen und ihre verfassungsmäßigen Kompetenzen nicht verkümmern zu lassen, gab es in Athen Hunderte weiterer politischer Beamter, die ihren Bereich selbständig verwalteten. Sie waren dem Volk gegenüber rechenschaftspflichtig, aber dem führenden Strategen Perikles gegenüber keineswegs weisungsgebunden. Einen »Regierungschef«, der untergeordneten Behörden direkt Weisungen hätte erteilen dürfen, sah die Verfassung Athens nicht vor. Mit gutem Grunde. Die Volksversammlung wollte die Fäden selbst in der Hand behalten und von *ihrem* Weisungsrecht grundsätzlich nichts auf eine Verwaltungshierarchie übertragen.

Die Vorstellung, daß selbst ein so einflußreicher Mann wie Perikles seine Kollegen in der Strategie oder andere Beamte als Marionetten in seinem Macht-Spiel habe einsetzen können, als willenlose Instrumente seiner Politik habe ge- oder mißbrauchen können, ist barer Unsinn. Man sollte nicht so tun, als seien Selbstbehauptungswille, Selbstbewußtsein oder auch Profilierungswünsche Erfindungen der Neuzeit, die auf Politiker und politische Beamte des Altertums nicht zuträfen.

Aber sicher: Perikles war schon jemand, dessen Wort etwas galt und dessen Wünschen und Anregungen man zumindest Respekt entgegenbrachte. Und er genoß ja offensichtlich auch das Vertrauen und die politische Unterstützung einer Mehrheit des Volkes. Das schuf Autorität und erhöhte das Durchsetzungsvermögen – nicht zuletzt auch gegenüber anderen Vertretern der Exekutive.

Aber genau darin steckt auch eine wichtige Bedingung für das politische Überleben des Perikles: Er war ja nicht etwa ein Monarch mit Lebenszeitstellung oder ein »Premier«, der sich vier, fünf Jahre lang auf einer einmal errungenen Mehrheit mehr oder weniger bequem ausruhen konnte, sondern ein Politiker, der gleichsam mit einem ständigen hohen Arbeitsplatzrisiko leben mußte. Jedes Jahr stand er erneut auf dem Prüfstand demokratischer Wahlen. Nach zwölf Monaten war die Amtsperiode als Stratege zu Ende; und dann hieß es: Rechenschaftsablegung *und* Werben um die Stimmen der Athener, um wiedergewählt zu werden.

Das Gedächtnis der Menschen mag kurz sein, und nicht wenige Politiker in modernen demokratischen Staaten vertrauen darauf. Mißgriffe, Fehlentscheidungen, sogar Skandale in der ersten Hälfte einer Wahlperiode mögen nicht so ins Gewicht fallen; wenn die zweite Hälfte einigermaßen erfolgreich war, sind die Sünden der Vergangenheit von vielen schon vergessen. Sie wirken sich folglich auf den Popularitätsgrad eines Politikers nicht mehr stark aus – wenn nicht die Opposition eine einschlägige Erinnerungskampagne startet, die freilich beim Wählervolk nicht unbedingt Anklang finden muß...

Der gnädige Mantel des Vergessens, das Pokern mit der Zeit, die auch politische Wunden zu heilen pflegen, das Setzen auf ein kurzes Gedächtnis der Wähler: Was auf mehrere Jahre gewählten Politikern in diesem Bereich an Mitteln zu Gebote steht, daran brauchten athenische Spitzenpolitiker wie Perikles keinen Gedanken zu verschwenden: Sie standen unter fortwährendem Argumentations- und Rechtfertigungsdruck. Die Athener wußten, wenn sie ihre Strategen neu wählten, noch sehr genau, was ein Kandidat im zurückliegenden Jahr geleistet und was er versäumt hatte. Sie hatten fast noch die Wahlversprechen des vergangenen Jahres im Ohr und konnten problemlos vergleichen, was davon in die Realität umgesetzt worden war.

*Eine* Gefahr lag angesichts dieser besseren, direkteren Möglichkeit der Kontrolle der Gewählten durch ihre Wähler allerdings nahe: die Versuchung für die Politiker, in einer Art permanenten Wahlkampfes nur noch die tagespolitischen Ziele anzuvisieren, auf kurzfristige Erfolge zu bauen und damit eine kurzatmige Politik zu betreiben, die keine längerfristigen Ziele ins Auge faßte, keine klare Linie kannte oder sie zumindest aus Opportunitätserwägungen heraus nicht durchhielt.

Die Versuchung zu einer solch kurzsichtigen, auf Effekthascherei und vordergründigen Popularitätsgewinn abgestellten Politik war groß. Es zeichnet die bedeutenden Politiker Athens aus, ihr mit klarem Kopf widerstanden zu haben. Und zu diesen großen athenischen Staatsmännern hat Perikles ohne Zweifel gehört. Er hat es jahrzehntelang äußerst erfolgreich verstanden, die ungemein schwierige Balance zu halten zwischen einer der Aktualität des politischen Tagesgeschehens entsprechenden und, damit verbunden, der eigenen Beliebtheit unmittelbar dienlichen Linie und einer Politik des langen Atems, die langfristige, programmatische, auf Kontinuität angelegte Ziele verfolgte – und das alles mit einer Flexibilität, die sich auf neue Situationen rasch einstellte und vor Kurskorrekturen nicht zurückschreckte. Nicht zuletzt in dieser grundlegenden Fähigkeit liegt das Geheimnis perikleischer Staatskunst verborgen – und auch sein politischer Erfolg beruht darauf.

### *Mehr als ein Schönwetterpolitiker*

Im Unterschied zu späteren Volksführern, die – Verantwortung hin, Programmatik her – ihr Mäntelchen allzugern in den Wind hängten und allen Stimmungen der öffentlichen Meinung rückgratlos nachgaben, hat Perikles sich nicht gescheut, auch unpopuläre Gedanken und Pläne zu verfechten und sich öffentlichem Meinungsdruck nicht zu beugen. Das Akropolis-Bauprogramm ist ein herausragendes Beispiel dafür. Es war zunächst überhaupt nicht nach dem Geschmack der Mehrheit, so viel Geld für die Repräsentation Athens auszugeben. Trotzdem hat Perikles das Projekt unbeirrt weiterverfolgt, hat er dafür die Werbetrommel gerührt – und sich schließlich damit durchgesetzt. Ein mediokrer Politiker hätte sich, auf die nächsten Wahlen schielend, auf solch eine riskante Überzeugungsarbeit nicht eingelassen. Er hätte schlicht gepaßt und den Kopf flugs aus der vermeintlichen politischen Todesschlinge zurückgezogen.

Umgekehrt war Perikles kein politischer Fundamentalist, kein Rigorist, der mit dem Kopf durch die Wand wollte. Natürlich war er bereit, Kompromisse zu schließen, um an der Macht zu bleiben, der allgemeinen Stimmung entgegenzukommen und seine Klientel hier und da mit politischen Geschenken zu ködern. Gerade sein Aufstieg als Führer der Demokraten wäre so nicht möglich gewesen, hätte er nicht auch diese Mittel der Politik virtuos einzusetzen verstanden.

Aber Perikles wußte, wo die Grenzen peinlicher Anbiederung und verantwortungsloser Demagogie lagen. Das macht seinen hohen Rang als demokratischen Staatsmann aus, und das bescheinigen ihm auch die ernst zu nehmenden antiken Historiker. Perikles war ein Mann, der mit aufrechtem Haupt über den Marktplatz Athens gehen konnte, weder ein »Umfaller« noch ein Schönwetterpolitiker, der allen Konflikten aus dem Weg gegangen wäre. Thukydides beschreibt seinen politischen Anstand so:

»Er redete der Masse nicht, um mit unsachlichen Mitteln die Macht zu erwerben, zu Gefallen, sondern hatte genug Ansehen, ihr wohl auch im Zorn zu widersprechen.«[20] Und Plutarch ergänzt: »Da er in seiner Politik mit unbeugsamer Festigkeit dem Wohl des Staates diente, vermochte er das Volk zumeist ohne Widerspruch durch die überzeugende und belehrende Kraft seines Wortes zu lenken.«[21]

Derselbe Plutarch gebraucht für das »königliche Regiment«, mit dem Perikles die Athener führte, ein einprägsames Bild. Er vergleicht ihn mit einem Arzt, der seinem Patienten »bei einer schweren, langwierigen Krankheit bald ein unschuldiges Vergnügen erlaubt, bald scharfe Mittel und bittere Arzneien anwendet, um den Patienten zu heilen«.[22]

Freilich: Das war ein recht schwieriger, unbequemer Patient, dessen Verhältnis zu seinem Arzt da von Plutarch beschrieben wird! Manch einer dürfte noch andere Charakterisierungen des attischen Demos bevorzugt haben. Die Skala reichte von »unverschämt« über »aufsässig« bis zu »zügellos«. *Eines* enthalten diese wenig schmeichelhaften Attribute für das Volk von Athen indes allemal: den Hinweis darauf, daß es sich dabei nicht um eine dumpfe, träge, unpolitische Masse folgsamer Schafe handelte, die friedlich, ohne eigenen Willen, leicht regierbar hinter ihrem Hirten Perikles hergetrottet wäre. Das konnte man dem Volk von Athen nun wirklich nicht nachsagen.

Und das hat denn auch keiner jener teilweise unerbittlichen Kritiker des attischen Demos behauptet, und auch kein moderner Historiker war jemals versucht, ein derart harmonisch-harmloses Bild von der politischen Kompetenz und vom politischen Engagement der Bürger Athens in Perikleischer Zeit zu zeichnen.

Fragt sich nur, wie dieser historisch eindeutige Befund hinsichtlich des Patienten Demos mit der häufig geäußerten Auffassung vom tyrannischen Arzt zu vereinbaren ist. Perikles mithin als eine Art Wunderheiler, der diesen unverträglichen Patienten mit wirksamsten Sedativa ruhig gestellt und zur Raison gebracht hat? Aber wie paßt das zu jenem anderen Bild, demzufolge dieser Supermediziner seinem ohnehin schon nervösen, erregten Patienten zusätzlich Aufputschmittel in Gestalt demokratischer Reformen verabreicht haben soll, die ihn noch unbändiger, noch unkontrollierbarer gemacht hätten?

Irgend etwas kann an dieser – politisch und ideologisch rasch zu ortenden – doppelten Legendenbildung nicht stimmen. Korrekturbedürftig ist vor allem der Eindruck, Perikles habe diesen alerten, politisch so geschulten Demos mit rhetorischen Kniffen zu einem willigen Objekt seiner vermeintlichen Alleinherrschaft degradieren können.

### *Schulung in Sachen Demokratie*

Politik – das hieß für den Athener zunächst einmal in des Wortes eigentlicher Bedeutung: Beschäftigung mit den Angelegenheiten der Polis, seines Stadtstaates. Und zwar mit all den Dingen, die sein eigenes Leben als Bürger dieses Staates in irgendeiner Weise berührten oder berühren konnten. Die Finanzen der Stadt: Wen hätten sie nicht interessiert? Wer blieb da innerlich unbeteiligt, wenn über die Verwendung öffentlicher Gelder beratschlagt und entschieden wurde, an denen sich jeder einzelne mit Fug und Recht als Teilhaber verstehen konnte?

Oder wenn es um den Bau von Tempeln und öffentlichen Gebäuden ging, als deren potentieller Mitbenutzer jeder Bürger sich angesprochen fühlen durfte? Oder um die Frage der Einführung von Diäten für Beamte, von Schaugeldern für Theaterbesucher? Das war für viele eine eminent wichtige Sache, die mit ihrem Dasein als Bürger dieses Staates und gleichsam als Zwangsmitglieder der Kultgemeinschaft der Polis unmittelbar zusammenhing.

Der Abschluß von Bündnisverträgen: Das brachte für eine ganze Reihe von Bürgern erhebliche wirtschaftliche Konsequenzen mit sich, für Kaufleute, Händler, Reeder, Gewerbetreibende etwa, die einen neuen Absatzmarkt oder die Verstärkung der Wirtschaftskontakte zu dem neuen Partner erwarten durften. Oder umgekehrt die Beschlußfassung über Sanktionen gegenüber unliebsamen Konkurrenten, der Versuch, mit allen Mitteln – sogar kriegerischen – das wirtschaftliche Wohl der Heimatstadt – und damit im Zweifel auch das eigene – zu fördern. Wobei jedoch die Interessen sehr unterschiedlich gelagert sein konnten, wenn diejenigen Landbesitzer und Bauern, die durch einen feindlichen Einfall ihr Eigentum in Gefahr sahen, sich vehement gegen solch riskante Pläne zur Wehr setzten. Überflüssig zu betonen, daß es jeden geradezu hautnah anging, wenn Entscheidungen über Krieg und Frieden in der Volksversammlung getroffen wurden.

Dies und die vielen anderen Probleme und Problemchen des politischen Alltags wurden in Athen offen und engagiert diskutiert. Und das nicht nur in der Volksversammlung! Wo immer man mit Mitbürgern zusammentraf, schnitt man natürlich auch die »brandheißen« Tagesthemen an. Und Gelegenheiten dazu gab es genug: Ob es in der Barbierstube war – damals schon eine im wahrsten Sinne des Wortes klassische »Nachrichtenbörse«, Umschlagplatz für Klatsch und Neuigkeiten aller Art –, wo die Meinungen heftig aufeinanderprallten, ob auf der Agora, dem Marktplatz, auf dem man Bekannten und Freunden begegnete und stehenblieb, um zu schwatzen und zu politisieren, oder ob sich Grüppchen bildeten, die am Anschlagbrett die neuesten Aushänge durchlasen und darüber ins Debattieren gerieten: Überall in Athen fanden politische Gespräche und Diskussionen in freier Atmosphäre statt, ohne jede Furcht vor einer »Obrigkeit«, die nach mißliebigen Äußerungen die Ohren gespitzt hätte. Denn diese »Obrigkeit« stellten ja in Athen eben jene Bürger selbst dar, die oft so leidenschaftlich miteinander diskutierten.

Die Scheu, Unbekannte anzusprechen, die Schwellenangst, miteinander ins Gespräch zu kommen, das oft gezwungene Bemühen, politischen Diskussionen einen festen institutionellen Rahmen zu geben – »hier Politik, dort Privatleben« –: Diese in modernen, anonymen Massengesellschaften häufig zu beobachtenden Hemmungen gab es im Perikleischen Athen nicht. Es war das Selbstverständlichste von der Welt, sich mit dem Nachbarn, dem Bekannten oder auch dem Fremden auch über politische Fragen auszutauschen, die neuesten Gerüchte weiterzugeben und anzuhören, die Entscheidungen der letzten oder die auf der Tagesordnung der nächsten Volksversammlung vorgesehenen Themen zu erörtern. Viele Faktoren begünstigten das: Das Fehlen der modernen Hektik ebenso wie der Himmel über Athen, der zum Verweilen in der Öffentlichkeit einlud, aber auch die relativ überschaubaren Dimensionen eines Stadtstaates, in dem nur ein paar Zehntausend Bürger Träger der politischen Entscheidungen waren. Man kannte einander, begegnete sich tagtäglich, kurz, man lebte in einer Gemeinschaft, für die es im Englischen den treffenden Ausdruck *face-to-face society* gibt[23].

### *Regieren und regiert werden – Athens Rotationsprinzip*

Wenn Demokratie ge- und erlernt werden muß – und die Geschichte Deutschlands im 20. Jh. zum Beispiel liefert starke Anhaltspunkte für die Richtigkeit dieser These –, dann hatten die Athener seit den Kleisthenischen Reformen Zeit genug gehabt, sich in die neue Staatsform einzuüben, die den einzelnen Staatsbürger auch zu aktiverer politischer Betätigung verpflichtete, als es unter anderen politischen Systemen nötig – und möglich! – ist.

Eine »Einübung«, die sich keineswegs im Politisieren und Diskutieren erschöpfte! Vielmehr kam kaum ein Bürger in Perikleischer Zeit umhin, auch praktische Erfahrungen zu sammeln, indem er selbst ein Jahr lang ein politisches Wahl- oder Losamt bekleidete. Die Zahl derer, die auf diese Weise für eine begrenzte Zeit selbst sozusagen die Regierungsexekutive mitverkörperten, ging in die Tausende. Den Löwenanteil daran bildeten die sechstausend Geschworenen des Volksgerichts, hinzu kamen die fünfhundert Mitglieder des Rates (Boulé) sowie nicht weniger als siebenhundert politische Beamte im Bereich der zivilen Staatsverwaltung und noch einmal siebenhundert Beamte, die im Auftrage des Seebundes oder zur Kontrolle der attischen Macht gleichsam die politischen Außenposten Athens in der ganzen griechischen Welt darstellten[24].

Sicher, die Verantwortung des einzelnen war unterschiedlich groß; zwischen der Tätigkeit eines Strategen und der eines

Marktaufsehers lagen Welten. Und doch: Diese Art der Verwaltung mochte nicht immer effizient sein, und sie kann für einen Industriestaat des 20. Jh. nicht vorbildhaft sein, aber sie brachte doch fast jeden Bürger irgendwann in seinem Leben – viele auch öfter – ganz hautnah mit der praktischen Politik in Kontakt, vermittelte ihm das Gefühl, tatsächlich mitregieren, verantwortlich mitentscheiden zu können – in einem Wechselspiel des Regierens und des Regiertwerdens, wie es Aristoteles ganz im Sinne der Lincolnschen Demokratie-Definition »government *by* the people« als entscheidendes Moment einer Volksherrschaft beschrieben hat[25].

Das alles schuf nicht nur ein riesiges Reservoir an praktisch-politischer Erfahrung in breitesten Schichten der Bevölkerung, sondern stärkte beim einzelnen auch das politische Selbstbewußtsein. Wer einmal im Leben als Vorsitzender der geschäftsführenden Prytanie des Rates »Staatsoberhaupt« gewesen war – auch wenn das nach der Verfassung nie länger als einen Tag lang möglich war –, der gab sein Selbstwertgefühl und seinen politischen Willen nicht automatisch mit dem Ausscheiden aus diesem Amte ab, und der war nicht bereit, sich ohne weiteres in eine graue Masse unpolitischer, willenloser Ja-und-Amen-Sager einzureihen.

Stichwort »*aktive* Demokratie«: Darunter fällt auch ein Anspruch der attischen Volksherrschaft, der fast zweieinhalb Jahrtausende früher *praktiziert* worden ist, als er in hitzigen politologischen Debatten der Demokratie-Diskussion der sechziger Jahre *theoretisch* erhoben und begründet werden sollte. Gemeint ist das Zauberwort von der »Transparenz politischer Entscheidungen«. In Athen war dafür gesorgt, daß sich informieren konnte, wer sich informieren wollte. Der falscheste Vorwurf, den man gegenüber dem angeblichen Tyrannen Perikles erheben könnte, wäre die Kritik, er habe die Athener dumm und unwissend halten wollen, um sie mit dem »Herrschaftswissen« des politischen Profis um so bequemer überfahren zu können.

### *Transparenz und Information – Säulen der attischen Demokratie*

Das Gegenteil ist der Fall. Im Rahmen der antiken Vergleichsmaßstäbe war das eine wahre Nachrichtenflut, die sich da auf den politisch interessierten Athener ergoß! Da gab es einmal die Herolde, die in mancher Hinsicht die fehlende Tageszeitung ersetzten. Sie machten Aufrufe der Behörden bekannt, luden zu Kundgebungen und Versammlungen ein und erläuterten Erlasse ihres jeweiligen Dienstherren – zu denen auch die Volksversammlung mit ihren Entscheidungen gehörte. Entsprechend groß war die Anzahl der Herolde; jede wichtige Behörde beschäftigte ein solches menschliches Sprachrohr, das den Informationskontakt zwischen Regierenden und Regierten aufrechterhielt[26].

Viel eindrucksvoller aber war eine andere Form der politischen Information, die dank ihres äußerst aufwendigen Charakters noch heute in vielen Zeugnissen zu uns spricht: die vielen inschriftlich festgehaltenen Dokumente der athenischen Demokratie, die ein ungemein lebendiges Bild von der demokratischen Praxis vermitteln. Wenn es um die Befriedigung des legitimen – und offensichtlich »von oben« begrüßten und geförderten – Informationsbedürfnisses seiner Bürger ging, scheute der athenische Staat keine Kosten und Mühen. Es müssen etliche Steinmetzen gewesen sein, die ihr tägliches Brot mit dem Einmeißeln politischer Schriftstücke aller Art verdienten.

Darunter befanden sich Verträge mit anderen Staaten, Ehrenbeschlüsse der Volksversammlung, Dekrete, die die Beziehungen zu den Mitgliedern des Seebundes regelten, sowie andere wichtige Dokumente der Außenpolitik Athens. Noch bezeichnender indes für das demokratische Engagement jener Zeit ist eine zweite Gruppe von Zeugnissen: die schriftlich fixierten Rechenschaftsberichte hoher Beamter am Ende ihres Amtsjahres. Bemerkenswert war an sich schon der Umfang dieser gesetzlich vorgeschriebenen Tätigkeitsberichte, erstaunlicher noch die Genauigkeit und der Aufwand, mit denen sie der Öffentlichkeit zugänglich gemacht wurden. Besonders Beamte, die mit der Verwaltung staatlicher Gelder zu tun hatten, legten in langen Listen lückenlos Soll- und Habenseite ihrer Kassenbücher offen.

Da erstattet etwa die Baukommission für die Aufstellung der großen Athena-Statue peinlich genau Bericht über die Menge von Edelmetallen, die verwendet wurde, und deren Einkaufspreis, die Kosten für Holzkohle und Brennholz sowie für den Bau der notwendigen Schmelzöfen, die an die Arbeiter ausgezahlten Tageslöhne und die Soldzahlungen, die an Aufseher und Sekretäre geleistet wurden[27]. Oder der Bericht der Kommission, die den Bau der neuen, von Perikles angeregten Tempel auf der Akropolis überwachte: Aus den Bauabrechnungen für das Erechtheion geht unter anderem hervor, daß auch Sklaven an der Errichtung dieses kultischen »Mehrzweckbaus« beteiligt waren und diese unfreien Arbeitskräfte – oder besser ihre Besitzer – den gleichen Lohn erhalten haben wie ihre freien Kollegen[28].

Weitere Inschriften sind die offiziellen Gefallenenlisten und Grabdenkmäler, die die Stadt zur Erinnerung an ihre gefallenen Krieger öffentlich aufstellte, und Urkunden, die Beschlüsse und Vorschriften zu Festen und Feiertagen der Staatsreligion betreffen.

Insgesamt also eine bunte Fülle politischer Dokumente, die nicht etwa als Schriftstücke oder Akten nur im Staatsarchiv deponiert wurden, sondern als weithin sichtbare, sorgfältig gemeißelte Inschriftensteine an öffentlichen Plätzen, vor allem natürlich auf der Akropolis und der Agora, dem Marktplatz, aufgestellt wurden – geradezu eine Art von permanentem Freiluftarchiv, in das sich der mündige Bürger jederzeit begeben konnte, um sich über politische Sachverhalte, Beschlüsse der Volksversammlungen, außenpolitische Beziehungen Athens, kultische Vorschriften und behördliche Anweisungen ungehindert zu informieren. Man sieht: Politische Geheimniskrämerei war die Sache der Athener nicht. Transparenz war die selbstverständlichste Grundlage ihres Systems.

### *Geburtsstunde der politischen Öffentlichkeitsarbeit*

Das alles beruhte nicht auf Tradition oder Zufall, sondern war untrennbar mit dem demokratischen Programm verbunden. Wie anders ließe sich der auf den ersten Blick unerklärliche, geradezu dramatische Umschwung in der Quellenlage für das 5. Jh. v. Chr. erklären, jedenfalls soweit es sich um inschriftliche Dokumente handelt?! Für mehrere Jahrhunderte, genauer für die Zeit vom späten 8. Jh. bis etwa zum Jahre 460, ist nicht mehr als ungefähr ein Dutzend offizieller Stein-, Bronze- und Toninschriften aus Athen vorhanden. Und danach schwillt die Zahl dieser erhaltenen Dokumente unglaublich rasch an; eine wahre Flut solcher Inschriften ergießt sich über die Historiker und verwöhnt sie geradezu mit kostbarem Quellen-Material aus erster Hand: Für die sechs Jahrzehnte bis zum Ende des 5. Jh. sind nicht weniger als 300 öffentliche Inschriften aus dem Boden Athens zutage gefördert worden!

Ein rein zufälliger Überlieferungsbefund, eine der vielen »Untaten« der launischen Göttin Fortuna, mit der die Geschichtsforscher ja stets auf Kriegsfuß stehen? Bei *diesen* Diskrepanzen sicher nicht! Nicht der Zufall hat hier Regie geführt, sondern eine eindeutig rekonstruierbare politische Entscheidung: Die »Machtübernahme« der Demokraten unter Führung des Perikles im Jahre 462 v. Chr. In ihrem Gefolge setzte sich mehr und mehr die Überzeugung durch, daß dem »mündigen Staatsbürger« im demokratisch verfaßten Gemeinwesen politische Informationen zur Verfügung stehen mußten, damit er sich ein wirklich fundiertes Urteil bilden könne. Im Wendejahr 462 schlug so gesehen auch die Geburtsstunde einer politischen Öffentlichkeitsarbeit, ohne die eine lebendige, aktive Demokratie undenkbar ist.

Der Überlieferungsbefund ist so unmißverständlich, daß es einer zusätzlichen Stütze für diese Deutung nicht bedarf. Gleichwohl: Es gibt sie, und zwar in Gestalt recht authentischer Äußerungen des Perikles. Darin betont er, daß das demokratische System Athens verantwortungsbewußte, informierte Bürger brauche, die sich eine eigene, durch Wissen, Nachdenken und Austausch mit anderen geformte politische Meinung bilden können. Auszug aus seinem berühmten programmatischen Epitaphios, von dem später noch die Rede sein wird:

»Keiner ist in staatlichen Dingen ohne Urteil. Denn einzig bei uns heißt einer, der daran gar keinen Anteil nimmt, nicht ein stiller Bürger, sondern ein schlechter, und nur wir entscheiden in den Staatsgeschäften selber oder denken sie doch richtig durch.«[29]

Wer die erste Beschreibung dessen, was heute unter dem Schlagwort des »mündigen Staatsbürgers« verstanden wird, sucht, der hat sie in den gerade zitierten Sätzen gefunden.

Und bei aller Tendenz zur Idealisierung, die diesen Worten innewohnt, und aller Skepsis gegenüber der Rhetorik des »ersten Mannes« von Athen, der natürlich den eigenen Mitbürgern nicht bestätigen würde, daß sie in seinen Augen wenig mehr als »Untertanen« waren – Theorie *und* Praxis der demokratischen Informations- und Öffentlichkeitsarbeit im Perikleischen Athen stimmen so überzeugend überein, daß die Glaubwürdigkeitslücke zwischen Anspruch und Realität hier, vorsichtig formuliert, zumindest nicht größer ist als in modernen demokratischen Staaten.

Und das heißt: Es kann keinen Zweifel daran geben, daß Perikles die politische Mündigkeit seiner Mitbürger gefordert hat, daß er selbst seit 462 darauf hingewirkt hat, ihnen Kontrollmöglichkeiten und Entscheidungshilfen dadurch in die Hand zu geben, daß die politische Willensbildung und Entscheidung so transparent wie möglich wurde. Ein Bemühen, das sich mit der angeblich tyrannischen Stellung des Perikles nicht in Einklang bringen läßt und dem Eindruck energisch zuwiderläuft, er habe um sich herum politisches Duckmäusertum und willenlose Jasager gezüchtet.

## *Volksversammlung – »das wogt und wühlt«*

»Nie aber, seit ich selbst mich wasche, tat vom Staub so weh mein Auge mir, wie heut am Morgen, wo das souveräne Volk Versammlung hat, so leer den Platz zu sehen. Sie plaudern auf dem Markt, und auf und ab spazierend versuchen sie, dem Markierungsseil zu entgehen...«[30]

Die Klage des Bauern Dikaiopolis, der früh aufgestanden ist, um den weiten Weg vom Land in die Stadt rechtzeitig zum Beginn der Volksversammlung zurückgelegt zu haben. Und was geschieht? Die Ekklesia beginnt nicht pünktlich, und die skythischen Staatssklaven haben als Ordnungstruppe ihre liebe Mühe, die freien Athener mit einem roten Seil »einzufangen«, um sie an den Ort ihrer staatsbürgerlichen Pflichtausübung zu treiben. Sah *so* das politische Engagement des attischen Bürgers aus? Kann sich Dikaiopolis mit Recht über Trägheit und Desinteresse seiner Landsleute beklagen, wenn er sich beschwert: »Ich, in der Volksversammlung stets der erste, *ich* nehme Platz. In meiner Einsamkeit dann seufz' ich, gähne, strecke, lüfte mich, sinniere, schreibe, kratz im Haar mich und schau ins Feld hinaus...?«[31]

Gähnende Langeweile auf der Pnyx, dem Hügel, auf dem die Volksversammlung zu tagen pflegte – so hat es den Anschein, wenn man dieser Darstellung aus der Aristophanes-Komödie »Acharner« Glauben schenken will. Doch weit gefehlt. Mit einem Male belebt sich die Szenerie schlagartig, der vorher ausgestorbene Platz füllt sich im Nu mit Leben. Verspätet, aber mit um so größerem Ansturm wenden sich Tausende von Athenern ihrer vornehmsten staatsbürgerlichen Pflicht zu: »Sind sie zu spät dann endlich da, was meint ihr wohl, wie sie sich drängen dann; sie stoßen um die erste Bank und purzeln übereinander – das wogt und wühlt!« Was Dikaiopolis hier über die Mitglieder des geschäftsführenden Ratsausschusses sagt, das dürfte erst recht auf die »gemeinen« Besucher zutreffen[32].

Wie wenig eine athenische Volksversammlung mit Andacht oder gar Grabesruhe zu tun hatte, das geht vollends aus den nächsten Versen hervor, in denen Dikaiopolis eindrucksvoll ausmalt, wie er sich in der Ekklesia verhalten werde: »Nun, weil ich einmal hier bin, will ich auch... eins poltern, schrein, die Redner aushunzen, die nicht für den Frieden sprechen...«[33]

Eine Massenversammlung von mehreren tausend Menschen in mediterranem Klima, südländisches Temperament und kontroverse Meinungen in politischen Angelegenheiten: Man kann sich unschwer vorstellen, daß da keine sterile, emotionslos-unbeteiligte Polit-Veranstaltung über die Bühne ging, keine – um es einmal drastisch zu formulieren – Ein-Mann-Show eines politischen Superstars wie Perikles, an dessen Lippen die Athener andächtig hingen.

Gewiß, zu turbulent durfte es auch nicht zugehen, wenn die Ekklesia sinnvoll und einigermaßen wirksam arbeiten wollte. Daher hatte der Vorsitzende der Versammlung das Recht, allzu undisziplinierte Zwischenrufer und unerträgliche Störer mit Geldbußen zu belegen und sie notfalls von den robusten Skythen-Polizisten mit Gewalt aus der Ekklesia wegschaffen zu lassen. Ebenso wurde, wer nicht zur Sache sprach oder seine Gegner zu unflätig attackierte, mit Entzug des Rederechts bestraft. Doch führte diese im Grunde selbstverständliche Disziplinargewalt des Vorsitzenden keineswegs dazu, daß Lebendigkeit, Elan und Kampfgeist der streitenden Redner und ihrer Zuhörer unterdrückt worden wären.

Grundsätzlich stand es jedem Athener frei, zu den vom Rat zuvor zugelassenen und rechtzeitig einige Tage vor der Volksversammlung mitsamt seiner Empfehlung (Probouleuma) bekanntgegebenen Tagesordnungspunkten zu sprechen. Sobald der – für die Volksversammlung nicht verbindliche – Vorschlag des Rates verlesen worden war, richtete ein Herold an die Versammelten die Frage, wer das Wort zu ergreifen wünsche. Isegoria, »gleiches Rederecht« für alle, galt als Inbegriff der demokratischen Freiheit, die zugleich den Gleichheits-Gedanken umfaßte.

Die meisten Athener hielten diesen Grundsatz stets hoch. Kein Wunder, war er doch als Bürgerfreiheit gegen starke Widerstände erkämpft worden. Herodot hält sogar ein historisches Beispiel für die Motivationskraft bereit, die von der Isegoria ausging. »Die gleiche Berechtigung zum Reden«, sagt er, »ist eine ernste Sache. Denn solange die Athener von Tyrannen beherrscht waren, waren sie keinem ihrer Nachbarn im Kriegswesen überlegen; vom Tyrannenjoch befreit jedoch, wurden sie die weitaus Mächtigsten. Daran zeigt sich«, so doziert Herodot weiter, »daß sie, während sie in Knechtschaft gehalten wurden, alles lässig betrieben, weil sie wußten, daß sie für einen Gebieter arbeiteten. Als sie aber frei geworden waren, war jeder eifrig bedacht, für seinen Vorteil zu arbeiten.[34]«

In der Volksversammlung den Mund aufmachen, ohne Gefahr seine eigene Meinung sagen zu können, das galt als höchstes Vorrecht eines freien Bürgers im demokratischen Staat. Euripides hat diesen Vorzug sogar in die graue Vorzeit des Mythos zurückverlegt, wenn er den attischen Volkshelden Theseus schwärmen läßt:

»Freiheit ist in diesen Worten: ›Wer will und wer vermag seiner Polis weisen Rat zu geben?‹ Worauf ein jeder nach Belieben schweigen oder glänzen kann. Läßt sich eine schönere Gleichheit denken?«[35]

Eine rhetorische Frage, die einige Athener dennoch lieber mit »Ja« beantwortet hätten. Den Konservativen war das Grundrecht der Isegoria ebenso ein Dorn im Auge wie die ganze demokratische Verfassung. Sie hielten nichts von einer »Gleichmacherei«, die die Standesunterschiede verwischte und die der Alte Oligarch in seinem polemisch verzerrten »Staat der Athener« in Athen selbst auf Metöken und Sklaven ausgedehnt sah. Sogar die Unfreien, so ereifert er sich, genössen im demokratischen Athen Redefreiheit[36] – ein einziger Hohn auf die rechtlich allemal miserable Stellung der Sklaven!

Ein Recht zu haben und von einem Recht Gebrauch zu machen – das sind zwei oft sehr verschiedene Dinge. So auch im Fall der Isegoria. Unvorstellbar, wenn auch nur ein geringer Teil aus dem Kreise der Redeberechtigten – nur zehn oder fünf Prozent – von seinem Antrags- und Rederecht in der Ekklesia Gebrauch gemacht hätte! Vor lauter Debattieren wären die Athener nicht zum Handeln gekommen. Und Alltagsprobleme in epischer Breite auszudiskutieren hätte die Attraktivität des grundsätzlich basis-demokratischen athenischen Systems nicht gerade erhöht, sondern politisches Desinteresse und Resignation im Gefolge gehabt – von den katastrophalen Auswirkungen auf die Handlungsfähigkeit der *Großmacht* Athen ganz abgesehen.

### *Glattes Parkett – nur für geübte Redner*

Um die Beratungen in der Volksversammlung nicht durch Querulanten, Wichtigtuer und Endlos-Schwätzer zu blockieren, hatte man eine Reihe von Sicherheiten eingebaut. Die wichtigste Hürde stellte der Rat der Fünfhundert dar. Ihm mußten alle an die Volksversammlung gerichteten Anträge vorgelegt werden, und er entschied dann über die verbindlichen Tagesordnungspunkte – eine wichtige Ventilfunktion, die die Ekklesia handlungsfähig hielt. Zur Erleichterung der Willensbildung und Beschlußfassung fügte der Rat jeder Vorlage ein eigenes Votum an (Probouleuma), das jedoch für das souveräne Volk nicht verbindlich war, sondern abgeändert, teilweise abgelehnt oder gänzlich unbeachtet bleiben konnte.

Ein weiteres Regulativ für einen reibungslosen Ablauf der Volksversammlung stellten die hohen Anforderungen der Athener an alle dar, die dort das Wort ergreifen wollten. Wer sich nur holprig und stockend auszudrücken verstand, wer fehlerhaft oder unverständlich sprach, wer Phantastereien und wirres Zeug von sich gab, der hatte keine Chance, vor dem unerbittlichen Demos zu bestehen. Der wurde ausgebuht und ausgepfiffen, niedergeschrien, beschimpft und verhöhnt, daß ihm die Ohren dröhnten und er seine Rede rasch beendete...

Nein, politischen Narren und allzu blutigen Amateuren gegenüber kannte der Demos kein Pardon. Er wollte gute Redner hören, aber er wollte im allgemeinen nicht nur durch exzellente rhetorische Leistungen motiviert und zu einer Entscheidung geführt werden, sondern durchaus auch sachkundig und fundiert informiert werden, bevor er einen folgenreichen Beschluß faßte.

Und so gaben sich bei entsprechend wichtigen Beratungsgegenständen mancherlei Experten ein Stelldichein vor der Volksversammlung. Das Verfahren erinnert an heutige Parlamentsausschüsse, die sich ja auch von Interessenvertretern und Sachverständigen in Hearings informieren und beraten lassen. Wie ernsthaft und sachlich sich die Volksversammlung unterrichten ließ, zeigt ein Lob aus einer unerwarteten Ecke. Platon, der der athenischen Demokratie sonst nicht viel Positives abgewinnen konnte, läßt Sokrates einmal anerkennend sagen:

»Ich halte nämlich... die Athener für weise, und nun sehe ich, wenn wir in der Gemeinde versammelt sind und es soll im Bauwesen der Stadt etwas geschehen, so holen sie die Baumeister zur Beratung über die Gebäude; wenn im Schiffswesen, dann die Schiffsbauer, und in allen anderen Dingen ebenso, welche sie für lehrbar und lernbar halten.«[37]

Freilich: Wenn es um zentrale politische Fragen ging, konnten solche Spezialisten Entscheidungshilfen geben, Sachaspekte aufzeigen, Möglichkeiten vorstellen. Spezialisten waren sich indes ebensowenig wie heutzutage stets einig; vieles blieb kontrovers. Und darüber mußte dann politisch per Mehrheitsbeschluß entschieden werden. Das traf um so mehr für die großen Linien des politischen Kurses in Innen- und Außenpolitik zu, bei denen Sachverständige nur in sehr begrenztem Maße Hilfestellung leisten konnten.

Hierbei das Für und Wider herauszustellen, Programme zu entwerfen, Perspektiven aufzuzeigen, auch Visionen zu eröffnen, war die Domäne der eigentlichen Politiker. Sie mußten sich rhetorisch gut »verkaufen« können, mußten ihre Vorschläge und Ziele der Volksversammlung inhaltlich klar darstellen und sprachlich geschickt und mitreißend formulieren können. Und das war nur wenigen gegeben. Ihnen fiel im Meinungsbildungsprozeß der athenischen Ekklesia die entscheidende Aufgabe zu. Sie traten gleichsam als Anwälte für die eine oder andere Sache auf.

Verständlich, daß auf diesem glatten Parkett niemand zu brillieren vermochte, der nicht durch eine harte rhetorische Schule gegangen war, der nicht über Intelligenz, Schlagfertigkeit und Sachkunde verfügte – und damit über eine ebenso erstklassige wie kostspielige Ausbildung. Und noch eines war gefordert: die Souveränität und das Selbstbewußtsein, vor einer viele tausend Köpfe zählenden, kritischen Volksmasse aufzutreten. Eine kräftige Stimme und persönlicher Wagemut – das waren Isokrates zufolge »die beiden Dinge, die in Athen die größte Macht hatten«[38]. Isokrates mußte es wissen. Er war einer der berühmtesten Redner des Altertums, aber er hat seine Reden niemals selbst gehalten, sondern für andere Rhetoren geschrieben oder gleich nur für die Lektüre konzipiert – als Folge der Einsicht, daß ihm selbst die entscheidenden Qualitäten eines wirkungsvollen Redners fehlten.

Ganz anders Perikles! Bei ihm paßte gleichsam alles zusammen. An Selbstsicherheit brauchte es einem Aristokraten wie Perikles gewiß nicht zu mangeln. Hinter ihm standen unsichtbar viele Generationen eines der berühmtesten und mächtigsten Adelshäuser Attikas und damit geradezu Anspruch und Verpflichtung, auch im mittlerweile demokratisch verfaßten Staat eine führende politische Stellung zu bekleiden. Er war kein *homo novus,* der sich Respekt und Anerkennung hätte erkämpfen müssen. Im Gegenteil: Ein mütterlicherseits von den Alkmeoniden abstammender Adliger hätte eher Rechenschaft darüber ablegen müssen, warum er sich *nicht* um eine Führungsstellung im Staat bemühte...

Perikles war in die große Politik gewissermaßen hineingewachsen; seit seiner Jugend war er im Elternhaus und im Familienclan der Alkmeoniden mit politischen Diskussionen vertraut, sah er bedeutende Staatsmänner ein- und ausgehen, wurde in ihm indirekt und wohl auch durch bewußte Erziehung die Erwartung geweckt und gestärkt, daß er, wenn er nur wolle, selbstverständlich zu einer politischen Karriere berufen sei. Sozialisation in einer solchen Umgebung: Das schafft Selbstsicherheit, das baut Ängste und Hemmungen ab, sich vor einer riesigen Menschenmenge sozusagen *live* zu profilieren.

Dies erst recht, wenn man eine so ausgezeichnete Ausbildung genossen hatte wie Perikles. Seine Lehrer waren durchweg erste Wahl gewesen, Geistesgrößen ihrer Zeit, die den jungen Perikles mit einem geistigen Rüstzeug ausgestattet hatten, das ihm den Weg in die Politik entscheidend ebnete.

Ohne die politischen Führungsqualitäten, die staatsmännischen Fähigkeiten und nicht zuletzt die einmalige rhetorische Begabung hätte all das Perikles niemals zu jener einzigartigen Stellung emporgetragen, die er spätestens seit der Verbannung des Thukydides innehatte. Es ist das Zusammenwirken all dieser Faktoren, vom Herkommen über die Ausbildung bis hin zum eigentlich politischen Genie und der politischen Erfahrung des Perikles, das das »Geheimnis« seiner überragenden Stellung im Athen der vierziger und dreißiger Jahre ausmacht – ein »Geheimnis« indes, das nicht nur in der Person des Perikles begründet lag, sondern in ganz überragender Weise auch von den politischen Grundlagen und Entwicklungen abhing, die der Staatsmann Perikles zum großen Teil schon vorfand, als er das Steuer des athenischen Staatsschiffes übernahm.

Die Ekklesia war die eigentliche Arena dieses Vollblutpolitikers. Hier »donnerte und blitzte« der Olympier, hier begründete, erläuterte, verteidigte er seine Politik. Hier formulierte er die Interessen einer Mehrheit, die ihn als Demagogen, als »Volksführer« in einer zunächst noch ganz wertfreien Bedeutung des Wortes, anerkannte, hier mußte er aber auch Rechenschaft über seine Tätigkeit als Stratege ablegen und dann und wann bittere Niederlagen einstecken, wenn er eben keine Mehrheit für sein Programm fand. Das kam nicht oft vor, aber es *kam* vor. Und seine politischen Gegner setzten ihre ganze Energie darein zu erreichen, daß es *möglichst oft* vorkam.

Das Schlagwort von der »Alleinherrschaft« des Perikles erweckt den Eindruck, als habe er die Ekklesia mit der linken Hand führen können. Ein Fingerzeig des Perikles – und schon »parierte« der Demos? Seine Auftritte in der Volksversammlung – eine routinierte Pflichtübung?

### *Demokratische Willensbildung*

Mitnichten. Denn die Redner der Opposition kamen auch zu Wort, und sie nahmen kein Blatt vor den Mund. Auch sie trugen ihre Vorstellungen vor, griffen die Politik des Perikles an, boten dem Demos inhaltliche wie personelle Alternativen. Es war dieses Wechselspiel zwischen den Vertretern verschiedener politischer Richtungen, das die Meinungsbildung im demokratischen Athen steuerte. Die führenden Politiker waren Exponenten der unterschiedlichen Interessen. Sie sahen sich selbst als Ratgeber, als kleine Gruppe politischer Profis, die sich in aktuellen Fragen ebenso auskannten wie in zentralen Problemen der attischen Politik[39] und die aufgrund ihrer Erfahrung, ihres Wissens und ihrer rhetorischen Ausbildung den aktiven Part im demokratischen Willensbildungsprozeß verkörperten.

»Reden als Schule des Handelns«[40] – das war das Grundmuster, nach dem in Athen Politik »gemacht« wurde. Ein und dieselbe Sache von ganz unterschiedlichen Perspektiven aus gesehen: Im rhetorischen Schlagabtausch, in der polemisch zugespitzten, aber trotzdem inhaltlich substantiellen »Wortschlacht«[41] ihrer »Ratgeber« ließ sich die große Menge der Athener in der Volksversammlung sachkundig machen und traf dann als Souverän ihre Entscheidung.

Höflichkeit und taktische Überlegungen mußten es den Spitzenpolitikern nahelegen, ihre eigene Bedeutung in diesem Meinungsbildungsprozeß möglichst herunterzuspielen. Aber es schwingt nicht nur das Understatement des gewieften Routiniers mit, sondern auch der Blick auf die tatsächliche Rollenverteilung im »Spiel« der politischen Willensbildung, wenn Perikles seine Vorschläge und Vorstellungen prinzipiell nicht wie selbstverständlich als Ausdruck eines allgemeinen Willens begreift. So etwa bei der folgenschweren Entscheidung vor dem Ausbruch des Peloponnesischen Krieges:

»*An meiner Meinung*, Athener, halte ich unverändert fest, den

Peloponnesiern nicht nachzugeben, obwohl ich weiß, daß die Menschen die Stimmung, in der sie sich zu einem Krieg bestimmen lassen, nicht durchhalten in der Wirklichkeit des Handelns, sondern mit den Wechselfällen auch ihre Gedanken ändern. So sehe ich auch jetzt Anlaß, *meinen Rat* gleich oder ähnlich zu wiederholen, und wer von euch *meine Meinung annimmt*, der sollte, finde ich, auch wenn wir einmal Unglück haben, zum *gemeinsamen* Beschluß stehen, oder aber auch bei Erfolgen sich am klugen *Plan* keinen Anteil beimessen.«[42]

Kein Zweifel, daß Meinung und Rat des Perikles ein erheblich größeres Gewicht hatten, als es in diesen Sätzen zum Ausdruck kommt. Eine allzu idealistische Vorstellung vom Willensbildungsprozeß in der Demokratie Athens im Zeitalter des Perikles entspräche sicher nicht der Realität. Und es soll auch nicht verschwiegen werden, daß die Wortschlachten zwischen den »Ratgebern« des Demos sich nicht immer durch Fairneß, Noblesse, Verzicht auf rhetorische Tricks und demagogische Mittel ausgezeichnet haben. Kaum anzunehmen, daß ein so flexibler und routinierter Politiker wie Perikles im politischen Grabenkampf nicht auch auf Emotionen und Vorurteile gesetzt hat, wenn es galt, seine Vorstellungen durchzubringen und die eigene Stellung zu behaupten. Aber all das ändert nichts daran, daß es letztlich das athenische Volk war, das die politischen Entscheidungen traf. Und das war eine durchaus selbstbewußte, politisch geschulte, auf seine Bedürfnisse und Interessen sehr wohl bedachte Zuhörerschaft, die sich mit Allgemeinplätzen, Floskeln, Versprechungen und schönen Worten nicht abspeisen ließ. Politiker, die sich auf Dauer behaupten wollten, waren da permanent auf dem Prüfstand. Und zwar allein vor der Volksversammlung rund vierzigmal im Jahr – so oft trat die Ekklesia, von außerordentlichen Versammlungen abgesehen, jährlich zusammen.

Überzeugend tritt daher der renommierte amerikanische Althistoriker M. I. Finley, der sich in zahlreichen Untersuchungen mit der athenischen Demokratie beschäftigt hat, der Legende vom unangefochtenen Alleinherrscher und andächtig verehrten politischen »Superstar« Perikles energisch entgegen:

»Als sein Einfluß auf dem Höhepunkt stand, konnte er auf dauerhafte Billigung seiner politischen Unternehmungen hoffen, die sich in der Abstimmung des Volkes in der Ekklesia äußern mußte, doch wurden seine Gesetzesvorschläge Woche für Woche eben dieser Versammlung vorgelegt, sie mußten sich gegen andere Ansichten durchsetzen, und das Volk besaß immer die Möglichkeit und hat gelegentlich durchaus davon Gebrauch gemacht, ihn und seine Politik im Stich zu lassen.«

»Für mediokre Marionetten«, so Finley zusammenfassend über den

Tyrannen-Mythos, »für mediokre Marionetten, die nach der Pfeife der ›wirklichen‹ Führer hinter den Kulissen getanzt hätten, war hier kein Platz.«[43]

### *Einsame Beschlüsse?*

Einsame Beschlüsse und ein selbstherrliches Regiment des Perikles: Diese ständigen Vorwürfe seiner Gegner zielen weithin ins Leere. So einsam konnten ja seine Beschlüsse kaum sein, wenn er sie – jeden einzeln – im gleißenden Rampenlicht der Volksversammlungs-Öffentlichkeit erläutern und begründen mußte. Und herrisches, unwirsches Gehabe, arrogante Distanzierung vom Demos, dem eigentlichen Träger der politischen Entscheidungen, wäre Perikles nicht gut bekommen. Spätestens bei der nächsten Wahl zum Strategen hätte er die Quittung dafür von einem Volk erhalten, das ernst genommen werden wollte – und vom Führer der demokratischen »Partei« in diesem Willen noch bestärkt wurde.

Sicher, einen wirklichen Widersacher von ähnlichem politischem Gewicht gab es nicht. Dadurch hatte Perikles nach 443 natürlich an politischem Freiraum mächtig gewonnen. Und er wäre ein schlechter Politiker gewesen, hätte er sich dieses Freiraumes nicht bedient und ihn seinen Konzeptionen und Plänen nicht nutzbar gemacht. Kein Zweifel, daß er der mächtigste Mann in Athen war und sich energisch darum bemühte, diese Position zu verteidigen.

Fragt sich nur, ob man ihm die »Schuld« dafür geben kann, daß die Opposition jahrelang nicht aus seinem Schatten herauszutreten vermochte. Seit wann verzichtet etwa in einer parlamentarischen Demokratie eine Partei auf die absolute Mehrheit, wenn sie von den Wählern ein entsprechendes Mandat errungen hat?

Das ist der springende Punkt bei der ganzen Diskussion um die Stellung des »Monarchen« Perikles im Rahmen der athenischen Demokratie: Da hatte sich doch nicht irgend jemand durch schmutzige Tricks und brutalen Ellbogeneinsatz eine bedenkliche Machtbasis geschaffen, sondern er wurde Jahr für Jahr in demokratisch einwandfreiem Verfahren immer wieder in dieser Stellung bestätigt. Mehr noch: Es war der Souverän selbst, der die Opposition per Mehrheitsbeschluß entscheidend geschwächt hatte, als er Thukydides, Sohn des Melesias, für zehn Jahre verbannte. Es lag doch in der Verantwortung der Opposition, einen neuen attraktiven Gegenkandidaten aufzubauen und gegen die angeblich wankende Bastion der Demokraten mit wirksamem schwerem Geschütz vorzugehen.

Es sei denn, Perikles hätte seine Stellung mißbraucht, um seine Gegner mit unzulässigen Mitteln zu behindern und in ihren staatsbürgerlichen Rechten zu beschneiden. Davon kann jedoch keine Rede sein.

Im Gegenteil: Die Komödiendichter als literarische Hilfstruppen der Opposition gaben sich alle Mühe, den führenden Mann in Mißkredit zu bringen, seine Glaubwürdigkeit anzuzweifeln, seine Kompetenz in Frage zu stellen. Man schnüffelte in seinem Privatleben herum und schreckte nicht davor zurück, »Nachrichten« aus der Intimsphäre in die Öffentlichkeit zu lancieren und durch den Schmutz zu ziehen.

Man verspottete, dies noch harmlos, den Zwiebelkopf des Perikles, man attackierte den unfähigen Tyrannen, ja man karikierte ihn als politischen Pantoffelhelden, der seine Instruktionen von seiner Frau Aspasia erhielt, die gleichsam zur Krönung dieser Kampagne als Hure verleumdet wurde[44]. Neben beißenden satirischen Angriffen auf die Politik und die staatsmännischen Fähigkeiten des Perikles fällt vor allem die Unbekümmertheit auf, mit der hier in aller Öffentlichkeit schmutzige Wäsche gewaschen, in haarsträubender Weise die Dreckschleuder bedenkenlos bemüht wurde, um den ungeliebten »ersten Mann« Athens in Verruf zu bringen. Eine kleine Kostprobe davon überliefert Plutarch, der über den vermeintlichen Wüstling Perikles folgenden Komödien-Klatsch erwähnt:

»So warfen ihm die Komödiendichter schändlichen Umgang mit der Frau des Menippos, seines Freundes und Unterfeldherrn, vor. Dann wieder richteten sie ihre Angriffe gegen seinen nahen Bekannten Pyrilampes, den sie beschuldigten, seine Vogelzucht diene nur dazu, den Frauen, mit denen Perikles verkehre, Pfauen zum Geschenk zu machen... Stesimbrotos von Thasos scheut sich nicht, Perikles eines Frevels an seiner Schwiegertochter zu bezichtigen, der in seiner Abscheulichkeit ganz und gar sagenhaft anmutet.«[45]

Und so weiter, und so weiter. Besonders geschmackvoll war das alles nicht, und guter politischer Stil verbirgt sich auch nicht gerade dahinter. Wenngleich derartiges nicht mit Kategorien des heutigen politischen Comments beurteilt werden darf; im Altertum – auch bei den Römern – war das Privatleben des politischen Gegners nicht tabu. Im Gegenteil: Wer kräftig darin herumstocherte und fündig wurde, brauchte keine Skrupel zu haben, das entsprechende Dossier zu veröffentlichen. Er konnte dabei nicht nur mit einem interessierten, sondern auch wohlwollenden Publikum rechnen, das durchaus geneigt war, die schmutzigen Recherchen durch ein Fallenlassen des Opfers zu honorieren...

Aber es geht an dieser Stelle nicht um das Ethos der politischen Auseinandersetzung. Wohl aber um die *Möglichkeiten*, die die Gegner des Perikles hatten, sich mit der Person und Politik ihres

Widersachers auseinanderzusetzen. Sie haben diese Möglichkeiten genutzt – bis hin zu einer lärmenden, unter die Gürtellinie zielenden Stimmungsmache, die ihre Demagogie-Vorwürfe in Richtung Perikles nicht gerade glaubwürdiger machen.

Es herrschte also nicht nur grundsätzliche Waffengleichheit der »Parteien« in der Volksversammlung und den anderen politischen Gremien, sondern zusätzlich verfügte die Opposition über sehr schlagkräftige – man ist versucht zu sagen: journalistische – Hilfsbataillone. Tatsächlich liegt ein Vergleich zwischen der politischen Komödie der Perikleischen Zeit und der Kontroll- und Aufpasser-Funktion der freien Presse in modernen demokratischen Staaten nahe. Die ätzende Kritik der Komiker – das war ein zusätzliches Gegengewicht zu einer allzu mächtigen Exekutive, wie sie in der Stellung des Perikles als mögliche Gefahr für Athens Demokratie angelegt war. Und so beanspruchten die konservativen Komödiendichter »eine Art öffentlicher Zensur, eine Anwaltschaft für die ›wahren‹ Interessen der Polis, denen sich Perikles als Schädling entgegengestellt sah«.[46]

### *Unbequeme Kritiker ohne »Maulkorb«*

Es zeichnet die Demokratie Athens aus, daß sie den Gleichmut und die Toleranz besessen hat, solche – auch gegen die Staatsform selbst gerichteten – Angriffe mit Gelassenheit zu ertragen; ohne Verbot, ohne nach dem Zensor zu rufen. Auch Perikles scheint da trotz der teilweise überaus feindseligen und ehrverletzenden Kritik nicht besonders dünnhäutig gewesen zu sein. Zur Redefreiheit, auf die sich der demokratische Staat viel zugute hielt, gehörte eben auch die Bühnenfreiheit. Und die deckte auch Formulierungen, die in einer wirklichen Monarchie als Majestätsbeleidigung schlimmster Art verfolgt worden wären.

So liberal sich Perikles in dieser Frage im allgemeinen verhielt, einmal ist ihm möglicherweise der Geduldsfaden gerissen: Im Jahre 440/39 wurde ein Gesetz verabschiedet, das den Komödienspott drastisch einschränkte, ihn möglicherweise gegenüber Personen ganz verbot[47]. Ein Zensurgesetz, das jedoch schon drei Jahre später wieder aufgehoben wurde und dessen Zielrichtung nicht bekannt ist – ebensowenig wie der Antragsteller. Es spricht einiges dafür, daß Perikles selbst hinter dieser Maßnahme stand; doch kommt man dabei wegen der spärlichen Nachrichten über Spekulationen nicht hinaus[48].

Sicher ist nur, daß dieser Eingriff in die Meinungs- und Redefreiheit sehr rasch wieder rückgängig gemacht worden ist. Wenn Perikles der geistige Vater des Zensurgesetzes gewesen sein sollte, dann hat er gut daran getan, auf diese politische Notbremse schnellstens wieder zu verzichten. Sie war mit dem Geist der Liberalität Athens, die auch die Verfassungsgegner, die Radikalen, die Non-Konformisten zu Wort kommen ließ und – im Gegensatz zum spartanischen System – auf den freien Meinungsaustausch und die pluralistische politische Diskussion setzte, schlicht unvereinbar. Der Komödienspott mochte dem »Vorsteher des Demos« wehtun, die Kritik der Dichter mag es Perikles schwerer gemacht haben, seine Ziele zu erreichen. Aber das war der Preis, den der Staatsmann für seine Stellung zahlen mußte – und nicht zuletzt für die Glaubwürdigkeit des demokratischen Systems.

Athen im Perikleischen Zeitalter: Eine Stadt, die den Mut zur Vielfalt aufbringt. Eine Stadt, deren Vitalität und Vielgestaltigkeit sich nicht einfach in vorgefertigte Schablonen pressen läßt. Eine Stadt, deren Profil wesentlich durch Widersprüche und Ungereimtheiten – tatsächliche wie scheinbare – mitgeprägt ist.

Eine Stadt, die nach außen mit Härte, nicht selten mit schonungsloser Brutalität vorgeht, um ihre Interessen durchzusetzen, und die im Innern das freiheitlichste, offenste System hatte, das je ein Gemeinwesen im Altertum erreicht hat. Eine Stadt aber auch, die sich über lange Zeit hinweg von einer beherrschenden Gestalt lenken ließ – und die doch prominente Mitbürger gewähren ließ, wenn sie diese Gestalt verunglimpften, attackierten, mit Kübeln von Dreck übergossen.

Mehr noch: Dieselben Leute, die dem »Ratgeber« Perikles in der Volksversammlung bereitwillig folgten und ihn politisch unterstützten, die ihn jedes Jahr wählten und ihm die Führung der mächtigsten Stadt von Hellas anvertrauten – dieselben klatschten den Schauspielern Beifall, wenn sich aus ihren Mündern Haßtiraden und anzüglicher Spott gegenüber Perikles ergossen. Keine Rede davon, daß die Anhänger des Perikles erbost und wütend Protest erhoben, das wenig respektvolle »Komödiantengesindel« niedergebrüllt, den Darstellern und Dichtern gar mit Prügel gedroht hätten. Wie, in aller Welt, war das möglich?

### *Politikerbeschimpfung in kultischem Gewande*

Es war möglich, weil Tragödie und Komödie Bestandteile des Kultes waren, deren Freiheit jener Gott gleichsam schützte, zu dessen Ehren die dramatischen Wettkämpfe stattfanden: Dionysos. Es war aber auch möglich, weil in Athen – zumindest damals, in Perikleischer Zeit, *noch* – eine Atmosphäre der Liberalität und der Toleranz herrschte, in der man, wenn auch oft zähneknirschend, bereit war, auch dem anderen Meinungs- und Redefreiheit zuzugestehen.

Statistiker haben errechnet, daß in den Komödien des Aristophanes rund zweitausend Zeitgenossen beleidigt und verspottet worden sind, darunter nicht weniger als zweiundvierzig führende Politiker und Militärs – das bedeutet eine wahrhaft hohe Toleranzschwelle auf seiten des Publikums.

Dieses Klima mitgeschaffen und erhalten zu haben, ist eines der großen Verdienste des demokratischen Politikers Perikles. So schwer es ihm und vielen seiner politischen Freunde oft gefallen sein mag, diese »zersetzende« Gesellschaftskritik zu ertragen – im Unterschied zu tatsächlichen diktatorischen Regimen haben sie *nicht* eingegriffen. Das beste Gegenbeispiel dazu bietet die griechische Obristenjunta, die im April 1967 putschte und ihrem Land eine menschenverachtende Diktatur aufzwang: Kaum an der Macht, verboten die neuen starken Männer die Aristophanes-Aufführungen, die in Athen und Epidauros auf dem Festspielprogramm standen. Zu groß schien ihnen die »Gefahr«, daß die Zuschauer an den falschen Stellen Beifall klatschten...[49]

Oder waren die Athener am Ende doch zu unpolitisch, zu desinteressiert, als daß sie die (vermeintlichen) Widersprüche zwischen ihrem Verhalten in der Ekklesia und im Theater überhaupt begriffen hätten?

Tatsächlich wird mitunter von modernen Historikern, die der athenischen Demokratie eher skeptisch und reserviert gegenüberstehen, behauptet, das politische Interesse der meisten Athener habe sich in sehr engen Grenzen gehalten. Als Beleg dafür wird gern auf den angeblich schwachen Besuch der Volksversammlungen hingewiesen. Dort habe eine vergleichsweise kleine Gruppe engagierter Bürger »Mehrheits«-Beschlüsse durchsetzen können, weil eine tatsächliche, aber schweigende Mehrheit sich gar nicht erst zur Ekklesia hinbemüht habe.

Und damit wäre dann ja auch die paradox anmutende Feststellung aus der Welt, daß sich Volksversammlungs- und Theaterpublikum, obwohl weitgehend identisch, in Sachen Politikerbeschimpfung so unterschiedlich verhielten. Außerdem erhält der Alleinherrschafts-Mythos des Perikles dadurch gewaltigen Auftrieb. Sich in einer eher desinteressierten – oder desinteressiert gemachten! – Öffentlichkeit als Spitzenpolitiker zu behaupten, der sich allein auf eine aktive Claque begeisterter Anhänger stützt – das ist kein Kunststück, aber sehr wohl auch eine Form von Alleinherrschaft.

### *Wer besuchte die Volksversammlung?*

Um es gleich zu sagen: All diese Spekulationen entpuppen sich bei genauem Hinsehen als Halbwahrheiten oder voreilige Schlußfolgerungen, bei denen bisweilen vielleicht auch der Wunsch der Vater des Gedankens war. Neuere Forschungen zeigen sehr eindrucksvoll, daß von einer politischen Abstinenz der Athener keine Rede sein kann, daß vielmehr die Ekklesia in der Regel gut besucht war, ja, daß viele Bürger selbst weite Entfernungen in Kauf nahmen, um an wichtigen Volksversammlungen teilzunehmen und mitzuentscheiden[50].

Sicher, wenn auf der Tagesordnung Themen von untergeordneter Bedeutung standen, spezielle Anliegen verhandelt wurden, die nur einen Teil der Bürgerschaft betrafen, dann war der Besuch der Ekklesia verhältnismäßig schwach, mit zwei- bis dreitausend Teilnehmern vielleicht.

Wenn indes Fragen von nationalem Interesse besprochen werden sollten, wenn über große Finanzprogramme oder gar über Krieg und Frieden beraten und beschlossen wurde, dann strömten viele weitere tausend Athener zum Versammlungsplatz. Bei manchen Abstimmungen war eine Mindestzahl von Stimmberechtigten gesetzlich vorgeschrieben; so etwa bei Ostrakismos-Anträgen, über die nur bei der Anwesenheit von mindestens 6000 Bürgern abgestimmt werden durfte. Nicht ohne Grund, zeigt doch gerade diese Bestimmung sehr anschaulich, daß man in Athen die demokratische Staatsform nicht durch Zufallsmehrheiten oder durch Überraschungscoups taktisch geschickt operierender Minderheiten in Verruf bringen wollte. Das Quorum von 6000 stellte jedoch keineswegs die Obergrenze dar, sondern eher einen Mittelwert[51], der dann und wann erheblich übertroffen wurde.

*Prostates tou demou*, »Vorsteher, erster Mann des Volkes«: So wird die Stellung des Perikles von Zeitgenossen und antiken Beobachtern gerne charakterisiert. Es ist geradezu ein inoffizieller Titel, der sich mit dieser Position verbindet und der ja auch die Machtbasis des Politikers zum Ausdruck bringen soll.

Das klingt ganz einleuchtend. Natürlich, Perikles besaß das Vertrauen des Demos; sonst wäre er ja nicht immer wieder als Stratege gewählt worden. Der Teufel steckt indes wie bei so vielen Dingen auch hier im Detail: Wer verbirgt sich denn eigentlich hinter diesem ominösen Sammelbegriff »Demos«? Konkreter noch: Wie sah es denn mit der sozialen Zusammensetzung jener Ekklesia aus, die das wichtigste Forum des Redners Perikles und das ihn politisch tragende Gremium darstellte?

Über diese Frage haben sich schon Generationen von Althistorikern den Kopf zerbrochen. So große Bedeutung ihr zukommt – eine wirklich befriedigende Antwort darauf läßt sich nicht geben. Wieder einmal ist die unzulängliche Quellensituation daran schuld.

Aber immerhin: Gerade in den letzten Jahren sind doch neue Erkenntnisse gewonnen worden, die *eines* mit Sicherheit ausschließen: daß in der Volksversammlung eine einzige soziale Gruppe den Ton angegeben hat. Das Perikleische Athen ist oft als Thetendemokratie bezeichnet – oder geradezu beschimpft – worden, weil die unterste Schicht des Volkes, die Lohnarbeiter und Ruderer der Flotte Athens, die größten Vorteile aus der »sozialen Demokratie« perikleischer Prägung gezogen hätten.

Kein Zweifel, daß diese Schicht die wichtigste politische Klientel des Perikles gewesen ist, das umfangreichste Stimmenreservoir, das ihm seine beruhigenden Mehrheiten beschaffte. Nur waren das genau die Leute, die es sich zur Zeit des Perikles am allerwenigsten erlauben konnten, viele Stunden in jeder Woche mit dem Besuch der Ekklesia zu »vergeuden«. Denn damals gab es noch keine finanziellen Entschädigungen für Teilnehmer an Volksversammlungen. Mit anderen Worten: Es kostete eine Menge Geld, sich für die Ausübung seiner Staatsbürgerpflichten von der Arbeit freizunehmen. Für die meisten Theten war daher der Besuch aller vierzig Volksversammlungen eines jeden Jahres völlig undenkbar; sie mußten sich auf die wichtigsten beschränken.

Die einzige konkrete Schilderung der sozialen Zusammensetzung einer athenischen Volksversammlung, die überliefert ist, bestätigt denn auch dieses Bild. »Walker, Schuster, Zimmerleute, Schmiede, Bauern, Kaufleute und Händler«: Diese Liste von Ekklesia-Besuchern legt Xenophon dem Sokrates einmal in den Mund [52]. Typische Mittelständler, würde man heute sagen, und tatsächlich gehörten die Vertreter dieser Berufsgruppen damals eher zur dritten Vermögensklasse der Zeugiten: »Freiberufler«, die schon einmal auf ein paar Stunden ihren Laden oder ihren Betrieb verlassen und in der Zwischenzeit von ein, zwei Sklaven weiterführen lassen konnten [53].

Die Spitzen der athenischen Gesellschaft werden in der Aufzählung des Xenophon ebensowenig genannt wie die ärmsten Athener. Kein Wunder: Mancher Aristokrat hielt es mit seiner Würde für unvereinbar, in die Niederungen von Massenversammlungen hinabzusteigen, die für ihn immer ein bißchen den Ruch des Pöbelhaften, Plebejischen hatten ...

In Routine-Volksversammlungen scheint demnach die untere Mittelschicht der städtischen Bevölkerung zahlenmäßig am stärksten vertreten gewesen zu sein. Das änderte sich, wenn wichtige Wahlen stattfanden oder brisante Themen auf der Tagesordnung standen. Will man Platon Glauben schenken, dann strömten zu solchen Ekklesien Scharen von Theten – Originalton: »alle die, die von ihrer Hände Arbeit leben und sich sonst um nichts anderes kümmern« –, um die Versammlung zu majorisieren und ihre große Zahl in entsprechendes politisches Gewicht umzusetzen: »Arme Leute, aber der größte und entscheidende Teil in der Demokratie, wenn sie vollzählig versammelt sind.«[54]

Platon, das ist bekannt, und es wird auch hier deutlich spürbar, hielt es nicht mit der Demokratie. Er ist daher nicht gerade ein verläßlicher, objektiver Zeuge. Womit nichts gegen seine Beobachtung gesagt sei, der zufolge die breite Masse vor allem dann zur Abstimmung eilte, wenn es um wichtige Entscheidungen ging. Er verschweigt nur ein paar andere Aspekte. So etwa die Tatsache, daß gerade ein beachtlicher, mehrere tausend Köpfe zählender Teil der Ruderer viele Monate im Jahr gar nicht in Athen präsent war, sondern sich auf Kriegszügen oder im Manöver befand. Oder auch den Gesichtspunkt, daß sich zu den wichtigsten Volksversammlungen natürlich auch die Bauern von außerhalb freimachten, um ihr Gewicht in die Waagschale zu werfen und ihre Interessen zu vertreten. Und die waren bei diesen Angehörigen der Hoplitenklasse nicht unbedingt identisch mit den Wünschen der städtischen Unterschichten.

## *»Vorsteher des Volkes« – auf permanenter Bewährungsprobe*

Nein, der politische Willensbildungsprozeß im Athen des Perikles war weitaus komplizierter, als es das Schlagwort von der Thetendemokratie vorgaukelt und es antike wie moderne Ideologen gern hätten. Eine Art *plebs contionaria* wie im Rom der späten Republik, als eine sozial recht homogene Gruppe das Geschehen in der Volksversammlung stark dominierte, hat es in der athenischen Ekklesia nicht gegeben[55]. Und das bedeutet: Ein Staatsmann wie Perikles konnte sich zwar auf eine feste Anhängerschaft stützen und sie sozusagen als Sockel seiner politischen Macht einkalkulieren. Aber er konnte sich nicht damit zufriedengeben, sondern mußte bemüht sein, auch in den anderen Schichten der Bevölkerung für seine Politik zu werben, um stabile, verläßliche Mehrheiten zu bekommen – Mehrheiten, die auch dann noch trugen, wenn eben keine Schicksalsfragen der Nation in der Ekklesia verhandelt, sondern das weniger spektakuläre, aber ungemein strapaziöse und eben auch mehrheitsbedürftige Geschäft der Tagespolitik betrieben wurde.

Wenn es Perikles so viele Jahre über gelang, eine so einzigartige für ihn günstige politische Großwetterlage in Athen zu schaffen, die, vom Durchzug kleinerer Tiefs abgesehen, von einem ungemein stabilen Hoch geprägt war, dann bedeutet das für seine Überzeugungsarbeit in der Ekklesia: Dem Anspruch, als »Vorsteher des Volkes« zu gelten, konnte er nur durch ständige Bewährung gerecht werden; er mußte stets von neuem erkämpft und verteidigt werden – ein Sachverhalt, der in der griffigen Formulierung von der »Herrschaft eines einzigen Mannes« nur unzureichend zum Ausdruck kommt.

Ohne Zweifel: Perikles war eine Ausnahmeerscheinung unter den athenischen Politikern. Aber er hat sich alles, was er erreicht hat, mühsam erarbeiten müssen. Er mußte die gleiche harte Schule durchlaufen wie jeder andere, der in Athen Verantwortung tragen wollte – und zwar eine Schule, die nicht mit einer Art staatsmännischem Abitur abgeschlossen wurde, sondern mehr ein politischer full time job war, der Perikles wenig Zeit zum Atemholen ließ – eher ein Schleudersitz als ein Schaukelstuhl, auf dem er es sich hätte bequem machen können.

Daß er dieser unerhörten pausenlosen Beanspruchung so lange standzuhalten vermochte, verdankte er seinem taktischen Geschick, seinem Wissen und Können als erfahrener Politiker, seiner Fähigkeit, mit Menschen umzugehen, seiner Flexibilität und natürlich seiner einzigartigen rhetorischen Begabung, die seinen politischen Vorstellungen die notwendige Durchschlagskraft sicherte.

### *Glaubwürdigkeit als politisches Erfolgsgeheimnis*

Und nicht zuletzt seiner persönlichen Integrität. Man nahm es Perikles ab, daß er nicht auf seinen persönlichen Vorteil bedacht war, daß er seine Position nicht dazu mißbrauchte, um ein riesiges Vermögen zu scheffeln. Gelegenheiten und Versuchungen dazu gab es in Hülle und Fülle. »Dank seiner mächtigen Stellung«, so notiert Plutarch, »hätte er die Möglichkeit gehabt, sich durch Bestechungsgelder von Bundesgenossen und Königen unsäglich zu bereichern«. Und er setzt anerkennend hinzu: »Aber Perikles hielt seine Hände rein und nahm nicht das Geringste an.[56]«

Korruption, Nepotismus, Betrügereien: Das waren Fremdwörter für Perikles. Und das war keineswegs selbstverständlich. Andere griffen da schamlos zu, ließen sich ihre politischen Dienste von denen, die Vorteile davon hatten, in klingender Münze bezahlen. Nicht so Perikles, der nicht nur in öffentlichen, sondern auch in privaten Dingen Anstand vorlebte. So soll er einem Freund, der ihn dringend um einen Meineid bat und dafür eine Menge Geld hinzulegen bereit war, geantwortet haben: »Man muß zwar mit den Freunden halten, doch nur soweit, wie die Götter dabei ins Spiel kommen ...«[57]

Eine Demokratie lebt auch – und nicht zum geringsten Teil – von ihrem politischen Ethos und der Glaubwürdigkeit ihrer führenden Repräsentanten. Perikles war geradezu das Symbol der Glaubwürdigkeit dieser attischen Demokratie, für deren Ausbau er sich einsetzte und deren innen- wie außenpolitischen Kurs er in Richtung auf das steuerte, was er und mit ihm eine Mehrheit der Athener für das Gemeinwohl hielten. Dieser Kurs mochte oft bedenklich, gefährlich oder falsch sein – eines jedenfalls konnte man der Politik eines Perikles nicht vorwerfen: daß er mit seinen politischen Entscheidungen und Plänen vor allem in die eigene Tasche wirtschaften wollte. Ganz im Unterschied zu späteren »Volksführern«, die, glaubt man Thukydides, aus persönlichem Ehrgeiz und zum persönlichen Gewinn Unternehmungen betrieben, die hohe Opfer, ja katastrophale Folgen für Athen bewußt in Kauf nahmen. Diesen egoistischen Hasardeuren stellt der Chronist des Peloponnesischen Krieges Perikles als glänzendes Vorbild gegenüber: Er war »mächtig durch sein Ansehen und seine Einsicht, in Gelddingen aber makellos unbeschenkbar«[58].

Auf den vorangehenden Seiten ist die Stellung des »Polit-Profis« Perikles im demokratischen Athen beschrieben, sind die Talente des Taktikers, Redners, Volks-Führers, Macht-Politikers Perikles hervorgehoben worden. Ein großer Teil seiner Popularität und seines Erfolges läßt sich damit erklären.

Und doch ist das nur die halbe Wahrheit. Denn Perikles war nicht nur als der kühle Pragmatiker, als der versierte »Macher« der Repräsentant Athens in seiner größten Zeit. Er war auch der führende politische Denker, der eigentliche Sinngeber dieses Staates. Negativ formuliert: Er war der Chef-Ideologe des demokratischen Athen, der seiner Heimatstadt gleichsam auch die geistige Munition im weltanschaulichen Kampf mit dem Antipoden Sparta lieferte.

Oder positiv gewendet: Die »athenische Philosophie«, der Glaube an Freiheit und Gleichheit aller Bürger, der kulturelle und religiöse Anspruch dieser »Schule von Hellas«, in der sich Literatur und bildende Kunst, Theaterspiel und Architektur zu einer so nie wieder erreichten harmonischen Symbiose von Qualität und Quantität vereinten: Das alles hat Perikles nicht nur in der praktischen Politik gefördert, sondern bewußt zur geistigen und moralischen Grundlage dieser Polis erhoben und propagiert.

Vieles davon gehört zu jenen Grundmauern, auf denen sich die abendländische Kultur erhebt. Grund genug, um in einer Perikles-Biographie nach dem persönlichen Beitrag jenes Mannes dazu zu fragen, der dieser frühen Epoche gemeinsamer europäischer Kultur den Namen gegeben hat.

## 8. KAPITEL
# Lehrmeister der Schule von Hellas

### *»Probierstein klassischen Kunstsinns«: Der Parthenon*

Der Treffer wurde als grandioser Meisterschuß gefeiert. Mit voller Wucht schlug eine Granate in ein riesiges Pulvermagazin ein. Die Kraft der Explosion ließ tonnenschwere Marmorblöcke durch die Luft fliegen, knickte mächtige Säulenschäfte wie Streichhölzer um, hinterließ eine breite Schneise der Verwüstung in jenem Gebäude, das als vermeintlich sicheres Pulverlager gedient hatte.

Man schrieb den 26. September 1687. Schauplatz des Geschehens: Athen. Name des halbzerstörten Gebäudes: Parthenon, der berühmteste griechische Tempel, das Herz des perikleischen Akropolis-Bauprogramms. Verantwortlich für den verhängnisvollen Schuß und die nachfolgende Explosion, die fast die gesamte Mitte des Baus herausriß, war der Kommandant des venezianischen Expeditionsheeres, das die türkische Garnison auf dem Burgberg Athens belagerte.

Militärisch brachte der wohlgezielte Schuß so gut wie nichts ein. Nach kurzer Zeit mußten die Venezianer wieder abziehen. Die Türken bauten die Moschee wieder auf, zu der sie den einstigen griechischen Tempel umgestaltet hatten – in Umwandlung einer christlichen Kirche im übrigen, in die sich der heidnische Parthenon in der Spätantike bereits verwandelt hatte.

In einem waren sich Belagerer und Belagerte im Jahre 1687 bei allen Gegensätzen sehr einig: In der völligen Geringschätzung des kulturellen Erbes, das eine schon weit über zweitausendjährige Geschichte hatte. Das interessierte weder Venezianer noch Türken. Folgerichtig wanderten viele Architekturteile und Plastiken, die dem riesigen Knall des 26. September zum Opfer gefallen waren, in den nächsten Jahrzehnten in die Kalköfen . . .

Szenenwechsel.

»Den schönsten Anblick aber gewährte das Volk, in seinen malerischen Kleidungen die Trümmerhaufen bedeckend und mit tausendfach wiederholtem ›Es lebe der König!‹ die athenische Aetherluft erschütternd, welche diese ganze Szene umgab. Diese schönen und mit dem Süden und Südländern eigentümlichem malerischen Sinn sich ordnenden Gruppen bedeckten aber nicht allein den Boden, die Stufen und die verstreuten Trümmer, sondern sogar die Gipfel der halb gestürzten Säulen, die Cellamauern, die Gesimse und die höchste Giebelspitze des Tempels und verliehen dem ganzen Bilde einen unbeschreiblichen Reiz.«

Auch dies ein Septembertag, auch hier der Parthenon Schauplatz des Geschehens. Aber was für ein Unterschied zu dem Ereignis, das sich 146 Jahre früher hier abgespielt hatte! Vorbei die dunklen Wolken des Krieges, vorbei die Mißachtung hellenischen Erbgutes, vorbei die Degradierung, die »Entweihung« der einzigartigen Kunstwerke. Optimismus, Aufbruchsstimmung beherrscht die Szenerie. Kein Wunder: Griechenland ist vom »Türkenjoch« befreit; der Bayernprinz Otto hält als erster griechischer König mit großer Geste auf der Akropolis seinen Einzug.

Von nun an soll alles anders werden; mit Umsicht und Energie widmet sich Leo von Klenze seinem ehrenvollen Amt, das ihm König Otto übertragen hat: Neugestaltung der in der Zwischenzeit arg heruntergekommenen neuen Hauptstadt von Hellas. Und das heißt vor allem: Wiederherstellung des Parthenon und der anderen Tempel auf dem Burgberg Athens.

Die gerade zitierten Sätze: Sie stammen aus der Feder Leo von Klenzes, der darin die Festlichkeiten aus Anlaß des Beginns der Restaurierungsarbeiten beschreibt. Ein Pathos, das jenem Glücksgefühl entspringt, das Philhellenen aus allen europäischen Ländern nach dem erfolgreichen griechischen Freiheitskampf erfaßte; eine Begeisterung, die sich vor allem aus dem sehnlichen Wunsch speiste, nun endlich an die große kulturelle Leistung der Blütezeit von Hellas und Athen anknüpfen zu können. Noch einmal Leo von Klenze:

»Am nächsten Morgen fanden mich die ersten Strahlen der über dem Hymettos aufsteigenden Sonne schon auf dem Wege zur Akropolis, und da dieser uns bei den Hauptdenkmalen des Altertums vorbeiführte . . ., konnte ich nach einer halben Stunde mit unserem großen Dichter sagen: Gottlob, nun sind der Parthenon, die Propyläen, das Erechtheion, das Theseion und die Agora ... doch keine leeren Worte mehr in meinem Geiste! Denn im ersten Eindrucke dieses Überblickes schon fühlte ich es tief und innig – nur *hier* gesehen kann uns ein wahres Verständnis dieser Werke der griechischen Welt-Architektur sich aufschließen. Hier ist der große Probierstein klassischen Kunstsinns, hier der Ort, wo die echte Weihe der Mysterien in allem, was die plastische Kunst bewahrt, gegeben und erlangt wird ...«[1]

Der Überschwang des Jahres 1834 wirkte fort; die Freude über die Wiedergewinnung abendländischen Kulturgutes hielt auch in den folgenden Jahren und Jahrzehnten an und beflügelte die Ausgrabungstätigkeit in zahlreichen Zentren des alten Griechenlands. Im Mittelpunkt aber blieb stets die Akropolis Athens; sie galt als lebendigstes, bewundernswertestes Wahrzeichen wiederentdeckter Griechenlandliebe europäischer Intellektueller im 19. Jahrhundert.

»Eben kehre ich von der Akropolis zurück, die ich seit unserem Aufenthalt in Athen fast täglich besuche«, notiert der Dichter Emanuel Geibel am 7. November 1838. »Zum erstenmal bestieg ich heute das obere Dach des Parthenon und ließ über der letzten Statue des Giebelfeldes fort meine Blicke nach dem Meere und nach Salamis hinüberschweifen . . . Ich hatte mancherlei Gedanken, als ich dort oben stand auf dem Gipfel des Pallastempels; dieser Ort vor allen tönt von großen Erinnerungen. Von hier mochte einst Perikles herabgeschaut haben auf das Gewühl der prächtigen Stadt, auf die Häfen voll segelfertiger Schiffe und auf jene Kunstwerke um ihn und unter ihm, die seinem Namen Unsterblichkeit gesichert haben würden, auch wenn die Geschichtsschreiber nichts anderes als deren Förderung von ihm zu erzählen wüßten. Dort mochte er gestanden haben, der stolze freie Mann, einen schönen Traum von Athens Zukunft in der Seele, nichts ahnend von dem nahen Verderben, das dieser Stadt der Götter, das ihm selbst so schrecklich bevorstand.«

Keine Frage für den romantisch-hoffnungsvollen Betrachter von 1838, daß in den Überresten dieser großen Zeit Athens eine große Verpflichtung lag, daß es galt, diesen »Altären von Wissenschaft und Kunst« seine Reverenz zu erweisen und sich von ihrem Geiste inspirieren zu lassen – jetzt, da das »fanatische Kriegervolk, nichts ahnend von den Geheimnissen ruhig fortschreitender Erkenntnis und feind den Künsten«, jetzt, da »der rauhe Bekenner des Islam«, der »sein Roß aus kunstvoll gearbeiteten Knäufen tränkte«, endlich davongejagt worden war[2].

Erneuter Szenenwechsel.

Wieder – auch diesmal ein purer Zufall – ein Septembertag; wieder Athen als Schauplatz; wieder geht es um das Erbe der Perikleischen Zeit. Man schreibt das Jahr 1977.

Doch diesmal ungewohnt schrille Töne. Wo im Jahre 1687 dumpfe Gleichgültigkeit herrschte, im Jahre 1834 das klassische Erbe mit höchstem Lob gefeiert und als selbstverständliche geistige und moralische Verpflichtung gerühmt wurde, da fallen nun polemische, böse, kritische Worte. Da wird eine Breitseite gegen die kulturell-zivilisatorische Mission des Griechentums, wie sie sich in den Akropolis-Tempeln der Perikles-Ära für viele spiegelt, abgefeuert. Der Übeltäter ist schnell dingfest gemacht: Es ist der Chefideologe der französischen KP, der Philosoph Roger Garaudy.

Unerhörtes ist da geschehen – unerhört jedenfalls für ein griechisches Bildungsbürgertum, das sich in der geistigen Tradition des Perikleischen Athen wähnt. Ausgerechnet auf griechischem Boden hat Garaudy es gewagt, die Geschichte einmal gegen den Strich zu bürsten und dabei einige unbequeme »Wahrheiten« auszusprechen. Von einem »goldenen Zeitalter des Perikles« könne keine Rede sein; Garaudy sieht da nur einen auf »imperialistische Sklavenausbeutung« gestützten Staat, der ihn fatal an Südafrika erinnere. Und Herodot, der Vater der Geschichtsschreibung, war nach Meinung des französischen Theoretikers nur ein Mann, »der das Geld liebte und viel schrieb, wenn er gut dafür bezahlt wurde«. Die Perserkriege – von interessierter Seite als Siege der Demokratie glorifiziert, um damit auch »Schutzmaßnahmen des westeuropäischen Imperialismus« in anderen Gebieten zu rechtfertigen.

Besonders originell war das alles nicht; es war nur eine provozierende Zusammenstellung kritischer Gesichtspunkte, die in der marxistischen Literatur schon seit langem gegenüber einer allzu verklärenden Betrachtung des antiken Athen vorgebracht worden waren – Halbwahrheiten im übrigen, die in dieser thesenhaften Verkürzung kaum diskussionsfähig sind.

Als Sprengsatz wirkten die Angriffe Garaudys nur, weil sie so massiv und apodiktisch vorgetragen wurden – und eben in jenem Land, das mit dem Glauben an die Ideale der großen Vergangenheit einen erheblichen Teil seines Selbstwertgefühls verbindet. Entsprechend aufgeregt war die Reaktion des Athener Bildungsbürgertums. Unisono wurde dieser »marxistische Unsinn« von den Athener Zeitungen – auch den linken Blättern – verurteilt. Man war sich einig, daß hier die nationale Tradition in den Schmutz gezogen werde. Entsprechend garstig fielen die Charakterisierungen Garaudys durch die Presseleute und die aufgeschreckten Historiker und Politiker aus, die sich aufgerufen fühlten, diesem Generalangriff auf das klassische Hellas entschieden entgegenzutreten. Konstantin Tsatsos, Literat und Rechtsphilosoph – und amtierender Staatspräsident – konterte ebenfalls, wenn auch abschließend mit konstruktiven, versöhnlichen Worten: Er rief dazu auf, »international wieder zum Geiste der Akropolis zurückzukehren«[3].

Was aber ist das, der »Geist der Akropolis«?

Offensichtlich doch etwas, das die Gemüter bewegt, das mit bestimmten Wertvorstellungen verbunden ist, das zu weltanschaulichen Kontroversen Anlaß gibt; kurz, das auch etwas mit Ideologie zu tun hat.

Die hehre Idealität klassischer Bauten auf der Akropolis in die Niederungen ideologischer Auseinandersetzungen gezerrt, die vollendete Kunst des Perikleischen Zeitalters als Exerzierplatz unerquicklichen Gezänks moderner Ideologen mißbraucht – ist das nicht eine ebenso unhistorische wie dem Gegenstand der Betrachtung völlig zuwiderlaufende Sicht der Dinge?

Es gibt eine weitverbreitete Denkrichtung, die diese Frage mit einem klaren Ja beantwortet – ohne sich indes darüber im klaren zu sein, daß dabei schon eine Reihe ideologischer Implikationen stillschweigend im Spiele ist. Dabei geht es nicht um die kunstgeschichtliche Einordnung und Bewertung dieser einzigartigen Bauwerke, deren Rang und künstlerische Perfektion unumstritten sind.

### *Höhepunkt griechischer Architektur*

Daß der Parthenon der vollendetste Tempel der ganzen griechischen Welt ist, daß dieser Bau eine architektonische Meisterleistung darstellt, daß das aufeinander abgestimmte, teilweise sich ergänzende, teilweise auf Kontraste abhebende Ensemble der Akropolis-Konzeption der Perikleischen Zeit als ein großartig durchdachtes und ebenso grandios ausgeführtes Werk, als ein nicht zu leugnender Höhepunkt in der Kunst- und Architekturgeschichte der Menschheit zu gelten hat, steht außer Zweifel. Da gilt das poetisch anmutende Urteil weiterhin, das Plutarch vor knapp zweitausend Jahren gefällt hat:

»Um so mehr müssen wir die Bauten des Perikles bewundern; in kurzer Zeit wurden sie geschaffen für die Ewigkeit. Ihre Schönheit gab ihnen sogleich die Würde des Alters, ihre lebendige Kraft schenkt ihnen bis auf den heutigen Tag den Reiz der Neuheit und Frische. So liegt ein Hauch immerwährender Jugend über diesen Werken, die Zeit geht vorüber, ohne ihnen etwas anzuhaben, als atmete in ihnen ein ewig blühendes Leben, eine nie alternde Seele.«[4]

Die ästhetische Wirkung der Akropolis-Tempel auf den antiken wie den modernen Betrachter ist in der Tat überwältigend. Mit den schriftlich festgehaltenen Beschreibungen dieses Eindrucks könnte man ganze Bibliotheksregale füllen; in der durchweg positiven Würdigung würden sich alle Urteile ähneln. Und neben diese ästhetische Dimension treten ebenso unumstritten einige Attribute, die die Monumentalität und Einzigartigkeit dieser Bauwerke betreffen. Zumal der Parthenon, das der Stadtgöttin Athena geweihte Heiligtum, ist so gesehen ein Tempel der Superlative: Nicht nur der größte Tempel auf dem gesamten griechischen Festland, ohne durch seine Abmessungen protzig oder schwerfällig zu wirken, sondern auch der erste vollständig in Marmor errichtete Bau der Architekturgeschichte – und darüber hinaus das einzige griechische Heiligtum, das derart verschwenderisch mit Bildwerken geschmückt worden ist, ohne daß es darüber seine architektonische Linie verloren und ohne daß der Gesamteindruck durch eine zu starke Betonung plastischer Details gelitten hätte.

All das steht überhaupt nicht zur Debatte. Aber es ist nur die eine Seite der Medaille. Die andere betrifft die Absicht und den geistigen

Hintergrund des perikleischen Akropolis-Bauprogramms. Und da darf der Blick auf die große Kunst, die sich in diesen Tempeln manifestiert, nicht über das hinwegschweifen, was sich an Überlegungen, Wünschen, politischen Zielen hinter der Fassade prachtvoller Architektur verbirgt.

Hinter dem Bau dieser Heiligtümer stand ein sehr wohl überlegtes politisches Programm. Deshalb ist es auch heute keineswegs sachwidrig, sondern unerläßlich, sich mit der Akropolis-Frage auch unter ideologischen Vorzeichen auseinanderzusetzen. Eine dezidiert »wertneutrale« Beschäftigung allein mit dem künstlerischen Phänomen Akropolis entspricht einer so verkürzt-verzerrten Optik, daß sie an sich schon wieder einer sehr stark «ideologisierten« Position entspricht.

### *»Bauwut und Verschwendungssucht« – Die Akropolis im Parteiengezänk*

Hätte man einen Athener in den vierziger Jahren des 5. Jahrhunderts, hätte man Perikles als den geistigen Vater dieses Bauprogramms gefragt, ob es sich dabei auch um eine eminent politische Frage handle, sie hätten das ohne Zögern bejaht. Was Perikles da Anfang der vierziger Jahre vorschlug, um den durch die persische Invasion von 480 in Schutt und Asche gelegten Burgberg zu neuem Glanze erstrahlen zu lassen, das war von Anfang an eine äußerst umstrittene Konzeption, um die in endlosen Wortschlachten erbittert gerungen wurde und über die sich die beiden »Parteien« der Demokraten und der Oligarchen so heftig zerstritten wie in wenigen anderen Fragen. Das Akropolis-Bauprogramm war für die Gegner des Perikles ein rotes Tuch, eine ständige Quelle härtester Attacken auf den Urheber des Planes, auf seine künstlerischen und politischen Mitarbeiter und auf das gesamte demokratische System, das sich diesen unerträglichen Luxus erlaubte, »die Stadt zu vergolden und herauszuputzen, sie mit kostbaren Steinen, mit Bildern und Tempeln von tausend Talenten zu behängen, als wäre sie ein eitles Weib«.[5]

Vordergründiger Kritikpunkt war dabei die von Perikles auf höchst unkonventionelle Weise gelöste Finanzierungsfrage. Daß hier Gelder des Seebundes, die zur Kriegführung gegen die Perser bestimmt waren, so schamlos zweckentfremdet wurden, machte bei den Bundesgenossen Athens viel böses Blut. Und die Opposition griff das als Vorwand für ihre leidenschaftliche Kampagne gegen die »Bauwut« und »Verschwendungssucht« der Demokraten nur allzugern auf.

In Wirklichkeit jedoch standen ganz andere Erwägungen hinter dem wütenden Protestgeschrei der Oligarchen, die sich bei anderen

Gelegenheiten an der Ausbeutung der Bündner beteiligt hatten, ohne mit der Wimper zu zucken. Was ihnen tatsächlich zuwiderlief, war das eindeutige Bestreben des Perikles, die Akropolis zu einer Visitenkarte des demokratischen Athen zu erheben, der Wunsch, Kult und politisches Programm zu einer überaus repräsentativen Symbiose zu verschmelzen. Die Tempel-Neubauten auf dem Burgberg wurden zum Aushängeschild eines demokratischen und mächtigen Athen, das sich als politisches und geistiges Zentrum von Griechenland begriff und seinem Selbstwertgefühl als »Schule von Hellas« in einer prachtvollen, auf Wirkung bedachten Architektur Ausdruck verlieh. Und eben dazu *sollte* die Akropolis nach dem Willen des Perikles werden. Darin lag die politische Entscheidung, die die Opposition von ihrer Warte aus mit gutem Recht bekämpfte.

### *Revision »konservativer« Baupläne*

Schon bei der Vorgeschichte zum Bau des Parthenon, der das Prunkstück der gesamten architektonischen Konzeption war, begann der Parteienstreit um die prestigeträchtige Neubebauung des Burgberges. Denn nicht erst Perikles hat über dreißig Jahre nach der Zerstörung der älteren Heiligtümer durch die Perser den Anstoß dazu gegeben. Es war allem Anschein nach Kimon, der die Idee propagierte und sich damit in der Volksversammlung durchsetzte. Die Arbeiten am kimonischen Vor-Parthenon waren nach den neuesten Erkenntnissen der Archäologen schon recht weit gediehen, als sie durch ein unvorhergesehenes Ereignis abrupt unterbrochen wurden: Kimons Tod auf der zyprischen Expedition des Jahres 450.

Damals sah Perikles seine Stunde offenbar gekommen. Mit großer Energie nahm er die Chance wahr, die sich durch den Tod seines ärgsten Widersachers auch für eine Neuplanung der Akropolis bot. Er scharte die besten Künstler und Baumeister seiner Zeit um sich und entwarf mit ihnen gemeinsam jene Konzeption, die den unsterblichen Ruhm der Akropolis von Athen begründen sollte. Die Architekten, denen die Planung und Ausführung des neuen Parthenon übertragen wurden, waren Kallikrates und Iktinos. Ob sie beide gemeinsam an dem Projekt arbeiteten oder der eine den anderen ablöste, ist eine archäologische Streitfrage, die aufgrund des dürftigen Quellenmaterials kaum zu entscheiden ist[6]. Fest steht, daß der Bildhauer Phidias mit der künstlerischen Oberleitung über das gesamte Projekt betraut wurde[7].

Und noch etwas steht zweifelsfrei fest: Perikles ließ den teilweise schon errichteten kimonischen Tempel wieder abtragen. Teile dieses Baues wurden beim perikleischen Tempel zwar wiederverwendet, aber das verstärkte eher noch den Affront, den diese Entscheidung darstellte. Für die Anhänger des Kimon muß das Ganze wie ein Schlag vor den Kopf gewirkt haben. Mit einer Skrupellosigkeit sondergleichen, so ihr Eindruck, sollte da ein neues Programm der Demokraten durchgepeitscht werden, das weder auf das Andenken des großen Kimon noch auf religiöse Bedenken Rücksicht nahm. Manch einer mag erbost darüber gewesen sein, wie hier aus vordergründigen politischen Motiven Schindluder mit der Religion getrieben werde. Und dazu kostete der »Spaß« ja auch noch eine Menge Geld, wenn die gerade erbauten Fundamente und Säulen kurzerhand wieder abgerissen oder zumindest umgebaut wurden.

Gewiß, aus heutiger Sicht und aus rein künstlerischer Perspektive haben sich diese Kosten allemal gelohnt, wenn die revidierte Konzeption des Perikles zu einem so einzigartigen Kunstwerk führte, das noch heute von rund drei Millionen Touristen pro Jahr besucht und bewundert wird. Für die Gegner des Perikles konnte ein solch ungedeckter Wechsel auf die Zukunft natürlich überhaupt kein Trost sein. Und auch für Perikles selbst waren diese künstlerischen Motive damals zweitrangig. Ihm ging es zunächst darum, in der Durchsetzung seiner Neuplanung ein *politisches* Zeichen zu setzen. Dafür war er bereit, den vorprogrammierten Ärger in Kauf zu nehmen, die Schmähungen, mit denen die Opposition ihn und die führenden Künstler bedachte, zu ertragen und in den ersten Jahren sogar Zweifel an der Weisheit dieser Baupläne aus den Reihen der eigenen Anhänger hinzunehmen[8].

Denen konnte er das kostspielige Vorhaben allerdings auch schmackhaft machen, indem er auf die arbeitsmarktpolitischen Auswirkungen hinwies. Die öffentliche Bautätigkeit in Perikleischer Zeit sicherte Hunderten und Tausenden von Lohnarbeitern, aber auch selbständigen Handwerkern und Kleinunternehmern feste Arbeitsplätze und führte zu einem merklichen Konjunkturaufschwung, von dem in Athen fast jeder profitierte. Die Zeche zahlten ja zum großen Teil andere: die Bundesgenossen Athens.

Plutarch hat diesen Beschäftigungs- und Wirtschaftsaspekt in seiner lebendigen Schilderung der Tempelbauten auf der Akropolis sehr stark betont. Seine berühmte, vielzitierte Aufzählung der Berufe, die dabei Berücksichtigung fanden, reicht von Handwerkern wie Zimmerleuten und Steinmetzen über die mit dem Transport der Baumaterialien Beauftragten wie Reeder, Matrosen und Fuhrleute bis hin zu der großen Gruppe derer, die indirekt als Wagenbauer, Straßenarbeiter und Seiler einen Teil des Geldsegens aus öffentlichen Kassen erhielten[9]. So wichtig indes dieser – von Perikles sicher erkannte und gewollte – Nebeneffekt der Wirtschaftsbelebung war, so wenig standen solche ökonomischen Überlegungen beim Neubau der Akropolis-Heiligtümer im Vordergrund.

Der erste der Bauten, die nun »in stolzer Größe und unnachahmlicher Schönheit der Formen emporstiegen« (Plutarch), war das Heiligtum der jungfräulichen Athena (Athena Parthenos), der Parthenon. Seit dem Jahre 447 wurde daran gearbeitet; insgesamt rund 15 Jahre dauerte es, bis die letzten Giebelskulpturen und Friese vollendet waren. Eingeweiht wurde der Tempel aber schon im Jahre 438 v. Chr. Damals erhielt die Stadtgöttin Athens eine neue repräsentative Kultstätte, die ihre Macht und Pracht ebenso verherrlichte wie die der Polis, über die sie schützend ihre Hände hielt.

Die Stärke des Griechentums: Das war die Botschaft, die der um das Gebälk laufende Skulpturenschmuck der 92 Metopen verkündete. Während im Osten die Schlacht zwischen Göttern und Giganten dargestellt war, das gewaltigste Götterringen der griechischen Mythologie, und die Metopen der Südseite die dramatische Auseinandersetzung zwischen Lapithen und Kentauren zeigten, wurden diesem mythischen Schlachtengeschehen auf der West- und Nordseite »historische« Kriegsszenen gegenübergestellt, die den Ruhm griechischer Waffen feierten. Im Norden war es eine Szene aus dem Krieg der Griechen gegen Troja, dem von Homer gefeierten Triumph der griechischen Frühgeschichte. Die Plastiken der West-Metopen zeigen Kämpfe zwischen Griechen und Gegnern in orientalischer Tracht. Wegen des schlechten Erhaltungszustandes dieser Szenen streiten die Archäologen noch immer darüber, ob es sich um eine Darstellung aus den Perserkriegen oder um eine Amazonenschlacht handelt. Die Aussage ist jedoch die gleiche, sah man doch damals im Kampf gegen die heranstürmenden Amazonen eine direkte Anspielung auf die ebenso bedrohliche Invasion der Perser.

Unbedingter Verteidigungswille, Anstrengung aller Kräfte, Solidarität im Kampf gegen die von außen hereinbrechende Gefahr: Das waren die Tugenden, die der jeweils siegreichen Seite in all den gewaltigen Kriegsringen – denen des Mythos ebenso wie denen der Historie – die Kraft verliehen hatten, sich der tödlichen Bedrohung zu erwehren. All das rief die unerwarteten Triumphe des griechischen David im Kampf gegen den persischen Goliath einige Jahrzehnte zuvor in Erinnerung – eine Leistung, die die Griechen nur durch Einigkeit hatten vollbringen können. Der panhellenische Gedanke, den Perikles auch in anderen Formen propagierte: Er taucht in der programmatischen Aussage der Metopen-Skulpturen wieder auf.

Ein panhellenischer Gedanke freilich, der ebenso wie bei der Koloniegründung von Thurii in die Konzeption einer Führungsstellung Athens eingebettet war. Nur so machte es für Perikles Sinn, und so entsprach es auch dem Willen der unsterblichen Götter. Das jedenfalls war die unmißverständliche Aussage der übrigen Bauplastiken des Parthenon.

Zunächst die beiden Giebelfelder. Sie hatten zwei mythische Ereignisse zum Gegenstand, die für Athen, seine Geschichte und Stellung in der griechischen Welt, von zentraler Bedeutung waren. Zum einen war da die Geburt der Athena dargestellt, der Schutzgöttin Attikas. Ein epochemachender Augenblick für das Land, das von nun an unter ihrer Fürsorge stand! Ein Augenblick, dessen Bedeutung kaum überschätzt werden konnte – kein Wunder also, daß die bedeutendsten Götter des Olymp dem Geschehen in dieser schicksalsschweren Stunde persönlich beiwohnten. In ihrem Kreise kam die dem Haupte des Zeus entsprungene Athena zur Welt.

Der gegenüberliegende Giebel zeigte eine berühmte Szene aus der Mythologie Attikas: den Kampf zwischen Poseidon und Athena um das attische Land. Es waren nicht so sehr die kämpferischen Elemente, die da betont wurden, sondern die Attraktivität des umstrittenen Gebiets, auf das gleich zwei der großen olympischen Götter Anspruch erhoben – ein Symbol für die Stärke und den Wohlstand Athens in Perikleischer Zeit. *Beiden* Göttern verdankte man viel, als Reverenz gegenüber *beiden* war diese Darstellung daher von Perikles und seinen künstlerischen Beratern konzipiert worden: Hier die Göttin des Krieges, die zugleich die Personifikation der Weisheit und die Schutzgottheit von Künsten und Wissenschaften war, dort der nicht minder mächtige Beherrscher der Meere, der mit seinen Wogen Attika auf drei Seiten umspülte, der Gott aber auch, der mit der bedeutendsten Seemacht der damaligen Zeit im Bunde stand, der ihre Kriegs- und Handelsflotte begünstigte und diesem blühenden Lande folglich ebenso gewogen sein mußte wie seine einstige göttliche Konkurrentin, mit der er in der Geburtsstunde Attikas in Fehde gelegen hatte, nun aber schon lange wieder versöhnt war.

Zwei Gottheiten, die ob ihrer Macht und Stärke bekannt und gefürchtet waren, hatten nach anfänglichem Groll Frieden miteinander geschlossen: Wohl dem Lande, das sich im Wissen um solch einen Schutz, solch eine Förderung sonnen konnte! Die Athener durften im Bewußtsein dieses mythologisch-historischen Hintergrundes den Kopf hoch tragen, sie durften sich als auserwählter Stamm unter den Griechen fühlen. Und sie durften von jener Stärke, die ihnen durch die Gunst der Götter zufloß, ohne Bedenken Gebrauch machen. Ja, sie waren kraft göttlichen Ratschlusses geradezu zur Hegemonie verpflichtet – darin gipfelt die ideologische Aussage des Bildprogramms, mit dem das Heiligtum der jungfräulichen Göttin sehr bewußt zum Propagandaträger der Staatsidee der Perikleischen Zeit ausgebaut wurde.

## *Götter und Menschen, Polis und Individuum – Die Botschaft des Parthenonfrieses*

Schließlich der 160 m lange, 1,06 m hohe Figurenfries, der den oberen Außenrand der Cella umzieht! Eine schier endlose Prozession von Athenern sehen wir dort, wie sie ihrer Stadtgöttin huldigen. Es ist die Prozession anläßlich des höchsten attischen Festes, die dort dargestellt ist; ein prachtvolles, buntes, abwechslungsreiches Spektakel, an dem alle Schichten der Bevölkerung teilnehmen. Ganz Athen ist auf den Beinen, so hat man den Eindruck, um die fortdauernde Gunst der Schirmherrin zu erbitten: Junge Mädchen mit Geschenken, Musikanten, Priester, Reiter, Wagenfahrer, Opfertiere, Zweigträger, Jünglinge, Beamte, bärtige Greise mit Ölzweigen in den Händen, Töchter und Frauen der Metöken, Opferdiener, die goldene und silberne Gefäße tragen, die meisten Teilnehmer festlich gekleidet und mit Kränzen geschmückt.

Ein Querschnitt durch alle Bevölkerungsschichten, ein Spiegel der athenischen Gesellschaft, sieht man von den Sklaven ab, die an der Prozession selbst nicht teilnahmen; eine lebhafte, festlich gestimmte Menschenmenge, die sich den Weg zur Akropolis hochwindet. Ein großartiges, in seiner Detailfreudigkeit und Lebendigkeit einzigartiges Friesband, das weit mehr als dreihundert Menschen und zweihundert Tiere umfaßt! Und damit auch ein Zeugnis des *demokratischen* Athen, das Sinnbild einer Gesellschaft, in der der einzelne in eine sinnvolle, ein Ziel ansteuernde Gemeinschaft fest eingebunden ist, ohne seine Individualität zu verlieren. Das gemeinsame Handeln zum Wohle der gesamten Polis-Gemeinschaft, nicht das Untertauchen in einer amorphen, anonymen Masse – dieses Ideal des Bürgers eines demokratischen Gemeinwesens verbirgt sich in der eindrucksvollen Komposition des Cella-Frieses.

Aber nicht nur das. Ihren Höhepunkt erreicht die Bild-Erzählung in der Mitte der Ostseite. Dort vollzieht sich der eigentliche kultische Akt des großen Panathenäenfestes: Junge Frauen überreichen der Stadtgöttin bzw. den Priestern der Athena als ihren Vertretern die prunkvolle Festgabe in Form eines neuen Gewandes (Peplos), mit dessen Fertigung zahlreiche Athenerinnen neun Monate zuvor begonnen haben[10]. Der Feierlichkeit und Bedeutung dieses Augenblickes entspricht die erlauchte Schar der Gäste, die der Überreichungs-Szene beiwohnen: Es sind keine Geringeren als zwölf Götter, die den Olymp verlassen haben, um sich beim athenischen Panathenäenfest einzufinden und der Zeremonie durch ihre Gegenwart einen überaus würdevollen Rahmen zu verleihen. Zeus und Hera, das göttliche Herrscherpaar, sind ebenso anwesend wie Apollon, Hephaist, Artemis, Aphrodite, Iris, Ares, Demeter, Dionysos, Hermes und natürlich Athena selbst.

Eine so glänzende Götterversammlung gleichsam auf dem Boden Athens – das ist Anspruch und Verpflichtung zugleich für eine Stadt, die sich ihrer Stellung in der griechischen Welt bewußt ist. Der einst unbedeutende Herrschersitz der mykenischen Zeit – er hat sich zu einer mächtigen Weltstadt entwickelt, deren Hauptfest die höchsten Götter durch ihren Besuch ehren. Darin liegt die programmatisch-selbstbewußte Aussage dieser Szene, von der man sehr treffend gesagt hat, sie propagiere »in einer visionären Schau die Ansprüche und Ziele des perikleischen Athen«[11].

### *Kunst im Dienste demokratischer Propaganda*

Eine schwärmerisch-verklärende Sicht schöngeistiger Interpreten, eine geistvolle Über-Deutung, die in die Bauplastik des Parthenon etwas hineingeheimnist, das ihre Schöpfer gar nicht beabsichtigt haben? Der Verdacht mag naheliegen, wenn man auf manche Interpretationen griechischer Kunstwerke blickt.

Hier jedoch ist er unangebracht, zumal es nicht um idealistisch-harmonisierende Deutungen geht, sondern um eine nüchtern-rationale Analyse, die zu einem sehr prosaischen Ergebnis gelangt: daß nämlich Perikles die Kunst hier zu einer, wenn man so will, scharfen Propaganda-Waffe umgeschmiedet oder, freundlicher formuliert, sie in den Dienst seiner Staatsidee gestellt hat. Was diese »Propagandaträger« jedoch von der unsäglichen, meist grobschlächtigen »Kunst« gefühlloser Diktaturen unterscheidet, ist ihre künstlerische Perfektion, die Form und Idee zwar nicht völlig zur Deckung bringt, aber die Glaubwürdigkeitskluft zwischen Anspruch und Realität gerade durch die Überzeugungskraft des künstlerischen Mediums bedeutend verengt. Diese Art von Sensibilität mag ein wichtiges Element jenes wertenden Epochebegriffes sein, den man Klassik zu nennen pflegt und der sich im Bereich der Alten Geschichte in ähnlicher Weise in der bildenden Kunst und der Literatur der Augusteischen Zeit wiederfindet.

Wie wenig sich die ideologische Ausdeutung des Parthenon-Frieses von der Wirklichkeit der Perikleischen Zeit abhebt, geht aus einer auf den ersten Blick überraschenden Bestimmung hervor: Zu den großen Panathenäen mußten nicht nur alle Städte Attikas und alle Kolonien Opfertiere nach Athen schicken, sondern auch sämtliche Bundesgenossen Athens waren verpflichtet, der Schutzgöttin ihrer »Partner«-Stadt ein Opferrind zukommen zu lassen. Im Peloponnesischen Krieg verlangte Athen außerdem von jeder Mitgliedsstadt des Seebundes, der Athena anläßlich ihres großen Festes eine Rüstung zu senden [12]. Was den olympischen Göttern recht war, das hatte den Bündnern Athens billig zu sein. Ob sie wollten oder nicht, auch sie hatten ihren Beitrag zum Glanz und Gelingen eines Festes beizutragen, das ihrer Führungsmacht als Ausdruck ihrer religiösen und politischen Vormachtstellung diente.

»Das staatliche Selbstgefühl«, so beschreibt M. P. Nilsson in seinem Werk über die Geschichte der griechischen Religion diesen Sachverhalt, »genauer gesagt, der Stolz auf die Macht und Herrlichkeit des attischen Reiches, konnte nirgends einen anschaulicheren und angemesseneren Ausdruck finden als in der Religion des Staates«[13]. Seinen Landsleuten diese Perspektive eröffnet, diese Sinngebung aufgezeigt und propagiert zu haben, gehört zu den bedeutendsten Leistungen des Perikles. Der Ursprung dieses geistigen Klimas reicht bis in die Jahre nach den Perserkriegen zurück. Der Boden dafür war schon bereitet, als Perikles zum führenden Mann Athens aufstieg. Sein historisches Verdienst ist nicht, dieses Klima geschaffen, wohl aber, es mit allen Mitteln gefördert zu haben.

Man sage nicht, das alles sei viel zu subtil, viel zu »intellektuell« für die breite Masse gewesen, als daß der einfache Athener Programm und Staatsidee seines demokratischen Staates darin habe erkennen können. So ungebildet, so dumpf und unsensibel war der Demos keineswegs, wie es seine Gegner gern hinstellten. Es waren immerhin Tausende, ja Zehntausende, die etwa durch die Zuschauer-Schule des attischen Theaters gegangen waren – und das erschöpfte sich nicht in seichter, oberflächlicher Volksbelustigung auf Klippschulniveau! Außerdem: Was da im Bild-Programm des Parthenon seinen plastischen Niederschlag fand, das war nichts anderes, als was Perikles nicht müde wurde, seinen Mitbürgern in seinen Reden zu vermitteln. Mit dem ewigen Ruhm der Tempelbauten, so wird berichtet, habe er den Athenern das Bauprogramm schmackhaft gemacht; er appellierte an ihren Nationalstolz und ihr Ehrgefühl, als es galt, seine Pläne durchzubringen, und er den Demos aufforderte, »selber teilzuhaben am Ruhme des Werkes«. Und überhaupt durchzog ein Leitmotiv die Reden des Olympiers: Mit vollem Recht könnten die Athener stolz auf ihre Stadt sein, die ihresgleichen in Griechenland suche. Oder mit den Worten Plutarchs: »Er spornte die Athener an, den Kopf noch höher zu tragen, sich noch Größeres zuzutrauen.[14]«

Und wer das alles nicht verstand, der konnte immerhin noch Größe und Reichtum der attischen Macht geradezu mit dem Magen aufnehmen – dann nämlich, wenn es im Anschluß an die religiösen Feierlichkeiten etwa beim Panathenäenfest darauf ankam, das Fleisch der vielen Opfertiere, die die halbe griechische Welt in die attische Metropole hatte entsenden müssen, zu vertilgen. Da lohnte es sich dann für die Athener, zur gottesfürchtigsten und mächtigsten griechischen Bürgerschaft zu gehören. Denn: »Was die Frömmigkeit nützte, wußten sie, wenn sie den Dampf des Opferbratens rochen oder die Fleischstücke mit nach Hause nahmen. Was sie den Göttern opferten, genossen sie selbst, und sie wußten wohl, daß die Macht des Reiches ihnen diese Frömmigkeit aufzuwenden ermöglichte.« Eine in ihrer Ironie und Anschaulichkeit großartige Beschreibung, die sich vor einigen Jahrzehnten noch ein souveräner Kenner der Materie in einem wissenschaftlichen Standardwerk erlauben konnte![15]

## *Ruhm der Athena-Statue – und ihr »Geheimnis«*

Zurück zum Parthenon! Das eigentliche Prunkstück des Tempels war das riesige Kultstandbild der Athena, das das Innerste des Heiligtums, die Cella, schmückte. Zehn Jahre lang hat Phidias an dieser Kolossalstatue aus Gold und Elfenbein gearbeitet. Mit einer Höhe von rund zwölf Metern gehörte sie zu den monumentalsten Plastiken, die je ein griechischer Bildhauer erschaffen hat. Nur alleredelstes Material kam in Frage, um die Größe und Erhabenheit der Gottheit zu betonen, der Athen seine Stellung verdankte. Nicht weniger als 44 Talente Gold, das heißt mehr als eine Tonne des kostbaren Edelmetalls, verarbeitete Phidias in seinem Standbild.

Die Originalstatue ist – kein Wunder bei ihrem schon unermeßlichen Materialwert – nicht erhalten. Doch haben viele Künstler die berühmte Statue des Phidias in verkleinertem Maßstab kopiert, so daß aus den erhaltenen Kopien und den Beschreibungen antiker Autoren eine klare Vorstellung vom Aussehen des Kultbildes der Athena Parthenos zu gewinnen ist: Hier steht eine kriegerische, eine sieggewohnte und siegverleihende Göttin. In voller Rüstung, die Linke auf einen Rundschild gestützt, eine Lanze im Arm, trägt sie in der erhobenen Rechten eine vergoldete Statue der Nike, der Siegesgöttin. Neben dem Schild windet sich eine Schlange empor: die Burgschlange, die als Symbol für den Bestand Athens galt. So lange sie die Burg nicht verließ, war nach dem Glauben der Athener für das Wohl der Stadt gesorgt.

Die Außenseite des Schildes ziert die Darstellung einer Amazonenschlacht. Theseus, dem mythischen Urkönig Athens, gelingt es da, die über die Stadt hereinbrechenden Amazonen zu besiegen und Athen so vor dem sicheren Untergang zu retten – nicht ohne Hilfe der Göttin, als deren Attribut eben dieser Schild erscheint. Die Parallele zu den Kämpfen der jüngsten Vergangenheit lag auf der Hand: Wie einst Theseus seine Stadt der drohenden Vernichtung entrissen hat, so gelang es in historischer Zeit den Helden der Perserkriege, die persische Gefahr unter höchstem Einsatz abzuwehren – auch das natürlich nicht ohne den Beistand der kämpferischen Athena.

So klar und unmißverständlich die programmatische Aussage des ganzen Kunstwerkes ist, in dem sich der Erfolg der attischen Metropole in der Unbezwingbarkeit ihrer sieggewohnten Stadtgöttin spiegelt, *ein* Geheimnis hat die Kultstatue bis heute noch nicht zweifelsfrei preisgegeben. Ein Geheimnis, das den Auftraggeber dieses gewaltigen Kunstwerkes betrifft: Perikles.

Im Verlaufe der Hetzkampagne, die die Opposition nach Fertigstellung der Athena-Statue gegen Phidias entfesselte, wurden alle möglichen Verdächtigungen laut. Man schlug auf den Bildhauer ein, wollte aber in Wirklichkeit Perikles treffen, und so wurde unter anderem das Gerücht verbreitet, Phidias habe es mit der zweckgebundenen Verwendung seines teuren Materials nicht ganz so genau genommen. Einen Teil davon habe er gar nicht verarbeitet, sondern in seine eigene Tasche fließen lassen. Das war der erste Vorwurf. Der zweite gegen ihn und Perikles geäußerte Verdacht war noch gravierender, weil es dabei nicht nur um schnöde Unterschlagung, sondern um die Verletzung religiöser Gefühle ging. Phidias habe, so wollte die Opposition herausgefunden haben, in der Darstellung der Amazonenschlacht auf dem Schild der Athena nicht nur sein eigenes Porträt eingeschmuggelt – angeblich übrigens in der nicht gerade sehr schmeichelhaften Gestalt eines kahlköpfigen Alten –, sondern auch »ein vortreffliches Bildnis des Perikles, der mit einer Amazone kämpfte, in die Darstellung eingefügt«[16].

Was es mit dieser Behauptung auf sich hat, ob sie sich später als üble Stimmungsmache gegenüber einem »Olympier« erwies, der als größenwahnsinnig, als von frevelhafter Hybris besessen gebrandmarkt werden sollte, oder ob etwas Wahres daran ist, wird nicht überliefert. Und damit ist der Spekulation Tür und Tor geöffnet. Es ist schon fast so etwas wie ein Glaubenskrieg, der in Archäologen-Kreisen in dieser Streitfrage herrscht. Identifizieren die einen das vermeintliche Perikles-Porträt mit der Darstellung des Theseus, verbunden mit der folgerichtigen Interpretation, daß Perikles seine eigene Bedeutung entsprechend hoch veranschlagt und ein ganz neues Gebiet des Persönlichkeits-Kultes betreten habe, so qualifizieren andere diese Hypothese als nicht ernst zu nehmenden »wissenschaftlichen Mummenschanz« ab[17].

Für beide Positionen lassen sich Argumente und Gesichtspunkte anführen, aber beide sind letztlich nicht zu beweisen. Und so muß die Frage im Zwielicht bleiben, ob Perikles am Ende doch seine Drohung vor der Volksversammlung, er werde, falls er keine Mehrheit für sein Bauprogramm finde, seinen eigenen Namen auf die Bauten setzen lassen[18], in einer versteckten Form wahrgemacht hat ...

Etwa zur gleichen Zeit, als Phidias seine Kolossalstatue der Athena vollendete und der Parthenon offiziell eingeweiht wurde, begannen die Bauarbeiten an dem zweiten großen Komplex auf der Akropolis. Nach Plänen und unter Aufsicht des Architekten Mnesikles wurden von 437 bis 432 die Propyläen, das wuchtige, tempelartige »Tor« zum Burgberg, gebaut. Auch dies ein monumentaler, eindrucksvoller Bau, der die Besucher der Akropolis gewissermaßen einstimmte auf die verschwenderische architektonische Pracht, mit der die Athener ihre Götter ehrten. Der Marmor, den man zum Bau der Propyläen verwendete, wurde im Pentelikon-Massiv im Inneren Attikas gebrochen. Noch im 2. Jahrhundert n. Chr., als der Reiseschriftsteller Pausanias Athen besuchte, fiel das marmorne Dach der Propyläen besonders auf, wie denn überhaupt das ganze Gebäude nach Pausanias' Urteil »hinsichtlich der Ausstattung und Größe der Marmorblöcke bis heute hervorragt«[19].

Auch hier sollte es auf die Kosten nicht ankommen, mochte sich die Opposition auch noch so lautstark über die unglaubliche Verschwendungssucht aufregen, die die Finanzen der Stadt völlig zu zerrütten drohte. Daß solche Befürchtungen nicht ganz aus der Luft gegriffen waren, scheint eine überraschenderweise genau überlieferte Zahl zu beweisen: Sage und schreibe zweitausendzwölf Talente soll der Bau der Propyläen verschlungen haben[20]. Welch gewaltige Summe das war, zeigt die Rechnung, die der russische Althistoriker V.D. Blavatzkij vor einigen Jahren aufgemacht hat. Blavatzkij geht ganz richtig davon aus, daß eine Umrechnung dieses Betrages in heutige Kaufkraft wissenschaftlich sehr bedenklich ist. Er wählt deshalb Vergleichsbeispiele aus Perikleischer Zeit und kommt dabei zu dem Ergebnis, daß mit diesem Geld ein Jahr lang 33 500 Facharbeiter oder 40 000 Schwerbewaffnete oder 67 000 Ruderer hätten besoldet werden können. Mit anderen Worten: daß diese Kosten dem jährlichen Existenzminimum für 67 000 Familien in Athen entsprachen![21]

Das spricht eine deutliche Sprache – was den Willen zur Repräsentation angeht, was die Finanzkraft und Prosperität der Polis Athen in den dreißiger Jahren anbetrifft und was die Schamlosigkeit der Griffe in die – mittlerweile in den Parthenon gebrachte, der Athena zur Bewachung anvertraute – Kasse des Seebundes anbelangt. Gleichwohl: Das ganze Gerede um die Zerrüttung der Staatsfinanzen entbehrte jeder Grundlage. Trotz der enormen Belastungen durch diese und andere Bauten verfügte Athen am Vorabend des großen militärischen Ringens mit Sparta noch über eine gut gefüllte Kriegskasse. Dort lagerten Edelmetallreserven von 6 000 Talenten, als der große Sturm losbrach[22].

Dem Ausbruch dieses Krieges fielen zunächst die weiteren Baupläne für die Akropolis zum Opfer. Erst nach dem Tode des Perikles wurde der zierliche ionische Tempel der Athena Nike (der »siegreichen Athena«) auf der Südwestecke der Akropolis fertiggestellt. Auch das Erechtheion, zu Ehren des mythischen athenischen Königs Erechtheus benannt, ein architektonisch sehr undogmatischer, durch die berühmte Korenhalle besonders auffälliger kultischer »Mehrzweckbau«, der sowohl den heiligen Ölbaum der Athena als auch das Dreizackmal des Poseidon umschloß, konnte erst ein knappes Vierteljahrhundert nach Perikles' Tod vollendet werden.

Trotz einiger Veränderungen und Korrekturen, die gegenüber der ursprünglichen Planung vorgenommen wurden, geht doch die Gesamtkonzeption der Akropolis-Tempel, wie sie noch heute die Bewunderung ungezählter Besucher erregt, auf Perikles und seine künstlerischen Berater zurück. Die intensive Zusammenarbeit von Politik und Kunst hat Werke hervorgebracht, für die das Plutarch-Wort von den unvergänglichen Bauten, die den Hauch einer nie alternden Seele in sich tragen, nicht zu hoch gegriffen erscheint.

Ein unbekannter Dichter aus hellenistischer Zeit hat den Eindruck, den die Stadt und ihre Bauten auf ihn gemacht haben, noch pathetischer beschrieben:

»Schmuck sind dem Himmel die Sterne,
der Erde ein blühender Frühling.
Schmuck ist für Hellas dies Land
und für die Stadt dies Volk.[23]«

Der weitgespannte Bogen vom himmlischen Firmament der Götter über den Preis der Natur zum Menschen des Landes und seinen Leistungen: Perikles, den geistigen Vater jenes Werkes, das mehr als alles andere zum Ruhm Athens beigetragen hat, hätte das Lob des Dichters mit Zufriedenheit und Genugtuung erfüllt.

### *Tempel, Musikhalle, Theater – Baupolitik des Perikles*

Die Neubebauung des Burgberges, der unter der persischen Invasion so stark gelitten hatte und als kultisches Zentrum Athens höchste Priorität genießen mußte, war das vorrangige Bauanliegen des Perikles. Aber es war keineswegs das einzige. Zur gleichen Zeit wurden in ganz Attika Tempel-Neubauten in Angriff genommen, die zumindest teilweise auf Anträge des Perikles zurückgingen.

Das trifft sicher auf den Hephaistostempel am Rande der Agora zu. Mit seinem Bau wurde um die Mitte des 5. Jahrhunderts begonnen. Weil der Metopenschmuck u. a. Taten des legendären attischen Helden Theseus zeigte, ist der Tempel auch unter dem Namen Theseion bekannt. Das prächtige Heiligtum gehört zu den besterhaltenen griechischen Tempeln, ja wird mitunter als *der* besterhaltene angesehen. Wie so mancher andere antike Tempel hat er die Zeitläufte ziemlich heil überstanden, weil er im 5. Jahrhundert in eine christliche Kirche umgewandelt wurde, die auch die Türken nach der Eroberung Athens nicht antasteten.

Ein weiterer weltbekannter Tempel ist ebenfalls in Perikleischer Zeit errichtet worden: der strahlendweiße Tempel des Poseidon auf der äußersten Spitze von Kap Sunion. Auf steilem, schroffem Fels, sechzig Meter über den Wogen, die dort mit hoher Gischt gegen das Land anbranden, erhebt sich, von stürmischen Lüften gepeitscht, das Heiligtum des Herrschers über die Meere. Ihm verdankten die Athener viel; ihn galt es gütig zu stimmen, wollte man die Seeherrschaft behaupten, die so grundlegend für den Wohlstand Athens war.

Schon von weitem sahen die Seefahrer die hell leuchtenden Säulen des Poseidon-Tempels. Vielen, die in rauher See um ihr Leben gefürchtet hatten, mag er als Sinnbild der Hoffnung erschienen sein. Wer an ihm vorbeifuhr, gelangte in ruhigeres Fahrwasser, hatte die rettende attische Küste nah vor Augen. Sunion: das war für den in der Fremde weilenden Athener auch ein romantisches Stück Heimat, nach dem er sich sehnte. Weit über zweitausend Jahre früher als die elegisch-träumerischen Verse, die der große Philhellene Lord Byron tief ergriffen über die Schönheit des Ortes verfaßt hat, bei dem Kunst, Land und Meer zu einer Einheit verschmelzen, entstanden die Zeilen eines Zeitgenossen des Perikles:

»Dahin fliehen, wo dichtwaldig des Meeres Berghaupt umwogt sich erhebet, möcht' ich, zu Sunions steilem Fels, möchte zu dir hinrufen, hochheiliges Athenai!« So läßt Sophokles den Chor im »Aias« sehnsüchtig sprechen[24].

Ist der Poseidon-Tempel auf Kap Sunion dank seines relativ guten Erhaltungszustandes heute eine touristische Attraktion ersten Ranges, so läßt sich das von den kümmerlichen, unanschaulichen Überresten eines anderen Gebäudes aus Perikleischer Zeit nicht behaupten. Von dem Odeion, das Perikles in den vierziger Jahren an der Südseite der Akropolis bauen ließ[25], sind nur noch geringe Spuren erhalten. Viele Jahrhunderte über aber galt das perikleische Odeion als eine der schönsten Musikhallen der griechischen Welt[26].

Der prachtvoll ausgestattete Bau diente vor allem musikalischen Aufführungen. Seine Errichtung hing mit einer wichtigen Neuordnung des Panathenäenfestes zusammen, die Perikles vorgeschlagen und erreicht hatte: Erstmals bei den Großen Panathenäen des Jahres

442 wurden neben den traditionellen Sportwettbewerben auch musikalische Wettkämpfe im Kithara- und Flötenspiel veranstaltet. Um dieser neuen Veranstaltung einen würdigen Rahmen zu geben, ließ Perikles den auch architektonisch ungewöhnlichen – in Anlehnung an das persische Königszelt als Rundbau mit einem zeltförmigen Dach gestalteten – neuen Konzertsaal erbauen – sichtbarer Ausdruck einer Kulturpolitik aus einem Guß.

Fast unnötig anzumerken, daß auch dieser Neubau nicht das Wohlwollen der Opposition fand, nicht finden *konnte*, weil er mit dem Namen Perikles verbunden war. Da man politisch nichts dagegen machen konnte, versuchte man es mit Spott und Ironie. Der Komiker Kratinos meinte, die unkonventionelle Architektur der Konzerthalle mit der Kopfform des »zwiebelköpfigen Zeus« vergleichen zu sollen[27] – nicht gerade eine humoristische Meisterleistung und auch in der Sache deutlich unter Niveau.

In unmittelbarer Nähe des Odeion lag das berühmte Theater des Dionysos, die Geburtsstätte gleichsam des europäischen Schauspiels. Die steinernen Zuschauerränge, die sich noch heute dreißig Meter hoch an die Südseite der Akropolis anlehnen, sind erst im 4. Jahrhundert v. Chr. gebaut worden. In die Zeit des Perikles fällt jedoch eine zweite Ausbaustufe, die den provisorischen Charakter der frühesten Theateranlage überwand. Ohne in der Ausschmückung und architektonischen Raffinesse mit dem Odeion in Konkurrenz treten zu können, wurde das Dionysos-Theater doch so weit ausgebaut, daß es den anspruchsvolleren Bedürfnissen der Glanzzeit Athens standhielt.

### *Visitenkarte einer demokratischen Großmacht*

Eine Stadt aus Backsteinen habe er übernommen, eine aus Marmor habe er hinterlassen, pflegte sich der römische Kaiser Augustus seiner immensen Bautätigkeit zu rühmen[28]. Ähnliches gilt, was die Vielzahl, die künstlerische Qualität und die äußere Pracht »seiner« Neubauten anging, auch für Perikles. Mit seinem Namen ist die Verschönerung der Stadt durch Meisterwerke der Baukunst untrennbar verbunden. Viele Generationen späterer Athener haben ihren patriotischen Stolz nicht zuletzt aus den unsterblichen Monumenten einer Epoche bezogen, deren Macht schon lange der Vergangenheit angehörte, während ihre Bauten Glanz und Größe des Perikleischen Athen ungebrochen reflektierten. Der Redner Isokrates fängt diese weitverbreitete Stimmung in seiner 353 v. Chr. gehaltenen Rede folgendermaßen ein: »Perikles, gleichermaßen ein guter Führer des Volkes und ein ausgezeichneter Redner, schmückte die Stadt derart mit Tempeln, öffentlichen Bauten und anderen prächtigen Dingen, daß noch heute Besucher Athens der Meinung sind, die Stadt sei nicht nur würdig, über die Hellenen, sondern über die gesamte Welt zu regieren.[29]«

Genau dieser Eindruck war es, den Perikles mit seiner aufwendigen Bautätigkeit erwecken wollte! Konjunkturbelebung, Beschäftigungspolitik, religiöse Überzeugungen, notwendiger Wiederaufbau – all das sind wichtige Momente der perikleischen Baupolitik. Aber über all diesen Gesichtspunkten thront doch majestätisch der programmatische Anspruch dieser einzigartigen Baupolitik.

In ihr sollten sich Macht und Reichtum, künstlerische Führungsstellung und imperiales Selbstverständnis der Großmacht Athen spiegeln. Repräsentation – das war der Grundgedanke. Aber keine protzige, allein auf Masse und Quantität bedachte Repräsentation, sondern eine geistvolle, künstlerisch gelungene, nicht nur auf vordergründige Ausrufe der Bewunderung abzielende Konzeption; nicht nur Fassade, sondern auch Inhalt.

Athen pochte hier unübersehbar auf seine Führungsstellung, es beanspruchte auch optisch jene Hegemonie, die ihr die starke Flotte und ihre ökonomische Macht faktisch sicherten. Dieser Anspruch stand auch hinter dem Bauprogramm eines Augustus, der ein von vergoldeten Dächern strahlendes Rom als sichtbaren Ausdruck der zentralen Stellung der Stadt im riesigen Imperium Romanum wollte.

## *Sinngeber aus Überzeugung*

Und doch gibt es einen entscheidenden Unterschied zwischen Augustus und Perikles. Der eine, Augustus, bereitete mit seinem Bauprogramm propagandistisch den Boden für die neue, von ihm mit Waffengewalt eingeführte Staatsform der Monarchie, wollte damit vor allem für sich selbst, salopp gesprochen, Reklame machen und als traditionsbewußter und religionsbeflissener, vom Glanz repräsentativer Bauwerke umstrahlter »Vater des Vaterlandes« in die Geschichte eingehen.

Perikles dagegen kam es darauf an, der athenischen Demokratie ein würdiges Denkmal zu setzen, Idee, Geist und Anspruch dieser Staatsform zu versinnbildlichen, die nach seiner Überzeugung Athen groß gemacht hatte. »Schaut her, *das* leisten wir mit unserer von den Oligarchen so arg geschmähten Verfassung, *das* ist unser Programm, *darin* unterscheiden wir uns von den anderen, *das* ist der sichtbare Beweis dafür, wie hoch wir unseren Konkurrenten von der Peloponnes überlegen sind« – das war die ebenso selbstbewußte wie herausfordernde Botschaft der Bautätigkeit der Perikleischen Zeit gegenüber den anderen Griechen. Und das war auch die Bestätigung für die eigenen Anhänger, die Träger dieser Staatsform, daß man auf dem richtigen Wege war – der augenfällige Beweis für die Überlegenheit des eigenen Systems, ein beruhigendes, überaus anschauliches Argument für die Berechtigung des imperialen Anspruches, den das demokratische Athen für sich reklamierte.

Kein Zweifel: Wenn all das die eigene Popularität förderte und die eigene Stellung festigte, so war das dem »Macher« Perikles, dem demokratischen »Parteiführer«, nicht unlieb. Kein Zweifel auch, daß Perikles sich gern schmeichelte, der geistige Vater dieser repräsentativen Kunstwerke zu sein – ganz unabhängig davon, ob er sich insgeheim als zweiter Theseus fühlte und porträtieren ließ, wie es seine Gegner argwöhnten. Und doch stand dieser Gesichtspunkt deutlich im Hintergrund, tritt die Person weit hinter die Sache zurück. Perikles hätte es wahrhaftig leichter haben können, wenn es ihm nur um seine eigene politische Existenz zu tun gewesen wäre. Er hätte sich viel Kritik ersparen, viel unverständiges Kopfschütteln auch im Lager seiner Anhänger vermeiden können.

Aber er nahm das alles in Kauf. Er *wollte* sich als Sinngeber dieser Demokratie engagieren, *wollte* das Credo und Programm seiner »Partei« in der Form einer politisch inspirierten Kunst propagieren. Es gehört zu dem Besten, was man über die staatsmännische Leistung des Perikles sagen kann, wenn man feststellt, daß ihm das prächtige Werk um so überzeugender gelungen ist, als es nicht vom Schatten persönlicher Profilneurose verdunkelt wird. Herrliche, einmalige Kunstwerke sind auf diese Weise entstanden – aber kein Superlativ darf darüber hinwegtäuschen, daß die Akropolis-Tempel auch und gerade etwas mit Ideologie oder, milder formuliert, mit politischer Philosophie zu tun haben. Türken und Venezianern, die sich vor dreihundert Jahren bekriegten und dabei keine Rücksicht auf die archäologische Hinterlassenschaft des klassischen Athen nahmen, war das herzlich gleichgültig. Wer sich indes in unseren Tagen auf den »Geist der Akropolis« beruft, der sollte sich schon darüber im klaren sein, welche Ideale er damit beschwört.

### *Der Friedensfürst und sein Zirkel –*<br>*Wunschvorstellung contra Realität*

Es scheint ein fast unbezähmbares Bedürfnis vor allem der deutschen Altertumswissenschaft zu sein, bei der Behandlung bestimmter Epochen der Alten Geschichte in ästhetisierenden Betrachtungen zu schwelgen und einem Harmonie-Bedürfnis nachzugeben, das die genaue historische Analyse hinter einen zwielichtigen, unscharfe Konturen erzeugenden Vorhang aus idealistischer Begeisterung und romantisch-weltfremder Schwärmerei zurücktreten läßt.

Auf diese Weise sind historische Legenden entstanden, die selbst in einer mittlerweile eingetretenen Phase der Ernüchterung schwer zu beseitigen sind, weil viele Generationen von professionellen und dilettierenden Altertumsforschern an ihrer Entstehung und Ausbildung mitgearbeitet haben. Eine Reihe dieser wissenschaftlichen Mythen rankt sich um das Bemühen, Ereignis- und Geistesgeschichte zu einer so völligen Deckungsgleichheit zu bringen, daß sich die Handlungen der historischen Protagonisten aus der Lauterkeit und noblen Philosophie geistiger Ideale unmittelbar erklären lassen.

Besonderer Beliebtheit erfreute sich dabei lange Zeit die Kreis-Theorie. Will sagen: Da wurden literarisch-künstlerische Zirkel mehr konstruiert als aus den Quellen re-konstruiert, die Größen des Geisteslebens in schöner Eintracht mit Größen von Politik und Gesellschaft vereinten. So hat sich etwa die Vorstellung von einem Scipionenkreis bis heute weithin halten können, in dem sich griechische Philosophen und römische Dichter um den Griechen-Freund L. Cornelius Scipio geschart haben und griechische Kultur und Gesittung in Rom heimisch gemacht haben sollen – eine überaus windige Konstruktion, deren idealisierendem Absolutheitsanspruch nicht einmal die Tatsache etwas anhaben konnte, daß der vermeintlich durch die Schule griechischer Philanthropie gegangene Cornelius Scipio der Exekutor der brutalen Karthago-Politik Roms gewesen ist, der die nordafrikanische Handelsstadt im Jahre 146 v. Chr. dem Erdboden gleichmachen ließ. Obwohl ein ebenso nüchterner wie überzeugender Aufsatz des renommierten Althistorikers H. Strasburger im Jahre 1966 wie eine Bombe in diese heile Welt des »Scipionenkreises« einschlug und sie als schöne Fiktion entlarvte[30], geistert die liebgewonnene Vorstellung eines solchen Zirkels im Rom des zweiten Jahrhunderts v. Chr. immer noch auch durch viele Schulbücher ...

Etwas anders gelagert ist der Fall bei Augustus und dem Kreis von Dichtern, Schriftstellern und bildenden Künstlern, die kurz als »Augusteer« bezeichnet zu werden pflegen. Da hat es tatsächlich im Augusteischen Rom literarische Zirkel gegeben, in denen auch der Kaiser selbst dann und wann verkehrte. Die blauäugigen Formulierungen jedoch vom »Kreis um Augustus« oder, geradezu programmatisch als Titel eines Buches gewählt, von der »Kunst um Augustus«[31] lassen nur zu rasch die propagandistischen Absichten vergessen, die für Augustus eine ganz entscheidende Überlegung bei der Förderung der Künstler waren[32]. Was ja an sich noch nichts Ehrenrühriges ist, aber doch irgendwie einem Verständnis von politischer Lauterkeit und edler staatsmännischer Gesinnung zuwiderzulaufen scheint, mit dem viele Betrachter gerade an die »klassischsten« Momente der »klassischen Antike« herantreten möchten.

Kein Wunder also, daß auch Perikles ein ähnliches Schicksal widerfahren ist. Der bedeutendste Politiker der großen Zeit Athens: Die Versuchung, auch um ihn herum einen erlauchten Kreis von Philosophen, Dichtern und Künstlern zu scharen, war zu groß; viele sind ihr erlegen. Und so entsteht dann das Bild eines kulturschaffenden Friedensfürsten[33], dessen Glanz um so heller erstrahlt, als in diesem Gleichklang von Kunst und Politik das höchste Ziel im Handeln des Staatsmannes Perikles vermutet wird.

Ein hehres Ideal, ein ansprechendes Bild, das da gemalt wird. Es hat nur einen Nachteil: Es stimmt nicht mit der geschichtlichen Wirklichkeit überein. Einen »perikleischen Zirkel«, in dem gleichsam die Kunst die Richtlinien der Politik bestimmt hätte – das hat es nie gegeben. Und auch die persönlichen Beziehungen zwischen Perikles und hervorragenden Literaten und Künstlern seiner Zeit erweisen sich bei nüchternem Quellenstudium keineswegs als so innig, wie es das Schlagwort vom Freundeskreis vermuten läßt.

Mit manchen Angehörigen dieses »Freundeskreises« hatte Perikles nachweislich so gut wie keinen persönlichen Umgang. Wenn sie trotzdem hartnäckig in diesem Zusammenhang erscheinen, dann macht das schon Sinn; denn: »Erst durch den Zusammenklang aller ihrer Namen wird der Akkord voll, wird Perikles aus dem harten und nüchternen Staatslenker, den Thukydides dargestellt hat, zum Friedensfürsten und Kulturpolitiker, erscheint der Parthenon nicht nur als Denkmal seines Mäzenatentums und des Nationalstolzes, sondern als Teil eines von Idealen durchgeistigten Gesamtplanes, dessen sämtliche Linien in seinem Hirn und seinem Herzen zusammenlaufen«[34].

Also wäre eine drastische Revision des Athen-Bildes des 5. Jh.s v. Chr. notwendig? Eine Relativierung der Vorstellung, daß diese Stadt damals die geistige Führung in Hellas innehatte, der unbestrittene Kristallisationspunkt griechischer Kunst und Literatur war?

*Das* keineswegs. Wohl aber ist die Rolle, die Perikles in diesem Bild spielt, anders zu bestimmen, als es die idealistisch-schwärmerisch ausgerichtete »Fraktion« deutscher – und, wenngleich in geringerem Umfang, auch internationaler – Altertumsforscher gern hätte. Immerhin hat sich das Perikles-Bild in der letzten Zeit doch schon deutlich in Richtung auf eine realistischere Beurteilung hin geändert. Zu unübersehbar sind die Kratzspuren und Sprünge, die die Patina des edlen Kulturfürsten Perikles durch die engagierten Untersuchungen vorurteilsfreier Historiker und Philologen mittlerweile erhalten hat[35]. Wer die Bedeutung Athens im 5. Jh. als intellektuelle und künstlerische Kapitale von ganz Griechenland für das Werk einer perikleischen Kulturpolitik hält, der im wesentlichen idealistische Motive zugrunde liegen, der übersieht ganz schlicht, daß die attische Metropole diese Stellung keinesfalls erst nach der »Machtübernahme« der Demokraten im Jahre 462 errungen hat. Schon in der Zeit vor den Perserkriegen, erst recht aber in der Kimonischen Ära waren da die entscheidenden Weichenstellungen erfolgt, ohne die die prachtvolle kulturelle Entfaltung Athens in Perikleischer Zeit nicht möglich gewesen wäre.

### *Theaterspiel – schon in vorperikleischer Zeit*

Stichwort Theaterwesen zum Beispiel. Das »Gerüst« der tragischen und komischen Wettkämpfe bestand in Perikleischer Zeit schon seit Jahrzehnten; mehrere Hundert von den insgesamt rund eintausendzweihundert Tragödien und Satyrspielen, die die attischen Tragödiendichter im Laufe des fünften Jahrhunderts – übrigens ohne irgendeine Reprise! – verfaßt und aufgeführt hatten, gehörten den ersten Jahrzehnten des Jahrhunderts an. Und auch an Qualität brauchte sich die imposante Produktion der vorperikleischen Epoche nicht hinter späteren Dichtungen zu verstecken. Stehen Sophokles und Euripides als klingende Namen tragischer Dichtkunst für die Ära Perikles, so geht ihnen kein Geringerer als Aischylos als Repräsentant der kimonischen Zeit voran. Ähnliches gilt für die Komödie, deren bedeutendster Vertreter, Aristophanes, seine Erfolge im übrigen erst nach dem Tode des Perikles erzielte.

Einrichtung und Ablauf des großen Dionysien-Festes waren seit dem Jahre 486, als der Agon der komischen Dichter mit in das Programm aufgenommen worden war, festgelegt. Von Jahr zu Jahr wurde das Fest jedoch prächtiger und repräsentativer; ein kulturellreligiöses Festival, das den Höhepunkt des athenischen Festkalenders darstellte und viele Gäste aus ganz Griechenland anzog.

Während im Winter die Schiffahrt weitgehend ruhte, Besucher aus anderen Städten also kaum die Möglichkeit hatten, auf diesem Wege nach Athen zu gelangen, konnten sie sich zu den im Frühling (Ende März/Anfang April) stattfindenden Dionysien ohne Schwierigkeiten in großer Zahl einfinden. Und tatsächlich lohnte es sich anzuschauen, was Athen da seinen eigenen Bürgern und den Fremden zu bieten hatte.

Der erste Tag der Feierlichkeiten bildete den kultischen Höhepunkt des Dionysos-Festes. Ein großer Prozessionszug formierte sich und zog durch die Stadt bis zum Tempel des Dionysos Eleuthereus. Dort wurden dem göttlichen Schirmherrn des Festes reiche Opfer gebracht. Das Ganze muß ein äußerst farbenfrohes, aber doch würdiges Bild abgegeben haben. Die attischen Bürger trugen weiße Gewänder, während die Metöken in Scharlachrot gekleidet waren. Herausragende »Farbtupfer« waren die prunkvollen Gewänder der Choregen, die die an den nächsten Tagen auf dem Programm stehenden Theaterstücke finanzierten und ausrichteten. Auch Frauen nahmen an der Prozession teil – eine der wenigen Gelegenheiten, bei denen Athenerinnen zumindest der Oberschicht das Haus verließen[36].

### *Volks-Theater auf höchstem Niveau*

Am Nachmittag dieses Tages begaben sich die Teilnehmer der Prozession in das Dionysos-Theater. Dort fand ein erster großer Wettbewerb statt. Jede der zehn Phylen, in die die Bürgerschaft eingeteilt war, hatte in den Monaten vor dem Fest je einen Knaben- und einen Männerchor aus ihren Reihen zusammenstellen müssen[37]. Diese Chöre trugen nun im Wettstreit miteinander Festlieder vor, die sogenannten Dithyramben. Gerade dieser Dithyramben-Wettkampf macht deutlich, in welchem Umfang die Bürger aktiv am kulturellen Programm teilnahmen: Es waren Jahr für Jahr tausend Männer und Knaben, die da ihre Chorstücke einzuüben und vorzutragen hatten. Mit ausgelassenem Treiben auf den Plätzen und Straßen der Stadt klang der erste Tag des Dionysien-Festes aus.

Am folgenden Tag wurde es ernst für die Komödiendichter und ihre Ensembles. Nicht weniger als fünf Stücke konkurrierten gegeneinander. Der Theatertag begann folglich früh am Morgen und zog sich bis zum späten Nachmittag hin – sozusagen eine kulturelle Marathon-Veranstaltung, die der Konzentration der Zuschauer ebensoviel abverlangte wie ihrem »Sitzfleisch«. Fünf Komödien – das bedeutete nämlich rund zehn Stunden Stillsitzen im Theater. Und wenn sich auch die ungeheure geistige Anspannung oft genug in Lachsalven, in Zwischenrufen, Applaus und Buh-Geschrei entlud, so war das doch eine einzigartige Leistung an körperlicher und geistiger Disziplin, die das athenische Publikum mit Bravour vollbrachte.

Das gleiche gilt für die folgenden drei Tage des Dionysien-Spektakels. Sie waren den Wettkämpfen der Tragödiendichter gewidmet; wobei aber jeder der drei Konkurrenten vier Stücke, eine Tragödien-Trilogie sowie ein Satyrspiel, aufführen lassen mußte. Das heißt, pro Tag wurde die Tetralogie eines Dichters gegeben – auch das ein für Schauspieler wie Zuschauer ungemein strapaziöses Verfahren.

Am Abend des fünften Tages kam es zu der mit Spannung erwarteten Entscheidung der Schiedsrichter. Eine aus zehn Männern bestehende Jury gab den im Theater ausharrenden Zuschauern bekannt, welcher Dichter beim diesjährigen Agon den Sieg davongetragen habe. Diese Jury war kein Gremium von Sachverständigen, sondern eine aufgrund eines komplizierten Wahl-Los-Verfahrens zusammengesetzte Gruppe von Laien. Das entsprach dem demokratischen Muster dieses Kulturfestivals, zu dem jeder Bürger Zutritt hatte und bei dem man jedem Besucher prinzipiell gleich hohes Urteilsvermögen zubilligte. So sollte die Jury einen repräsentativen Querschnitt der ganzen Bürgerschaft verkörpern. Wobei sie in ihrem Urteil praktisch nicht unabhängig war: Die Schiedsrichter sahen sehr wohl im Laufe der Aufführungen, welche Stücke die Zuschauer favorisierten und welche sie ablehnten, und sie gerieten häufig genug unter einen bewußt oder unbewußt erzeugten erheblichen Druck von seiten der Mehrheit[38], die im Falle von »Fehlurteilen« nicht gerade angenehm zu reagieren pflegte. Doch stellten sich solche Verstimmungen selten ein; die Jury und das Gros der Zuschauer lagen meist auf einer Linie. Für die Dichter empfahl es sich, sie nicht auseinanderzudividieren, sondern im Gegenteil bei beiden Gruppen gleichermaßen für das eigene Stück zu werben[39].

Quantität ist bekanntlich oft der Feind der Qualität. Nicht so in Athen, wo trotz der Vielzahl der jährlich neu ersonnenen und aufgeführten Theaterstücke ein fast unglaublich hoher Standard erreicht worden ist. Gewiß, nicht alle Stücke waren von gleich hohem Niveau. Aber wieviele Stoffe der Weltliteratur, die zu allen Zeiten Autoren zu Nachdichtungen und Neubearbeitungen gereizt haben, sind im 5. Jh. erstmals bearbeitet worden! Eine lange Liste, die vom Antigone-Stoff über Alkestis, Herakles und Orest bis zum Ödipus-Stoff reicht; Dramen außerdem, die noch heute auf den Spielplänen von Theatern in aller Welt stehen.

Entsprechend glänzend ist das Zeugnis, das man dem athenischen Publikum ausstellen muß: Da saßen keine professionellen Kritiker, die ein Studium der Literatur- und Theaterwissenschaften absolviert, die Abhandlungen über Ästhetik und Poetik gewälzt hätten, sondern aufgeschlossene, interessierte Laien, die diesem ja durchweg anspruchsvollen Bühnengeschehen mit Engagement und Neugier folgten und dann ein recht sachverständiges Urteil fällten – insgesamt ein Volks-Theater, das doch auf weite Strecken auf erheblich höherem Niveau angesiedelt war als die meisten Darbietungen heutiger Volks-Bühnen.

Die hohe Qualität der athenischen Dramenproduktion erklärt sich vor allem aus dem Konkurrenzdruck, unter dem alle Beteiligten standen. Das setzte ein einzigartiges literarisches *brainstorming* in Gang, das seinerseits wieder Rückwirkungen auf Anspruch und Niveau des Publikums hatte. Denn je gehaltvoller die Stücke waren, um so besser wurde auf Dauer der Geschmack einer viele Tausend Köpfe zählenden Theatergemeinde.

Das offensichtlich erfolgreiche Wettbewerbsprinzip wurde denn auch in Perikleischer Zeit weiter ausgebaut. Einen neuen Anreiz für Höchstleistungen bot der um 449 zusätzlich eingeführte Agon der tragischen Schauspieler. Seitdem wurden nicht nur das Stück selbst und die Gesamtaufführung und -ausstattung einer kritischen Wertung unterzogen, sondern auch der einzelne Mime hatte die Chance, eine überragende Leistung durch ausdrückliche Anerkennung als bester Interpret bescheinigt zu bekommen – gewissermaßen die athenische Variante des alljährlich in Hollywood veranstalteten Spektakels der Oscar-Verleihung.

Die vierziger Jahre – genaue Daten sind nicht überliefert – brachten eine weitere Neuerung mit sich. Als zweiten Termin, an dem zusätzlich dramatische Wettbewerbe veranstaltet wurden, nahm man die Lenäen in den Festkalender Athens auf, ein im Januar/Februar gefeiertes Fest, das ebenfalls dem Dionysos gewidmet war. Auch wenn die Wettkämpfe an den Lenäen stets im Schatten der ungleich prächtigeren und für fremde Besucher attraktiveren Dionysien blieben, trugen doch auch sie zum kulturellen Ruhm der attischen Metropole erheblich bei. Schließlich die Panathenäen. Auch sie sollten Athens Stellung als intellektuelles Zentrum von Hellas deutlich unterstreichen. Und so beschränkten sich die Wettbewerbe anläßlich der Feier zu Ehren der Stadtgöttin nicht nur auf Sportveranstaltungen, in denen die Sieger mit den berühmten panathenäischen Preisamphoren geehrt wurden; sondern es wurde auch ein musikalischer Agon eingerichtet – und darüber hinaus ein Vortragswettkampf der besten Homer-Rezitatoren.

Dionysien, Lenäen, Panathenäen: Das waren die Höhepunkte im Festkalender Athens; Tage, an denen sich Kult und Kultur, Folklore und ausgelassene Lebensfreude in einer unnachahmlichen, nirgendwo sonst in Griechenland erreichten Weise verquickten und den Glanz dieser Polis hell erstrahlen ließen. Bei den vielen Touristen, die nach Athen kamen, um diese Spektakel anzuschauen, hinterließ dieses Erlebnis einen unauslöschlichen Eindruck, und die meisten werden mit Begeisterung ihren Landsleuten davon berichtet haben, welch großartige Feste die Athener zu feiern verstünden.

Und eben das war auch beabsichtigt! Bei aller künstlerischen Qualität – die athenischen Festivals hatten auch eine entscheidende politische Funktion. Da sollte die geistige und politische Stellung Athens in Griechenland Freund und Feind unmißverständlich vor Augen geführt werden; da bildeten die dramatischen Wettkämpfe, die prachtvollen Prozessionen und der festliche Schmuck der Stadt die ebenso willkommene wie eindrucksvolle Kulisse für eine nationale Selbstdarstellung dieser demokratischen Polis, die durchaus fordernden Charakter hatte und als Demonstration attischer Stärke und attischen Selbstwertgefühls wenn nicht einschüchternd, so doch respekterheischend wirken sollte und wirkte.

Und damit sich das alles auch gebührend herumsprach und sichergestellt wurde, daß die beabsichtigte politische Wirkung dieses Repräsentationsaufwandes nicht dem Zufall überlassen war, ließen sich die Athener eine Menge einfallen. Dazu gehörte auch die Verpflichtung der »Bundesgenossen«, ihre alljährlichen Tributzahlungen von einer Gesandtschaft nach Athen bringen zu lassen, die just in den Tagen des Dionysos-Festes in der attischen Metropole zu weilen und sich auch noch in die Prozession einzureihen hatte![40] Die Festgaben der attischen Kolonien, die in langer Reihe im feierlichen Zug dahergetragen wurden, trugen ihren Teil dazu bei, Prunk und Macht der hier ihre Götter und sich selbst feiernden Bürgerschaft zu betonen. Höhepunkt dieser Seite des Festes war schließlich das pedantisch-protzige Abzählen der Überschüsse von Gold und Silber, die sodann der Stadtgöttin zur Verwahrung übergeben wurden – und das vor versammelter Mannschaft, im dichtbesetzten Dionysos-Theater unter den Augen der Delegierten aus den verbündeten Staaten. Nicht wenige unter diesen kochten innerlich vor Wut, wenn sie sahen, daß ihre Vormacht die Schätze nur so stapelte, während sie selbst unter ihren Beitragslasten stöhnten. Die ganze Prozedur verrät nicht gerade Fingerspitzengefühl auf seiten der Athener gegenüber den Empfindlichkeiten ihrer Bündner. Ein peinliches Schauspiel – aber ein äußerst wirkungsvolles[41].

### *Die »Schule von Hellas« – Image und Wirklichkeit*

*Diesen* Aspekt hatte Perikles im Auge, wenn er das Image Athens als einer wohlhabenden Kulturmacht so nachdrücklich förderte. Das alles war schon früher angelegt, und es wurde auch schon in vorperikleischer Zeit durchaus in Politik umgemünzt. Um so entschiedener setzte Perikles diese Tradition fort; er baute sie aus und scheute sich nicht, diese kulturelle Dominanz als unschätzbaren Vorzug des demokratischen Athen zu propagieren. Was andere vorher nur gedacht hatten, Perikles sprach es aus: In der von ihm so entscheidend geprägten athenischen »Philosophie« wurde das Image des aufgeklärten, geistig regen, weltoffenen und lebensfrohen Athen systematisch als Gegenstück zum abweisenden, den Künsten und der Literatur abholden Sparta aufgebaut, das sich trotzig in der muffigen Enge des Eurotas-Tales abgekapselt hatte und drauf und dran war, in seinem monotonen, menschenverachtenden Kasernenhofdrill zu verkalken[42].

Das war ein tragender Pfeiler der Sinngebung dieses demokratischen Staates. Er verschaffte seinen Bürgern Lebensfreude, kulturelle Genüsse, das schmeichelnde Bewußtsein, in einer Gemeinschaft zu leben, zu deren geistiger wie materieller Führungsstellung Außenstehende nur sehnsüchtig oder neidisch aufblicken konnten.

Genau diese Saite schlägt Perikles in seiner berühmten Totenrede auf die Gefallenen des ersten Kriegsjahres im Kampf gegen Sparta an, dem von Thukydides aufgezeichneten »Epitaphios«, der das Gedankengut des Perikles zwar nicht wörtlich, aber sinngemäß wiedergibt. Der Epitaphios ist das ausführlichste, anschaulichste Dokument für die Bedeutung, die Perikles als Denker und Ideologe seines Staates zukommt. In puncto kultureller Führungsstellung heißt es darin:

»Dann haben wir uns bei unserer Denkweise auch von der Arbeit die meisten Erholungen geschaffen: Wettspiele und Opfer, die jahraus, jahrein bei uns Brauch sind . . .« Und weiter: »Wir lieben das Schöne und bleiben schlicht, wir lieben den Geist und werden nicht schlaff.« – Daß ja niemand kulturelles Niveau mit militärischer oder politischer Schwäche verwechselte! – Und dann das geflügelte Wort, das die Stellung Athens in der griechischen Welt versinnbildlicht: »Zusammenfassend sage ich, daß unsere Stadt insgesamt die Schule von Hellas sei und daß der einzelne Mensch, wie mich dünkt, bei uns wohl am vielseitigsten und voll Anmut und leichtem Scherz in seiner Person wohl alles Notwendige vereine.[43]«

Eine Eloge auf den freien Geist, den freien Bürger, das Individuum, das sich im demokratischen Staat durchaus zu behaupten weiß, ja gerade erst durch diesen Staat die Möglichkeit freier Betätigung auf allen Gebieten des Lebens erhält! Wer wollte daran zweifeln, daß all dies vorbildlich ist, ein Ideal, dem andere nacheifern, eine Schule von ganz Hellas, deren Besuch sich allemal lohnt, deren einzigartige Stellung aber auch Anerkennung und Gehorsam fordert?! Eine kraftvolle, selbstbewußte, von keinerlei Zweifeln geplagte Schule, als die sich da der demokratische Staat präsentiert; beileibe kein verweichlichtes, »schlappes«, dem Geist nur deshalb huldigendes System, weil ihm die Trauben der Macht zu hoch hängen. Im Gegenteil! Das eine bedingt das andere und folgt aus dem anderen: Geist und Macht, Bollwerk und Musentempel – das gehört für die athenische Philosophie, das gehört im Staatsverständnis des Perikles unweigerlich zusammen:

»Daß dies nicht Prunk mit Worten für den Augenblick ist, sondern die Wahrheit der Dinge, *das zeigt gerade die Macht unseres Staates,* die wir *mit diesen Eigenschaften erworben* haben.[44]«

### *Das spartanische Gegen-»Modell« – und seine Anhänger in Athen*

Wenn Perikles sich so lange unangefochten an der Macht halten konnte, so nicht zuletzt auch deswegen, weil er der Mehrheit der Athener eine tragfähige Staatsidee aufzuzeigen vermochte. Eine Staatsidee, die jedoch nicht den einzelnen zu ihrem bloßen Erfüllungsgehilfen degradierte, sondern ihn auch ganz konkret an ihren ideellen Vorzügen in praktischer Umsetzung teilhaben ließ. Das war eben kein totalitärer Moloch, der die Bürger in einem unerbittlichen Würgegriff gefangenhielt, sie in eine Maschinerie einspannte, die allein einem Zweck diente: seiner eigenen Fortexistenz. *Das* war – vergröbert, aber nicht verzerrt – das spartanische Modell, das Ethos des spartanischen Staates, der den Freiheitsraum des Individuums bis auf ein Minimum einschränkte – mit der Folge, daß Kunst und Literatur, Architektur und Vasenmalerei seit dem sechsten Jahrhundert verkümmert waren und die Musen die einstige »Stadt der lieblichen Chöre«[45] fluchtartig verlassen hatten ...

Wie anders stand Athen gegenüber dieser tristen, unattraktiven Konkurrentin da, deren Bürger nur einen Lebenszweck kannten: das Kriegerdasein zum höheren Ruhme ihrer Stadt! Nun gab es in Athen eine ganze Reihe von Leuten, die dieses spartanische Modell ausgesprochen nachahmenswert fanden; vor allem Angehörige einer etwas gelangweilten *jeunesse dorée,* die es vermutlich vor allem deshalb chic fanden, sich als »Sparta-Fans« zu gerieren, weil sie dort eben nicht im harten permanenten Kriegerdasein lebten, sondern in Athen ein sorgenfreies, angenehmes Leben mit Rennpferden, Hetären und üppigen Banketts genießen konnten, da das Familienvermögen allen nur denkbaren Luxus erlaubte.

Aber immerhin: Diese Leute formierten sich als ausgesprochenes Protestpotential. Sie wollten ihre Landsleute gleichermaßen provozieren wie überzeugen, und sie waren dabei in der Wahl ihrer Mittel nicht zimperlich. Wer sich als Lakonist, das heißt als Sparta-Freund, fühlte, der machte aus seinem Herzen keine Mördergrube, sondern trat in einer Mischung aus Forschheit und zelotischem Bekennertum für »seine« Ideale ein. Und das nicht nur mit Worten, sondern auch in Taten: Man trug spartanische Tracht, lang herabwallendes Haar, einen kurzen Mantel mit Stock und Schuhen, ja man ahmte sogar den dorischen Dialekt der Spartaner nach und trug seine politische Gesinnung damit offen, wenn nicht aufdringlich zur Schau[46].

Klar, daß die meisten Athener sich über diese Polit-Clownerie lustig machten. Über dergleichen Späße konnte man als Demokrat mit einem milden Lächeln hinwegsehen. Doch blieb es nicht bei diesem Protest-Look der Sparta-Freunde. Vielmehr verstanden sie es sehr geschickt, das spartanische System propagandistisch zu »verkaufen«, seine Vorzüge aufzuzeigen – »Vorzüge«, wie sie eine geschlossene Gesellschaft stets hat, weil sie mit viel festerer Hand gelenkt und weil vieles unterdrückt, gar nicht erst auf offenem Markt diskutiert wird; was freilich auf autoritätsgläubige Menschen großen Eindruck zu machen pflegt –, seine Schwächen zu verniedlichen und auch publizistisch die Werbetrommel zu rühren. Wie man bei gekonnter Vermischung von Dichtung und Wahrheit solch einen schmackhaften Propaganda-Cocktail kredenzen konnte, zeigt das Pamphlet des »Alten Oligarchen«, das als einziges faszinierendes Original-Dokument aus der erbitterten ideologischen Auseinandersetzung zwischen Athen und Sparta erhalten ist.

Natürlich wurden diese Sparta-Freunde nicht müde, gegen die Demokratie zu hetzen, sie als politische Libertinage und ihre führenden Politiker als selbstsüchtige, unfähige Demagogen zu diffamieren. Das Propagandafeuer, das von diesen Kreisen entfacht wurde, die zumeist als Angehörige der führenden Gesellschaftsschichten den Verlust ihrer einstigen Macht nicht verwinden konnten, war für die Demokraten schon ein ständiges Ärgernis. Manch einer mag nach der Schere des Zensors gerufen haben, um die politischen Verlautbarungen dieser »Fünften Kolonne Spartas« zu unterbinden. Es ehrt die athenische Demokratie, daß sie sich dazu nicht hergegeben hat, daß sie auch die Kritik ihrer Feinde ertragen konnte und sie durch administrative Maßnahmen nicht mundtot machte.

### *Perikles als Gegen-Ideologe*

Aber es mußte dem da gerühmten Idealbild einer Stadt, die mit sich selbst im reinen schien, die einen Kosmos aufweisen konnte, in dem alles sinnvoll aufeinander abgestimmt schien, und die einen ebenso schlichten wie anspruchsvollen Staatsgedanken vertrat, der dem einzelnen einen klaren Lebenssinn vermittelte, eine Alternative entgegengestellt werden, die die Schwachpunkte dieser Ideologie schonungslos aufdeckte und gleichzeitig ein glänzendes Gegenbild von der eigenen Polis entwarf, in der es sich zu leben lohnte und die jedem Bürger größtmögliche Freiheit und Chancengleichheit bot. Eine Stadt zudem, die mächtig und reich war, die viele Neider besaß, zu der aber auch viele in echter Bewunderung aufschauten. Und eine Stadt, die Flagge zeigte und ihren hohen Anspruch auch optisch demonstrierte.

Perikles hat es übernommen, die Gegner der Demokratie zu widerlegen, ihre Argumente auseinanderzupflücken und vor allem seinen Mitbürgern die Vision einer anderen, besseren Gesellschaft zu vermitteln, die nicht nur menschlicher, sondern auch erfolgreicher sei als die nur scheinbar heile Welt, in der man am Eurotas lebte.

Dabei kam ihm der kulturelle Glanz, in dem Athen erstrahlte, gerade recht, um auch damit den Vorrang seiner Polis anschaulich unter Beweis zu stellen. Und deshalb wäre es naiv, seine eifrig auf Förderung und Weiterentwicklung dieser geistigen Vormachtstellung bedachte Politik einzig oder auch nur vorrangig aus idealistischen Motiven ihres Urhebers abzuleiten. Nein, da wurde sehr handfest Politik gemacht mit dem schönen Wort von der »Schule von Hellas«, da wurde nicht einen Augenblick lang gezögert, Dichtung und Theaterspiel, Architektur und Malerei in den Dienst von Propaganda und Politik zu nehmen.

Perikles somit der Propagandachef der athenischen Demokratie, der Ideologe vom Dienst, der seinen Mitbürgern in typisch skrupelloser Demagogenmanier ein verlogenes Zerrbild ihrer Stadt zeichnet, um sich selbst an der Macht zu halten? Der die Leute verdummt, sie in der trügerischen Sicherheit wiegt, die glücklichste und wohlhabendste Stadt von Hellas zu sein – um sie dann unvorbereitet in die grausame Wirklichkeit eines Krieges mit der zuvor verteufelten Rivalin zu stürzen, der vielen erst die Augen aufgehen läßt, als es zu spät ist?[47] So einfach ist es natürlich auch nicht. Denn vieles von dem, was Perikles im Epitaphios rühmt, entsprach durchaus der athenischen Wirklichkeit seiner Zeit. Athen *war* ja die »Schule von Hellas«, das geistige Mekka von Dichtern, Philosophen, Naturwissenschaftlern und Künstlern.

### *»Lehrmeister der anderen« – Athen als geistiges Zentrum von Hellas*

Die Stadt brachte im fünften Jahrhundert eine solche Zahl von Geistesgrößen hervor, wie das, bezogen auf das vergleichsweise geringe Potential der Bürger Athens, etwas absolut Ungewöhnliches, Einzigartiges ist. Das Dreigestirn der großen Tragöden Aischylos, Sophokles und Euripides ist schon erwähnt worden, ebenso Aristophanes, der berühmteste Dichter der Alten Komödie.

Aber auch in der Geschichtsschreibung war Athen führend. Thukydides (ca 460-400 v. Chr.), der Chronist des Peloponnesischen Krieges, war gebürtiger Athener, ein Mann, der auch in praktischer Politik und Kriegführung Erfahrungen sammeln konnte, wenn auch im zweiten Bereich mit wenig Fortune. Er ist der erste bedeutende Vertreter einer kritisch-analytischen Beschäftigung mit der Historie; ein Forscher, der sich nicht mit dem vordergründigen Geschehen abspeisen ließ, sondern nachbohrte und nach dem Warum und Wozu politischer und geschichtlicher Abläufe fragte. Was Thukydides am meisten fasziniert hat und sich als ständige Fragestellung durch seine Darstellung des Peloponnesischen Krieges und dessen Ursachen zieht, ist das Phänomen der Macht. Eine Problematik, die sich für einen engagierten, nachdenklichen Beobachter und Zeitgenossen des perikleischen und nachperikleischen Athen geradezu aufdrängte.

Als junger Mann soll Thukydides stark beeindruckt gewesen sein von den Geschichtsvorlesungen, die Herodot in Athen gehalten hat[48]. Herodot, der »Vater der Geschichtsschreibung«, war Wahl-Athener. Der weitgereiste Geschichtsschreiber verließ seine Heimatstadt Halikarnassos aus politischen Gründen und siedelte sich in der attischen Metropole an. Ausschlaggebend für diese Wahl dürfte das geistige Klima Athens gewesen sein, das sich durch Offenheit und Weltläufigkeit auszeichnete. Tatsächlich fand Herodot in den Athenern ein interessiertes, dankbares Publikum für seine historischen Vorträge – und ein großzügiges dazu, wie die Nachricht zeigt, daß er von den Bürgern seiner Wahlheimat ein großzügiges Ehrengeschenk von zehn Talenten erhalten habe[49].

Athens Leistung in den Perserkriegen hat Herodot hoch veranschlagt und rühmend dargestellt. Das hat aus ihm noch keinen kritiklosen Bewunderer Athens gemacht; auch läßt er sich nicht als Anhänger der perikleischen Demokratie vereinnahmen, schon gar nicht als Angehöriger eines »Kreises« von Literaten und Künstlern um den athenischen Staatsmann. Immerhin hat er sich im Athen des Perikles und dessen geistigem Freiraum wohl gefühlt, und seine Beteiligung an dem von Perikles ins Leben gerufenen Projekt der Koloniegründung in Thurii ist kaum als Unzufriedenheit mit den Verhältnissen in Athen zu werten[50]. Vielmehr wollte Herodot auf diese Weise sein Engagement für den panhellenischen Gedanken zum Ausdruck bringen, von dem sein Geschichtswerk inspiriert ist und der ja auch als die ideelle Grundlage der neuen Kolonie hervorgehoben wurde. Gerade wenn Herodot den Propaganda-Charakter dieses nicht ganz uneigennützigen Unternehmens durchschaut hat, zeigt sein Verhalten, daß er nicht zum harten Kern der Opposition gegen das politische System Athens und seiner führenden Repräsentanten gehört haben kann. Als solcher hätte er sich wohl kaum vor den propagandistischen Karren eines Perikles spannen lassen.

Hatte sich im 6. Jahrhundert das ionische Kleinasien als Heimat und Zentrum der griechischen Philosophie feiern können, so ging dieser Ruhm im 5. Jh. mehr und mehr auf Athen über. Anaxagoras von Klazomenai und Protagoras von Abdera fühlten sich von der Offenheit Athens ebenso angezogen wie weniger bekannte Vertreter der Sophisten, die die attische Metropole zu ihrer zweiten

Heimat erwählten, in die es sie immer wieder zurückzog. In Athen selbst war es der um 460 v. Chr. geborene Sokrates, der die ersten Ruhmesblätter einer eigenständigen attischen Philosophiegeschichte schrieb. Sokrates war sicher eher ein Repräsentant des nachperikleischen Athen; seine geistige Prägung jedoch verdankte er der Perikleischen Ära.

Führende Köpfe anderer Sparten des Geisteslebens und der Wissenschaft weilten einige Zeit in Athen oder ließen sich dort nieder. Hippokrates von Kos, angesehener Arzt und »Erfinder« des nach ihm benannten Eides, ließ es sich nicht nehmen, auf seinen ausgedehnten Reisen auch in Athen angemessen lange Station zu machen. Schließlich das Aufblühen der Redekunst: Sie war ein genuines Geistesprodukt der Redefreiheit, auf die man in Athen so stolz war und die sich ohne die demokratische Staatsform so nicht hätte entwikkeln können.

In summa: Es war schlechterdings nicht zu bestreiten, daß Athen ein Rang unter den Städten Griechenlands gebührte, den der Römer Cicero noch Jahrhunderte später so beschrieb:

»Da sind die Gesandten aus Athen. Von ihrer Stadt sind, wie man glaubt, die Kultur, die Wissenschaft, die Religion sowie auch der Getreidebau, die Rechtsbegriffe, die Gesetze ausgegangen und haben sich über alle Völker verbreitet. Eine Stadt, um deren Besitz wegen ihrer Schönheit nach der Überlieferung selbst Götter kämpften (Anspielung auf den Streit zwischen Athena und Poseidon). Eine Stadt von solchem Alter, daß sie aus sich selbst ihre Bürger geboren haben soll und immer noch als deren Erzeugerin, Nährmutter und Heimat gilt. Ein solches Ansehen genießt sie, daß der Name Griechenlands, der jetzt (nach der Eroberung durch Rom) so gut wie gebrochen und entkräftet ist, in dem Ruhm dieser Stadt eine Stütze hat.[51]«

Fast ein Echo dessen, was Isokrates rund dreihundert Jahre früher in seinem 380 v. Chr. entworfenen Panegyrikos seiner Heimatstadt stolz bescheinigt hatte:

»So sehr hat unsere Stadt auf dem Gebiet des Denkens und des Redens die übrigen Menschen übertroffen, daß ihre Schüler die Lehrmeister der anderen geworden sind, und sie hat es so weit gebracht, daß der Name ›Hellenen‹ nicht mehr den Volksstamm zu bezeichnen scheint, sondern die Gesinnung, und daß Hellenen eher die genannt werden, die an unserer Bildung teilhaben, als die, die mit uns gleicher Abstammung sind.[52]«

Mit anderen Worten: Die Behauptung des Perikles, Athen sei die »Schule von Hellas« – sie war tatsächlich weit mehr als eine schöne Wunschvorstellung, ein vollmundiges Public-Relations-Etikett und propagandistische Aufschneiderei. Sie entsprach schlicht und einfach der Wirklichkeit. Wobei Perikles natürlich sehr genau wußte, daß Athen diese Stellung keineswegs erst im Zeichen der Demokratie erobert hatte. Und wobei man sich aus heutiger Sicht darüber im klaren sein muß, daß Athen als geistige Vormacht von Hellas die Ära des Perikles und selbst die militärische Großmacht Athen um etliches überlebte.

Das war eben die propagandistische Verzerrung in der genialen Formel des Perikles, daß er die Verbindung von Demokratie, Macht und Geist als untrennbares, sich gegenseitig stabilisierendes Bedingungsgefüge definierte und sie zur moralisch-ideologischen Grundlage seines Staates erhob. Eine Mischung aus Richtigem und Falschem, die man weder völlig verwerfen noch gänzlich akzeptieren kann.

Die Schwierigkeit liegt im Format dieses Politikers. Perikles war eben im Unterschied zu einigen seiner Nachfolger im Vorsitz der Demokraten-»Partei« nicht der skrupellose Demagoge, der aus der Stellung Athens wohlfeile Münze geschlagen hätte, ohne sich gleichzeitig dafür einzusetzen, daß dieser Zustand andauerte und nach Möglichkeit noch weiter verbessert wurde. Die Glaubwürdigkeit des Politikers Perikles bestand darin, daß er mit Überzeugung hinter dieser kulturellen Mission stand, die das Wort von der »Schule von Hellas« beinhaltete. Dem so formulierten Anspruch kontinuierlich durch eine »musenfreundliche« praktische Politik gerecht zu werden, Kunst und Wissenschaften nachdrücklich zu fördern, Künstlern und Denkern eine attraktive Heimstätte in einem offenen und pluralistischen geistigen Klima zu bieten: Auch das war ein Anliegen der perikleischen Kulturpolitik. Und deshalb wäre es sachlich falsch und unfair, Perikles *nur* sozusagen als ideologischen Papiertiger abzustempeln. Oder ihn zum innerlich unbeteiligten Banausen zu degradieren, wie es Wilamowitz mit spitzer Feder – wohl vor allem aus Ärger über die philhellenischen Schwärmer seiner Zeit – getan hat: »Keine Spur führt darauf, daß für irgendeine Kunst eine Ader in ihm geschlagen hätte. Daß er den Parthenon und die Propyläen hat bauen lassen, beweist das nur dann, wenn die Bauten Schinkels für den Geschmack Friedrich Wilhelms III. etwas beweisen.[53]«

Der Mensch lebt – einem geflügelten Wort zufolge – nicht vom Brot allein. Eine Binsenwahrheit, gewiß. Aber so selbstverständlich ist es nicht immer gewesen, ist es auch heute nicht, daß der Staat dem einzelnen die Hilfe einer geistigen Orientierung gegeben und das Bedürfnis nach Bildung und Kultur geweckt und gefördert hat. Athen in der Zeit des Perikles hat seinen Staatsbürgern die Teilnahme an qualifizierter, niveauvoller Unterhaltung ermöglicht. Daß das Theater eines Sophokles und eines Euripides Massen-Unterhaltung im besten Sinne des Wortes war, sagt einiges über das kulturelle Niveau dieser Stadt aus. Und auch über das Anliegen der führenden Politiker, den Demos nicht mit billiger Volksbelustigung abzuspeisen – was der bequemere Weg gewesen wäre. Daß Kritikfähigkeit, Urteilsvermögen und auch politisches Interesse mit zunehmendem Bildungsstandard wachsen, ist allgemein bekannt. Wer in seinen Reden die »Schule von Hellas« beschwört und sich zur anspruchsvollen Freizeitbeschäftigung aller Bürger bekennt, geht so gesehen als Politiker ein höheres Risiko ein. Und das spricht für die Echtheit der demokratischen Überzeugung des Perikles.

### *Wirtschaftliche Leistungsbilanz*

Indes, der Mensch lebt natürlich *auch* vom Brot; sogar in erster Linie davon. Es gibt viele, die die Wirtschaftspolitik für das Kernstück erfolgreicher politischer Betätigung halten. Das mag übertrieben sein. Ein wichtiger Bestandteil jeder Politik ist sie allemal – auch für das Athen des Perikles.

Und auch auf diesem Gebiet kann Perikles eine überaus erfolgreiche Leistungsbilanz vorlegen. Athen – das ist eine pulsierende Wirtschaftsmetropole mit einem Hafen, der zur Drehscheibe des internationalen Warenverkehrs aufgestiegen ist. Handwerk und Handel florieren. Man hat Athen in der Zeit vor dem Peloponnesischen Krieg hier und da eine Wohlstandsgesellschaft genannt. Im Rahmen antiker Vergleichsmaßstäbe trifft das zu; niemand brauchte zu hungern, jeder hatte ein Dach über dem Kopf, manche Familien auch aus dem Thetenstand konnten bescheidene finanzielle Rücklagen bilden. Die meisten Athener aber lebten von der Hand in den Mund. Eine Massenkonsumgesellschaft, die im Überfluß gelebt hätte oder gar, gestützt auf die Ausbeutung einer Sklavenklasse, die Hände in den Schoß hätte legen können – das war Athen sicher nicht.

Aber immerhin: Man lebte ohne beklemmende Existenzangst, ohne Furcht vor Massenelend, Hunger und Arbeitslosigkeit. Hätte man eine Straßenumfrage unter den Athenern gemacht, die meisten hätten erklärt, es »gehe ihnen gut«, sie seien mit der wirtschaftlichen und finanziellen Kraft ihres Gemeinwesens sehr zufrieden.

Welcher Politiker würde sich diese Stimmung nicht zunutze machen? Perikles jedenfalls ließ sich diese Chance nicht entgehen. Er beschränkte sich aber nicht auf eine Schilderung dieses angenehmen Zustandes, sondern ordnete ihn in seine umfassende athenische Philosophie ein. Auch hier betonte er den Modellcharakter, den das demokratische System auch in ökonomischer Hinsicht besitze. Auch hier Athen als »Schule von Hellas«!

### *»Wohlfahrtsstaat« dank Demokratie?*

Die Erklärung für den rasanten wirtschaftlichen Aufstieg und die Finanzkraft Athens – Perikles fand sie in der politischen und wirtschaftlichen Ordnung seiner Polis. »Die Verfassung, die wir haben, richtet sich nach keinen fremden Gesetzen; viel eher sind wir für sonst jemand *ein Vorbild* als von anderen abhängig.« Entscheidendes Merkmal dieser Verfassung sei, so Perikles wiederum im Epitaphios, daß sie Chancengleichheit für alle Bürger biete – in wirtschaftlicher wie in politischer Hinsicht, wo Leistungsbereitschaft zähle, nicht ein einmal erworbener Status: »Keiner wird aus Armut, wenn er für die Stadt etwas leisten kann, durch die Unscheinbarkeit seines Namens daran gehindert.« Und dann, einige Sätze später, der unmißverständliche Hinweis auf die ökonomische Potenz Athens, die aus dieser Einstellung der Bürger und der Überlegenheit des Systems resultiere: »Wegen der Größe der Stadt kommt alles zu uns herein. So können wir von uns sagen, wir ernten zu gerade so vertrautem Genuß die Güter, die hier gedeihen, auch die der übrigen Menschen.[54]«

Das war eine Feststellung, die jeder Athener nachvollziehen, mit eigenen Augen nachprüfen konnte. Er brauchte sich nur an die Kais im Piräus zu stellen, wo sich der Wohlstand der Stadt in der unüberschaubaren Vielfalt der Waren aus aller Herren Länder geradezu mit Händen greifen ließ:

»Aus Kyrene«, so beginnt ein attischer Komödiendichter seine eindrucksvolle Aufzählung der Importgüter Athens, »aus Kyrene beziehen wir Silphionstengel und Ochsenhaut, vom Hellespont Makrelen und gesalzene Fische, aus Italien Weizen und Ochsenrippen, von Syrakus Schweine und Käse, von Ägypten Segel und Papyrus, aus Syrien Weihrauch. Kreta liefert Zypressenholz für Götterbilder, Libyen viel Elfenbein zum Verkauf, Rhodos Rosinen und getrocknete Feigen, die süße Träume bereiten. Aus Euböa kommen Birnen und fette Schafe, aus Phrygien Sklaven, von Arkadien Söldner. Pagasai schickt Sklaven und gebrandmarkte Spitzbuben, Paphlagonien Kastanien und ölige Mandeln, Phönizien Datteln und feines Weizenmehl, Karthago Teppiche und bunte Kopfkissen«[55].

Eine Liste, die sich beliebig erweitern ließe! Und die überdies so überzeugend, geradezu erschlagend wirkte, daß selbst die Gegner des athenischen Systems das zähneknirschend einräumen mußten. So auch der Alte Oligarch, der zugibt: »Was es nur an Leckerei in Sizilien oder Italien oder auf Zypern oder in Ägypten oder in Lydien und im Pontos oder in der Peloponnes oder sonstwo gibt, all das ist an einem Punkte zusammengeströmt dank der Seeherrschaft«[56]. Das einzig Positive an diesem eindeutigen Befund, das der Kritiker aus seiner Sicht maliziös anmerken kann, ist die Tatsache, daß diese Seeherrschaft mit Waffengewalt und Unterdrückung der Bundesgenossen gesichert werde.

Da hatte er nicht unrecht; nur interessierte *das* in Athen herzlich wenig – ganz abgesehen davon, daß da einer mit Steinen warf, der selbst im Glashaus saß. Mochten sich die athenischen Oligarchen nach der »Machtübernahme« durch die Demokraten noch so sehr verbal von der aggressiven Seebundspolitik der Herrschenden distanzieren – glaubwürdig war das nicht. Denn erstens konnten sie sich als nicht unmittelbar in der Verantwortung stehende Opposition über diesen »üblen Repressionskurs« ereifern, ohne daß das Folgen für die Politik Athens und damit für den Geldbeutel des einzelnen Bürgers hatte. Und zweitens setzten Perikles und die Demokraten nur konsequent das fort, was Kimon und seine aristokratischen Freunde begonnen hatten.

Für den ökonomischen Erfolg Athens hieß das natürlich auch: Es war schon eine Anmaßung, wenn Perikles sich hier zum Teil mit fremden Federn schmückte. Konjunkturaufschwung durch attische Seeherrschaft – das war ja schon das Patentrezept der Jahrzehnte nach den Perserkriegen gewesen. Wie auf kulturellem Gebiet, so stand Perikles auch hier in einer Kontinuität; die entschlossene Fortführung und der umsichtige Ausbau des Erreichten waren allerdings hier wie dort sein Verdienst.

### *Eisengeld und Drachme – Konträre Wirtschafts-»Philosophien«*

Von daher stimmte seine forsche Ableitung der Wohlfahrt Athens aus der Überlegenheit des politischen Systems nicht so ganz; jedenfalls nicht in der beanspruchten Ausschließlichkeit. Was freilich die Wirkung seiner programmatischen »Schlußfolgerungen« auf die Mehrheit der Athener nicht beeinträchtigte, war doch der augenfällige Vorzug des attischen »Modells« gegenüber dem spartanischen scheinbar nur von Toren mit ideologischen Scheuklappen zu bestreiten. All dem hatten die Spartaner nämlich nichts entgegenzusetzen; es sei denn, ihre »Philosophie«, bewußt auf die Annehmlichkeiten eines weltweiten Handelsverkehrs zu verzichten. Das hatten sie nun von ihrem Eisengeld, das im Unterschied zu der begehrten, sozusagen frei konvertiblen Leitwährung der athenischen Drachme international nichts wert war – so mag mancher Athener kopfschüttelnd gedacht haben. Was war das für eine Einbuße an Lebensqualität, sich in den ärmlichen Nestern fernab vom Meer einzuigeln und auch noch stolz darauf zu sein, daß die Ströme des profitablen internationalen Handels in weitem Bogen um Lakonien herumflossen!

Natürlich wußten die Lakonisten dieser verständnislosen Haltung ihrer konsumbewußten Landsleute etwas entgegenzusetzen. Schlechte Einflüsse, Sittenverderbnis, Verweichlichung – das waren so die gängigen Schlagwörter, die die negative Seite dieser Rechnung belegen sollten. Wie lange konnte das noch gutgehen mit der athenischen Moral, wenn gleichzeitig mit jedem Schiff, das im Piräus Waren anlandete, auch eine beträchtliche Fuhre an Kriminalität, Prostitution, Krankheiten, Verführung zu Schlemmerei und Gewöhnung an üppiges Leben ankam?!

Solche Schwarzmalerei trieb niemanden in Athen in Panik, aber sie mochte doch nachdenklicheren Bürgern zu denken geben. War das nicht doch eine sehr gefährliche Seite des von Perikles so beredt gepriesenen athenischen »Modells«?

Nein, schleuderte Perikles diesen kleinmütigen Zweiflern entgegen. Keine Sorge! Im Ernstfall krallen wir uns nicht memmenhaft an unserem Wohlstand, an unseren Häusern und unserem Land fest; »denn diese sind nicht die Herren des Menschen, sondern der Mensch ist der Herr seines Besitzes«[57].

Und, erneut im Epitaphios: Niemand soll sich der Illusion hingeben, Athen sei eine verweichlichte, vor Luxus und Übersättigung schlaffe Stadt. Im Gegenteil, die Athener wüßten sich sehr wohl ohne Rücksicht auf schnöde materielle Werte ihrer Haut zu wehren. Der Beweis dafür: die Gefallenen des ersten Kriegsjahres, deren heldenhaftem Opfer für das Vaterland der Epitaphios gewidmet ist: »Von ihnen hat keiner wegen seines Reichtums, um ihn noch länger zu genießen, sich feige benommen; keiner hat in der Hoffnung der Armut, er könne, wenn gerettet, vielleicht noch reich werden, Aufschub der Gefahr gesucht...«[58]

## *Freiheitlich, tolerant, offen – aber wehrhaft!*

Es ist das Konzept der nach außen wehrhaften Demokratie, das Perikles hier und in vielen anderen Reden vertreten hat. Gerade weil der einzelne in Athen nicht unter einer unbarmherzigen, allgegenwärtigen Gängelei durch den Staat leidet, ist er besonders motiviert, sich für seine Polis in Gefahrensituationen einzusetzen – aus Einsicht, nicht aus erzwungenem Gehorsam. Auch dies ein Seitenhieb auf Sparta: Während dort schon die Knaben und Jugendlichen einer harten, entbehrungsreichen Zwangserziehung (Agogé) unterworfen werden, die sie aus ihren Familien herausreißt und als Halbwüchsige schon zu waffenklirrenden Kriegern ausbildet, kann sich Athen eine freiheitliche, tolerante, kindgemäße Erziehung seiner jungen Generation leisten, ohne daß der Wehrwille darunter leidet:

»In der Erziehung bemühen sich die anderen mit angestrengter Übung als Kinder schon um Männlichkeit, wir aber mit unserer ungebundenen Lebensweise wagen uns trotz allem in ebenbürtige Gefahren.«

Die berühmt-berüchtigte Agogé der Spartaner mit ihren rüden Methoden: Sie bietet nach Perikles weniger Vorteile als Nachteile, steht doch die bessere militärische Ausbildung in keinem Verhältnis zu den schweren psychischen Schäden, die sie unweigerlich mit sich bringt: »Unser mehr sorgenloser als mühselig eingeübter Wagemut, diese weniger gesetzliche als natürliche Tapferkeit hat für uns den Vorteil, daß wir zukünftige Not nicht vorausleiden, und ist sie da, doch nicht geringere Kühnheit bewähren als die ewig sich Plagenden – und auch darin verdient unsere Stadt Bewunderung.[59]«

Auch in dieser Hinsicht, so Perikles zu seinen Mitbürgern, sei das Modell Athen dem Modell Sparta letztlich überlegen. Und das wog schwer, denn hier ging es um den ureigensten Anspruch der Spartaner, das Zentrum ihres Lebens und Bemühens, den eigentlichen Sinn ihres Daseins. Da plagten sie sich Jahrzehnte lang, da verzichteten sie weitgehend auf ein Privatleben, da ließen sie sich ihr ganzes Leben vom Staat diktieren – und das alles nur um der Wahnvorstellung willen, sich auf diese Weise als kriegerischstes, unüberwindliches Volk von Hellas zu profilieren! Auf all das konnte *und wollte* Athen gern verzichten, ohne in Ehrfurcht vor einem »schrecklichen« Gegner zu erstarren, dem doch sein ganzes ausgeklügeltes Erziehungs- und Gesellschaftssystem am Ende nichts nützte, wenn es im Kriege hart auf hart ging.

### *Faszination des spartanischen Totalitarismus...*

Ein Generalangriff auf die Feinde der offenen Gesellschaft, den Perikles da führte! Aber auch die notwendige Antwort des selbstbewußten Demokraten auf die schwärmerische Verklärung des spartanischen Systems, mit der die athenischen Lakonisten die Nerven ihrer Landsleute erheblich strapazierten. So gering war die Anziehungskraft des scheinbar so stimmigen spartanischen Kosmos nicht, daß nicht doch der eine oder andere sich in seinen Bann ziehen ließ.

Das süße Gift totalitärer Ideologien, die auf alles eine Antwort wissen und für ihre Anhänger eine geschlossene, für Zweifel unzugängliche Weltanschauung parat haben, ist auch im Altertum nicht ohne Wirkung geblieben. Für viele hat sich die Sehnsucht nach einer heilen, sinnerfüllten Welt in der Bewunderung des spartanischen Kosmos konkretisiert. Und es waren beileibe nicht nur Menschen schlichten Gemüts, auf die dieses so ganz andere Sparta eine eigenartige Faszination ausübte. Im Gegenteil. Viele Gebildete sind ihr erlegen – mit dem fatalen Ergebnis, daß sich die rege staatsphilosophische Diskussion der Griechen immer mehr vom wirklichen Sparta entfernte und allmählich einen Mythos aufbaute, der in einem eklatanten, grotesken Widerspruch zu den tatsächlichen Verhältnissen in Lakonien stand. Einer, der nicht wenig dazu beigetragen hat, war übrigens ein von der Demokratie in seiner Heimatstadt enttäuschter Athener: Kein Geringerer als Platon, der mit seiner Neigung zu totalitären »Lösungen« im Bereich der Staatsphilosophie sehr wohl zu den »Feinden einer offenen Gesellschaft« zu rechnen ist[60].

Platon war nicht der letzte, der der idealen – oder zumindest dem Ideal nahe kommenden – Verfassung Spartas den unbedingten Vorrang vor der Demokratie Athens gegeben hat. Und er war auch nicht der erste. Da rollte jahrzehntelang über die Köpfe der Athener eine publizistische Welle von Traktaten, Flugschriften und Abhandlungen hinweg, die in der ebenso geschickten wie lautstarken Rhetorik der Oligarchen ihr Pendant in der Sparte »mündliche Propaganda« hatte. Der eindeutige Tenor dieser konzertierten Propaganda-Aktion: Sparta hat das bessere »System«, in dem Staatsidee und Verfassungswirklichkeit zu einer harmonischen Einheit verschmolzen sind.

### *... und das offensive Gegenmodell des Perikles*

Vor diesem Hintergrund gewinnt die Leistung des Perikles als Sinngeber der sozialen Demokratie Athens eine um so größere Bedeutung. Er war es, der mehr als jeder andere Idee und Ideologie dieses Staatswesens mitgestaltete und bewußt machte. Das trug nicht wenig zu seinem so überragenden politischen Erfolg bei: seinen Mitbürgern Freiheit und Gleichheit als die geistig-moralische Grundlage ihres Staates vermittelt und ihnen in überzeugender, anschaulicher Weise klargemacht zu haben, daß kulturelle Vorrangstellung und wirtschaftliche Prosperität ein Ergebnis dieser tragfähigen Basis seien.

Kämpferisch und offensiv trat er damit dem spartanischen Anspruch entgegen, der führende Staat von Hellas zu sein – was ja die Spartaner vor allem auch mit ihrer angeblich besten politischen und gesellschaftlichen Verfassung zu begründen pflegen. Dem antiquierten Leitbild eines aristokratisch geprägten spartanischen

Staates stellte Perikles eine moderne demokratische Konzeption gegenüber. Er gab einer Mehrheit seiner Landsleute das Gefühl, daß Athen in dem weltanschaulichen Kampf der beiden Antipoden die besseren Trümpfe besaß, daß dem attischen Modell die Zukunft gehöre, während das spartanische System vom Gang der Geschichte überholt worden sei. Um so selbstverständlicher mußte den Athenern das Pochen auf der ihnen gebührenden Führungsstellung in Griechenland vorkommen, um so harmloser auch die bedenklichen Mittel, die Athen anwandte, um diese Hegemonie zu sichern.

Die Gefahr, daß dieser kalte Krieg der Weltanschauungen auch wieder in eine heiße Phase einmünden werde, hat Perikles dabei bewußt in Kauf genommen. In der Konkurrenz der beiden Systeme, die sich in den Jahren des Friedens in ideologischen Grabenkämpfen austobte, die fast ganz Griechenland in Mitleidenschaft zogen, hat Perikles nicht zur Besonnenheit gemahnt. Er hat statt dessen stets Öl ins Feuer gegossen. Er trat nicht für eine friedliche Koexistenz ein, sondern verschärfte die Gegensätze, indem er in Taten und Worten die Überlegenheit des athenischen Systems herauszuheben und exemplarisch zu demonstrieren bemüht war. Man konnte es den Spartanern nicht übelnehmen, wenn sie in ihm einen ideologischen Scharfmacher sahen, dessen panhellenische Bestrebungen reine Lippenbekenntnisse oder, noch schlimmer, taktische Manöver waren, um die Hegemonie Athens gleichsam durch die Hintertür durchzusetzen. Aus spartanischer Sicht war Mißtrauen gegenüber diesem rhetorischen Genie allemal angebracht, einem gefährlichen Gegner, der es verstand, die Massen mitzureißen und von seiner Vision einer besseren Gesellschaft zu überzeugen.

### *»Macher«, Visionär und Propagandist*

Das ist die weniger erfreuliche Seite der großen Leistung, die Perikles als politischer Vordenker seines Staates vollbracht hat. Gewiß, er hat sich trefflich in der Kunst der Polit-Propaganda ausgekannt. Er verzichtete nicht auf schöne Worte und nichtssagende Phrasen, wenn er damit schneller ans Ziel kam. Und ganz sicher nahm er es mit der Wahrheit auch nicht immer so genau, wenn er das glänzende Bild des athenischen Modells entwarf und aufpolierte. Aber er ist nicht ein Zyniker der Macht gewesen, der dem Demos eine begeisternde Vision vorgaukelte, an die er selbst nicht glaubte. Nicht der skrupellose Demagoge, der seine Anhänger mit hemmungsloser Propaganda verdummte, um sich nach jeder Rede selbst darüber zu wundern, wie leichtgläubig dieser unsäglich ignorante Pöbel ihm da auf den Leim ging. Nicht der clevere Routinier und »Partei«-Politiker, der da vor der Volksversammlung ein leidenschaftliches Plädoyer für große Ideale hielt, die er in der ernüchternden, strapaziösen Tagespolitik schnell wieder vergaß.

Nein, der »Macher« Perikles hat sich stets von der Vision eines überlegenen Staates leiten lassen, die der Denker Perikles entwickelt und auf die griffige Formel der »Schule von Hellas« gebracht hat. Seine Politik war deshalb in ihren großen Linien folgerichtig, glaubwürdig und ehrlich.

Was Perikles nicht daran zu hindern brauchte, sein glanzvolles Modell eines auf Freiheit und Gleichheit gebauten Staates von höchstem kulturellem Anspruch in der Propaganda gegenüber seinen eigenen Mitbürgern wie vor dem gesamtgriechischen Forum nach Kräften auszunutzen. »Mit sichtbaren Zeichen«, sagt er im Epitaphios, »üben wir wahrlich keine unbezeugte Macht aus, den Heutigen und Künftigen zur Bewunderung, und wir brauchen keinen Homer mehr als Sänger unseres Lebens noch jemand sonst, der mit schönen Worten für den Augenblick entzückt«[61].

Wohl wahr. Athen hatte damals den wortgewaltigen, charismatischen Künder seines Ruhmes schon längst gefunden. Sein Name war Perikles.

## 9. KAPITEL
# Perikles privat

### *Besonderes Kennzeichen: »Zwiebelkopf«*

»Perikles, Sohn des Atheners Xanthippos«, steht auf der Büste in der *Sala delle Muse* der Vatikanischen Sammlungen. Sie zeigt einen Kopf mit langem, schmalem Gesicht, einer geraden, langgezogenen Nase und vollen Lippen. Ein gepflegter Bart bedeckt das Kinn und den Raum zwischen Oberlippe und Nase. Auf den Wangen geht er in kurzlockiges Haar über, das die Schläfen umspielt. Das Haupthaar ist verdeckt durch einen korinthischen Helm, der in den Nacken geschoben ist und den unteren Teil der Stirn freiläßt. Ein Gesicht mit ebenmäßigen Zügen, ohne markante Besonderheiten, ohne Abnormitäten.

Ohne Abnormitäten? Wie verträgt sich das mit der einzigen konkreten Nachricht, die sich in der schriftlichen Überlieferung über das Aussehen des Perikles findet? »Man fand die Bildung seines Körpers ohne Tadel«, berichtet Plutarch, »nur sein Kopf war unverhältnismäßig lang.« Für die Komödiendichter ein gefundenes Fressen: Was heutigen Karikaturisten recht ist, war den Komikern des 5. Jh.s billig. Sie verspotteten Perikles als Schinokephalos, als »Meerzwiebelkopf«. Solche Anspielungen auf seine ungewöhnlich lange, spitz zulaufende Kopfform waren in den Komödien gang und gäbe; egal, ob da die Götter dem athenischen »Tyrannen« den Namen »Köpfeversammler« – in Anspielung auf den Beinamen »Wolkenversammler« für den wahren Olympier Zeus – verliehen, ob da die Größenangabe »elf Speisesofas umfassend« als gerade ausreichend erschien oder ob »Zeus Zwiebelkopf« auf seinem Schädel das von ihm in Auftrag gegebene Odeion zu tragen vermochte[1].

Natürlich arbeiteten die Komiker ebenso wie die Karikaturisten mit Übertreibungen. Sie überzeichneten, doch das machte nur Sinn, wenn sie sich dabei auf eine wirklich vorhandene auffällige Besonderheit beziehen konnten. Es wird also schon etwas daran gewesen sein am »Zwiebelkopf« des Olympiers, zumal Plutarch in Erfahrung bringen konnte, daß Bildhauer Perikles absichtlich mit einem Helm darzustellen pflegten. Wohltuend sensibel und rücksichtsvoll hob sich diese Spezies von Künstlern von der Derbheit und Direktheit der Komödiendichter ab, »denn offenbar«, so notiert Plutarch anerkennend, »wollten ihm die Bildhauer diesen Makel nicht vorhalten«[2].

Das wäre denn also die Erklärung für den scheinbaren Widerspruch zwischen dem Perikles-Porträt und dem literarischen Überlieferungsbefund. Ein Widerspruch, der gleichwohl etliche Archäologen nicht hat ruhen lassen, bevor sie nicht eine befriedigendere Lösung entdeckt hatten. Hinter den Augenöffnungen des Helmes, fanden einige heraus, ließen sich noch deutlich Haare erkennen – und das sei ein Beweis dafür, daß der Kopf des Perikles tatsächlich bemerkenswert spitz zugelaufen sei …

### *Idealisiertes Porträt*

Wir wollen in dieser bedeutenden Streitfrage nicht Stellung beziehen, sondern den Blick auf einen anderen Gesichtspunkt richten. Die erhaltenen Perikles-Büsten aus römischer Zeit, darunter auch die bekannteste im Vatikan, sind allesamt Kopien eines Werkes des berühmten griechischen Bildhauers Kresilas. Er hat ein Standbild des Perikles geschaffen, das auf der Akropolis in der Nähe der Propyläen aufgestellt war[3]. Wann diese Ehrenstatue errichtet wurde, ob noch zu Lebzeiten des Perikles oder erst nach 429, seinem Todesjahr, ist ungewiß. Vermutlich beschloß die Bürgerschaft diese Ehrung erst nach dem Tode des Perikles. Bestrebungen prominenter Politiker, sich vor den Augen des Wählervolkes in dieser Weise feiern und ein bißchen in die sakrale Sphäre entrücken zu lassen, stand man in Athen argwöhnisch gegenüber. Allenfalls in der Form von Athletenstatuen tolerierten die Athener derartige Profilierungswünsche. Es ist deshalb zweifelhaft, ob Perikles sich diese Blöße gegeben hat. Sich zu Lebzeiten ein solches Denkmal setzen zu lassen, hätte die Vorwürfe der Tyrannis und Selbstherrlichkeit nur noch verstärkt, hätte den Komödiendichtern willkommene Munition in ihrem verbalen Krieg gegen den ungeliebten Olympier verschafft.

Die Frage muß demnach offen bleiben. Unstrittig ist dagegen, daß Kresilas, wenn es um die Anfertigung von Politiker-Standbildern ging, eine bestimmte Richtung vertrat. *Nobiles viros nobiliores fecit;* so umschreibt der römische Schriftsteller Plinius diese Eigenart: »Er gestaltete vornehme Männer vornehmer.[4]« Mit anderen Worten: Er idealisierte.

Und tatsächlich treten in den Perikles-Porträts individuelle Züge fast völlig in den Hintergrund. Auch der Helm ist ein traditionelles Motiv, das allenfalls in Beziehung zum Strategenamt des Perikles steht, nicht aber mit der leidigen Zwiebelkopf-Frage zusammenhängt.

Worauf es bei der Gestaltung der Perikles-Büste wirklich ankam, waren nicht physiognomische Einzelheiten, sondern der Gesamteindruck, der die Vorstellung von einem bestimmten Menschenbild oder, genauer gesagt, einem Politikerbild transportieren und verfestigen sollte. Ein zurückhaltender Perikles tritt uns da entgegen, ein würdevoller und ernster Politiker, dessen persönliche Affekte keine Rolle spielen dürfen[5]. Um die Angelegenheiten der Mitbürger hat er sich zu kümmern, um die Wohlfahrt des Staates; das schließt aus, daß er seinen eigenen Gefühlen und Launen lebt. Ein Vorbild soll er sein, das Muster eines Kalos-Kagathos, eines schönen Mannes, dessen äußere Makellosigkeit in harmonischer Ausgewogenheit mit seinen ethischen Qualitäten steht. Ein Mensch, der höchsten sittlichen Anforderungen genügt, ja der, indem er sie vorlebt, anderen Vorbild und Ansporn zugleich sein soll.

Die Miene des Staatsmannes: Sie strahlt Humanität und Glaubwürdigkeit, Entschlossenheit und Würde aus. Sie läßt erkennen, daß hier ein Mann porträtiert ist, der sich der hohen Ansprüche an seine Stellung im Staate bewußt ist und all die Tugenden besitzt, die die Philosophen seiner Zeit und späterer Jahrhunderte von ihm erwarten: staatsmännische Klugheit ebenso wie Gerechtigkeit, kraftvoll-dynamische Männlichkeit ebenso wie verantwortungsbewußten politischen und menschlichen Anstand. So ist der von Kresilas geschaffene Kopf des Perikles mehr Modell als Porträt, mehr Programm als objektive Wiedergabe der Physiognomie. Banaler Naturalismus hat sich einer überpersönlichen Bildniskonzeption unterzuordnen, in der die Darstellung des führenden Repräsentanten der Polis zur programmatischen Verkündigung der Werte und Normen eben dieser Polis dient. »Die vollkommene Harmonie dieses Porträts scheint eine Harmonie der politischen Ordnung vorauszusetzen, aus der es entstanden ist.«[6]

Damit scheint die versuchte Spurensicherung fehlgeschlagen; die Bildnisse scheinen nichts über den wirklichen Perikles – sein Aussehen, seine Miene, seine Haltung – auszusagen. Stilisierung und Idealisierung bilden einen kaum zu durchdringenden Schleier, hinter dem die Konturen des »echten« Perikles merkwürdig verschwommen erscheinen. Die Annäherung an den Menschen aus Fleisch und Blut, den privaten Perikles, ist nicht gelungen.

### *Stilisierung und Individualität – einmal kein Gegensatz*

Es liegt nahe, dieses Fazit zu ziehen und die Verantwortung dafür Künstlern wie Kresilas anzulasten, die durch ihre Neigung zu »noblerer Darstellung nobler Männer« Individualität und Persönlichkeit einem politisch-ethisch begründeten Kunstwollen geopfert haben.

Eine derartige Schlußfolgerung wäre indes zu kurzsichtig und zu einseitig. Denn es waren nicht nur die Bildhauer und Erzgießer, die dieser Bildniskonzeption vertrauten, sondern auch ihre Auftraggeber. Hinter ihnen stand geradezu die öffentliche Meinung, der Wunsch zumindest einer Mehrheit unter den Athenern, die die Zurückdämmung individueller Züge zugunsten allgemein-verpflichtender Leitbilder auf ihre Fahnen geschrieben hatten.

Und nicht nur das. In unserem Fall war es der Porträtierte selbst, der dezidiert diese Position vertrat. Wenn es so schwer ist, die Individualität des Perikles herauszuarbeiten, dann vor allem deshalb, weil Perikles zeit seines Lebens eine Selbststilisierung betrieben hat, die darauf angelegt war, den Menschen und Privatmann Perikles völlig in den Hintergrund treten zu lassen zugunsten des Politikers Perikles. Oder besser noch: Eine Deckungsgleichheit zu insinuieren, bei der Privatmann und Politiker keine Antinomie mehr bildeten, sondern das dualistische Verhältnis dadurch aufgehoben war, daß beide Lebensbereiche zu einer Einheit verschmolzen – einer Einheit natürlich, die durch das Bild des verantwortungsbewußten Staatsmannes geprägt war, der in der Pflichterfüllung gegenüber dem Gemeinwesen völlig aufging.

Das alles macht einen sehr argwöhnisch. Man kennt sie ja, diese politischen Leichtgewichte und Blender, die sich hinter einer Fassade von unermüdlichem Einsatz für das Gemeinwohl und einer penetrant zur Schau gestellten Attitüde politischer Wieselhaftigkeit verschanzen, nicht ohne gleichzeitig in wortloser Aufdringlichkeit die Vorbildlichkeit ihrer Gesinnung und Lebensführung als Muster vorgelebter ethischer Grundwerte zu demonstrieren.

Mit politischen Dressmen dieses Schlages hatte Perikles nichts gemein. Bei ihm fehlt das Maskenhafte, Vordergründige. Da kamen natürliche Anlage, philosophische Unterweisung und das Selbstverständnis seiner politischen Rolle zusammen, um Glaubwürdigkeit zu erzeugen.

### *Ernst, korrekt, reserviert – kein Politiker »zum Anfassen«*

Perikles war ein ernster Mann. Er lachte selten. Wer meint, daß ständiges *keep smiling* der führenden Politiker zu einer Demokratie gleichsam wesensmäßig dazugehöre, als Imagepflege sozusagen des volksverbundenen Polit-Profis, wird dieses Urteil revidieren müssen, wenn er Perikles' Auftreten analysiert. Der Mann hatte Erfolg, obwohl er kaum eine Miene verzog. Selbstbeherrschung auch in brisanten Situationen – das war ein weiteres Merkmal in seinem Verhalten. Nicht zu verwechseln mit Leidenschaftslosigkeit oder Gleichgültigkeit des gewieften Routiniers, den nichts mehr erregt, der abgestumpft, kalt ist. Wohl wußte Perikles sehr temperamentvoll und engagiert zu reden, die große Geste aber lag ihm nicht. Er verzichtete auf theaterreife Leistungen, seine Stimme behielt stets einen ruhigen Klang. Er sprach schnell und präzise, aber er verschmähte künstliche Aufregung und ungestümes Vorpreschen[7].

Korrektheit wird eine Einstellung gewesen sein, die er schätzte. Sein Biograph berichtet das nicht ausdrücklich, aber es läßt sich aus einigen Indizien schließen. So achtete er darauf, daß der Faltenwurf seines Mantels auch bei leidenschaftlicher Rede nicht in Unordnung geriet. Mit seinen Pflichten nahm er es genau. Von seinem Hause ging er morgens auf den Markt und ins Bouleuterion und abends wieder zurück. Das war der einzige Weg, auf dem man ihn gehen sah, nachdem er an die Macht gekommen war[8] – ohne daß das bei seinen Zeitgenossen einen unangenehmen Beigeschmack hinterlassen hätte, da demonstriere ihnen ein »gehetzter Macher« seinen Einsatz für die gemeinsame Polis. Der gelassene Gang, in dem er seinen üblichen Weg zurücklegte, ließ umgekehrt gar nicht erst den Eindruck einer gestelzten Würde aufkommen. Man mußte schon zu dem Schluß kommen, daß dieser Mann so war, wie er sich gab.

Er lebte zurückgezogen, geradezu einsam. Einladungen zu geselligem Beisammensein lehnte er meist ab. »Während all der Jahre, die er an der Spitze des Staates stand, war er bei keinem seiner Freunde zu Gast«, weiß Plutarch zu berichten. Nur für die Hochzeit eines Neffen machte er eine Ausnahme, aber auch da wohnte er nur der religiösen Zeremonie bei und verabschiedete sich, als der fröhlichere Teil der Feier begann[9]. Das war kein lebenslustiger, trinkfreudiger, den Genüssen von Symposien zugetaner Mann wie Kimon, der einst prächtige Feste ausgerichtet und selbst kräftig zu feiern verstanden hatte; eher ein spröder, reservierter Mensch, fast ein bißchen eigenbrötlerisch, auf jeden Fall ungesellig und scheu. Kein charmanter Plauderer, kein trinkfester »Gesellschaftslöwe«, der keine Gelegenheit ausgelassen hätte, sich als lebenslustiger Tausendsassa, als sympathischer, volksverbundener Politiker zu verkaufen. Anbiederung war die Sache des Perikles nicht.

### *Distanz – ein ungewöhnlicher Stil*

Das war ein eher ungewöhnliches Verhalten. Symposien, bei denen Männer sich unterhielten, tranken, sich von Tänzerinnen unterhalten und sich je nach Geschmack mit Hetären und hübschen Knaben vergnügten, waren überaus beliebt. Gemütliche Gaststätten und einladende Restaurants gab es im Athen der Perikleischen Zeit kaum; das gesellige Beisammensein konzentrierte sich ganz auf private Festivitäten. Und die wurden gern und häufig veranstaltet, wie nicht nur literarisch überlieferte Nachrichten zeigen, sondern zahllose Vasenmalereien, die Gelageszenen mit all ihren unterschiedlichen Vergnügungen darstellen.

Gerade die Adelsschicht, aus der Perikles stammte, war solchen Festen und Schmausereien überaus zugetan. Man liebte es, im Kreise von Standesgenossen zünftig zu feiern und sich mit prächtigen Symposien für die Gastfreundschaft anderer zu revanchieren. Das gehörte zum Lebensstil der Oberschicht. Die Alkmeoniden bildeten da keine Ausnahme – auch wenn die Ausschweifungen des Perikles-Neffen Alkibiades, der sich ein bißchen zu intensiv auf Trinkgelage und Liebesaffären kaprizierte[10], nicht gerade als Aushängeschild ihrer Vorstellung vom Savoir vivre gelten konnten. Alkibiades erregte mit seinem Lebenswandel in der Tat Anstoß. Aber niemand hätte etwas dagegen gehabt, wenn Perikles im üblichen Umfang an attischer Geselligkeit und Lebensfreude teilgehabt hätte. Im Gegenteil. Mit seinem Verhalten setzte er sich über die geltenden Normen ausdrücklich hinweg.

Perikles hätte es sich leichter machen können, wenn er dem gesellschaftlichen Comment seiner Zeit Tribut gezollt hätte. Aber er setzte sich bewußt davon ab. Sicher auch, weil ihm all das von Natur aus nicht lag, aber doch nicht ohne die Überlegung, damit auch einen bestimmten politischen Stil durchzuhalten. Und der hieß: nicht um oberflächliche Popularität buhlen, keine Kompromisse in Äußerlichkeiten schließen. Wer ihn als führenden Politiker von Athen haben wollte, der sollte es ertragen, daß sich ein Perikles seine persönliche Lebensführung nicht von Konventionen des Alltags diktieren ließ.

Dabei entsprang diese Haltung offensichtlich nicht dem Wunsch, durch Andersartigkeit aufzufallen, sich deutlich abzugrenzen, um dadurch politisch an Profil zu gewinnen. Das hatte Perikles nicht nötig, und als Taktiker hätte er sich, wie gesagt, durch opportunistische Anpassung mehr Freunde machen können. Es steckt schon ein großes Stück an politischem und persönlichem Rückgrat in diesem Verhalten. Und es spricht im übrigen für die Seriosität und Sachkunde, mit der in Athen politische Entscheidungen zu fallen pflegten, wenn sich diese Demokratie eine so unkonventionelle Persönlichkeit an ihrer Spitze leistete. Von den Tendenzen eines politischen Showbusiness, die moderne westliche Demokratien via Fernsehen zu Tele-kratien verkümmern zu lassen drohen, war die attische Demokratie zur Zeit des Perikles jedenfalls weit entfernt.

Dieselbe Zurückhaltung und Sprödigkeit, die Perikles in seinem Privatleben – sofern man bei dem von ihm bewußt gewählten Lebenszuschnitt davon sprechen kann – an den Tag legte, bestimmte sein Verhalten in der Öffentlichkeit. Auch da brachte er es nicht über sich, sich in gut populistischer Manier anzubiedern, sich leutselig zu geben, sich publikumswirksam zu präsentieren. Das Bad in der Menge behagte ihm nicht. Er hielt sich die Leute auf Distanz;

auch weil er glaubte, »daß ständige Berührung mit dem Volk zum Überdruß führen« müsse[11]. Anlage und taktisches Geschick gingen hier eine problemlose Verbindung ein.

Ein Zyniker der Macht ist Perikles nicht gewesen. Das wurde schon mehrfach deutlich. Auch gegenüber seinen Mitmenschen und Mitbürgern, gegenüber der Masse war er kein Zyniker, der im tiefsten Herzensgrunde diejenigen verachtet hätte, die ihm treu und brav jedes Jahr ihre Stimme gaben. So darf man seine Zurückhaltung nicht mißverstehen. Er war auch nicht der eiskalte »Parteichef«, dem es nur auf Macht und Durchsetzung seiner Ziele angekommen wäre, dem die Bedürfnisse und Interessen seiner politischen Klientel innerlich fremd gewesen wären. So war er einzelnen gegenüber schon zu spontanem Mitgefühl fähig. Um einen Handwerker, der beim Bau der Propyläen verunglückte und aus großer Höhe in die Tiefe stürzte, kümmerte sich Perikles persönlich – und das war allem Anschein nach nicht der übliche Pflicht-Besuch führender Politiker am Krankenbett[12].

### *Sparsamer Hausvater*

In seltsamem Gegensatz zu der Weite seines politischen Horizontes und seiner Fähigkeit, seinen Mitbürgern eine mitreißende Vision athenischer Größe und Macht zu vermitteln, steht die kleinbürgerliche Pedanterie, mit der Perikles seine finanziellen Dinge regelte. Es ist wohl dem schon erwähnten Bemühen um größte Korrektheit zuzuschreiben, wenn er sich privaten Geldangelegenheiten mit einer Genauigkeit und Sparsamkeit zuwandte, die einem Buchhalter alle Ehre gemacht hätten.

Über den Verdacht persönlicher Vorteilsnahme und Korruptheit war Perikles erhaben. Freundlich merkt Plutarch an, daß er auch nicht gewinnsüchtig gewesen sei[13]. Aber sparsam war er. Sein ererbtes Vermögen wollte er unbedingt bewahren, nach Möglichkeit mehren. Niemand sollte ihm einst nachsagen können, daß er verschwenderisch und unachtsam damit umgegangen sei. Wichtiger noch war vermutlich seine Sorge darum, sich selbst bittere Vorwürfe machen zu müssen, wenn er da versagte.

Seine Finanzen ließ er von Euangelos, einem Sklaven, führen. Der war verantwortlich für Gewinne und Verluste aus den Ländereien, die Perikles gehörten. Keine beneidenswerte Aufgabe, auch wenn sicher scheint, daß Euangelos zur vollen Zufriedenheit seines Herrn arbeitete. Doch hatte der die unangenehme Eigenschaft, sich ständig selbst noch in die Verwaltung der Güter einzumischen. Das wird dem guten Euangelos ebenso auf die Nerven gegangen sein wie die Sparpolitik, deren sich Perikles im Familienkreise befleißigte. Der sich da in unzähligen Volksversammlungen für kostspielige, millionenschwere Bauprojekte der öffentlichen Hand stark machte, der schreckte im eigenen Haus nicht davor zurück, seinen Söhnen das Taschengeld und seiner Frau das Haushaltsgeld Tag für Tag persönlich auszuhändigen. Neues gab's erst, wenn über die Ausgaben des vorangegangenen Tages peinlich genau Rechenschaft abgelegt worden war. Die Pfennigfuchserei des Familienvorstandes machte viel böses Blut; die beiden Söhne des Perikles aus erster Ehe beschwerten sich bitter über diese Gängelei, und die Dame des Hauses fand es auch nicht gerade erhebend, daß sie mangels finanzieller Masse von den dienstbaren Geistern keinerlei Vorratskäufe tätigen lassen konnte. Dafür reichte die tägliche Auszahlung einfach nicht, und noch Plutarch weiß ihre Klagen mitfühlend zu berichten, daß man in Perikles' Haushalt »nie, wie es einem großen und reichen Haus anstehe, aus dem Vollen schöpfen könne, weil jede Ausgabe und jede Einnahme peinlich abgezählt und abgemessen werde«[14].

So knauserig wie zu Hause gab sich Perikles sonst nicht; auch nicht, wenn es um sein Privatvermögen ging. Gegenüber Armen erwies er sich als durchaus spendabel, doch mag diese ungewohnte Großzügigkeit zumindest zeitweise durch die ausgesprochene Ausgabefreudigkeit seines Widersachers Kimon herausgefordert worden sein. Mit dessen gigantischer Freigebigkeit konnte Perikles allerdings prinzipiell nicht mithalten. Verglichen mit Kimons schier unerschöpflichen Reserven war er ein unbegüterter Mann. Doch das ist ein extremer Vergleich. Im Rahmen des in Athen Üblichen gehörte Perikles gewiß zu den wohlhabenden, ja den reichen Bürgern. Das mag für ihn die Versuchung, in die eigene Tasche zu wirtschaften, gemindert haben. Eine Gewähr für Unbestechlichkeit boten seine Mittel jedoch nicht. Die Gegenbeispiele derer, die sich trotz beachtlicher Vermögen schamlos auf Kosten der Allgemeinheit bereichert haben, sind Legion. Sie sind gewiß nicht auf die griechische Antike beschränkt, aber auch da haben spektakuläre Fälle nicht eben den Rang von Ausnahmen.

### *Anaxagoras – Ratgeber und Freund*

Perikles' ganze Lebensweise, sein Bemühen, als Privatmann nicht anders aufzutreten denn als Politiker, entsprach einer ziemlich konsequent in die Praxis umgesetzten Lebensphilosophie. Den größten Anteil an dieser Prägung hatte Anaxagoras. Etwa gleichaltrig mit Perikles, hatte Anaxagoras seine Heimatstadt Klazomenai in Ionien verlassen und sich in Athen niedergelassen. Wann es zu den ersten Kontakten zwischen Perikles und dem ionischen Naturphilosophen gekommen ist, läßt sich nicht rekonstruieren. Sicher dagegen ist, daß kein anderer den athenischen Politiker so nachhaltig beeinflußt hat wie Anaxagoras. Ihn kann man ohne Zögern als Ratgeber *und* Freund des Perikles bezeichnen; vielleicht war er der einzige wirkliche Freund, den dieser verschlossene Athener jemals gehabt hat. Mit ihm traf sich Perikles offenbar häufig; ihn suchte er auch auf, wenn er politischen Rat einholen wollte, der über die Angelegenheiten der Tagespolitik hinaus reichte.

»Perikles hegte für Anaxagoras die größte Hochachtung«, notiert Plutarch, »er machte sich vertraut mit seiner Wissenschaft und Lehre von den Dingen über der Erde und gewann dabei sehr viel: seine Gesinnung voll hohen Ernstes, seine erhabene Sprechweise . . ., das beherrschte Antlitz, das so selten lachte, . . . und noch viele Eigenschaften dieser Art, welche überall staunende Bewunderung erweckten«[15].

Viel ist über die Lehre, die Anaxagoras vertrat, nicht bekannt. Er war ein nüchterner, wohl auch ein wenig trockener Charakter, für den der Verstand das Höchste bedeutete. Einsicht in die Natur der Dinge bot nur der Nous. In ihm erblickte Anaxagoras das Prinzip jeder Bewegung, Gestaltung und Umgestaltung, den Urheber des Kosmos und den Stifter der Ordnung, die die Natur und das All regiert. Aristoteles hat diesem unbedingten Verfechter einer rationalen Weltsicht hohes Lob gespendet. Verglichen mit seinen Vorgängern, so Aristoteles, wirkt Anaxagoras wie ein Nüchterner unter lauter Faselnden[16].

Was der Nous als herrschendes Prinzip für den Kosmos bedeutet, das ist Anaxagoras zufolge die Vernunft für den Menschen. Sie muß in allen menschlichen Dingen Richtschnur und Vorbild sein; ihr gehört der Vorrang vor dem Gefühl. Allein die Benutzung des menschlichen Intellekts ist eine Gewähr für richtiges Leben und Handeln.

Perikles hat sich dieser Lehre des Anaxagoras ohne Wenn und Aber geöffnet. Mag sein, daß sie seiner natürlichen Anlage entgegenkam. Aber er hat sich auch intellektuell damit auseinandergesetzt und ist zu dem Schluß gelangt, daß sie ihm als führendem Politiker am besten anstehe – und zwar nicht als Attitüde, als Pose oder gar als willkommene philosophische Legitimation seines politischen Anspruches und seiner politischen Ziele. Sondern als voll akzeptiertes Prinzip seiner Existenz, im Privaten wie in der Öffentlichkeit.

### *Vertreter des rationalen Prinzips*

Perikles war durch und durch Rationalist. Wenn sein Berater und Lehrer Anaxagoras die Ansicht vertrat, die Sonne sei kein Gott, sondern ein glühender Steinhaufen, dann war es nur zu natürlich, wenn Perikles seltene Naturerscheinungen ebenso »wissenschaftlich« erklärte und abergläubische Deutungen verwarf. Überliefert ist dieses

Verhalten im Zusammenhang mit der Sonnenfinsternis vom 3. August 431. Damals sollte gerade eine athenische Flotte unter Führung des Perikles in See stechen, als plötzlich das Sonnenlicht erlosch. Angst und Unruhe machten sich unter den Soldaten breit. Geistesgegenwärtig hielt Perikles dem Steuermann seines Schiffes, den besonders große Panik ergriffen hatte, einen Mantel vor Augen und fragte ihn, ob er die so entstandene Dunkelheit ebenfalls als Vorzeichen für ein schreckliches Unglück ansehe. Der verneinte, und Perikles erläuterte ihm, daß der Unterschied zwischen beiden Vorgängen nur in der Größe des Gegenstandes liege, der die Sonne verdecke[17].

Von Orakeln hielt Perikles im allgemeinen wenig, da er sie auch als Ausfluß unaufgeklärten Aberglaubens beargwöhnte. Aber er stieß die Menschen nicht vor den Kopf, indem er seine Skepsis bei allen Gelegenheiten äußerte. Angesichts der religiösen Bedeutung der Orakel und der langen Tradition des griechischen Orakelwesens war es geraten, behutsam vorzugehen und sich nicht den Vorwurf der Gottlosigkeit einzuhandeln. So gesehen widerspricht die Zurückhaltung, deren er sich in diesem Bereich trotz seiner persönlichen Ablehnung, in irgendwelche Wunderzeichen etwas hineinzugeheimnissen, befleißigte, nicht seiner ansonsten aufrechten Art, die ihn die Dinge meist so sagen ließ, wie er sie sah. Da war es sicher auch eine läßliche Sünde, wenn er der Interpretation eines für ihn günstigen Omens einmal nicht widersprach, sondern es politisch ausnutzte. Im Gegensatz zu Anaxagoras, der solchen vorwissenschaftlichen »Unsinn« nicht im Raum stehen lassen konnte. Mag sein, daß darin der Unterschied zwischen dem Naturforscher und dem Politiker aufblitzte . . .[18]

Die Kompromißlosigkeit des Wissenschaftlers konnte sich Perikles gerade in solchen empfindlichen Bereichen nicht erlauben. Nicht nur aus Opportunismus, sondern weil er als Politiker auch auf die Wirkung seiner Worte und Taten stärker achten mußte als ein Anaxagoras, der nicht so im Rampenlicht der Öffentlichkeit stand. Es war also sicher auch ein Stück Verantwortungsbewußtsein, das Perikles daran hinderte, in religiösen Angelegenheiten zu forsch vorzugehen und die ganze Bürgerschaft auf seine Meinung einzuschwören.

Er war kein Zelot, keiner, der irrationale Ängste und dumpfen Aberglauben mit Gewalt und um jeden Preis aus den Sinnen seiner Mitmenschen verbannen wollte. Und das läßt auch auf seine Einstellung schließen, für die Toleranz und Humanität keine Fremdwörter waren. So brachte er es auf dem Krankenlager nicht über sich, ein Amulett abzunehmen, das ihm die Frauen des Hauses in Sorge um ihn umgehängt hatten. Er selbst glaubte nicht an die Wirkkraft dieses Zaubermittels. Schaden freilich konnte es auch nicht, und so behielt er den vermeintlichen Glücksbringer, um die fürsorglichen Damen nicht zu enttäuschen[19].

Das alles sind Anekdoten, die sicher nicht auf die historische Goldwaage gelegt werden dürfen. Aber sie sagen doch einiges aus über den Menschen Perikles und seine grundsätzliche Lebenseinstellung. Der Rationalismus, der darin zum Ausdruck kommt, findet sich in seinen politischen Reden wieder. Auch da eine klare Absage an irrationale Kräfte, ein eindeutiges Plädoyer für den Gebrauch des Intellekts und des logischen Urteils. Perikles will sich und die Bürgerschaft nicht der Hoffnung, nicht der Schicksalsgöttin Tyche ausliefern, er setzt auf einen klaren Kopf und Urteilskraft – dieser Tenor durchzieht alle von Thukydides überlieferten Perikles-Reden.

Charakteristisch dafür ist seine Rechtfertigungsrede in einer brisanten Situation im zweiten Jahr des Peloponnesischen Krieges, als sich der Volkszorn gegen ihn richtete und er beschuldigt wurde, die Athener zum Krieg überredet zu haben. Perikles beruft sich nicht auf unvorhersehbare Schicksalsschläge, schon gar nicht auf die Gunst oder Ungunst der Götter. Seinen Einfluß als »Ratgeber« der Bürgerschaft begründet er mit seiner Fähigkeit zur rationalen Einsicht und seinem rhetorischen Geschick: »Und doch, wem zürnt ihr? Einem Manne, glaube ich, der keinem anderen nachsteht in der Erkenntnis des Nötigen und der Fähigkeit, es auszudrücken, der sein Vaterland liebt und über Geld erhaben ist.[20]«

Einige Sätze später bekennt er sich ausdrücklich zur Ratio als der entscheidenden Triebkraft politischer Entscheidungen: »Der Wagemut bekommt mehr Festigkeit, wenn, bei gleicher Gunst des Glücks, die Vernunft sich überlegen fühlt. Sie vertraut auch nicht dem Hoffen . . ., sondern der mit dem Gegebenen rechnenden Erkenntnis, deren Voraussicht verläßlicher ist.[21]«

Eine Selbstverständlichkeit, die wohl jeder Politiker für sich reklamieren würde, auch wenn er sein Handeln nicht danach ausrichtet? Wohl kaum, wenn man daran denkt, daß es noch vor wenigen Jahrzehnten etwa in Deutschland als werbewirksam galt, mit dem Appell an Emotionen, Hoffnungen und Ängste Politik zu machen und noch ganz offen zu scheinbar realitätsüberwindendem Irrationalismus zu stehen.

### *Ein Mann mit Ecken und Kanten*

Nicht zuletzt der Einfluß des Anaxagoras hat demnach dafür gesorgt, daß die Perikles-Porträts vermutlich gar nicht so weit von dem wahren Wesen des athenischen Staatsmannes entfernt sind; jedenfalls was die Gesichtszüge und die Miene des Perikles angeht. Die starke Stilisierung zum ernsten, würdevollen, umsichtigen Politiker, der sich der Last seiner Verantwortung bewußt ist: Das entspricht nicht nur dem Kunstwollen des Kresilas, sondern auch der von Perikles offenbar immer stärker angenommenen Haltung. Perikles selbst hat eine solche Stilisierung unterstützt, hat sie aktiv betrieben – nicht wider seine Natur, sondern geradezu als eine Ausformung seines natürlichen Wesens.

Allein dieses Zusammenwirken verhinderte, daß er sich der Lächerlichkeit einer gestelzten Pose preisgab, die ihm niemand abgenommen hätte.

Sein Auftreten als Politiker und als Privatmann bildete eine Einheit. *Das* machte ihn glaubwürdig; nicht etwa ein Faible der Athener für ein genau fixiertes, schablonenhaftes Politiker-Image, das zu einem Erwartungsdruck geführt hätte, dem keiner standhalten konnte, wollte er in der athenischen Politik etwas bewirken. Es ginge zu weit, Perikles als Anti-Typ eines Politikers im Sinne der zeitgenössischen Rollenerwartungen zu bezeichnen. Umgekehrt aber war er sicher keine bloße Kreatur des Publikumsgeschmackes; eher schon das Gegenteil, wenn man an Persönlichkeiten wie Kimon oder Alkibiades denkt, die mit ihrem so ganz anderen Lebenszuschnitt und Selbstverständnis beim Wählervolk durchaus gut ankamen. Perikles fiel eher aus dem üblichen Rahmen heraus; auch in dieser Hinsicht war er ein Mann mit Ecken und Kanten, mit eigenem Profil und klaren Vorstellungen hinsichtlich seines Selbstverständnisses. Und er war nicht bereit, diese auf dem Altar des Zeitgeschmackes zugunsten vordergründiger Popularitätshascherei zu opfern.

Daß er sich mit seinem Verhalten nicht nur Freunde machte, liegt auf der Hand. Wer seine Zurückhaltung, seine ernste Miene und sein Unbehagen an allzu engem Kontakt mit der Masse mißverstehen wollte, dem bot er reichlich Gelegenheit dazu. Dem stellte er sich als der unnahbare, entrückte Olympier dar, als eitler und eingebildeter Politiker, dem seine mächtige Stellung zu Kopf gestiegen war, als der hochmütig-undankbare Aufsteiger, der sich innerlich wie äußerlich um so mehr von seiner Basis entfremdete, je mehr Macht sie ihm verschaffte.

### *Perikles im Urteil der Gegner*

Nicht wenige haben Perikles Überheblichkeit und Menschenverachtung vorgeworfen, haben sein zurückgezogenes Leben und seine Neigung, auf Distanz zu gehen, als Taktlosigkeit und Desinteresse an seinen Mitbürgern interpretiert[22]. Unnötig zu erwähnen, daß gerade seine politischen Gegner und ihre publizistischen Hilfstruppen kräftig in diese Kerbe gehauen haben. Sie bemühten sich mit aller Energie, das Zerrbild eines unzugänglichen, kalten, egoistischen Technokraten der Macht zu verbreiten, der in seiner »olympischen« Höhe jeden Kontakt mit dem athenischen Volk verloren habe. Um so mehr wurde in nostalgischer Verklärung das Andenken an den volkstümlichen Kimon gepflegt, einen populären, dem Volk in Lebensweise und Auftreten verbundenen Mann, der zwar glänzend zu repräsentieren und die Freuden des Lebens auszukosten verstand, der aber andere an seinem Reichtum freigebig teilhaben ließ und in seiner Leutseligkeit und Großzügigkeit letztlich ein viel Demosfreundlicherer Politiker zu sein schien als der spröde, ungesellige »Partei«-Demokrat Perikles[23].

Daß diese Lebensweise Kimons nicht nur Ausdruck einer großbürgerlich-selbstbewußten *joie de vivre* und unbekümmert-gönnerhaften Nonchalance war, sondern sehr wohl auch politische »Masche« und wohlüberlegte Image-Pflege, sagte natürlich keiner von denen dazu, die Kimon da als die glaubwürdigere und menschlichere Alternative zu Perikles anpriesen. Es fällt nicht schwer, sich vorzustellen, daß dieser – objektiv gar nicht so unrichtige, aber mit sehr viel Heuchelei und demagogischem Zungenschlag propagierte – Perikles-Kimon-Vergleich die Leute schon beeindruckt hat. Man braucht ja nur an die heutige Regenbogenpresse zu denken, als deren höchst willkommene Beute man sich den schillernden, »interessanten« Kimon unschwer denken kann – mit all den fatalen Folgen, die die Propagierung solch ebenso oberflächlicher wie verlogener Politiker-Porträts auf Hochglanzpapier, mit bunten *human-touch*-Bildchen garniert, auf die Meinungsbildung und demokratische Kultur üblicherweise haben.

Hochachtung vor dem athenischen Demos: Es wurde ihm wahrhaftig nicht leichtgemacht, Perikles Respekt und Zuneigung entgegenzubringen – von dessen Gegnern nicht und auch nicht von ihm selbst.

### *»Olympische« Einsamkeit*

Der Abstand und die Zurückhaltung, die Perikles als seinen politischen Stil wählte und auf sein Privatleben ausdehnte, dürften seiner politischen Arbeit zugute gekommen sein. Es scheint aber, daß die innige Verbindung, die sein Naturell mit den von Anaxagoras entwickelten Maximen einer politischen Ethik einging, Perikles in der Tat zu einem einsamen Mann gemacht hat. Nicht, daß der Vorwurf der Komödiendichter gestimmt hätte, er habe in der selbstgewählten Isolation seines Hochmutes einsame Beschlüsse gefaßt. Perikles hat durchaus im Team gearbeitet, hat sich beraten lassen, sich mit

»Partei«-Freunden abgestimmt und sich nicht für so unverzichtbar gehalten, daß er nichts delegiert hätte[24]. Er suchte auch das Gespräch mit führenden Männern des Geisteslebens. Berühmt war seine endlose Diskussion mit Protagoras über eine juristische Streitfrage, deren Erörterung einen vollen Tag lang gedauert haben soll[25]. Mit Phidias und mit anderen prominenten Künstlern tauschte er sich lange aus, um die Konzeption des Bauprogramms und ihre praktische Durchführung zu beraten. All diesen Gesprächen verweigerte er sich nicht, sondern er suchte sie von sich aus, und nichts spricht dafür, daß er sie als lästige Pflichtübungen angesehen hätte.

Aber einen wirklichen Kreis von Intellektuellen und Künstlern, eine Art *jour fixe* oder literarisch-künstlerisches Kaffeekränzchen um den führenden Politiker Athens herum, wie es manche modernen Darstellungen in idealisierender Weise suggerieren, hat es im Hause des Perikles nicht gegeben. Das waren nach moderner Terminologie Arbeitstreffen oder allenfalls Arbeitsessen, zu denen man sich aus konkretem Anlaß traf, aber keine Hintergrundgespräche in zwangloser, lockerer Atmosphäre. Und es entwickelten sich aus all diesen Kontakten keine innigen Freundschaften, keine tiefen persönlichen Bindungen. Die einzige Ausnahme hat wohl das Verhältnis zu Anaxagoras gebildet. So betrachtet ist die Vorstellung von einem einsamen »olympischen« Dasein des Perikles vielleicht nicht ganz so falsch.

## *Perikles' erste Frau – anonym und »perfekt«*

Das Familienleben des Perikles läßt sich in zwei Phasen einteilen. Die erste war ein ruhiger Lebensabschnitt, eine normale »bürgerliche« Ehe, von wenigen beachtet und deshalb nur in ein paar ganz dürren Fakten von den Geschichtsschreibern eher erwähnt als beschrieben. Ganz anders die zweite Verbindung, die Perikles als etwa Fünfundvierzigjähriger einging! Da kam ein ungemein spektakuläres Element in sein Privatleben. Das war eine die Phantasie der Zeitgenossen beflügelnde Ehe. Mit der Beschaulichkeit und Normalität des Privatlebens war es schnell vorbei; der Stadtklatsch fand ein lohnendes Objekt in dieser Liebesbeziehung. Bei all den Spekulationen und Redereien, die sich um diese neue Verbindung rankten, stand Perikles eher im Hintergrund. Die eigentlich außergewöhnliche, in den Augen vieler Athener provozierende Hauptfigur war Aspasia, die »Hera« des Olympiers Perikles.

Wie sehr die erste Ehe im Schatten der zweiten steht, läßt sich schon daran erkennen, daß der Name der ersten Frau des Perikles nicht überliefert ist. Bekannt ist nur, daß sie eine Verwandte war, die schon eine Ehe hinter sich hatte, als Perikles sie heiratete.

Nach griechischen Maßstäben ist es fast ein Lob für diese Frau, daß ihr Name gar nicht in die Werke der Geschichtsschreiber Einlaß gefunden hat. Unauffälligkeit und äußerste Zurückgezogenheit waren ausgesprochene Frauentugenden vor allem in den oberen sozialen Schichten Athens. Eine »perfekte« Ehefrau trat nach außen so wenig wie möglich in Erscheinung; ihre Domäne war das Haus, nicht die Öffentlichkeit. Das konnte zu grotesken Auswüchsen führen, wie einzelne Fälle aus erhaltenen Gerichtsreden zeigen: Es kam vor, daß zunächst einmal Zweifel an der *Existenz* der Ehefrau XY ausgeräumt werden mußten![26]

Mochten sich Frauen aus der Schicht der Theten und Zeugiten schon aus wirtschaftlichen Gründen nicht an diesen strengen Verhaltenskodex halten – sie waren teilweise selbst berufstätig, zumindest hatten sie in der Regel keine Unfreien, die sie zum Einkaufen auf den Markt schicken konnten –, so waren derartige öffentliche Auftritte verheirateter Frauen aus den gesellschaftlichen Kreisen eines Perikles ausgesprochen verpönt. Ihr Leben hatte sich fast ausschließlich im Frauengemach abzuspielen; ihre Lebensaufgabe waren die Verwaltung des Hauses, die Aufsicht über die dienstbaren Geister und die Sorge für das leibliche Wohl aller Familienangehörigen. Typische Beschäftigungen, mit denen Frauen der Oberschicht den größten Teil des Tages zubrachten, waren Spinnen und Weben.

Die vornehmste Pflicht der griechischen Frau bestand freilich darin, dem Mann legitime Nachkommen zu schenken und die Kinder aufzuziehen. Oft sahen sie allerdings ihren Herrn Gemahl nicht. Der pflegte während der hellen Tagesstunden meist aus dem Hause zu sein und erst bei Anbruch der Dämmerung wieder zurückzukehren. Die Vorstellung von einem trauten Familienleben paßt wenig zu den griechischen Verhältnissen, zumal ehrbare Ehefrauen von Festivitäten im allgemeinen ausgeschlossen waren. Da blieben die Männer lieber unter sich oder luden sich Sängerinnen und Tänzerinnen dazu ein. Wie denn überhaupt die Hetären den Ehefrauen vieles streitig machten. Es gibt sehr offene, fast brutale Äußerungen darüber, daß die verheirateten Frauen für viele Griechen nur als Mutter ihrer Kinder interessant waren. Wahre sexuelle Befriedigung suchte man je nach Geldbeutel in Bordellen oder bei Hetären der »Edelklasse«, die sich vielfach auch durch höhere geistige Bildung auszeichneten als ehrbare Frauen.

»Du glaubst doch wohl nicht, daß sexuelle Lust die Männer dazu bringt, Kinder zu zeugen, wo die Gassen voll sind von Mitteln, das zu erreichen«, sagt Xenophon einmal. »Offensichtlich wählen wir als Ehefrauen diejenigen aus, die uns die besten Kinder gebären, und dann heiraten wir, um eine Familie aufzuziehen.[27]«

Das spricht nicht gerade für romantische Liebesheiraten. Und tatsächlich spielten auch noch andere Überlegungen eine wichtige Rolle, wenn ein Athener auf Freiersfüßen wandelte. So etwa der gesellschaftliche Rang der künftigen Schwiegereltern oder auch die Höhe der angebotenen Mitgift, die in Bargeld, Schmuck, Kleidung oder auch Sklaven bestehen konnte. Solche nüchternen sozialen und ökonomischen Erwägungen haben in Griechenland am Anfang unzähliger Ehen gestanden; und daß daraus oft nicht sehr glückliche Verbindungen wurden, unter denen vor allem die Frauen zu leiden hatten, versteht sich von selbst.

Im Falle der ersten Ehe des Perikles könnten derartige Überlegungen im Spiel gewesen sein, zumal ja die Erwählte aus seiner Verwandtschaft stammte. Ob und in welchem Ausmaß Perikles bei käuflichen Damen Trost suchte, ist nicht überliefert. Jedenfalls war die Ehe ansonsten insofern höchst normal, als die Frau dem von ihr erwarteten Rollenverhalten offensichtlich durchaus gerecht wurde, indem sie so gut wie gar nicht in Erscheinung trat, und die Ehe überdies unglücklich war[28]. Sie mag um 460 geschlossen worden sein und wurde – anscheinend in gütlichem Einvernehmen zwischen beiden Partnern – etwa zehn Jahre später geschieden. Perikles »besorgte« seiner Ex-Frau immerhin einen neuen Gemahl, mit dem sie einverstanden war.

### *Familiäre Spannungen*

Aus der Ehe gingen zwei Söhne hervor, Xanthippos und Paralos. Das Verhältnis der beiden zu ihrem Vater war von Spannungen nicht frei; die familiäre Harmonie scheint erheblich darunter gelitten zu haben, daß Perikles ein gar so sparsamer Hausvater war. Die Herren Söhne hielt Perikles offenbar sehr knapp; vielleicht, damit sie gar nicht erst die Möglichkeit hatten, sich im Kreise einer von attischen Adelssprößlingen gebildeten *jeunesse dorée* zu tummeln, die sich dem *dolce far niente* verschrieben hatten. Jedenfalls weiß Plutarch zu berichten, daß »seine erwachsenen Söhne wenig Freude an diesem Regiment des Perikles gehabt hätten...«[29].

Zwischen Xanthippos, dem älteren der beiden, und Perikles kam es schließlich sogar zu einem ernsthaften Zerwürfnis. Natürlich ging es wieder um Geld. Xanthippos, mittlerweile erwachsen und »von Natur zur Verschwendung neigend«, wie Plutarch mit erhobenem Zeigefinger anmerkt, überdies mit einer ebenso verwöhnten wie anspruchsvollen jungen Dame verheiratet, die hohe Ansprüche an den Lebensstil stellte, beklagte sich bitter über die geringen Einkünfte, die sein Vater ihm aus dem Familienbesitz zukommen ließ. Als besonders entwürdigend empfand er es, daß ihm sein Anteil nur in knapp bemessenen Raten ausgezahlt wurde.

Perikles dürfte gewußt haben, warum er diese Vorsichtsmaßnahme anwandte. Das Verhalten des Xanthippos gab ihm nachträglich darin recht; denn der wußte schließlich, um seine Kasse aufzubessern, keinen besseren Rat, als sich bei einem guten Freund eine ordentliche Summe zu leihen – und zwar angeblich auf Geheiß seines Vaters. Das konnte nicht gutgehen. Trotz seiner prominenten Stellung war Perikles nicht bereit, die Angelegenheit diskret zu regeln. Er weigerte sich schlicht, den Kredit zurückzuzahlen; er habe seinem Sohn keinen entsprechenden Auftrag erteilt.

Die Sache kam vor Gericht. Wie der Prozeß ausging, ist nicht überliefert. Daß Perikles die Schulden des Xanthippos beglichen hat, läßt sich aber aufgrund der Reaktion seines Sohnes ausschließen. Der ging nämlich dazu über, in aller Öffentlichkeit schmutzige Familienwäsche zu waschen. Er streute eine Reihe von Gerüchten über das Privatleben des Perikles aus, mit denen er seinen Vater lächerlich machen wollte. Auch soll er in übler Weise über Aspasia hergezogen haben – für eine Klatschbase wie Stesimbrotos von Thasos ein gefundenes Fressen. Und auch die politischen Gegner des Perikles werden sich vor Vergnügen die Hände gerieben haben. Das Ganze war höchst unerquicklich und führte schließlich zum endgültigen Bruch zwischen Vater und Sohn. Erst der Tod des Xanthippos, der 429 der in Athen wütenden Pest erlag, beendete den bitteren Familienstreit.

Das Jahr 429 sollte Perikles noch manchen Kummer bringen. Die Seuche raffte auch seine Schwester und die meisten anderen Verwandten dahin. Schließlich fiel auch Paralos, der jüngere Sohn aus erster Ehe, der furchtbaren Epidemie zum Opfer. An seinem Grabe brach Perikles in Tränen aus – das erste und einzige Mal, daß es dem Olympier nicht gelang, sein Innenleben vor der Öffentlichkeit zu verbergen. Er war nicht kalt und gefühllos, wohl aber sah er es als Tribut an seine Stellung an, sich vor den Augen seiner Mitbürger stets beherrscht und mannhaft zu geben. Der Tod des Paralos aber, der (vorerst) letzte in einer langen Reihe persönlicher Schicksalsschläge, die sich damals, auf die gesamte Bürgerschaft hochgerechnet, zu verheerenden Verlustzahlen multiplizierten, führte auch bei dem sonst nach außen so gefaßten Perikles zum seelischen Kollaps: »Unter diesem Schlag brach er zusammen, so sehr er darum rang, standzuhalten und seinen hohen Sinn zu bewahren. Als er jedoch dem Toten den Kranz aufs Haupt setzte, überwältigte ihn ob des Anblickes der Schmerz, so daß er in lautes Weinen ausbrach und einen Strom von Tränen vergoß.[30]«

Als einziger der drei Söhne des Perikles überlebte der nach seinem Vater benannte Sohn aus der Ehe mit Aspasia die Seuche des Jahres 429. Perikles muß Aspasia in der Zeit zwischen 450 und 445 kennengelernt haben; vermutlich war seine erste Ehe damals bereits geschieden, auch wenn nicht völlig auszuschließen ist, daß die neue Beziehung zu Aspasia der eigentliche Scheidungsgrund gewesen ist. Im Unterschied zu der unglücklichen ersten Ehe, die möglicherweise eine der vielen damals geschlossenen Vernunftehen gewesen war, gründete sich die Beziehung zwischen Perikles und Aspasia nach dem ausdrücklichen Zeugnis Plutarchs auf echte Liebe. Tatsächlich gibt es eine Reihe von Indizien, die diese Einschätzung voll bestätigen – bis hin zu der von den Zeitgenossen aufmerksam registrierten Beobachtung, daß Perikles seine zweite Frau jeden Tag, wenn er das Haus verließ und nach Hause zurückkehrte, zärtlich geküßt habe...[31]

Aspasia war die Tochter eines Axiochos und stammte aus Milet. Sie galt also in Athen als Ausländerin. Eine Menge des üblen Stadtklatsches, der sich bald um die schöne Milesierin ranken sollte, geht darauf zurück, daß sich der bedeutendste Politiker Athens mit einer Ausländerin verband. Zwischen Athen und Milet gab es keine Epigamie, die eine legitime Hochzeit ermöglicht hätte. Rechtlich gesehen war die Beziehung zwischen Perikles und Aspasia ohne Zweifel ein »Verhältnis«, keine vom attischen Recht anerkannte Ehe. Und Perikles, der aus diesem Verhältnis hervorgegangene Sohn, wurde lange Zeit über als Bastard angesehen – dank des von seinem Vater im Jahre 451 eingebrachten restriktiven Bürgerrechtsgesetzes, das nur männlichen Abkömmlingen rein athenischer Eltern das Bürgerrecht einräumte. Nur mit größter Mühe gelang es Perikles kurz vor seinem Tod, seinen dritten Sohn vom Makel des Bastards zu befreien, indem er ihn per Ausnahmeregelung in die Bürgerlisten aufnehmen ließ.[32]

Die Stellung des Perikles junior war freilich nur ein Problem unter vielen, die dem Olympier aus der umstrittenen Verbindung mit Aspasia erwuchsen. Warum hatte die Dame überhaupt ihre kleinasiatische Heimat verlassen und hatte sich in Athen angesiedelt?

So genau scheint das niemand gewußt zu haben. Um so lebhafter ging es in der Gerüchteküche zu. Man munkelte, sie habe ihren Lebensunterhalt als Hetäre bestritten, als ebenso aparte wie gebildete Edel-Prostituierte, die in Athen bessere Verdienstchancen gesehen habe.

Der Verdacht an sich muß genügt haben, um, einmal aufgekommen, immer weiter verbreitet und mit pikanten Einzelheiten ausgeschmückt und angereichert zu werden. Dankbar griffen die politischen Gegner des Perikles zu; ein solches Skandalon konnten sie nicht ungenützt lassen. Und so entwickelte ein erstes Gerücht – unabhängig davon, ob es gestimmt hat oder nicht – schnell eine Eigendynamik, die sehr bald in eine Rufmordkampagne gegenüber Aspasia *und* Perikles einmündete. Als »Hure« beschimpften die Komödiendichter sie, die wenig schmeichelhafte Titulierung »Hurensohn« mußte folglich Perikles junior über sich ergehen lassen[33]. Das Privatleben des Olympiers wurde erbarmungslos durch den Schmutz gezogen. Eine unappetitliche Drecklawine kam in Gang, die mit immer neuen »Enthüllungen« aufzuwarten wußte.

Da reichte dann der Vorwurf schon bald nicht mehr aus, Aspasia selbst sei eine Prostituierte oder es gebe zumindest in ihrer Vergangenheit dunkle Flecke unmoralischen Lebenswandels. Die Angriffe verschärften sich zunehmend. Aspasia unterhalte, so hieß es nun, in ihrem Haus ein Bordell. Sie sei Herrin über eine Schar von Hetären, die sie gewerbsmäßig an zahlungskräftige Kunden verleihe. Nur besonders schöne Prostituierte soll Aspasia in ihren Bordellbetrieb aufgenommen haben, »Exotinnen« gleichsam, die eigens aus anderen Städten Griechenlands und anderen Ländern nach Athen importiert worden seien. Da war es dann kein weiter Weg mehr zu der Legende, der Peloponnesische Krieg sei in Wirklichkeit nur deshalb ausgebrochen, weil Freier aus (dem mit Sparta verbündeten) Megara einige »Mitarbeiterinnen« der Aspasia geraubt hätten, was Perikles als Gefährte der fürsorglichen Bordellwirtin natürlich nicht habe hinnehmen können…[34]

## *Vom liebestollen »Olympier« und seiner käuflichen »Hera«*

Klar, daß auch Perikles nicht ungeschoren davonkam. Wer sich mit einem Frauenzimmer wie Aspasia einließ, der konnte ja von einem moralischen Lebenswandel nichts halten; dem waren ja alle Ausschweifungen zuzutrauen! Und so entstand das Bild vom liebestollen Olympier, der sich von seiner Frau trennte, um sich an der Seite der milesischen Dirne einem Leben in Saus und Braus hingeben zu können – mit dem Ergebnis, daß er sein Hab und Gut verschleuderte und überdies in den äußerst zweifelhaften Ruf eines Wüstlings geriet, der auch anderen Frauen nachstieg[35].

Da zirkulierte eine Menge Gerüchte über delikate Einzelheiten, die Perikles mit mancher Athenerin in Verbindung brachten[36]. Der gehässige Klatsch ist jedoch schnell durchschaubar; zumindest, was Perikles selbst angeht. Denn das Bild eines den Freuden des Lebens so hemmungslos ergebenen, sein Vermögen verprassenden Perikles steht in so eklatantem Widerspruch zu der von zuverlässigen Zeugen geschilderten Wirklichkeit, daß es sich selbst richtet. Und zu einem Perikles, der sich sexueller Ausschweifungen nicht enthalten konnte, paßt der etwas moralinsaure, aber gut bezeugte und zu Perikles' ganzem Charakter passende Rüffel überhaupt nicht, den er einst der Frohnatur des Sophokles versetzte. Bei einem gemeinsamen kriegerischen Unternehmen, das auch der Tragödiendichter als Stratege kommandierte, pries Sophokles einmal die Vorzüge eines schönen Knaben. Worauf Perikles seinen Kollegen zur Seite nahm und ihn zurechtwies: »Mein lieber Sophokles, ein Feldherr soll sich nicht nur die Hände, sondern auch die Augen sauber halten.[37]«

Was aber ist mit Aspasia? Waren das alles nur böswillige Verleumdungen, Giftpfeile, die in Wirklichkeit auf Perikles zielten? Oder gibt es doch Geheimnisse in ihrem Privatleben, die man besser nicht zu lüften versucht, wenn man sich nicht unversehens im Sumpf eines wenig erquicklichen Milieus wiederfinden will?

Die Quellenlage ist durch Widersprüche gekennzeichnet. Einige Übertreibungen und Nachrichten, die auf eine allzusehr ins Kraut schießende Phantasie leichtgläubiger und sensationslüsterner »Historiker« zurückgehen oder als antiperikleische Zweckpropaganda zu entlarven sind, können rasch ausgeschieden werden. So etwa der ganze Spuk um den angeblichen Bordellbetrieb der Aspasia. Das ist blanker Unsinn, der auch dadurch nicht glaubwürdiger wird, daß er hier und da in satten Farben ausgemalt und mit einigen schlüpfrigen Details ausgeschmückt worden ist. Mag sein, daß die Vorstellung von Aspasia als Leiterin eines florierenden Callgirl-Rings auf die Offenheit und Gastfreundschaft zurückzuführen ist, mit der die zweite Frau des Perikles ihr Haus führte. Aus der für manchen Athener schockierenden Beobachtung, daß Aspasia sich nicht in das traditionelle griechische Frauenbild einfügte, entstand dann, von interessierter Seite sicher kräftig genährt, das üble Gerücht, das vergleichsweise lebhafte Ein- und Ausgehen von Gästen sei ein Beweis für den anrüchigen Charakter ihres Hauses.

Etwas anders sieht es mit der Vergangenheit der Aspasia selbst aus, bevor sie Perikles kennenlernte. Da gibt es manche Fragezeichen; etwa, was den Grund ihrer Übersiedlung nach Athen angeht oder auch, woher sie ihre für ehrbare Frauen – zumindest in Athen – ungewöhnliche Bildung hatte. Für all das mag es ganz harmlose Erklärungen geben – nicht zuletzt die Tatsache, daß die Frau bei den ionischen Griechen eine freiere Stellung eingenommen haben dürfte. Und keinesfalls sind die Beschuldigungen, die vor allem die Komödiendichter ihr gegenüber erheben, irgendwie bewiesen oder auch nur plausibel gemacht. Die Häufigkeit dieser Anwürfe besagt da nichts. Wenn einer in ein politisch nicht unwillkommenes Horn stößt, dann ist das oft nur die Initialzündung dafür, daß andere es ihm nachtun; und zwar ohne Rücksicht auf den Wahrheitsgehalt der »Meldung«. Dergleichen entwickelt leicht eine Eigendynamik, und da hilft dann kein noch so energisches Dementi mehr. Irgend etwas bleibt immer hängen.

### *»...tot und ein Frauenzimmer« – Wilamowitz' Aspasia-Verdikt*

Trotzdem haben angesehene und einflußreiche Wissenschaftler vor allem im 19. Jahrhundert der Überlieferung Glauben geschenkt. In der Darstellung eines Eduard Meyer können Zweifel gar nicht erst aufkommen. Er teilt seinen Lesern über Aspasia schlicht mit, daß sie »als Hetäre nach Athen gekommen war«. Immerhin charakterisiert er sie als »geistreiche Frau«, von der auch Perikles manche Anregungen in tiefsinnigen Gesprächen erhalten habe.[38]

Nicht einmal das will ihr Wilamowitz zubilligen. Er kämpfte verbissen gegen den Mythos einer faszinierenden Frauengestalt an der Seite des »Olympiers« an, in dessen Bann sich andere hatten schlagen lassen. So vor allem Robert Hamerling, der in seinem dreibändigen, im Jahre 1876 erschienenen Roman »Aspasia« ein allzu glanzvolles Porträt der Milesierin gezeichnet hatte. Ihn und seine »Gefolgsleute« traf der Bannstrahl des zornigen Papstes der Klassischen Philologie, der gleichsam *ex cathedra* über die »geistreiche Hetäre« verkündete:

»Ich bin nicht so albern, dem toten Frauenzimmer zu grollen, aber man soll es lassen, wie es ist, tot und ein Frauenzimmer. Leute, die ohne weibliches Parfüm keine Geschichte riechen mögen und ihre Helden nicht menschlich finden, wenn sie nicht unterweilen girren oder meckern, mögen Hamerling statt Thukydides lesen. Aber es ist kein kleines Zeichen von der Würde der attischen Geschichte, daß nur ein Weib in ihr vorkommt, das aber beherrscht sie: die Jungfrau von der Burg.[39]«

Was da an frauenfeindlichem Ressentiment so ganz nebenbei aus der Feder eines Wilamowitz fließt, ist an sich schon ein starkes Stück. Gegenüber solchen Ausfällen wirkt ja fast noch die Einstellung der Griechen in Perikleischer Zeit in puncto Frauenfrage geradezu emanzipatorisch. Aber das ist, von der Sache her gesehen, nur ein Ärgernis am Rande.

So einfach, wie es sich Wilamowitz in diesem Zusammenhang mit seiner »Beweisführung« macht, geht es nun wirklich nicht, wenn man das Problem wissenschaftlich und nicht weltanschaulich zu lösen versucht. Neben den Vorwürfen der Komiker verweist er noch auf den Namen »Aspasia«. Darin will er einen typischen Hetärennamen erkennen. Das ist jedoch nicht haltbar. Aspasia bedeutet zwar »die Erwünschte«, »die Willkommene« und war in Athen ein seltener Name. In Ionien dagegen war der Name weit verbreitet und wies keineswegs automatisch sozusagen auf sexuelle Einladungen hin. Die süffisante Story jedenfalls, daß der Perserkönig Kyros seine liebste Beischläferin nach der berühmten Gefährtin des Perikles »Aspasia« genannt habe, kann wohl kaum als Gegenbeweis gelten. Zumal Plutarch, der sie in seine Perikles-Biographie einflicht, bekennen muß, diese Geschichte sei ihm »über dem Schreiben eingefallen, und es wäre mich hart angekommen, sie zu unterdrücken und wegzulassen...«[40].

Wogegen Wilamowitz im übrigen vehement Sturm lief, war die von ihm befürchtete Überschätzung Aspasias. Der Roman Hamerlings bot Anlaß dazu, und auch andere Autoren haben vor und nach Hamerling den Einfluß Aspasias auf Perikles und dessen politische Entscheidungen teilweise stark hervorgehoben.

### *Pantoffelheld-Mythos*

Das hatte bereits Tradition. Denn auch dieser »Aspekt« der skandalumwitterten Aspasia war von den Gegnern des Perikles mit allen Kräften herausgestellt worden – neben dem gleichsam privaten Teil des Vorwurfes amouröser Verirrungen und anstößiger Profite durch die angebliche Vermarktung käuflicher Liebe als zweites, sozusagen öffentliches Gravamen im Rahmen der wohlorganisierten Rufmordkampagne die Kritik an Aspasia als der »grauen Eminenz« der attischen Politik. Perikles soll ihr sexuell so hörig gewesen sein, daß er ihren Einflüsterungen erlag. Grundlegende außenpolitische Entschlüsse wie den Krieg gegen Samos, ja sogar den Peloponnesischen Krieg, soll Perikles unter dem fatalen Einfluß der milesischen Hetäre getroffen haben.

Daß bei all diesen Entscheidungen auch die Volksversammlung noch ein Wort mitzusprechen hatte, fällt bei dieser Polemik eh weg. Und so erscheint denn Perikles in bestimmten Situationen in der satirischen Verzerrung der Komiker als wenig mehr denn ein Pantoffelheld, eine politische Marionette, die hinter den Kulissen von Aspasia bewegt wird. Entsprechend deutlich fielen die »Freundlichkeiten« im mythologischen Gewand aus, mit denen findige Köpfe Aspasia und ihr »Geschöpf« bedachten. Beliebt war der Vergleich der Milesierin mit Omphale, einer lydischen Königin, mit der Herakles eine Zeitlang ein Liebesverhältnis eingegangen war. Sie habe den Helden, so wußte die Sage zu berichten, gezwungen, Frauenkleider zu tragen und sich mit typisch weiblichen Arbeiten zu beschäftigen. Im ganzen kein besonders rühmliches unter den zahlreichen Abenteuern des Herakles, wenn er da als die verweichlichte Kreatur einer dominanten Dame geschildert wird...

In der Kampagne, die man gegen Aspasia und Perikles entfesselt hatte – und die man über die Jahre geschickt fortzusetzen verstand – natürlich ein dankbarer Stoff, bestens geeignet, den Staatsmann lächerlich zu machen. Ebenso wie die weniger einfallsreiche, aber doch auch wirkungsvolle Bezeichnung »Hera«, die Aspasia gern verliehen wurde, um ihren unheilvollen Einfluß auf den »Zeus« Athens zu veranschaulichen[41]. Das Image der olympischen Hera war ja, zumindest in der Mythenparodie und in komischen Zusammenhängen, durchaus herrisch und unbequem, so daß Zeus besser daran tat, entweder zu gehorchen oder sich allenfalls durch Listen dem unangenehmen Regiment seiner besseren Hälfte zu entziehen. Zu der Behauptung, Perikles habe seine politische Laufbahn ohnehin nur den umstrittenen Künsten seiner »Herrin« zu verdanken, war da kein weiter Weg mehr. Kein Wunder, daß einige Komödiendichter zu dieser »Schlußfolgerung« gelangt sind: Bei der gebildeten, beredten Aspasia habe Perikles Unterricht genommen, so behaupteten sie, und sie habe ihn erst zu einem hervorragenden Redner – und damit zum Politiker – gemacht[42].

»Die Komödie hatte hier einen Stoff gefunden«, resümiert J. Schwarze in seiner Untersuchung über die Beurteilung des Perikles durch die attischen Komiker, »der geeignet war, Perikles politisch unmöglich zu machen. Sein Privatleben wurde zu einer politischen Karikatur.[43]« Man kann das noch drastischer formulieren: Die Komödiendichter versuchten, aus Perikles einen willenlosen, inkompetenten Polit-Hampelmann zu machen, dessen einzige Inspiration die für Athen abträglichen Einflüsterungen seiner ausländischen Konkubine Aspasia waren.

### *Aspasias Emanzipation*

Eine Verzerrung der Wirklichkeit, gewiß. Doch hätte das den Dichtern niemand abgenommen, wenn es überhaupt keine Anhaltspunkte für einen Einfluß Aspasias auf die politischen Überlegungen des Perikles gegeben hätte. Tatsächlich konnten sich die publizistischen Hilfstruppen der oligarchischen Opposition nur deshalb Gehör verschaffen, weil die Milesierin sich wirklich nicht in den Bahnen des traditionellen Frauenbildes bewegte.

Mochte die allgemeine Moral die attische Frau zu einem Mauerblümchendasein verurteilen, ihr die Rolle eines Heimchens am Herd aufzwingen, das in der Öffentlichkeit nichts zu suchen und schon gar nicht bei politischen Themen im weiteren Sinne mitzureden hatte – die selbstbewußte, liberaler erzogene Milesierin Aspasia war nicht bereit, sich in dieses Klischee einzupassen. Das hätte dieser hochgebildeten und aufgeklärten Frau allzuviel Selbstverleugnung abverlangt. Gerade weil sie im Unterschied zu der athenischen Normalfrau auch aus den höchsten Gesellschaftsschichten so ein enormes Wissen und ein so klares politisches Urteilsvermögen besaß, spielte sie das traditionelle Rollenspiel nicht mit.

Sie fiel damit aus der Norm heraus. Das war das eigentliche Skandalon. Da sollte offenbar ein neuer Stil eingeführt werden, der der Frau größeren Bewegungsspielraum zubilligte. Und das stieß auf Ablehnung und Mißtrauen in traditionsbewußten Kreisen. Nur eine kleine Minderheit unter den Männern Athens konnte sich offenbar vorstellen, daß eine behutsame Neudefinition des Frauenbildes ihnen nicht nur Verdruß und Nachteile einbringen mußte. Zu diesen wenigen gehörten Denker und Philosophen, die das Gespräch mit der intelligenten Lebensgefährtin des Perikles suchten. Sie verkehrten im Hause der Aspasia, und bei diesen zwanglosen Zusammenkünften tauschte man Meinungen aus und diskutierte angeregt. Sokrates war ein willkommener Gast, und die Schüler des großen athenischen Philosophen haben Aspasia hier und da in ihren Schriften als kompetente Gesprächspartnerin ihres Meisters erwähnt. Sie wußten das nicht nur vom Hörensagen; vielmehr wird berichtet, daß Sokrates seine Schüler zu den Diskussionen im Hause der Aspasia mitzunehmen pflegte[44].

Weiß die Milesierin sich in den Erinnerungen Xenophons als ebenso sachkundige wie anregende Gesprächspartnerin des Sokrates in Fragen der Hauswirtschaft und der Ehe in Szene zu setzen[45], so tritt sie in Platons »Menexenos« geradezu als Lehrerin des Philosophen auf. In einer Mischung aus ironischer Übertreibung und realistischer Nachzeichnung solcher Unterhaltungen zwischen Aspasia und Sokrates wird da geschildert, wie vorzüglich die Milesierin sich auf die Redekunst verstanden habe. Sokrates scheint seinen Schülern gegenüber offen ausgesprochen zu haben, daß er wirklich eine Menge von Aspasia gelernt habe. Die Hochachtung vor der geistvollen und scharfsinnigen »Lehrerin« kommt jedenfalls auch noch in der ironischen Brechung zum Ausdruck, wo Platon seinen Meister in Schulbubenmanier bekennen läßt, er habe eine von Aspasia entworfene Rede »ja förmlich bei ihr eingelernt und hätte um ein Haar Schläge bekommen, weil ich so vergeßlich war«[46].

## *Salon der intellektuellen Avantgarde?*

Man hat von einem philosophisch-literarischen Salon gesprochen, den Aspasia unterhalten habe. Und natürlich waren einige schnell mit der Vorstellung eines intellektuellen Zirkels bei der Hand, der »auf glückliche Weise« Philosophen der ionischen Aufklärung, Sokratiker und Perikles als den bedeutendsten Staatsmann Athens im Hause der Aspasia zusammengeführt habe. Da durften dann die Dichter nicht fehlen, und so wurde Euripides flugs in diesen Kreis mit aufgenommen. Ja, es wurde vermutet, daß hinter den Frauengestalten in den Dramen des Euripides »eine Frau von dem großen Format der Aspasia« gestanden habe. Schließlich der Hinweis darauf, daß Goethe den »klassischen Frauendramen« des Euripides vieles verdanke, und schon endete die ganze Hypothesenkette in der schönen Erkenntnis: »Der Dank der abendländischen Frauenwelt an Euripides für das tiefe Eindringen und das Verständnis ihrer Psyche kommt so vielleicht mittelbar auch der schönen und geistvollen Milesierin zugute, die Perikles die schwere Last der Staatsführung zu tragen unendlich erleichtert hat und daher seine vornehmste Helferin genannt werden darf.[47]«

Das ist der Stoff, aus dem idealistische Träume sind. Wer dergleichen liest, wird Wilamowitz' Verdikt gegenüber dem »toten Frauenzimmer« milder beurteilen. Denn alles, was Ernst Kornemann in dem gerade zitierten Passus schreibt, beruht auf schöngeistiger Spekulation, bei der der Wunsch der Vater des Gedankens ist. Und so muß sogar der Kornemann-Herausgeber Bengtson solchen quellenmäßig durch nichts zu begründenden Mutmaßungen eine deutliche Abfuhr erteilen[48].

Vieles um den »Kreis der Aspasia« herum ist aufgebauscht worden. Die Vorstellung von einem intellektuellen Avantgarde-Salon der Aspasia läßt sich aus den antiken Berichten nicht belegen. »Auch Sokrates besuchte sie zuweilen mit seinen Schülern«, notiert Plutarch, »und ihre Freunde brachten oft die eigenen Gattinnen zu ihr, damit sie ihr zuhören konnten.[49]« Wie oft solche Treffen stattfanden, wie sich der Kreis der Besucher zusammensetzte und ob es sich dabei sozusagen um eine »Institution« handelte, das alles lassen die Quellen unbeantwortet. Und deshalb ist es eine Spekulation ohne wissenschaftliche Seriosität, das Haus der Aspasia zu einem Zentrum der athenischen Aufklärung in den vierziger Jahren des 5. Jh.s hochzustilisieren.

## *Rufmordkampagne: Preis für die Prominenz*

Die »Leistung« Aspasias wird durch den Verzicht auf allzu phantasievolle Konstruktionen nicht geschmälert. Sie war eine selbstbewußte Frau, die trotz des auf ihr lastenden Anpassungsdrucks nicht bereit war, sich ins Frauengemach zurückzuziehen. Ihre freiere, sich über Konventionen hinwegsetzende Lebensweise war schon ein Stück Emanzipation, wenngleich das Ganze nichts mit einem Streben nach prinzipieller Gleichstellung zu tun hat. Daran hat auch Aspasia nicht gedacht, nicht denken können, und ob ihr Auftreten in der Öffentlichkeit und die Unangepaßtheit ihrer Lebensführung in ihren Augen auch so etwas wie ein Programm darstellte, ist schwer zu sagen. Fest steht, daß sie zumindest für sich selbst mehr Freiraum und Eigenständigkeit beansprucht und diesen Anspruch auch nicht der exponierten Stellung ihres Lebensgefährten geopfert hat.

Für Perikles war Aspasia ohne Zweifel eine erhebliche politische Belastung. Es spricht für die Intensität seiner Zuneigung, aber auch für die ihm eigene Standhaftigkeit und Geradlinigkeit, daß er diese Angriffsfläche nicht opportunistisch durch eine Trennung von Aspasia aus der Welt schaffte, sondern all die Anfeindungen, den Spott und das Unverständnis, die ihm diese Liaison einbrachte, gelassen in Kauf nahm.

Selbst bei seinen eigenen Anhängern dürfte das Zusammenleben mit Aspasia reichlich Irritationen geschaffen haben. So wie die Frau lebte und sich gab, war sie für viele ein rotes Tuch, eine wandelnde Provokation, der personifizierte Verstoß gegen die traditionelle Sittennorm. Was sich diese Ausländerin da »erlaubte«, muß auch und gerade auf viele einfache Leute befremdlich, ja anmaßend gewirkt haben. Ein guter Teil der haarsträubenden Rufmordkampagne gegen Aspasia beruhte daher sicher auf mancherlei Mißverständnissen, auf schlichter Intoleranz und Borniertheit. Um so leichteres Spiel hatten die politischen Gegner des Perikles, wenn sie in diese Kerbe schlugen und an tief eingewurzelte Ressentiments appellierten.

Die gesamte Aspasia-Affäre beweist, daß Athen doch nicht jene weltoffene, freisinnige Weltstadt war, als die ihr Vordenker Perikles sie in seiner Propaganda darstellte. Da haperte es offensichtlich noch an der Verwirklichung manches schönen Anspruches, den Perikles vollmundig für seine Polis reklamierte. »Wir leben frei miteinander im Staat und im gegenseitigen Geltenlassen des alltäglichen Treibens, ohne dem lieben Nachbarn zu grollen, wenn er einmal seiner Laune lebt, und ohne jenes Ärgernis zu nehmen, das zwar keine Strafe und doch kränkend anzusehen ist.[50]« So formuliert Perikles im »Epitaphios«. Verglichen mit dem Antipoden Sparta, mochte er mit diesem Bekenntnis zur Liberalität nicht ganz unrecht haben. Aber wie weit Athen von dem hier gefeierten Ideal noch entfernt war, mußte Perikles Tag für Tag schmerzlich erfahren, wenn er an das »Ärgernis« Aspasia erinnert wurde.

Die Verbindung zwischen Perikles und Aspasia war in allererster Linie eine Liebesbeziehung, eine harmonische, glückliche Ehe, die freilich vom attischen Recht nicht als solche anerkannt wurde. Sie gehört also zum Privatleben des Politikers, geradezu zu seiner Intimsphäre. Daß sie gleichwohl ins gleißende Licht öffentlicher Diskussionen geriet, daß hier das Privatleben der beiden skrupellos und mit voller politischer Absicht jahrelang durch den Dreck gezogen wurde und zum beliebtesten Gegenstand des Stadtklatsches avancierte, war der Tribut, den Perikles seiner Stellung zollen mußte. Für die Antike war dergleichen übrigens normal; eine noble Zurückhaltung der politischen Gegner in Fragen des Privatlebens ihres Widersachers wäre eher die Ausnahme gewesen. Man war da weniger sensibel und rücksichtsvoll als heutzutage; obwohl darüber zu streiten ist, ob solche Frontalattacken letztlich nicht ehrlicher und »anständiger« sind als versteckte Hinweise, maliziöse Andeutungen und geheimnisvoll auftauchende Gerüchte, denen gegenüber der Betroffene meist wehrloser ist als gegenüber Opponenten, die mit offenem Visier kämpfen.

So wurde ein großer Teil des Privatlebens des Perikles in die Öffentlichkeit gezerrt. Es wäre indes ein Mißverständnis, daraus auf den politischen Einfluß Aspasias auf Perikles rückschließen zu wollen. Die Anwürfe der Opposition, daß der Olympier von seiner höchst irdischen »Hera« beherrscht worden sei, sind nicht ernst zu nehmen. Aus ihnen spricht auch viel Unverständnis darüber, daß man mit Frauen überhaupt über politische Angelegenheiten sprach.

Solche Gespräche wird Perikles mit Aspasia sicherlich geführt haben. Er wird den Rat dieser klugen, gebildeten Frau gern eingeholt haben. Alles andere wäre töricht und beschränkt gewesen, wenn ausdrücklich bezeugt wird, daß auch Denker und Philosophen wie Sokrates Aspasia als anregende Gesprächspartnerin schätzten. Wie weit sich ein solcher Gedankenaustausch in praktische Politik umgesetzt hat, läßt sich indes nicht sagen. Kornemanns Formulierung von der »vornehmsten Helferin« des Perikles, die ihm »die schwere Last der Staatsführung zu tragen unendlich erleichtert habe«, überschätzt die politische Bedeutung Aspasias jedenfalls erheblich und hilft trotz – und wegen – aller Blumigkeit nicht weiter.

Ganz abgesehen davon, daß sie ein Frauen-Rollenverständnis suggeriert, das nicht gerade als der Emanzipationsdiskussion letzter Schluß gelten kann.

## 10. KAPITEL
# Jahre unruhiger Stabilität

### *Samos – von imposanten Mauern geschützt*

Zwei bis drei Stunden dauert der Fußmarsch in steilem, unwegsamem Gelände, an dichtem Buschwerk vorbei, über Felsbrocken zumeist, selten auf Trampelpfaden, ungeschützt unter den erbarmungslosen Strahlen der mediterranen Sonne – und doch ist es ein lohnendes Erlebnis, dem Verlauf der Stadtmauer der antiken Stadt Samos zu folgen. Vier Kilometer lang erstreckt sie sich, den »Hausberg« Ampelos erklimmend, eine Weile auf dem Grat des Hügels verlaufend, um dann zum Meer hinab steil abzufallen. Eine herrliche Landschaftskulisse entschädigt den Wanderer für die Mühen: Der weite Blick über das tiefblaue Wasser zwischen der Insel und dem kleinasiatischen Festland und rings um die kleine Hafenbucht der malerische Fischer- und Touristenort Tigani, auch Pythagorion genannt nach dem bedeutendsten Gelehrten des alten Samos.

Imposant auch der Mauerring selbst an vielen Stellen: Manche Partien erheben sich noch bis zu einer Höhe von sechs Metern und sind viereinhalb bis fünf Meter dick. Eine dem Gelände meisterhaft angepaßte Verteidigungsanlage, die der Stadt seit dem späten 6. Jahrhundert starken Schutz vor Angreifern bot. Ein trutziger, aus mächtigen polygonalen Blöcken gebildeter Festungsring, der mit fünfunddreißig hoch aufragenden Türmen bewehrt war – sichtbarster Ausdruck der Macht des wohlhabenden griechischen Inselstaates an der Schwelle zum asiatischen Kontinent.

Indes, der Schein trügt. So unverletzlich, unüberwindbar, wie dieser trotz des starken Verfalls noch immer höchst eindrucksvolle Mauerring erscheint, ist er nicht gewesen. Im Jahre 524 v. Chr., als die Spartaner die Stadt belagerten, hatte er noch standgehalten[1], knapp hundert Jahre später aber half den Samiern auch ihr imposantes Festungswerk nicht mehr. Im Jahre 439 wurde die Stadt nach langem Kampf von athenischen Invasionstruppen erobert. Perikles, der das Unternehmen befehligte, ließ die stolzen Mauern schleifen. Einige Jahre später wurden sie allerdings wieder aufgebaut, und in hellenistischer Zeit erfolgte eine nochmalige gründliche Erneuerung, in deren Zuge einige Partien des archaisch-wuchtigen Mauerwerks durch gleichmäßig behauene Quadersteine ersetzt wurden.

Wie kam es dazu, daß Samos und Athen aneinandergerieten und daß Perikles sich genötigt sah, die samischen »Bundesgenossen« durch die Zerstörung ihrer Befestigungsanlagen zu strafen?

Samos war bis zum Jahre 439, als es durch die Niederlage gegen die von Perikles geführten Streitkräfte des Seebundes gedemütigt wurde, ein mächtiger, wirtschaftlich florierender Stadtstaat gewesen. Die Insel war und ist vergleichsweise fruchtbar; ein Teil der Wolken, die sich vor den Bergen des kleinasiatischen Festlandes stauen, regnet über Samos ab, so daß die Insel besser mit Wasser versorgt ist als manches andere Eiland der Ägäis. Die Landwirtschaft blühte, Samos galt als eine »gesegnete Insel«, die mit ihrem günstigen Klima auch prominente Wintergäste wie Antonius und Kleopatra oder Augustus anlockte. Nur der Weinanbau wollte nicht recht gelingen. Ironie des Schicksals: Womit Samos heute im allgemeinen Bewußtsein am ehesten in Verbindung gebracht wird – sein Likörwein, auch wenn der »normale« dort erzeugte Samaina-Wein hervorragend schmeckt –, das assoziierte im Altertum niemand mit dieser Insel. »Sie bringt keinen guten Wein hervor«, berichtet der Geograph Strabo, »obgleich die umliegenden Inseln guten Wein anbauen und fast das gesamte Festland in der Nähe die besten Weinsorten hervorbringt.[2]«

Ansonsten konnten sich die Samier aber nicht beklagen. Auch Handel und Gewerbe warfen hohe Erträge ab, und in der Zeit des kunstverständigen Tyrannen Polykrates (ca 540 bis 522) entwickelte der Inselstaat eine einzigartige kulturelle Blüte. Am Hofe des Polykrates wirkten zahlreiche Dichter, Künstler und Wissenschaftler. Der berühmte Hera-Tempel, für Herodot noch »der gewaltigste Tempelbau, von dem wir wissen« [3], entstand in jener Zeit; sein Baumeister war der Samier Rhoikos.

Nach der Vertreibung des Tyrannen geriet Samos unter persische Herrschaft. Etwas länger als eine Generation dauerte dieses persische Intermezzo, das von einer nicht geringen Zahl samischer Sympathisanten tatkräftig unterstützt worden war. Die Erfolge der Griechen gegen die persischen Invasoren in den Jahren 480 und 479 brachten ganz Ionien die Unabhängigkeit. Oder besser: Eine neue Art der Abhängigkeit. Denn alle ionischen Städte traten in den Delisch-Attischen Seebund ein, den die Athener im Laufe der Zeit immer stärker zu ihrem Herrschaftsinstrument umfunktionierten. Samos blieb allerdings lange Zeit von einem allzu drückenden Regiment Athens verschont. Zusammen mit Chios und Lesbos gehörte die Stadt bis in die vierziger Jahre zu den letzten Poleis, die selbst noch Schiffe zur gemeinsamen Flotte des Seebundes beisteuerten. Alle anderen waren inzwischen zu Beitragszahlungen übergegangen und hatten sich damit in größte Abhängigkeit von der Vormacht manövriert. Die Samier dagegen konnten sich durch ihre »aktive« Verteidigungsleistung einer mittlerweile ungewöhnlich gewordenen Machtstellung und eines entsprechenden Selbstwertgefühls erfreuen. Und sie betrieben durchaus auch eine Politik, die der Bedeutung ihrer Stadt entsprach. Schon im 6. Jahrhundert hatte es mit Milet kriegerische Auseinandersetzungen um Gebiete in Kleinasien gegeben. Diese Kämpfe flammten im Jahre 441 wieder auf. Die beiden Städte stritten sich um die kleinere Polis Priene, die zu schwach war, um ihre Eigenständigkeit wirkungsvoll gegen die Begehrlichkeit der Nachbarstädte zu verteidigen. Sie wurde zwischen den Mühlsteinen geradezu zerrieben und blieb lediglich auslösendes Moment für den heraufziehenden Konflikt, ohne in den Kampf um ihr Schicksal selbst eingreifen zu können[4].

Im Streit der aggressiven Kontrahenten drohte Milet dann bald zu unterliegen. In dieser Situation wandten die Milesier sich an Athen. Die Vormacht sollte in der Auseinandersetzung der zwei Bündnispartner ein Machtwort sprechen, dem sich beide Seiten zu unterwerfen hätten. Die Gesandtschaft der Milesier bekam unerwartete Rückendeckung durch Emigranten und Oppositionelle aus Samos, denen das oligarchische Regiment in ihrer Heimatstadt nicht paßte. Sie forderten Athen ausdrücklich zur Intervention auf und ermunterten die Athener, bei dieser Gelegenheit die alten Machthaber davonzujagen und die bestehende Verfassung zu stürzen.

### *Athens Demokratie-»Export«*

Keine schlechten Aussichten für eine Stadt, die im »Demokratie-Export« eine zusätzliche Stütze ihrer Hegemonie im Ägäisraum erblickte! Tatsächlich tobte in vielen griechischen Städten ein heftiger innenpolitischer Kampf um die »richtige« Regierungsform. Die führenden Vertreter der jeweiligen »Partei« standen natürlich in engem Kontakt mit den beiden Städten, die im Kampf der Weltanschauungen und des politischen Systems diametral einander gegenüberstanden: Sparta und Athen. Geriet die gerade herrschende Fraktion so aus dem Tritt, daß ihr die Macht zu entgleiten drohte, dann sondierte die gegnerische Seite oft zunächst einmal in ihrer »geistigen Heimat« – je nach Couleur Athen oder Sparta –, ob bei einem Umsturz von dort mit Unterstützung zu rechnen sei. Das Spannungsverhältnis zwischen den beiden griechischen Großmächten hatte sich so im Laufe des 5. Jh.s in zahlreichen Bürgerschaften auf die innenpolitische Bühne verlagert – eine verhängnisvolle Entwicklung, die innenpolitische Krisen rasch zu außenpolitischen Konflikten eskalieren ließ.

So auch im Falle von Samos. Für Athen war die Lage zu verführerisch, als daß man sich aus dem Streit herausgehalten hätte. Das Ja zur Intervention ist von Perikles sicher energisch verfochten worden. Das Übergehen eines so mächtigen und wirtschaftlich potenten Inselstaates von der oligarchischen Staatsform zur Demokratie würde sich, so sein Kalkül, für Athen außenpolitisch sehr bezahlt machen. Denn angesichts der offensichtlich instabilen Mehrheitsverhältnisse auf der Insel würde sich die neue samische Führungsschicht stark an die »Geburtshelferin« der Demokratie anlehnen müssen. Eine noch bessere Kontrolle der bislang relativ eigenständigen Bündnispartnerin wäre die unausweichliche Folge. Auch innenpolitisch ließ sich ein solcher Erfolg gut nutzen. Er brachte Perikles als dem führenden Politiker Athens Dank und Ansehen ein und konnte zudem als »Beweis« für die Überlegenheit des eigenen Systems gelten, die nun auch eine so bedeutende Stadt wie Samos erkannt habe ... Kein Wunder also, daß Athen sich zur Intervention im samisch-milesischen Konflikt entschloß – und zwar zugunsten Milets.

### *Verfassungswandel durch Einschüchterung*

Eine von mehreren Strategen befehligte Flotte von vierzig athenischen Kriegsschiffen stach in See und nahm Kurs auf die Insel, die mittlerweile unter Protest aus dem Seebund ausgetreten war, weil die Samier nicht bereit waren, sich dem Diktat Athens in der Priene-Sache zu beugen. Perikles war nominell nur *primus inter pares*, da die athenische Verfassung innerhalb des zehnköpfigen Strategenkollegiums keine Amtshierarchie kannte. Tatsächlich aber nahm er die Funktion eines Oberbefehlshabers wahr.

Der erste Teil der samischen Expedition verlief ohne Komplikationen. Ohne auf nennenswerte Gegenwehr zu stoßen, konnten die athenischen Schiffe in den Hafen der Stadt einlaufen. Die Kriegsflotte wirkte einschüchternd, und so hatten die Athener leichtes Spiel mit der beabsichtigten Verfassungs-»Änderung«. »Sie brachten dort das Volk an die Macht«[5], stellt Thukydides lapidar fest. Auch Plutarch berichtet, daß Perikles dort unbeirrt, »wie er es sich vorgenommen hatte, die Demokratie einführte« – trotz gewaltiger Bestechungssummen, die man ihm angeblich angeboten hat, wenn er die Oligarchen in Ruhe lasse. Man munkelte von zehntausend Goldstücken und mehr, mit denen die Mächtigen von Samos gewunken haben sollen[6]. Ob die Gerüchte stimmen, läßt sich nicht mehr feststellen. Immerhin: Ausgeschlossen sind solche lukrativen Offerten nicht. Die Samier mögen daran gedacht haben, daß führende Spartaner sich derartigen Verlockungen gegenüber nicht immer als standhaft erwiesen hatten. Beim ersten Mann des demokratischen Athen hatten sie jedenfalls damit kein Glück.

Perikles ließ sich einige flankierende Maßnahmen einfallen, um die Stabilität der neuen Regierungsform auch für die Zeit nach der Abfahrt der athenischen Flotte zu gewährleisten. Die wichtigste davon war die Stellung von Geiseln. Fünfzig vornehme Samier und ebenso viele Kinder wurden so zu unfreiwilligen Garanten der jungen samischen Demokratie. Sie wurden auf der Insel Lemnos interniert und standen dort unter der Aufsicht einer athenischen Wachtruppe. Kurze Zeit später setzten die athenischen Schiffe Segel und kehrten in ihre Heimat zurück.

Die eigentlichen Probleme sollten indes erst noch bevorstehen. Offenbar fand die von den Athenern aufgezwungene neue Verfassung gar nicht so viele begeisterte Anhänger unter den Samiern. Der unverhüllte Druck, den Athen durch die Geisel-»Nahme« ganz ungeniert ausgeübt hatte, war auch nicht gerade geeignet, Zweifler von der Überlegenheit des demokratischen Systems zu überzeugen. In aller Stille wurden daher Kontakte mit dem persischen Satrapen Pisuthnes geknüpft, der den unzufriedenen Samiern Hilfe versprach und ihnen tatsächlich einige Hundert Söldner schickte, als es ernst wurde. Auch gegenüber dem Peloponnesischen Bund streckte man Fühler aus. Dort waren die Meinungen geteilt. Sparta als ausgesprochene Landmacht hätte sich, wenn es zu einem Eingreifen zugunsten der aufständischen Insel gekommen wäre, auf die Seestädte unter seinen Verbündeten verlassen müssen. Aber gerade von dort kam Widerspruch. Korinth plädierte gegen eine Einmischung in den athenisch-samischen Konflikt, und das mag den Ausschlag dafür gegeben haben, daß der Peloponnesische Bund neutral blieb[7].

Trotzdem nahmen die Samier das Wagnis auf sich. Irgendwie hatten sie es geschafft, die auf Lemnos gefangengehaltenen Geiseln heimlich wegzuschaffen. Und dann brach der Sturm los. Erneut rebellierte der Inselstaat gegen seine Vormacht. Gleichzeitig wurde die alte Verfassung wieder in Kraft gesetzt. Es spricht nicht gerade für die Standhaftigkeit und Stärke der Athen-Anhänger in Samos, daß sie in die dramatischen Ereignisse der nächsten Monate überhaupt nicht aktiv eingreifen konnten. Ganz Samos stand, so hatte es jedenfalls nach außen den Anschein, einig und geschlossen gegen die Gefahr, die schon bald in Gestalt attischer Kriegsschiffe am Horizont auftauchen würde.

### *Strafexpedition gegen Samos*

Natürlich zögerte Perikles keinen Moment lang, dem Aufbegehren der einstigen Bundesgenossen mit Gewalt zu begegnen. Es ging um die Macht in der östlichen Ägäis, aber es ging auch ums Prestige. Eine Duldung des samischen Austritts hätte binnen kurzem weite

Kreise gezogen und andere zur Nachahmung angeregt. Daß das strategisch bedeutende Byzanz, an dem sämtliche für Athen lebenswichtigen Getreideeinfuhren aus Südrußland »heil« vorbeigebracht werden mußten, dem Appell der »aufständischen« Samier gefolgt war und ebenfalls seine Mitgliedschaft im Seebund aufgekündigt hatte, war ein unübersehbares Alarmzeichen.

Perikles mußte handeln, und er handelte rasch. Wieder nahm eine Kriegsflotte unter seiner Führung Kurs auf Samos. Bei der Insel Tragiai stießen die beiden Flotten aufeinander. Trotz zahlenmäßiger Unterlegenheit gelang den Athenern ein überzeugender Sieg. Es war das erste und letzte Mal, daß Perikles seine sonstige Vorsicht in militärischen Angelegenheiten aufgab und das Risiko einer Schlacht einging, obwohl die Gegenseite deutlich mehr Fahrzeuge und Menschen zur Verfügung hatte. Vielleicht spiegeln sich in diesem für ihn ungewöhnlichen Verhalten die Dringlichkeit des Gegenschlags und der Ernst der Lage in der Einschätzung des Perikles wider.

Die Athener waren damals nervös. Das zeigt wohl auch die Nachricht, daß binnen kurzer Frist ein weiteres athenisches Geschwader sowie Kriegsschiffe aus verbündeten Staaten in Samos als Verstärkung für die von Perikles befehligte Flotte eintrafen. In der Zwischenzeit hatte sich die Lage der aufständischen Stadt allerdings erheblich verschlechtert. Die Samier waren hinter ihre Stadtmauern zurückgedrängt worden. Sie verdankten es nur ihrer starken Befestigungsanlage, die auch den Hafen einschloß, daß die Belagerer vorerst nicht zum Zuge kamen.

Perikles war sich allerdings seiner Sache sicher. Über kurz oder lang würden die eingeschlossenen Verteidiger der Stadt aufgeben müssen. Um so mehr kam es darauf an, eine Ausweitung des Konfliktes zu verhindern. Bevor der samische Funken einen Flächenbrand auslöste, galt es, die Glut des Aufstandes energisch auszutreten. Perikles ließ sich deshalb von Meldungen alarmieren, von Süden nähere sich eine phönizische Flotte, die dem bedrängten Samos – wohl im Auftrage des persischen Satrapen – zu Hilfe eilen solle. Perikles entschloß sich, dem drohenden Angriff zuvorzukommen und seinerseits dem mutmaßlichen Entsatzgeschwader entgegenzufahren. Angesichts der Übermacht der athenischen Kräfte im Kampf um Samos schien es vertretbar, ein paar Dutzend Schiffe abzuziehen und sie der im Süden gemeldeten phönizischen Flotte entgegenzuwerfen. Perikles selbst übernahm das Kommando auf dem damit eröffneten Nebenkriegsschauplatz.

Schon bald aber erreichten ihn beunruhigende Nachrichten. Die Samier hatten die Abwesenheit eines Teils der Belagerungsflotte zu einem erfolgreichen Ausfall genutzt. Es war ihnen gelungen, eine Bresche in den Belagerungsring zu schlagen. Zwei Wochen lang konnten sie ungehindert Lebensmittel, Waffen, Munition und andere Versorgungsgüter zu Schiff in ihre Stadt bringen. Erst als Perikles mit seiner Einheit eilig zurückgekehrt war, wurden sie von der Außenwelt wieder abgeschnitten.

### *Besonnenheit und Vorsicht: Perikles als Feldherr*

Neun Monate dauerte es, bis die Eingeschlossenen sich gezwungen sahen, die Tore zu öffnen und sich dem Gegner zu ergeben: neun Monate eines nervenzermürbenden Belagerungsdramas, in dem Perikles erstmals neu erfundene Belagerungsmaschinen einsetzen ließ. Außerdem beorderte er weitere Schiffe zur Verstärkung nach Samos, um die Stadt hermetisch abriegeln zu können. Er wollte die umzingelten Samier durch Ausdauer in die Knie zwingen, nicht durch ein ungestümes Anrennen gegen die gut gesicherte Festung. Zeit und Geld zu investieren, hebt Plutarch hervor, sei ihm lieber gewesen, als Gesundheit und Leben vieler Soldaten aufs Spiel zu setzen. Hitzköpfe, denen diese Zermürbungstaktik nicht paßte, wußte er geschickt zu beruhigen[8].

Die Art und Weise, wie Perikles die Belagerung von Samos betrieb, bestätigt sein auch früher schon beobachtetes Profil als militärischer Führer: ein verantwortungsbewußter, auf Vorsicht und Geduld setzender Feldherr, kein Heißsporn, kein begnadeter Stratege, der kühne Husarenstreiche plante oder durchführte, aber auch kein Zauderer, kein entschlußloser, inkompetenter Befehlshaber. Das Kriegführen war nicht gerade sein Element, aber er verstand sich darauf mit einer Art von Know-how, wie es von einem führenden Politiker nach Auffassung der Griechen verlangt werden mußte. Eine Unterscheidung zwischen Berufsmilitärs und zivilen Politikern kannte die athenische Verfassung nicht. Wer sich zum Strategen wählen ließ, sollte dieses Führungsamt sowohl im zivilen als auch im militärischen Bereich ausfüllen können. Daß nicht jeder in beiden Bereichen gleich tüchtig war, nahm man in Kauf. Perikles jedenfalls hat seine Aufgaben als leitender Militär insgesamt mit Anstand gemeistert. Zu den glänzenden Feldherren des Altertums ist er sicher nicht zu zählen. Umgekehrt war er ebensowenig ein krasser Versager. Gutes Mittelmaß wird man ihm als aktivem Feldherrn durchaus bescheinigen können; mehr indes wohl nicht.

So war denn der Sieg über die Samier keine militärische Glanztat, sondern das, was man als ein hartes Stück Arbeit bezeichnen könnte, wenn in diesem Ausdruck nicht eine Spur von Zynismus enthalten wäre. Kein billiges Unternehmen zudem: Die Kosten der Operation Samos beliefen sich auf über 1400 Talente[9], eine enorme Summe, die allerdings aus athenischer Sicht durch die geringe Zahl der eigenen Verluste allemal aufgewogen wurde.

Außerdem erlegte Athen den Besiegten hohe Reparationszahlungen auf. Die deckten zwar nicht die Kosten des ganzen Kriegszuges, ließen aber immerhin rund 200 Talente sofort in die Kriegskasse Athens zurückfließen[10]. Für den besiegten Inselstaat war das eine erhebliche finanzielle Bürde. Aber es war nicht der einzige Preis, den die Samier für ihre Rebellion zahlen mußten. Neben der Schleifung der Mauern verloren sie sämtliche Kriegsschiffe an Athen und wurden für die Zukunft tributpflichtige Mitglieder des Seebundes – auch das eine Form von Reparationsleistungen. Erneut mußte Samos Geiseln stellen, und erneut installierte Perikles ein demokratisches Regime auf der Insel. Der Widerstand der Samier war gebrochen, und so gab auch Byzanz seinen Kampf um Unabhängigkeit auf und kehrte notgedrungen in den Seebund zurück.

### *Kriegsverbrechen oder Greuelpropaganda?*

Der Konflikt, der im Jahre 441 ausgebrochen war, war damit gut zwei Jahre später mit einem vollständigen Sieg Athens zu Ende gegangen. Der Krieg war auf beiden Seiten mit großer Erbitterung geführt worden und blieb auch nicht von grausamen Exzessen frei. So sollen die Athener gefangengenommenen Feinden eine Eule – heiliger Vogel der Athena und Symbol der athenischen Macht – auf der Stirn eingebrannt haben, was die Samier in den wenigen Tagen, in denen sie kurzzeitig die Oberhand gewonnen hatten, mit gleicher Münze vergalten, indem sie ihre athenischen Gefangenen mit einem Brandmal in Form der Samaina, ihres charakteristischen Schiffstyps, verunstalteten. Diese Nachrichten scheinen nicht nur auf Horrorpropaganda der beiden Parteien zu beruhen. Anders ließe sich die wenig geschmackvolle Anspielung des Aristophanes, das Volk der Samier sei »reich an Zeichen«[11], kaum verstehen.

Inwieweit Perikles für solch abstoßende Roheiten (mit-)verantwortlich war, ist nicht bekannt. Daß derlei Strafaktionen ohne sein Wissen geschahen, läßt sich indes kaum annehmen. Wenn ihm als faktischem Oberbefehlshaber der Samos-Expedition der Erfolg des Unternehmens zugeschrieben wurde – was manchen der ihn begleitenden Mitstrategen geärgert haben dürfte –, dann mußte er auch für die unangenehmen Erscheinungen des Kriegszuges geradestehen.

Anders verhält es sich mit den Greueln, für die interessierte Kreise ihn ausdrücklich verantwortlich gemacht haben. Nach dem Sieg soll er die Kommandanten und Matrosen der samischen Schiffe nach Milet gebracht haben. Dort seien sie auf dem Marktplatz an Pfähle gebunden worden. Zehn Tage lang ließ Perikles sie angeblich dieses Martyrium erleiden, bevor er den Befehl gab, ihnen die Köpfe mit

Knüppeln einzuschlagen und ihre Leichen unbeerdigt am Stadtrand hinzuwerfen. All das sind Schauermärchen, die in das sonstige Bild des Perikles ganz und gar nicht hineinpassen. Und sie haben auch keinen Anspruch auf Glaubwürdigkeit; denn der einzige, der von diesen verbrecherischen Brutalitäten zu berichten wußte, war ein gewisser Duris. Und der war gebürtiger Samier, was seine üblen Vorwürfe gegenüber dem Bezwinger seiner Heimatstadt zwar verständlich erscheinen läßt, sie aber gleichzeitig als Greuelpropaganda entlarvt, die die Verlierer des Krieges im nachhinein wenigstens noch zu moralischen Siegern aufzuwerten bemüht ist.

### *Herrschaft mit eiserner Hand – Athens Verhältnis zu seinen »Bündnern«*

Mit der Niederschlagung des samischen Aufstandes im Jahre 439 v. Chr. und dem harten Friedensdiktat war aus athenischer Sicht die Ruhe im Seebund wiederhergestellt. Eine der wenigen Städte, die sich ihre Selbständigkeit hatten erhalten können, war gleichzeitig unter eine schärfere Kontrolle Athens geraten. Trotzdem war die Revolte von Samos auch nach der erzwungenen Rückkehr der Insel in den Seebund nicht ohne negative Folgen für die Herrschaft der Athener im Ägäis-Raum geblieben. Eine Reihe von Städten im kleinasiatischen Karien war ebenfalls aus der Bundesorganisation ausgetreten. Sie blieben jedoch unbehelligt, vermutlich weil die athenische Führung vor einem langwierigen Konflikt mit vergleichsweise unbedeutenden Poleis zurückscheute. Der Entschluß der Karier ist indes schon ein interessantes Indiz dafür, wie sich die Verhältnisse im Laufe der letzten vierzig Jahre gewandelt hatten. Sie zogen offenbar die persische Oberhoheit über ihre Territorien einem »Bündnis« mit Athen vor, das ihnen größere Abhängigkeit bescherte als die Herrschaft des »Barbaren«-Königs!

Noch vermied man es freilich in Athen peinlichst, die Bündner so zu bezeichnen, wie es der Wirklichkeit entsprach: Der Begriff *hypekooi* (Untertanen) für die rund zweihundert Mitgliedsstädte des Seebundes findet sich in offiziellen Schriftstücken nicht vor 430. Als Sprachregelung galt nach wie vor die Bezeichnung *symmachoi* (Bundesgenossen). Als ein Politiker, der sich in Sachen »öffentliche« Psychologie auskannte, wird Perikles sich dafür eingesetzt haben, daß nicht noch verbaler Zündstoff das ohnehin gespannte Verhältnis zwischen Athen und seinen »Bündnern« unnötig belastete.

Das war freilich die einzige Rücksichtnahme, zu der sich Athen gegenüber den Mitgliedern des Seebundes durchringen konnte. In der tatsächlichen Behandlung der »Bundesgenossen« war von solchem Fingerspitzengefühl nichts zu bemerken. Wenn es um politische, militärische und wirtschaftliche Macht ging, dann war man in Athen sehr offen auf den eigenen Vorteil bedacht und machte auch gar kein Hehl daraus, daß die Interessen der anderen Städte zurückzustehen hatten – auch wenn das rhetorisch mit dem Solidaritätsappell gegenüber dem gemeinsamen persischen Feind verbrämt wurde.

Athen hatte in der Seebundspolitik schon in den ersten Jahren nach den Perserkriegen einen Weg beschritten, auf dem man kaum noch zurück konnte. Jedenfalls dann nicht, wenn man selbst keine Opfer bringen, keinen Verlust an Einfluß und ökonomischer Potenz in Kauf nehmen wollte. Allzu vieles baute in Innen- und Außenpolitik auf der Führungsstellung im Bündnis auf. Davon war schon mehrfach die Rede. Es läßt sich aus heutiger Sicht trefflich darüber streiten, ob die Verantwortlichen nicht doch die Einsicht hätten aufbringen müssen, daß dieser Kurs auf längere Frist Gefahren heraufbeschwören könne, die gerade aus der immer stärker werdenden Abhängigkeit Athens selbst zu resultieren drohten. Aus der zeitlichen Distanz und mit dem Wissen um den Ausgang der Dinge mögen solche Überlegungen naheliegen. Auf die politisch Handelnden der damaligen Zeit ist das kaum zu übertragen. Die Seebundspolitik war ungemein erfolgreich, sie wurde schließlich von der erdrückenden Mehrheit der Athener befürwortet – in den ersten Jahrzehnten von den Oligarchen nicht nur ausdrücklich begrüßt, sondern aktiv gestaltet! –, und sie hatte Athen ja binnen kurzem zu einem zweiten Machtzentrum in Griechenland und zu einem wirtschaftlich blühenden Gemeinwesen aufsteigen lassen. Davon zugunsten langfristiger Erwägungen Abschied zu nehmen hätte einen überaus schmerzlichen Schritt dargestellt, der selbst bei bester Vorbereitung und behutsamem Vorgehen innenpolitisch kaum durchsetzbar gewesen wäre. Auch ein Politiker von der Statur eines Perikles hätte da wohl Schiffbruch erlitten, wenn er versucht hätte, das Rad der Geschichte gleichsam zurückzudrehen.

### *»Würdige Herren« – Die Herrschaftsideologie des Perikles*

Freilich hat auch Perikles daran überhaupt nicht gedacht. Das imperiale Selbstverständnis Athens ist gerade durch die von ihm geleistete Sinngebung des attischen Staatswesens entscheidend gefördert worden. Wer seinen Mitbürgern gegenüber den Vorbildcharakter Athens pries und wer selbst von der Überlegenheit des athenischen Modells überzeugt war, der konnte schlecht für Selbstbescheidung und Zurückhaltung eintreten. Dem mußte an einer Ausweitung des athenischen Einflusses gelegen sein, weil damit eine Verbreitung dieses attischen Modells einherging. Da schwang bei Perikles durchaus ein missionarischer Gedanke mit, die Überzeugung, daß die griechische Welt sehr wohl am athenischen Wesen genesen könne und solle. Ideologie und Realpolitik bildeten in diesem Konzept keinen Widerspruch. Wenn man davon ausging, daß alles, was Athen nutze, letztlich auch der Verbreitung der athenischen »Philosophie« zugute komme und damit indirekt auch den damit »beglückten« Bundesgenossen, dann hatte man eine tragfähige Herrschaftsideologie, die auch Unterdrückung und Ausbeutung wenn nicht rechtfertigte, dann doch in milderem Licht erscheinen ließ. Rechtfertigung vor sich selbst ist eine wichtige Funktion jeder Ideologie. Und so zimmerten sich auch die Athener einen entsprechend bequemen ideologischen Rahmen zurecht, in den sich der wenig partnerschaftliche Umgang mit den eigenen Verbündeten scheinbar problemlos einfügte.

Perikles hat als Sinngeber und Vordenker Athens den größten Anteil an der Herausbildung dieser Herrschaftsideologie. Wahrscheinlich könnte man noch weitergehen: Was in Kimonischer Zeit eher noch unreflektierte, aus athenischer Sicht selbstverständliche Ausübung des Rechts des Stärkeren und ganz natürliche, nicht legitimationsbedürftige Verfolgung des eigenen Vorteils war, das goß Perikles sozusagen in programmatische, theoretisch begründete Formen, indem er den ideologischen Überbau für die bisherige und künftige Herrschaftsausübung schuf. Je mehr der ursprüngliche Zweck des Seebundes – der Kampf gegen die Persergefahr – an Aktualität und Glaubwürdigkeit verlor, um so dringlicher stellte sich die Frage einer neuen Sinngebung – auch für die Athener. Die Antwort, die Perikles darauf gab, konnte den Bundesgenossen schwerlich einleuchten. Imperialisten haben es ja von jeher schwer gehabt, den Opfern ihrer Politik klarzumachen, daß es nur um deren wohlverstandenes Bestes gehe. Für seine Landsleute war die Vorbild- und Modell-Theorie allerdings eine ebenso willkommene wie überzeugende Möglichkeit, über den Anflug von schlechtem Gewissen schnell hinwegzukommen.

Wobei sicher nicht jedem athenischen Staatsbürger eine derartige Sensibilität überhaupt zugebilligt werden soll. Daß es unter ihnen eine Menge Leute gab, die auf solche Dinge gar keinen Gedanken verschwendeten und sich mit ihrem »Hauptsache, *mir* geht es gut«-Standpunkt sehr wohl fühlten, steht fest. Und ebenso ist bei manchen mit einem unverblümten Bekenntnis zu einer Politik der Skrupellosigkeit zu rechnen, die allein der eigene Nutzen rechtfertige.

Für Perikles selbst waren derartige Denk- bzw. Verdrängungsmuster zu schlicht. Er war Intellektueller und setzte sich mit den Dingen geistig auseinander. Die von ihm selbst weitgehend entworfene Ideologie hat er zweifellos so verinnerlicht, daß er den imperialistischen Kurs Athens gegenüber den »Bündnern« insgesamt mit gutem Gewissen vertreten und fortführen konnte. Was nicht ausschließt, daß er sich darüber im klaren war, daß Athen unter seiner Führung eine Machtpolitik betrieb, deren oberstes Gebot der eigene Vorteil war. Auch wird er nicht so naiv gewesen sein, das Unbehagen und den Ärger der Bündnispartner über die zunehmende Unterdrückung durch die Vormacht unverständlich gefunden und kopfschüttelnd der Ignoranz Uneinsichtiger zugeschrieben zu haben, die man partout zu ihrem »Glück« zwingen müsse. Gleichwohl war es für ihn keine leere oder gar zynische Floskel, wenn er von der »Berufung« Athens zur Hegemonialmacht auch im Interesse der abhängigen Städte sprach. »Unsere Stadt allein«, sagt er im »Epitaphios«, »erregt im Untertanen keine Unzufriedenheit, daß er keinen *würdigen* Herrn hätte«[12] – ein ebenso offener wie glaubwürdiger Ausdruck seiner Überzeugung, daß die »Schule von Hellas« auch einen missionarischen Auftrag zu erfüllen habe.

Auf der einen Seite der beherrschende Sachzwang zur Fortsetzung der für Athen so segensreichen Seebundspolitik, wie sie sich seit 479 v. Chr. entwickelt hatte, auf der anderen Seite eine Herrschaftsideologie, die sich aus patriotischem Stolz und auf Reflexion beruhendem Überlegenheitsanspruch speiste – das schuf die Enge des Entscheidungsspielraumes, den Perikles in allen Fragen der Bündnisorganisation und des Verhältnisses zu den »Bundesgenossen« hatte. Wie der daraus resultierenden Eigendynamik wirkungsvoll hätte Einhalt geboten werden sollen, ist bei realistischer Betrachtung nicht zu erkennen. Mehr noch. Den politischen Akteuren auf athenischer Seite hat die entscheidende Voraussetzung gefehlt, die ein Umdenken überhaupt erst ermöglicht hätte: das dafür notwendige Problembewußtsein. Perikles dies vorzuwerfen wäre, auch wenn man gleichsam die staatsmännische Elle anlegt, unter den gegebenen Umständen wohl eher Ausdruck einer Anmaßung und Unfairneß, zu der Historiker stets neigen, weil sie naturgemäß weiter blicken können als die, deren Taten und Unterlassungen sie beurteilen.

## *Frostiges Klima im Bündnis*

Es kann demnach nicht erstaunen, wenn sich der Druck Athens auf die Mitgliedsstaaten des Seebundes in Perikleischer Zeit weiter verschärft hat. Das Bündnis war die Grundlage athenischer Macht und Wohlfahrt. Wollte man sie sichern und ausbauen, so schien es naheliegend, das durch eine weitere Straffung und Zentralisierung der Organisation zu erreichen. Mit Freiwilligkeit und Appell an die »Einsicht« der Bundesgenossen war da nicht mehr viel zu erreichen, nachdem Athen schon sehr früh einen unmißverständlichen Herr-im-Hause-Standpunkt eingenommen hatte. Und die persische Bedrohung war spätestens seit den frühen vierziger Jahren auch nicht mehr so akut, daß Beschwörungsformeln und Zauberworte wie »Solidarität« und »Barbarengefahr« ausreichten, um die Bündner von der Richtigkeit einer Stärkung der Kompetenzen Athens zu überzeugen. Es blieb der athenischen Führung daher nicht viel übrig, als ihre Ansprüche gegenüber den Mitgliedern des Seebundes im Befehlston mitzuteilen und ohne Diskussion durchzusetzen. Kein Wunder, daß die Bundesversammlung, die satzungsgemäß mindestens einmal im Jahr tagen mußte, bald nach der Überführung der Bundeskasse nach Athen nicht mehr einberufen wurde.

Das Klima im Bündnis wurde immer frostiger. Viele mögen so empfunden haben, wie es die Vertreter der Stadt Mytilene im Sommer 428 nach ihrem Austritt aus dem Seebund formulierten:

»Was war das nun für eine Freundschaft, was für ein Verlaß auf Freiheit? ... Während andere doch vor allem auf die gegenseitige Zuneigung bauen können, gab uns nur die Furcht einigen Halt. Auf Mißtrauen gründete sich unser Bündnis, nicht auf Liebe. Und wem von uns ein gefahrloser Weg zuerst den Mut gegeben hätte, der hätte auch als erster den Bund gebrochen...[13]«

In dieser bitteren Abrechnung steckt manches Wahre, hatten doch die Athener in den Jahren zuvor die Repressionsschraube immer stärker zugedreht. Die Transferierung der Bundesgelder ins vermeintlich sichere Athen war nur ein Schritt in einer langen Reihe von Maßnahmen gewesen. Der schamlose Griff des Perikles in die Seebundskasse zur Finanzierung der Akropolis-Tempel stellte eine weitere Verschärfung dar. Als Ausdruck besonderer Rücksichtnahme und Hochschätzung der Bundesgenossen konnte das jedenfalls niemand interpretieren.

Eine weitere Maßnahme, die noch vor 446 v. Chr. getroffen wurde, zielte auf die Vereinheitlichung der Rechtsprechung im Seebundbereich. Vermutlich ohne die Bundesgenossen zuvor um Rat gefragt zu haben, zog Athen die Aburteilung schwerer Straftaten einfach an sich – Straftaten wohlgemerkt, die irgendwo im Gebiet des Bündnisses begangen worden waren[14]. Das war eine unverfrorene Einmischung in die inneren Angelegenheiten anderer Poleis; aber sie brachte Athen zusätzliche Kontrollmöglichkeiten und das »Recht« zur Einflußnahme nicht nur in juristischen, sondern auch in allgemeinpolitischen Dingen. Nicht zu vergessen die Aufbesserung der Staatskasse. Denn die bei den Prozessen anfallenden Gerichtsgelder und Geldbußen kamen selbstverständlich dem attischen Fiskus zugute. Schließlich, so ließ sich sogar noch blauäugig argumentieren, erbrachten ja athenische Volksgerichtshöfe eine kostspielige Dienstleistung ...

Damit war der Weg zu einem Machtgebilde beschritten, das kaum noch als »Bündnis« zu bezeichnen ist, sondern mehr und mehr den Charakter eines »Reiches« annahm. Der Begriff ist problematisch; in einem Teil der älteren deutschen Forschung ist jedoch die Bezeichnung »Attisches Reich« durchaus üblich, und eine große Zahl von anglo-amerikanischen Historikern spricht auch heutzutage vom *Athenian Empire*.

Für die Perikleische Zeit ist das kein glücklich gewählter Ausdruck. Gewiß, die Tendenz zur Zentralisierung ist unverkennbar. Und es gab im athenischen Denken auch so etwas wie eine Doktrin von der begrenzten Souveränität der Bundesgenossen. Aber die noch weiter gehenden allgemeinen Gesetze, die zum Beispiel die Verwendung attischer Münzen, Maße und Gewichte im gesamten Seebund zur Pflicht machten, wurden erst später von der athenischen Volksversammlung beschlossen. Nach neuesten Erkenntnissen sind die Inschriften, die diese einschneidenden Maßnahmen überliefern, erst in der Mitte der zwanziger Jahre entstanden, d. h. nach Perikles' Tod.

Immerhin, der Anfang war gemacht. Athen baute seine Vormachtstellung von Jahr zu Jahr zielstrebig aus. Die Tribute zum Beispiel: Sie wurden eben nicht mehr bei gemeinsamen Beratungen festgelegt, vielmehr fiel die Entscheidung über die Höhe der Beitragszahlungen, über Nachlässe und Stundungen in Athen. Was die Eintreibung der geforderten Zahlungen anging, gaben die Athener sich mitunter großzügig. Sie ließen mit sich reden, wenn eine Polis einleuchtende Gründe für eine zeitweilige Senkung vorbringen konnte, und in besonders heiklen Situationen drückte man auch schon einmal ein Auge zu, wenn ein Jahrestribut in Ausnahmefällen gar nicht entrichtet wurde. Wenn ein zu heftiges Insistieren eine breite Abfallawine loszutreten drohte, dann wurde die Sache für eine gewisse Zeit auf Eis gelegt. Flexibilität und Entgegenkommen in Einzelfällen also schon; doch war das ein zweischneidiges Schwert. Denn gleichzeitig nahm sich *Athen* das Recht, über solche Ausnahmen von sich aus zu entscheiden. So gesehen waren selbst scheinbare *good-will*-Entscheidungen reine Willkürakte, die der ursprünglich auf Gleichberechtigung aller Mitglieder angelegten Bundessatzung Hohn sprachen.

Skrupel, in die an sich völlig autonomen Staaten des Seebundes hineinzuregieren, kannten weder die athenische Führung noch die Volksversammlung. Wo sich die Chance bot, Demokraten an die Macht zu bringen und oligarchische Regimes zu stürzen, da blieb Athen nicht untätig. Die Operation Samos ist das anschaulichste Beispiel dafür. Ähnliche Bestrebungen gab es jedoch auch gegenüber anderen Städten; zumal dann, wenn sie ohnehin schon durch

Rebellionsakte unangenehm aufgefallen waren. Dem mit Waffengewalt wieder in den Seebund zurückgezwungenen Erythrai wurde 453/52 nach athenischem Muster ein 120köpfiger Rat aufgezwungen, der als Basis für eine demokratische Staatsform dienen sollte. Vorsichtshalber bestimmte derselbe athenische Volksbeschluß, daß das Gelingen dieses Umsturzes auf kaltem Wege von dem Kommandanten der attischen Garnison in Erythrai überwacht werden solle[15] . . .

### *Proxenoi – Gastfreunde als »Fünfte Kolonne«*

So offen konnte Athen natürlich nicht überall intervenieren. Daher vermied man meist die direkte Einmischung und vertraute auf konspirative Methoden. Konkret: Man unterstützte die Opposition in oligarchisch regierten Poleis, ließ ihr finanzielle Mittel zukommen, scheute hier und da auch nicht vor Bestechungen zurück und ermunterte die jeweiligen Sympathisanten des demokratischen Systems, in ihren Heimatstädten einen Machtwechsel anzustreben – was nicht unbedingt auf legalem Wege geschehen mußte. Kam eine solcherart moralisch wie materiell von Athen unterstützte Opposition an die Macht, dann war das für Athen nicht nur ein Prestigeerfolg – hatte sich doch das »bessere System« wieder einmal durchgesetzt –, sondern bot auch wirksamere, unmittelbarere Möglichkeiten zur Einmischung.

Derartige »Fünfte Kolonnen« gab es in jeder bedeutenderen Stadt Griechenlands. Allerdings nicht nur in oligarchisch regierten Poleis. Auch die andere Seite wußte sich in dem weltanschaulich-machtpolitischen Kampf, der hinter den Kulissen der Tagespolitik fast überall in Hellas tobte, sehr wohl zu engagieren. Auch Sparta hatte solche Hilfstruppen zur Verfügung, die ihre Wühlarbeit vor allem in demokratisch verfaßten Städten betrieben. Athen selbst mit seiner emsigen Lakonisten-Fraktion bildete da keine Ausnahme.

Eine wichtige Institution beim Ausbau dieser »Fünften Kolonne« stellte die Proxenie dar. Die Proxenie hatte sich ursprünglich aus der privaten Gastfreundschaft entwickelt. Reiste ein Bürger Athens in eine andere Stadt der griechischen Welt, so stieg er üblicherweise nicht in einem Hotel, sondern bei einem Gastfreund ab. Sein eigenes Haus stand natürlich umgekehrt seinen Gastfreunden zur Verfügung, wenn diese geschäftlich oder als Touristen, etwa aus Anlaß eines der großen athenischen Feste, nach Athen reisten. Im fünften Jahrhundert wurde der Proxenos (Staatsgastfreund) jedoch zu einer Art Konsul, der als Bürger der Stadt X die Interessen der Stadt Y in seiner Heimat vertrat. Das war im Prinzip nichts Anstößiges. Im Gegenteil: Der Proxenos einer bedeutenden Stadt war in beiden Poleis hoch angesehen: er mußte Einfluß und Respekt besitzen, kraft derer er wirtschaftliche oder juristische Anliegen des von ihm vertretenen Staates durchsetzen konnte. Theoretisch gab es in einem Staat nur jeweils einen offiziell anerkannten Proxenos eines anderen Staates; in der Praxis jedoch war eine ganze Reihe solcher Wahlkonsuln für eine so wichtige Polis wie Athen tätig.

Daß Proxenoi den von ihnen repräsentierten Städten politisch nahestanden, brauchte niemanden zu verwundern. Niemand wollte sich im Ausland auf einen Konsul verlassen, dessen Loyalität und Sympathie fraglich waren. Um so größer war die Versuchung, den Proxenos als politischen Agenten zu mißbrauchen, der insgeheim mit der innenpolitischen Opposition Kontakt aufnahm und zwischen ihr und zum Beispiel der athenischen Regierung als Übermittler für Nachrichten und Absprachen sowie als Geldbriefträger diente. Athen verfügte über ein gut ausgebautes »Netz« von Proxenoi, die teils offen, teils vedeckt die Sache der Demokratie – nach innen wie nach außen – verfochten.

Zugleich waren diese Männer ungemein wichtige Informanten. Sie spitzten die Ohren und gaben ihr Wissen nach Athen weiter. Dank der meist hervorragenden Kontakte der Proxenoi zu ihrer Heimatstadt wußten die Athener stets gut Bescheid, welche Stimmung in den anderen Staaten herrschte. Für außenpolitische Entscheidungen war das eine hervorragende Hilfe. Wie wertvoll die Informationen sein konnten, die über diese »diplomatischen« Kanäle nach Athen gelangten, zeigen die Vorgänge des Jahres 428 in Mytilene auf Lesbos. Dort hatten sich die Oligarchen verschworen, die demokratische Verfassung abzuschaffen und sich selbst an die Macht zu putschen. Die athenischen Proxenoi in Mytilene hatten von dem beabsichtigten Staatsstreich Wind bekommen und gaben ihr Wissen unverzüglich nach Athen weiter. Nur diese Warnung ermöglichte es den Athenern, rechtzeitig auf die drohende Gefahr zu reagieren[16].

Vertrauensleute, die ihrer »Zentrale« in Attika zuverlässig und schnell Informationen über alle wichtigen Vorgänge in ihren Heimatstädten zuspielten, waren ein gutes Kontrollorgan. Noch besser freilich waren Aufpasser, die auch über militärische Macht verfügten und allein durch ihre Anwesenheit unsichere Kantonisten unter den Bundesgenossen einschüchtern konnten.

### *Aufpasser in der Fremde: Kleruchen*

Solche Aufpasser schickte Athen gleich zu Hunderten oder gar Tausenden in gefährdete Gebiete. Natürlich nannte man diese Leute anders; sie hießen Kleruchen, wörtlich übersetzt »Inhaber von Landlosen«. Das Rezept war ebenso einfach wie wirksam: Einer »verbündeten« Stadt wurde kurzerhand ein Teil ihres Territoriums weggenommen und unter athenischen Kolonisten aufgeteilt. Wenn möglich, verfuhren die Athener so nach einer Erhebung des betreffenden Mitgliedsstaates; dann ließ sich die Maßnahme als Strafaktion besser begründen.

Es kam aber durchaus vor, daß Athen der Gründung neuer Kleruchien nicht einmal das Mäntelchen der (scheinbaren) Rechtmäßigkeit umhängte. Wenn es die Sicherheit wichtiger Seefahrtsrouten erforderte oder widerspenstiges Verhalten einer Stadt als Vorbeugung gegen eine offene Rebellion geboten erscheinen ließ, dann wurden eben Kleruchien auch im tiefsten Frieden auf dem Gebiet befreundeter Staaten angelegt.

Das alles war nicht neu. Schon Kimon hatte Athener auf Bundesgenossen-Land angesiedelt. Perikles baute diese Politik weiter aus. Vor allem in der Zeit um 450, als die athenische Macht durch eine Reihe von Rückschlägen ins Straucheln geraten war, bediente er sich der Kleruchie-Methode, um Schlimmeres zu verhindern. Im Jahre 447 entstanden mit den athenischen Niederlassungen auf Lemnos, Imbros und Skyros drei Stützpunkte, die den Getreidetransport zwischen dem Schwarzmeergebiet und Attika sichern sollten. Demselben Zweck dienten die Kleruchien auf der thrakischen Chersones, einem sicherheitspolitisch äußerst empfindlichen Gebiet unmittelbar am »Nadelöhr« des Hellespont. Dorthin entsandte Perikles tausend Siedler. Weitere fünfhundert schickte er nach Naxos, und zweihundertundfünfzig Kleruchen ließen sich auf der Insel Andros nieder.

Die Kleruchien waren ausgesprochene Bollwerke der athenischen Macht. Strategisch geschickt angelegt auf tatsächlichem oder, meistens, potentiellem Feindesland, unterstanden sie direkt der Kontrolle der Mutterstadt. Denn im Unterschied zu »normalen« Kolonien besaßen Kleruchien keine staatliche Unabhängigkeit. Die dorthin entsandten Siedler blieben attische Staatsbürger; ihre offizielle Bezeichnung war »Athener in . . .«. Von einigen Pflichten waren sie entbunden. Der wichtigsten jedoch hatten sie unverzüglich nachzukommen, sobald der Befehl aus Athen kam: zu den Waffen zu greifen, um Athens Interesse auch gegenüber seinen Bündnern nach Kräften zu verteidigen.

Die Kleruchen waren aber nicht nur die Feuerwehrmänner der athenischen Macht, die gleichsam an vorderster Front standen, um in Frieden und Krieg jeden Aufstandsfunken nach Möglichkeit umgehend zu ersticken. Die Einrichtung derartiger Kolonien war darüber hinaus eine sozialpolitische Maßnahme. Vor allem Angehörige der beiden unteren Schichten, Theten und Zeugiten, erhielten dadurch eine neue Existenzgrundlage in Form von Bauernhöfen. Athen konnte auf diese Weise einen Teil seiner sozialen Probleme sozusagen durch Export lösen, ohne auf viele tausend Bürger verzichten zu müssen. Vor allem für Söhne von Kleinbauern, deren Betrieb durch eine Aufteilung des Hofes unrentabel geworden wäre, bot die Auswanderung in eine Kleruchie gute Chancen, sich eine vergleichsweise sorgenfreie Existenz aufzubauen.

Für die Bürgerschaft Athens hieß das: Es wurde sozialer Sprengstoff beseitigt, der sonst der Gesamtheit hätte zu schaffen machen können. Kein Wunder, daß gerade der Sozialpolitiker Perikles die Möglichkeiten nutzte, die sich durch eine forcierte Kolonisationspolitik ergaben. Zumal man so zwei Fliegen mit einer Klappe schlagen konnte – auf Kosten der betroffenen Bundesgenossen. Für Athen jedoch war das Ganze ungemein nützlich. Schon Plutarch hat die Attraktivität dieser Politik klar analysiert: »Dies alles ordnete Perikles an, um die Stadt von dem Haufen arbeitsloser und eben deswegen unruhiger Elemente zu befreien, um der Not des Volkes zu steuern, die Bundesgenossen einzuschüchtern und ihre Aufruhrgelüste durch eine Art von Besatzung niederzuhalten.[17]«

Fazit: Wenn es um Athens politischen, militärischen und wirtschaftlichen Nutzen ging, dann wurde nicht lange gefackelt. Das Herrschafts-Verhältnis zu den Bündnern, das offiziell erst in Urkunden nach 430 festgeschrieben wurde, bestand in Wirklichkeit schon früher. In einem langen Prozeß des Übergangs von der Symmachie (Bündnis) zur Arche (Herrschaft) degradierte Athen die Mitgliedsstaaten des Seebundes immer mehr zu Befehlsempfängern und abhängigen Städten. Zwischen der Kimonischen Ära und der Zeit des Perikles gibt es in diesem Punkt keinen Bruch. Für die nahtlose Kontinuität in der Seebundpolitik hat Perikles sich selbst aktiv eingesetzt. Nennt man die Dinge beim Namen, dann war die Einrichtung von Kleruchien auf dem Grund und Boden verbündeter Städte nichts anderes als ein skrupellos betriebener Landraub. Auch daran hat Perikles sich zum Wohle seiner Heimatstadt tatkräftig beteiligt.

Nach den zahlreichen Rückschlägen, die Athen Ende der fünfziger Jahre bis Mitte der vierziger Jahre erlitten hatte, ging es Perikles in erster Linie um die Sicherung der athenischen Macht- und Einflußsphäre. Die auf verstärkte Kontrolle der eigenen Bündner abzielenden Maßnahmen waren ein wichtiger Bestandteil dieser Politik, die sich nicht durch ungestüme Aggressivität, sondern durch Beharrungsvermögen, Stetigkeit und Festigkeit auszeichnete. Man könnte beinahe sagen, es kam Perikles mehr auf die Qualität der athenischen Herrschaft an als auf die Quantität.

Das gleiche Bild zeigt sich in den militärischen Aktionen Athens, die über die Grenzen des Seebundes hinausreichten. Perikles ging dabei behutsam und mit Augenmaß vor. Nicht territorialer Neuerwerb stand dabei im Vordergrund, sondern allmählicher Ausbau und Intensivierung des Erreichten. Verkürzt formuliert, standen dabei zwei Rohstoffe im Zentrum des athenischen Interesses: Holz und Getreide.

### *Operation Amphipolis – Holz aus »Barbaren«-Land*

Beides waren Produkte, die in Attika zur Mangelware zählten. Zwar wurde auch dort Getreide angebaut; doch waren die Erträge auf den kargen attischen Böden zu gering, um die gesamte Bevölkerung zu ernähren. Auch das für den Schiffsbau benötigte Holz stand nicht in ausreichender Menge zur Verfügung. Auf weite Strecken hatten die Athener schon einen Raubbau betrieben, der zu schweren, bis heute nachwirkenden ökologischen Schäden geführt hat. »Was jetzt übrig ist im Vergleich zu früher, ähnelt dem Skelett eines kranken Mannes. Die ganze fette, weiche Erde ist fortgeschwemmt, nur der schwache Körper des Landes ist übriggeblieben« – so beschreibt Platon Anfang des 4. Jahrhunderts das nach den Abholzungen von Erosion heimgesuchte Attika[18].

Was im eigenen Land zum mittlerweile teuren, seltenen Rohstoff geworden war, das gab es in den Gebieten nördlich von Griechenland im Überfluß: Makedonien war der »klassische« Holzexporteur. Athen bezog eine Menge des dringend benötigten Schiffsbauholzes aus diesem Raum.

Aber es war auch ein für griechische Begriffe unzivilisiertes, barbarisches Gebiet. An der Zuverlässigkeit der dort regierenden Könige schienen Zweifel angebracht, und außerdem galt es, vor Expansionsgelüsten der »Barbaren« auf der Hut zu sein, die sich auch auf Randgebiete des Seebundes erstrecken konnten. Grund genug für Athen, an einer stärkeren Präsenz an der Schwelle zum makedonischen Territorium interessiert zu sein. Überdies versprach solch ein engerer Kontakt einen Aufschwung des Handels; als Markt war das »Barbaren«-Land durchaus verlockend.

Der erste Versuch Athens, sich in der Nähe des Strymon-Flusses festzusetzen, hatte 465/64 mit einem totalen Fehlschlag geendet, der viele Kolonisten das Leben gekostet hatte. An dieses gescheiterte Unternehmen, das noch in die Zeit Kimons fiel, knüpfte Perikles nach der Niederschlagung des samischen »Aufstandes« an. Diesmal wurde das Unternehmen diplomatisch besser vorbereitet. Es gelang Perikles offenbar, sich mit dem Makedonen-König Perdikkas zu arrangieren. Das Bündnis mit ihm hielt zwar nicht lange[19], aber es brachte den Athenern in der entscheidenden Phase den für die

Gründung einer Kolonie notwendigen Spielraum. Im Jahre 437/36 wurde mit Amphipolis eine athenische Pflanzstadt an demselben Ort gegründet[20], wo das Kolonisationsprojekt knapp dreißig Jahre früher gescheitert war. In Amphipolis liefen mehrere wichtige Handelsstraßen zusammen. Dank seiner günstigen Lage entwickelte es sich rasch zu einer wohlhabenden Handelsstadt. Die »Mutter« sollte indes nur wenige Jahre Freude an dieser blühenden Tochterstadt haben: Im Jahre 424 fiel Amphipolis von Athen ab und schlug sich auf die Seite der Spartaner[21]. Sie ist danach trotz aller Bemühungen Athens nie wieder in die Arme der »Mutter« zurückgekehrt.

Das Amphipolis-Unternehmen ist zwar nicht von Perikles persönlich geleitet worden. Wohl aber wird er die Initiative zum Ausgreifen Athens in den makedonischen Raum entweder selbst ergriffen oder den Plan zumindest vorbehaltlos unterstützt haben. *Gegen* ihn war damals ein Feldzug von solcher Bedeutung nicht durchzusetzen. Die Gründung von Amphipolis war nur Teil einer größer angelegten Offensive Athens im makedonischen Raum. Vermutlich in dieselbe Zeit fällt die Anlage einer weiteren Kolonie in dieser Gegend. Diese Stadt namens Brea hat etwas Mysteriöses. Weder das genaue Datum ihrer Gründung noch ihre Lage sind bekannt – und sie hat für uns auch keine Geschichte. Ihre Existenz ist durch knappe Angaben in byzantinischen Lexika gesichert, aber die einzige ausführliche Quelle, in der sie erwähnt wird, hat einen entscheidenden Nachteil. Sie ist nur halb erhalten: eine auf der Akropolis gefundene Marmorstele, die den Beschluß der Volksversammlung über die Gründung der rätselhaften Kolonie überliefert. Die rechte Seite des Steins ist weggebrochen und verschwunden[22], und nach diesem Dokument taucht die Stadt für uns in den undurchdringlichen Nebel der Geschichtslosigkeit ein . . .

### *Demonstration attischer Macht im Schwarzmeergebiet*

Ging es im makedonischen Raum vor allem um Holz und Edelmetalle, so erklärt sich das Interesse Athens an der Nord-Ost-Ecke der Ägäis und dem Schwarzmeergebiet aus seiner Abhängigkeit von Getreideeinfuhren. Es waren drei Kornkammern, die die Athener mit ihrem Grundnahrungsmittel versorgten: Sizilien, Ägypten und die Krim. Das südrussische Gebiet hatte dabei den Löwenanteil der Kornexporte nach Attika.

Brot und Brei waren für die meisten Athener die wichtigsten Nahrungsmittel. Eine Verknappung führte rasch zu Preisanstiegen und zu Nervosität in der Bürgerschaft. Jeder, der in Athen erfolgreich Politik betreiben wollte, mußte deshalb auf eine regelmäßige und ausreichende Versorgung der Bürger mit eingeführtem Getreide bedacht sein. Wenn die Getreideschiffe, die in den Sommermonaten regelmäßig an den Kais des Piräus ihre Ladungen löschten, ausblieben, so konnten schnell innenpolitische Krisen entstehen. Man hat errechnet, daß etwa 800 Schiffsladungen den Getreidebedarf Athens im 5. Jahrhundert gedeckt haben. Keine allzu imposante Zahl, die die Gefahr großer Nachschubprobleme kaum heraufzubeschwören scheint. Und doch: Es war eben nicht nur die attische Metropole, die auf diese Lebensmitteleinfuhren dringend angewiesen war. Auch andere Poleis mußten Getreideschiffe zur Krim schicken, um ihre Bürger ernähren zu können. Das führte zu einem heftigen Konkurrenzkampf, der zusätzlich noch dadurch angeheizt wurde, daß alle am Korn interessierten Städte zugleich auch ihre Waren auf den Märkten des pontischen Raumes verkaufen wollten.

Sicher, Athen hatte den Konkurrenten einiges voraus: die Zahl seiner Handels- und vor allem seiner Kriegsschiffe, seine Stellung als Vormacht des Seebundes und vor allem die Kontrolle über die Nadelöhre Bosporus und Hellespont. Wie verwundbar jedoch selbst eine Großmacht wie Athen war, hatte die Samos-Krise gezeigt. Damals hatte sich Byzanz in den Strudel der Abfallbewegung hineinreißen lassen – und damit war die Fahrt durch den Bosporus für die athenischen Kauffahrer schlagartig ein höchst riskantes Abenteuer geworden.

Byzanz war zwar nach der Niederlage von Samos in den Seebund zurückgekehrt. Doch konnte es nicht schaden, wenn Athen im Pontos-Gebiet unübersehbar Flagge zeigte. Diese Überlegung mag der Expedition zugrunde gelegen haben, die Perikles wohl in den frühen dreißiger Jahren – genaue Daten sind nicht überliefert – im Schwarzmeerraum durchführte. Mit einer starken, gut ausgerüsteten Flotte fuhr er in das Schwarze Meer ein. Das Ganze war deutlich als Demonstration der attischen Macht und Präsenz auch in diesem entlegenen Teil der griechischen Welt angelegt. Man wollte die »Barbaren«-Stämme, die die Landschaften rings um den Pontos bewohnten, beeindrucken, ein bißchen die Muskeln spielen lassen, damit sie gar nicht erst auf »dumme Gedanken« kamen.

An die Adresse der Bürger griechischer Städte gerichtet, die schon vor rund zweihundert Jahren an den Küsten dieses »gastfreundlichen Meeres« (Pontos Euxeinos) gegründet worden waren, trug das Unternehmen mehr den Charakter einer *good-will*-Tour. Perikles vermied alles, was als unfreundliche Geste oder gar als Feindseligkeit hätte ausgelegt werden können. Ganz im Gegenteil: »Den dort lebenden Griechen trat er mit gewinnender Freundlichkeit entgegen und tat alles, was sie von ihm erbaten«, berichtet Plutarch[23].

Es ging also auch anders; Perikles als Repräsentant der athenischen Großmacht war flexibel genug, um in dieser Situation nicht zum gewohnten Befehlston zu greifen, sondern sich als Partner und hilfsbereiter Freund zu empfehlen. Er wußte, warum er sich hier so ganz anders verhielt als im ägäischen Raum: Ein Blick auf die Landkarte war die beste Motivation für eine freundliche Miene.

Ganz ohne Waffengeklirr ging es jedoch auch hier nicht ab. In der Stadt Sinope jagte Perikles mit Hilfe seiner Streitmacht den Tyrannen Timesilaos außer Landes; allerdings im Auftrage einer breiten Mehrheit der Bevölkerung. Aus Dankbarkeit über die Befreiung – und natürlich als Vorsichtsmaßnahme gegenüber einem Umsturzversuch seitens des geschaßten Tyrannen! – faßte der Stadtrat von Sinope auf »Anraten« des Perikles den Beschluß, daß sich auf den Ländereien des ehemaligen Alleinherrschers demnächst 600 athenische Kolonisten ansiedeln sollten . . .

Die Operation Pontos war insgesamt gelungen – kein grandioser Sieg, kein kühnes Unternehmen, das seinem Anführer besonderen militärischen Lorbeer eingebracht hätte. Wohl aber eine auf politische Langzeitwirkung abgestellte Expedition, die das Interesse der Großmacht Athen an einem ungehinderten Warenaustausch im Pontos-Raum signalisiert hatte. Und das zumindest angedeutet hatte, über welche Möglichkeiten Athen verfügte, wenn es Ärger geben sollte.

Außenpolitisch entwickelten sich die Dinge in der Zeit der »Alleinherrschaft« des Perikles recht gut. Es gab keine spektakulären Erfolge, aber auch keine aufsehenerregenden Rückschläge. Samos war eine Bewährungsprobe gewesen, die Perikles doch recht souverän gemeistert hatte. Und im Seebund gärte zwar manches unter der Oberfläche, doch hatte Athen die Organisation wieder erheblich besser im Griff als zu Beginn der vierziger Jahre.

### *Alarmzeichen im Inneren: Der Prozeß gegen Phidias*

Innenpolitisch konnte Perikles eine noch bessere Leistungsbilanz vorlegen. Athen erstrahlte in hellem Glanze; den Bürgern ging es wirtschaftlich gut, der Staat war politisch stabil. Viele Griechen aus anderen Poleis beneideten die Athener. Was sie in den wenigen Jahrzehnten seit den Perserkriegen geleistet hatten, war enorm. Perikles durfte sich schmeicheln, einen erheblichen Beitrag zu jener Macht und Prosperität geleistet zu haben, deren vielleicht sichtbarster Ausdruck die teils schon entstandenen, teils noch im Bau befindlichen Tempel auf dem Burgberg waren.

Aber auch in diesem Bereich schwelte manches unter der scheinbar so ruhigen Oberfläche. Die Opposition war durch die Verbannung ihres »Parteichefs« Thukydides erheblich geschwächt, aber sie hatte ihren Kampf gegen den Olympier noch lange nicht aufgegeben. Die Pfeile, die die Komödiendichter auf Perikles abfeuerten, waren Alarmsignale. Besonders die gehässige Rufmordkampagne gegenüber Aspasia sollte sich später als Vorspiel zu einem gefährlichen Schlag herausstellen, zu dem die Gegner des Perikles ausholten.

Gegen ihn selbst wagten sie zunächst nicht vorzugehen. Allzusehr besaß er das Vertrauen des Demos, als daß man ihn durch einen wohl vorbereiteten Überraschungscoup aus dem Sattel hätte heben können. Also versuchte man es auf andere Weise. Den Sack schlagen, wenn man den Esel meint – nach diesem Motto wurde eine Serie von politischen Prozessen inszeniert, die allesamt Perikles besonders nahestehende Personen auf die Anklagebank versetzten.

Der vermutlich erste Prozeß traf Phidias, den Bildhauer, der das berühmte Athena-Standbild für den Parthenon geschaffen hatte. Natürlich war es alles andere als ein Zufall, daß ein hervorragender Exponent des perikleischen Bauprogramms zur Zielscheibe heftiger Attacken wurde. Das zeigte schon, aus welcher Richtung der Wind wehte: Hinter der Anklage standen oligarchische Kreise, die im Kampf um das von Perikles vorgeschlagene Bauprojekt seinerzeit unterlegen waren und die nun auf Revanche sannen.

Die wahren Hintermänner hielten sich freilich bedeckt. Sie blieben im Dunkeln und schickten einen Strohmann vor, der die Rolle des Anklägers übernahm. Es war Menon, ein ehemaliger Gehilfe des Phidias, der seinen Meister der Unterschlagung bezichtigte. Phidias, so der Vorwurf, habe einen Teil des für die Herstellung der Athena-Statue erhaltenen Goldes für sich selbst beiseite geschafft. Das war eine gravierende Anschuldigung, handelte es sich doch sogar um Eigentum der Stadtgöttin. Hinzu kam der Vorwurf frevelhafter Überheblichkeit. Phidias, so behauptete der Ankläger, habe sein eigenes Porträt und das des Perikles in die Darstellung des Amazonenkampfes auf dem Schild der Göttin eingeschmuggelt.

Das Vorgehen Menons und der eigentlichen Drahtzieher war offenbar gut durchdacht und bis ins Detail ausgeklügelt[24]. Sie überließen nichts dem Zufall, sondern legten das ganze Verfahren von vornherein als Test an, wie weit sie gehen könnten. So ließ sich Menon zum Beispiel, bevor er Klage gegen Phidias erhob, ausdrücklich Sicherheitsgarantien von der Volksversammlung geben, die ihn selbst vor Strafverfolgung schützten. Erst als er das erreicht hatte und damit klar war, daß eine Anklage gegen den prominenten Künstler keinen Sturm der Entrüstung entfachen werde, brachte er die konkreten Anschuldigungen zur Sprache.

Mit ihrem »Versuchsballon« hatten die Gegner des Perikles mehr Glück, als sie möglicherweise selbst gehofft hatten. Phidias wurde ins Gefängnis geworfen und starb dort – woran, wußte später keiner mehr so genau zu sagen. Die Rede war von einer Krankheit; andere dagegen wollten wissen, daß er vergiftet worden sei. Es scheint sicher, daß Phidias vom Volksgericht verurteilt worden ist. Die gehässige Bemerkung des Aristophanes, es sei dem Bildhauer »schlecht ergangen«, spricht ebenso dafür wie die Tatsache, daß der Ankläger Menon offiziell von der Volksversammlung geehrt worden ist[25].

Für Perikles muß dieser Schuldspruch ein harter Schlag gewesen sein. Sicher hat er sich für Phidias rückhaltlos eingesetzt und seine Autorität zu dessen Gunsten in die Waagschale geworfen. Vergebens. Die Verurteilung des Bildhauers war damit auch eine Ohrfeige für Perikles, nicht direkt ein Mißtrauensbeweis, aber doch eine Erschütterung seiner Stellung. Allerdings hatten die Dunkelmänner, die diesen Schau-Prozeß ausgeheckt hatten, auch wohlüberlegt einen wunden Punkt gewählt. Die Baupolitik des Perikles war ja auch in den Reihen seiner Anhänger auf Vorbehalte gestoßen. Nur mit Mühe hatte Perikles sich einst mit seinen Vorschlägen durchsetzen können. Von daher war es ein geschickter Schachzug, wenn sie ihren Angriff eben da ansetzten. Nach wie vor war der mit hohen Kosten verbundene Repräsentationsaufwand eine Art Achillesferse der perikleischen Politik. Wie es die Opposition im einzelnen angestellt hat, eine Mehrheit der Geschworenen von der Schuld des Phidias zu überzeugen, ist nicht überliefert. Daß dabei üble Machenschaften und mancher unlautere Trick im Spiel gewesen sind, ist wahrscheinlich.

Freilich läßt sich auch nicht völlig ausschließen, daß zumindest ein Teil der Vorwürfe *nicht* aus der Luft gegriffen war. Das würde die politische Bedeutung des Phidias-Prozesses nicht völlig aus der Welt schaffen, sie aber doch deutlich vermindern.

Das von Phidias gefertigte Götterbild ist im Jahre 438 vollendet worden[26]. Den Prozeß haben die Ankläger wahrscheinlich kurze Zeit später angestrengt. Das genaue Jahr läßt sich nicht bestimmen; es wird jedoch eher in der ersten als in der zweiten Hälfte des Jahrzehnts liegen.

### *Der zweite Schlag: Vertreibung eines »gottlosen« Philosophen*

Noch schlechter sieht es mit der Datierung der zwei anderen Prozesse aus, die dieselben interessierten Kreise gegen Vertraute des Perikles inszenierten. Nach ihrem Erfolg im Phidias-Verfahren werden die Oligarchen nicht viel Zeit haben verstreichen lassen, um zu weiteren Schlägen auszuholen. Nachsetzen und den angeschlagenen Olympier weiter zu demontieren versuchen – das mußte in dieser Situation ihre Devise sein. Deshalb kommt wohl am ehesten die Mitte der dreißiger Jahre als Zeitpunkt für den Doppelschlag in Frage, dessen eigentliches Opfer Perikles selbst sein sollte.

Um ihn zu treffen, wurde gegen seinen Freund und Lehrer Anaxagoras eine Asebie-Klage erhoben[27]. Der Vorwurf der Asebie, Gottlosigkeit, bezog sich nicht nur auf religiöse Verfehlungen, sondern hatte angesichts der Bedeutung des Staatskultes für die gesamte Bürgerschaft auch sehr viel mit Politik zu tun. Zentraler Anklagepunkt war: Anaxagoras glaube nicht an die Götter und befasse sich in wissenschaftlichen Vorträgen mit den Dingen über der Erde. Speziell seine Behauptung, die Sonne sei keine Gottheit, sondern lediglich ein glühender Ball, wurde ihm als schlimmer Verstoß gegen die überlieferte Religion ausgelegt.

Es zeigte sich erneut, daß die Gegner des Perikles richtig kalkuliert hatten. Wieder trafen sie eine Stelle, an der Perikles sehr verletzlich war. Sie appellierten an die im Volk tief verwurzelten, von Aberglauben gespeisten Ängste und spielten das Unwissen und die daraus hervorbrechenden Emotionen der breiten Masse gegen den Rationalismus und aufklärerischen Zug der Lehren des Anaxagoras voll aus. Sie verstärkten das ohnehin vorhandene Mißtrauen gegenüber den neuen Erkenntnissen der ionischen Naturphilosophie und machten sich die damals noch weit verbreitete Intoleranz gegenüber den »Schwätzern von den höheren Dingen«[28] zunutze. Von den revolutionären Lehren eines Anaxagoras, so redeten sie dem Demos ein, gehe große Gefahr für alle Bürger aus. Wer diesen falschen Propheten gewähren lasse, der mache sich mitschuldig und setze sich selbst der Rache der beleidigten Götter aus.

Man kann sich unschwer vorstellen, was für eine Kampagne da entfesselt worden ist, mit welchem Einsatz aller demagogischen Verführungskünste dem Demos das Feindbild eines gottlosen »Sozialschädlings« förmlich eingetrichtert worden ist – eines Mannes zudem, der als Ausländer in Athen nur Gastrecht genoß!

Mag sein, daß die Ankläger selbst an die Gefährlichkeit und den gotteslästerlichen Charakter der Philosophie des Anaxagoras geglaubt haben. Das eigentliche Motiv ihres Vorgehens war jedoch politischer Art. Mit Anaxagoras sollte ein enger Vertrauter des Perikles auf die Anklagebank versetzt werden – und ein geistesverwandter Freund dazu. Was sich in Wirklichkeit hinter dem Prozeß gegen den Ionier verbirgt, zeigt schlaglichtartig die Nachricht, daß der Ankläger Diopeithes später als Orakeldeuter *in Sparta* gewirkt hat[29].

Perikles tat sein Möglichstes, um Anaxagoras zu retten. Aber die Stimmung war gegen ihn. Das Kalkül der Ankläger mit der Ignoranz und Intoleranz der Masse ging auf und drohte in ein Todesurteil gegen den Philosophen einzumünden. Die einzige Rettung lag in einer Flucht aus Athen. Perikles konnte seinen Freund von der Notwendigkeit dieses Schrittes überzeugen und half ihm, das Land unbehelligt zu verlassen. Anaxagoras floh nach Lampsakos, wo er bis zu seinem Tode im Jahre 428 lebte.

Die Anklage gegen den berühmten Philosophen ist alles andere als ein Ruhmesblatt der athenischen Geschichte. Die Unduldsamkeit, die in dem Kesseltreiben gegen den Vertreter der Aufklärung zum Ausdruck kommt, ist erschreckend und erinnert fatal an eine Hexenjagd. Anaxagoras wurde dadurch zu einem Märtyrer des freien Denkens, und so feierten ihn spätere Generationen:

»Als Anaxagoras einst die Lehre verkündet, die Sonne
sei ein glühender Ball, ward er zum Tode verdammt.
Zwar hat Perikles noch als Freund ihn gerettet; doch dieser,
ruhvoll, wie Weisen geziemt, ging aus dem Leben hinweg.[30]«

Das Schicksal des Anaxagoras ist die eine Seite des peinlichen Prozesses; die zweite betrifft die Stellung des Perikles. Kein Zweifel, daß der Streit um den ionischen Philosophen eine bittere Niederlage für ihn darstellte. Die Rechnung der Ankläger war voll aufgegangen. Mit der Flucht des Anaxagoras war bewiesen, daß Perikles' Einfluß nicht ausreichte, seinen Freund vor einer Verurteilung zu retten. Sie war das Eingeständnis, daß auch der Olympier verwundbar war. Die Opposition konnte triumphieren. Sie witterte Morgenluft. Mit dem Erfolg der Anaxagoras-Affäre im Rücken wagte sie sich an eine noch spektakulärere Anklage heran: Das nächste Opfer ihrer Politprozeß-Offensive sollte Aspasia sein, die Lebensgefährtin des Perikles.

### *Polit-Prozesse, 3. Teil: Aspasia auf der Anklagebank*

Die Anklage gegen die eigenwillige Milesierin war durch die publizistische Hetze von langer Hand vorbereitet worden. Krönender Abschluß der jahrelangen Rufmordkampagne sollte eine Verurteilung Aspasias wegen Asebie sein[31].

Als Ankläger gab sich der Komödiendichter Hermippos her. Er erläuterte den Vorwurf der Gottlosigkeit vermutlich mit Aspasias Lebenswandel und ihrer Weigerung, sich an die für Frauen üblichen Normen zu halten. Die Ungezwungenheit und Freizügigkeit, mit der sich Aspasia in Athen bewegte, wurden als Verstoß gegen die überlieferte Ordnung gewertet – und ein solch scharfer Bruch mit einer jahrhundertealten Tradition war beileibe kein Kavaliersdelikt, sondern ein zutiefst gottloses Vergehen! Hinzu kam die Anschuldigung, sie unterhalte in ihrem Haus einen Bordellbetrieb mit freigeborenen Frauen.

Für einigermaßen vernünftige, aufgeklärte Geister waren das haltlose Vorwürfe, die unter normalen Umständen niemanden an einen Asebie-Prozeß hätten denken lassen. Dies aber war kein Normalfall. Und die Ankläger bemühten sich nach Kräften, die Emotionen hochzupeitschen. Da wurde mit dem Anderssein der Aspasia Stimmung gemacht, da wurde mit Ressentiments gegenüber einer Ausländerin operiert, die die Stirn hatte, sich dem gesellschaftlichen Erwartungsdruck nicht zu beugen, und da wurde natürlich die ganze widerliche Kuppelei-Geschichte auf höchster Flamme gekocht.

Wiederum war das Opfer der juristischen Verfolgung sehr überlegt gewählt worden. Gerade bei einfachen Leuten, die ohnehin mißtrauisch gegenüber dem ungewohnten Lebenszuschnitt einer Aspasia waren, mußten die Vorwürfe des Hermippos auf fruchtbaren Boden fallen. Der demagogische Appell an Vorurteile und Neid war ein übles Vorgehen, ein Schlag weit unterhalb der Gürtellinie – aber er war geradezu profihaft angelegt und gekonnt durchgeführt.

Und er war wirksam! Aspasia wurde tatsächlich vor Gericht gestellt. Man mußte mit dem Schlimmsten rechnen. Nur unter Einsatz aller seiner rhetorischen Mittel und emotionalen Tricks gelang es Perikles, einen Freispruch zu erwirken: Er flehte die Richter förmlich um Gnade an und soll während der Verhandlung »reichlich Tränen für sie vergossen« haben[32].

### *Verwundbarer »Olympier«*

Am Ende trug Perikles den Sieg über seine Gegner davon. Aber es war ein knapper Sieg, und es ging für Perikles nicht ohne Schrammen ab. Zur völligen Demontage des Olympiers hatten die drei politischen Prozesse nicht geführt, und die oligarchischen Dunkelmänner, die diese konzertierte Aktion hinter den Kulissen in Szene gesetzt hatten, wagten es fürs erste nicht, gegen Perikles selbst politisch oder juristisch vorzugehen. Gleichwohl war sein Image als unangreifbarer, souveräner Staatslenker deutlich angekratzt.

Die vehementen Angriffe gegen seine Vertrauten zeigten Perikles, daß er verwundbar war. Die oligarchische Opposition, das machten die Prozesse aller Welt klar, war nicht völlig kaltgestellt. Sie war und blieb ein ernst zu nehmender Gegner – und das um so mehr, als sie zum großen Teil im Untergrund operierte. Die eigentlichen Ankläger waren vorgeschobene Personen, sozusagen nur die Spitze eines Eisberges, dessen Umfang für Perikles nicht recht erkennbar war. Daß Thukydides aus dem Exil die Fäden zog, war anzunehmen. Der 443 v. Chr. verbannte Widersacher führte in der Fremde wohl kaum ein politisches Rentnerdasein. Ansonsten aber war die oligarchische Clique, die sich die gekonnte Strategie der politischen Prozesse hatte einfallen lassen, nicht recht faßbar. Sie kämpfte nicht mit offenem Visier – »eine oppositionelle Bewegung, die unter der Asche glühte, aber vielleicht desto gefährlicher war«[33].

Einen Einfluß auf die schwerwiegenden politischen und militärischen Entscheidungen, die Perikles in den Jahren 433 bis 431 getroffen hat, haben diese Prozesse jedoch nicht gehabt. Insgesamt brauchte Perikles keine Furcht zu haben, daß der Demos ihm allmählich aus dem Ruder laufen werde. Das konnte ihm eine nüchterne Analyse der drei Fälle zeigen, die sich allesamt auf »dankbare« Zielscheiben der Kritik bezogen, auf Personen, die sich als »Objekte« demagogischer Offensivpropaganda besonders anboten und die das politische Werk des Perikles nur in einem Teilbereich – dem Bauprogramm – betrafen.

Trotz der abstoßenden und heuchlerischen Züge, die die Strategie der Politprozesse prägten, mögen diese Aktionen der Perikles-Gegner dem demokratischen System letztlich gutgetan haben. Von einer uneingeschränkten Alleinherrschaft des Perikles kann ja wohl unter diesen Umständen keine Rede sein. Auf der anderen Seite war Perikles durch den Ausgang der Prozesse keineswegs so in die Enge getrieben, daß er seine führende Stellung nur durch einen mutwillig vom Zaun gebrochenen Krieg hätte festigen können. Die Vermutungen, zu denen sich Plutarch in diesem Zusammenhang hat hinreißen lassen[34], sind haltlose Spekulationen. Was davon zu halten ist, zeigt das Schweigen des Thukydides mit wünschenswerter Deutlichkeit. Wenn der in seinem klaren Urteil unbestechliche, scharfsinnig analysierende Chronist des Peloponnesischen Krieges nichts davon berichtet, dann steht fest, daß die innenpolitischen Schwierigkeiten, in die Perikles durch die Prozesse geraten war, mit dem Ausbruch des katastrophalen griechischen Bruderringens nichts zu tun gehabt haben.

## 11. KAPITEL
# Der Weg in die Katastrophe

### *Bilanz des Schreckens*

»Hierauf fuhr Lysander in den Piräus ein, die Verbannten kehrten zurück, und man begann, die Mauern unter der Begleitmusik von Flötenspielerinnen mit großem Eifer einzureißen in dem Glauben, jener Tag bedeute für Hellas den Anfang der Freiheit.[1]«

Die Einfahrt der spartanischen Kriegsflotte unter Führung ihres Admirals Lysander in den Piräus, der in mancher Hinsicht neben der Akropolis als Wahrzeichen eines mächtigen, blühenden Athen gelten konnte – sie markiert siebenundzwanzig Jahre nach Kriegsausbruch das Ende des großen griechischen Bruderringens. Zweieinhalb Jahrzehnte lang hatten sich, von Erholungspausen einiger Waffenstillstandsjahre abgesehen, die beiden griechischen Großmächte bis aufs Messer bekämpft, jede an der Spitze ihrer schlagkräftigen Bündnisorganisation und jede mit dem festen Willen, den seit Jahrzehnten unter der Oberfläche schwelenden, ganz Hellas umspannenden Dualismus ein für alle Mal mit dem eigenen Erfolg zu beenden. Aus dem mörderischen Ringen war Sparta schließlich als Siegerin hervorgegangen. Die Mauern Athens, die den unermüdlichen Angriffen der Peloponnesier so lange getrotzt hatten – sie wurden jetzt mit musikalischer Untermalung geschleift.

Doch der Siegesrausch war schnell verflogen. Und rasch dämmerte auch den Siegern die Erkenntnis, daß ihr Triumph keineswegs der ersehnte »Anfang der Freiheit« für ganz Hellas sein sollte. Mochten die Spartaner sich einige Jahre lang in der Illusion sonnen, durch die Niederringung ihrer griechischen Rivalin jene Führungsstellung in Griechenland wiedererobert zu haben, die ihnen in der »guten, alten Zeit« vor den Perserkriegen niemand streitig gemacht hatte – in Wirklichkeit waren sie wenig mehr als Polizisten in Hellas von Persers Gnaden. Der »Barbaren«-König, an den sich die Spartaner in den letzten Kriegsjahren mit der Bitte um Unterstützung gewandt hatten, hielt seine neuen »Bundesgenossen« nach 404 sozusagen an der langen Leine, blieb selbst im Hintergrund. Aber wirklich autonom waren angesichts der übermächtigen Stellung der Perser auch die Spartaner nicht. Der eigentliche Sieger des mörderischen griechischen Bruderkampfes, das wurde immer klarer, war der persische Großkönig.

Doch damit nicht genug. Die Bilanz des Krieges, der so lange im griechischen Mutterland und über dessen Grenzen hinaus getobt hatte, war erschreckend. Zehntausende von Griechen waren im

Kampf gefallen, Zehntausende waren in Athen der entsetzlichsten Seuche erlegen, die die Stadt seit Menschengedenken heimgesucht hatte. Bauernhöfe waren niedergebrannt, kostbare Obstbäume abgehackt, weite Striche einst kultivierten Landes verwüstet und verödet. Die Wirtschaft zahlloser Städte lag hoffnungslos am Boden, die öffentlichen Kassen waren durch die irrwitzigen Summen, die der Krieg verschlungen hatte, leer, Armut und Not prägten das Bild in den meisten Städten, die in den Krieg verwickelt gewesen waren – und das waren fast alle gewesen. Der Krieg zwischen den beiden griechischen Großmächten und ihren jeweiligen Verbündeten hatte ein zuvor blühendes Land ruiniert.

Fassungslos mußten sich die Überlebenden fragen, wie es zu dieser Katastrophe hatte kommen können.

### *Eine antike Kriegsschuldfrage*

Noch heute, knapp zweieinhalb Jahrtausende nach dieser selbstverschuldeten Katastrophe des klassischen Griechentums, gibt es keine allgemein akzeptierte Antwort auf diese Frage. In zahllosen Artikeln und Büchern haben die Althistoriker sich mit dieser Problematik beschäftigt. Sie sind dabei zu sehr unterschiedlichen Ergebnissen gekommen. Die Diskussion ist ähnlich heftig und kontrovers wie bei der Frage, wer für den Ausbruch des Ersten Weltkrieges verantwortlich war. Kein Wunder, daß zwischen dem Peloponnesischen Krieg und dem Ersten Weltkrieg manche Parallelen gezogen worden sind – bis hin zur Auseinandersetzung um eine »antike Kriegsschuldfrage«.

Auch und gerade eine Perikles-Biographie kommt an dieser Frage nicht vorbei. Als »erster Mann« Athens gehörte Perikles zu den wichtigsten Protagonisten auf der historischen Bühne der späten dreißiger Jahre. Lange Zeit über bestimmte er gleichsam die Richtlinien der attischen Politik, und so kommt seinem Denken und Handeln am Vorabend des Peloponnesischen Krieges eine zentrale Bedeutung zu. Aus *dieser* Verantwortung kann ihn niemand entlassen. Die Vorstellung, Perikles seien ausgerechnet in der Zeit, als schwere Gewitterwolken drohend am griechischen Firmament heraufzogen, die Zügel der Macht entglitten, ist absurd. Sie findet auch keinen Anhaltspunkt in den Quellen. Im Gegenteil. Die Entscheidungen der athenischen Volksversammlung, die schließlich in den Krieg einmünden sollten, tragen deutlich seine Handschrift. Das muß nicht heißen, daß Perikles der große Schuldige gewesen ist. Aber es heißt, daß zwischen dem Verhalten des »offiziellen« Athen und dem seines führenden Politikers in den Krisensituationen vor Ausbruch des Krieges kein Gegensatz konstruiert werden darf.

Drei Stationen sind es, die den Weg in die Katastrophe markieren. Drei Krisenherde, die nur oberflächlich miteinander in Beziehung zu stehen scheinen. Drei Konflikte aber auch, bei denen es stets um dasselbe ging: um Macht, um politischen, militärischen und wirtschaftlichen Einfluß. Für alle drei gilt: Es waren keine *direkten* Konfrontationen zwischen Athen und Sparta. Die Vormacht des Peloponnesischen Bundes war stets nur indirekt beteiligt. Sie spielte einen passiven Part, während Athen jedesmal aktiv in das Geschehen verwickelt war.

## *Die Kerkyra-Krise*

Der erste Fall entzündete sich an Streitigkeiten zwischen der Insel-Polis Kerkyra (Korfu) und ihrer Mutterstadt Korinth. Die beiden Städte stritten sich um die Kontrolle über Epidamnos, eine Pflanzstadt Kerkyras. Dem diplomatischen Tauziehen folgten militärische Auseinandersetzungen, in deren Verlauf die mächtige Handelsstadt Korinth eine schwere Niederlage erlitt. Bei Leukimme wurde eine korinthische Flotte von den Kerkyrern geschlagen. Fortan beherrschten die Sieger mit ihren Kriegsschiffen das Ionische Meer im Gebiet nördlich des Korinthischen Golfes.

Die Seeschlacht fand im Jahre 435 v. Chr. statt. Es war klar, daß sich Korinth mit dieser Niederlage nicht abfinden würde. Es ging nicht nur um das Prestige der Korinther; auch gewichtige handelspolitische Interessen standen auf dem Spiel. Die Losung der korinthischen Politik hieß Revanche. Aber man bereitete sich gründlich auf die Abrechnung mit der »anmaßenden« eigenen Kolonie vor: Zwei Jahre lang bauten die Korinther neue Kriegsschiffe, und für ihre künftige Armada warben sie in ganz Griechenland Ruderer an[2].

Gerüchte über diese gewaltige Aufrüstung gelangten natürlich auch nach Kerkyra. Und den Kerkyräern wurde es allmählich mulmig zumute. Im Unterschied zu Korinth, das dem Peloponnesischen Bund angehörte, konnten sie sich auf keine Verbündeten stützen. Und das waren nicht gerade günstige Aussichten für die bevorstehende Auseinandersetzung.

In dieser Situation wandte Kerkyra sich an Athen mit der Bitte um Hilfe. Dort machte man es sich mit der Entscheidung nicht leicht. Die Volksversammlung trat sogar zweimal zusammen, bevor sie Stellung bezog. Die Sache war heikel. Das hatten nicht zuletzt die eindringlichen Warnungen unterstrichen, die eine korinthische Gesandtschaft ausgesprochen hatte. Die Korinther wiesen darauf hin, daß Athen kein Recht habe, sich in den Konflikt mit ihrer Tochterstadt einzumischen. Eine athenische Intervention verstoße gegen den im Jahre 446 geschlossenen Friedensvertrag mit dem Peloponnesischen Bund: »Ihr könnt nicht einfach Kerkyras Beschützer werden, ohne zugleich aus Vertragspartnern unsere Feinde zu werden.[3]«

Die Argumente wogen schwer, zumal Athen ja selbst die Doktrin von der »begrenzten Souveränität« der eigenen Bündnispartner vertrat und praktizierte. Die Korinther erinnerten denn auch an die Samos-Krise und ihren Rat gegenüber dem Peloponnesischen Bund, sich in die Auseinandersetzung zwischen Athen und seinen abtrünnigen Bundesgenossen nicht einzuschalten.

Schwerer wogen indes die Aussichten, die sich aus einer Unterstützung Kerkyras ergaben. Zum einen konnte es nie schaden, der Handelskonkurrentin Korinth Unannehmlichkeiten und Schwierigkeiten zu bereiten; das konnte eigentlich nur der eigenen Wirtschaft nutzen. Entscheidend aber waren andere Überlegungen, die mit der strategisch günstigen Lage der Insel zusammenhingen.

»Nach Italien und Sizilien hin liegt der Ort schön an der Überfahrt, um von drüben keine Flotte an die Peloponnes heranzulassen«; so läßt Thukydides die Kerkyrer für ihr Bündnisersuchen werben. Tatsächlich war das der attraktivste Köder, den sie auslegen konnten. Und es war genau dieser Köder, mit dem sich die Athener schließlich »angeln« ließen. Schon vorher hatte Athen mehrfach die Fühler nach Westen ausgestreckt; die Gründung von Thurii war nur ein Glied in einer längeren Kette von Versuchen, in Großgriechenland Fuß zu fassen. Die Kontrolle über einen so wichtigen Teil des Ionischen Meeres mittelbar auf dem Wege über einen – noch dazu recht starken – neuen Verbündeten zu erhalten[4], war eine Versuchung, der die Athener letztlich doch nicht zu widerstehen vermochten.

Immerhin, die Entscheidung über eine Annahme des Bündnisersuchens fiel erst nach reiflicher Überlegung, und selbst dann ging Athen behutsam vor. Man bot den Kerkyräern lediglich eine Epimachie an, ein reines Defensivbündnis, das den Vertragspartner nur im Fall eines Verteidigungskrieges zur Hilfeleistung verpflichtete.

Dieser Fall trat jedoch nur zu rasch in Gestalt einer korinthischen Flotte ein, die Kurs auf Kerkyra nahm. Immer noch hielt Athen an einer betont defensiven, zurückhaltenden Politik fest. Nur zehn athenische Kriegsschiffe wurden in das Krisengebiet abkommandiert, den Kommandanten wurde eingeschärft, auf keinen Fall von sich aus gegen korinthische Schiffe vorzugehen, sondern nur bei einem Angriff auf Kerkyra und dessen Flotte einzugreifen[5]. Die Lage spitzte sich von Tag zu Tag zu, bis es in den Gewässern vor den Sybota-Inseln zur Entscheidungsschlacht kam. Die zehn athenischen Kriegsschiffe unterstützten die Kerkyräer anfangs zögerlich und in der Hoffnung, daß eine direkte athenisch-korinthische Konfrontation noch abgewendet werden könne. Erst als ihre Bundesgenossen zu unterliegen drohten, setzten sich die Athener mit voller Kraft ein und gaben alle Zurückhaltung auf.

Am Ende hatte Korinth zwar den Sieg davongetragen, aber ein attisches Hilfsgeschwader von zwanzig weiteren Schiffen sorgte dafür, daß die Korinther ihren Erfolg nicht nutzen konnten. Ihr eigentliches Kriegsziel war die Eroberung Kerkyras gewesen. Als sie mit ihrer Flotte Kurs auf ihre Heimat nahmen, war klar, daß sie das nicht erreicht hatten. Die Empörung der Korinther richtete sich gegen Athen. Dessen Intervention, davon waren sie überzeugt, hatte ihnen die Früchte ihres Sieges im letzten Moment weggenommen. Das ohnehin recht kühle Verhältnis zwischen den beiden Poleis mündete schließlich in eine »Eiszeit« ein, zu der die dramatischen Vorgänge auf der Chalkidike einen erheblichen Teil beitrugen.

### *Ultimatum an Verbündete – Poteidaia zwischen Athen und Korinth*

Dort entstand noch während der Kerkyra-Krise ein neuer Konfliktherd. In Athen herrschte damals – im Jahre 433 – offenbar eine gewisse Nervosität. Gerüchte über anti-athenische Bestrebungen im Norden Griechenlands, Nachrichten über Pläne des Makedonenkönigs Perdikkas, den athenischen Einfluß mit Hilfe einer großen Koalition aus benachbarten Stämmen und griechischen Städten auf der Chalkidike in jenem Raum entscheidend zurückzudrängen, drangen nach Attika und setzten dort eine lebhafte Diskussion über vorbeugende Maßnahmen in Gang.

In dieser gespannten Atmosphäre wurde in der Volksversammlung ein folgenschwerer Beschluß gefaßt: Die verbündete Stadt Poteidaia auf der Chalkidike wurde aufgefordert, Geiseln zu stellen und die Mauer auf der Südseite niederzureißen, damit athenische Truppen im Notfall die Stadt rasch besetzen konnten. Das war an sich schon ein von Mißtrauen diktiertes Ansinnen, welches nicht gerade geeignet war, Athens Ansehen in Poteidaia zu stärken.

Der Affront wurde jedoch durch einen weiteren Umstand in einer Weise verschärft, wie es bei anderen Städten nicht der Fall gewesen wäre: Poteidaia war eine korinthische Kolonie und unterhielt trotz der Mitgliedschaft im Seebund noch enge Beziehungen zu der Mutterstadt. Der athenische Befehl kam damit der Aufforderung gleich, zwischen Korinth und Athen zu wählen – und das in einer Konfrontationslage, in der sich beide Mächte schon im Kerkyra-Konflikt feindlich gegenüberstanden. Athen setzte den Poteidäaten das Messer an die Kehle und ließ ihnen keine Möglichkeit, sich aus der

Auseinandersetzung zwischen der Vormacht ihres Bündnisses und ihrer Mutterstadt herauszuhalten.

Perikles, der diesen Beschluß höchstwahrscheinlich angeregt, ihm jedoch zumindest nicht widersprochen hat, mußte klar sein, daß die Situation in Griechenland sich dadurch verschärfte und daß damit ein potentieller neuer Krisenherd entfacht wurde, falls Poteidaia nicht bereit war, sich den Forderungen Athens zu beugen.

Genau das trat dann ein. Verhandlungen zwischen Poteidaia und Athen führten zu keinem greifbaren Ergebnis, und so wandten sich die Poteidäaten an Korinth und den Peloponnesischen Bund um Hilfe. Sie erhielten von dort die Zusage, im Falle eines Austritts aus dem Seebund militärisch unterstützt zu werden.

Damit war die Entscheidung gefallen. Poteidaia fiel vom Seebund ab; eine neue kriegerische Auseinandersetzung zwischen Athen und Korinth war unausweichlich geworden, und tatsächlich stießen im Sommer des Jahres 432 Streitkräfte aus beiden Städten auf dem chalkidischen Kriegsschauplatz zusammen. Eine Schlacht endete mit dem Sieg des athenischen Heeres. Die »Aufständischen« und ihre Hilfstruppen von der Peloponnes mußten sich in die gut befestigte Stadt zurückziehen. Die Athener zogen einen engen Belagerungsring um Poteidaia, ohne jedoch die Stadt bald erobern zu können. Die Belagerung zog sich bis in den Peloponnesischen Krieg hinein[6].

Der Konflikt, der auf der Chalkidike entbrannt war, stellte zwar noch keinen direkten Krieg zwischen Athen und Korinth dar. Die dort kämpfenden peloponnesischen Truppen waren ausschließlich Freiwilligenverbände, die nicht in offiziellem staatlichem Auftrag dorthin entsandt worden waren[7]. Doch konnten solche feinen völkerrechtlichen Unterscheidungen nicht darüber hinwegtäuschen, daß sich das Klima zwischen den beiden Machtblöcken rapide verschlechterte. Die Poteidaia-Krise zeigte, daß Athen auf Konfrontationskurs gegangen war. Ein großer Krieg war nicht mehr ausgeschlossen. Je mehr sich die allgemeine Stimmung aufheizte, um so größer wurde die Gefahr, daß ein Funke das Pulverfaß zur Explosion brachte.

### *Megarisches Psephisma – Funke im Pulverfaß*

Und dieser Funke war das von Perikles herbeigeführte »Megarische Psephisma«, der Beschluß der Ekklesia, alle Schiffe aus Megara in den Häfen des Seebundes zu boykottieren und damit Waren aus Megara aus dem gesamten Wirtschaftsgebiet zu verbannen. Das war ein tödlicher Schlag gegen die Handelsstadt, die auf den lukrativen Import-Export-Handel angewiesen war. Das große Athen schnürte damit der kleinen Konkurrentin gleichsam die Kehle zu.

Das Megarische Psephisma war ein eindeutiger Verstoß gegen den Friedensvertrag von 446, der auch Mitgliedern des Peloponnesischen Bundes den freien Handel im Bereich des Seebundes erlaubte. Die Gründe, die die Athener für ihr hartes, ja brutales Vorgehen anführten, waren nicht gerade überzeugend. Man warf den Megarern vor, sie hätten entlaufenen Sklaven Asyl gewährt. Außerdem hätten sie sich ein Stück heiligen Tempellandes auf attischem Boden widerrechtlich angeeignet[8]. Mag sein, daß sich die Megarer derartige Übergriffe hatten zuschulden kommen lassen, und sicher gab es zwischen verfeindeten Nachbarstaaten stets Spannungen und gegenseitige Vorwürfe. Von daher mochte es verständlich sein, wenn die Athener schon vorher »den Megarern die Jacken durchschnüffelt« hatten und, »wo sie eine Gurke sahen, ein Häschen, Ferkel, Knoblauch oder Salz, gleich war's aus Megara und konfisziert«[9]. Derartige Zollschikanen waren für die Megarer ärgerlich gewesen, aber sie fügten ihrer Wirtschaft keinen großen Schaden zu.

Was Athen jedoch jetzt beschloß, war die Ausdehnung dieser Boykottpolitik auf den gesamten Raum des Seebundes. Vor allem aber war der Zeitpunkt dieses Beschlusses ein Politikum allerersten Ranges. Perikles, der ausdrücklich als Initiator dieses Psephismas hervortrat, muß sich über die Konsequenzen im klaren gewesen sein. Es war eine klare Provokation gegenüber dem gesamten gegnerischen Block, dessen Mitglied Megara war. Daß die Megarer sich bei ihrer Vormacht beschweren und auf Abhilfe drängen würden, war absolut sicher. Und in eben diese Situation wollte Perikles die Spartaner damals manövrieren: Sie sollten Farbe bekennen – entweder indem sie den kriegerischen Konflikt mit Athen riskierten oder indem sie abwiegelten und sich damit gegenüber ihren eigenen Bündnern eine deutliche Blöße gaben.

Wenn das Perikles' Kalkül war – und alle Umstände sprechen dafür –, dann ging es voll auf. Denn tatsächlich fanden in Sparta nach der Schlacht bei Poteidaia gleich zwei Konferenzen nacheinander statt, auf denen nur ein Punkt auf der Tagesordnung stand: Wie sollte es im Verhältnis zwischen den beiden Machtblöcken in Hellas nach den Zusammenstößen der letzten Monate weitergehen?

### *Sparta unter Entscheidungszwang*

Es waren vor allem die Korinther, die Sparta zu energischem Handeln aufforderten. Sie beschwerten sich bitter über das Unrecht, das sie durch Athens Verhalten in der Kerkyra-Frage und der Poteidaia-Krise erlitten zu haben glaubten. Auch der Inselstaat Aegina führte Klage über die Athener, die nicht daran dächten, die den Nachbarn vertraglich zugesicherte Autonomie zu gewähren. Und schließlich brachten die Megarer ihre Vorwürfe gegenüber dem rücksichtslosen Wirtschaftsimperialismus Athens vor.

Die Spartaner werden sich in ihrer Haut nicht sehr wohl gefühlt haben, schwang doch in den Reden der Beschwerdeführer auch immer die Anklage mit, daß die Vormacht des eigenen Bündnisses es so weit habe kommen lassen. Die Korinther nahmen kein Blatt vor den Mund. Sie sprachen aus, was viele – auch in Sparta selbst – dachten: Es sei schon falsch gewesen, dem Aufstieg Athens tatenlos zuzusehen, nicht eingegriffen zu haben, als der Bau der Langen Mauern die attische Metropole mehr und mehr zu einer unangreifbaren Festung werden ließ. Befreier von Hellas wollten die Spartaner sein – in Wirklichkeit verhielten sie sich stumpf und passiv; »die einzigen in Hellas, die statt durch Handeln sich durch Zögern verteidigen, die einzigen, die nicht das beginnende Wachstum der Feinde, sondern das verdoppelte bekämpfen«[10].

Eine bittere Abrechnung mit der zurückhaltenden Politik Spartas in den letzten Jahren; harte Worte gegen die spartanischen »Nesthocker«, die auf die gegnerischen »Weltfahrer« immer erst reagierten, wenn jene schon einen gewaltigen Vorsprung hätten![11]

Nicht genug damit: Ans Ende ihres leidenschaftlichen Plädoyers stellten die Korinther eine unverhüllte Drohung. Wenn Sparta den Kriegsschauplatz vor Poteidaia nicht rasch durch einen Einfall in Attika entlaste, dann müsse man sich eben neue Freunde suchen – eine unmißverständliche Anspielung auf eine denkbare Koalition mit Argos, Spartas schärfster Widersacherin auf der Peloponnes[12].

Sparta mußte endlich handeln. Das leuchtete der Mehrheit der Spartaner ein, die sich bei der Abstimmung hinter die Wortführer der Kriegspartei stellten. Die gemäßigten, besonnenen Kräfte erlitten eine deutliche Niederlage. Damit waren die Weichen für die Entscheidung der Bundesversammlung gestellt; auch die Abgesandten der Mitgliedsstädte des Peloponnesischen Bundes entschieden sich mit großer Mehrheit für den Krieg. Mit zündenden Parolen hatten die Korinther noch Unentschlossene in ihrem leidenschaftlichen Schlußwort auf ihre Seite ziehen können: Ziel des Waffengangs sollte die Vernichtung der athenischen »Tyrannis« sein. »Greifen wir also an und bezwingen wir sie, um selber künftig nicht in ständiger Gefahr zu leben und um die Hellenen, die bereits Sklaven sind, zu befreien!«[13]

### *Krieg der Worte – Diplomatisches Vorgeplänkel*

Trotz des Kriegs-Beschlusses der Peloponnesier war der Frieden noch nicht ganz verspielt. Denn noch gab es eine letzte Chance, ihn zu retten: Im Winter 432/31 fanden zwischen Athen und Sparta lange Verhandlungen statt. Ob das jedoch echte Verhandlungen waren, in die beide Seiten mit dem Willen zum Kompromiß hineingegangen waren, ist mehr als zweifelhaft. Was sich da auf diplomatischem Parkett tat, zielte mehr darauf ab, die eigene Position propagandistisch zu stärken, den Gegner vor der gesamten griechischen Öffentlichkeit als vertragsbrüchigen Kriegstreiber an den Pranger zu stellen und auf diese Weise die wenigen neutralen Staaten nach Möglichkeit für sich einzunehmen oder jedenfalls um Verständnis zu werben. Dies auch im eigenen Lager – ein als »gerecht« empfundener Krieg fördert ja bekanntlich die Motivation gewaltig.

Die Spartaner stellten Forderungen auf, Athen konterte mit Gegenforderungen. Man sprach weniger miteinander als aneinander vorbei. Hauptsache, die Töne waren schrill genug, um vom Rest der griechischen Welt nicht überhört zu werden. Es ging eigentlich nicht mehr um die Sache, sondern nur noch ums Prestige. Gerade weil sich die beiden Mächte auf offener politischer Bühne diplomatische Gefechte lieferten, glaubten sie, ohne Gesichtsverlust nicht nachgeben zu können. Die Spartaner bestanden vor allem darauf, daß Athen das megarische Psephisma aufhebe; über alles andere lasse sich dann reden. In den Augen der Athener war dieser Beschluß der Volksversammlung an sich nichts Weltbewegendes, an dem man mit aller Kraft hätte festhalten müssen. Es war im Grunde, Perikles sagt es ganz offen, ein Mikron, eine Kleinigkeit. Die Aufhebung dieser Maßnahme aber hätte einen Erfolg der spartanischen Diplomatie bedeutet, den Athen der Konkurrentin in dieser zugespitzten Situation auf keinen Fall zugestehen wollte. Zu sehr fürchtete man, daß ein solcher Schritt als Zeichen von Schwäche und Unsicherheit gewertet werden könne. Athen wollte den Krieg nicht, das ließ man jeden wissen, ob er es hören wollte oder nicht; aber noch weniger war es bereit, auch nur den Anschein zu erwecken, als fürchte man die große Auseinandersetzung mit dem Peloponnesischen Bund.

### *Scharfmacher Perikles*

Diese harte Linie vertrat Perikles auch innenpolitisch mit aller Konsequenz. Er lehnte jede Konzession an Sparta strikt ab. Er gehörte in dieser Situation, wenn man so will, zu den Scharfmachern, die die Ekklesia auf einen kompromißlosen Kurs festzulegen bemüht waren. »Gebt ihr hier nach«, so warnte er seine Landsleute, »dann empfangt ihr sofort einen neuen, schwereren Befehl; denn ihr habt ja aus Angst gehorcht. Bleibt ihr stark, dann macht ihr ihnen deutlich, daß sie euch mehr von gleich zu gleich zu begegnen haben.[14]«

Ohne Zweifel hat Perikles damals eine Politik der Stärke, der Unnachgiebigkeit, der bewußten Konfrontation betrieben. Im Winter

432/31 hat er nichts getan, was zu einer Entspannung hätte beitragen oder zu einem friedlichen Ausgleich hätte führen können. Eher hat er noch Öl ins Feuer gegossen – möglicherweise nicht völlig ohne die Hoffnung, daß die Gegenseite noch rechtzeitig einlenken werde und der Krieg durch einen Rückzieher Spartas vermieden werden könne. Die Aussichten, daß Sparta sich diese Blöße geben würde, waren sicher gering. Athen jedoch, das war der geradezu dogmatische Ausdruck der von Perikles forciert betriebenen Großmachtpolitik, war von sich aus nicht bereit, der Rivalin auf halbem Wege entgegenzukommen.

Angesichts dieser Haltung lag es nahe, daß die Spartaner in Perikles ihren gefährlichsten Widersacher erblickten. Er stand mit seinem unbeugsamen Kurs nicht alleine, aber er war doch der entscheidende erste Mann in Athen, dessen Autorität mehr wog als die aller anderen athenischen Spitzenpolitiker zusammen. Und so taten die Spartaner ihr Bestes, Perikles in Mißkredit zu bringen. Sie versuchten, ihn gleichsam als das Haupthindernis für eine einvernehmliche Lösung der Streitfragen aus dem Wege zu schaffen – und zwar auf eine ebenso originelle wie aussichtslose Art und Weise.

Mit einem wohlgezielten Griff in die Uralt-Kiste mit zweifelhaftem historischem Argumentationsmaterial gruben sie die alte Blutschuld der Alkmeoniden aus, die sich den Kylonischen Frevel hatten zuschulden kommen lassen. Das lag zwar fast zwei Jahrhunderte zurück, doch schien es den Spartanern in ihrer offensiven Vorkriegs-Propaganda als Munition gegen den führenden Staatsmann Athens trotzdem geeignet. Den Fluch, der seit jener Zeit auf Athen lastete, sollten die Athener nun schleunigst vertreiben – dies erhob Sparta zur offiziellen Forderung gegenüber der Rivalin. Natürlich machte es sich vor der griechischen Öffentlichkeit gut, wenn Sparta sich so vehement für die Durchsetzung »göttlichen Rechts« einsetzte. Den meisten Zeitgenossen wird indes die eigentliche Stoßrichtung dieses frommen Anliegens nicht verborgen geblieben sein. Denn die Spartaner lieferten auch das Entsühnungs-»Rezept« für den Frevel gleich mit: Da Perikles mütterlicherseits von den Alkmeoniden abstamme, müsse er selbstverständlich zusammen mit anderen Angehörigen des fluchbeladenen Geschlechtes verbannt werden ...

Ein durchsichtiges Manöver, gewiß. Und ein Bemühen, das von vornherein zum Scheitern verurteilt war, ließen sich die Athener doch mit diesen alten Geschichten nicht ins Bockshorn jagen. Im Gegenteil: Als Antwort darauf erinnerten sie an die historischen »Leichen« im Keller der Spartaner. Tatsächlich hat man in Sparta auch nicht ernsthaft daran geglaubt, Perikles auf diesem Wege politisch kaltstellen zu können. Das Ganze war vielmehr auf reine Propaganda-Wirkung abgestellt. Wenn ein Angehöriger eines fluchbeladenen Geschlechts an der Spitze Athens stehe, dann war ja die Kriegsschuldfrage damit schon beantwortet – das sollte die Alkmeoniden-Kampagne Spartas suggerieren.

Eine nicht ganz abwegige Spekulation, wenn man diese Diffamierungsstrategie im Zusammenhang mit der kompromißlosen Haltung des Perikles in jenen Monaten sieht. »Denn er war der mächtigste Mann seiner Zeit«, sagt Thukydides unmißverständlich, »und als Führer des Staates wirkte er überall Sparta entgegen, ließ keine Nachgiebigkeit zu und trieb in Athen zum Kriege.[15]«

Perikles mithin als der eigentliche Kriegstreiber, der wahre Schuldige am Ausbruch des großen griechischen Bruderkrieges?

## *Der »wahrste Grund«: Athenisch-spartanischer Dualismus*

So einfach läßt sich die gewaltige Katastrophe des klassischen Hellas gewiß nicht erklären. Die Ursachen dieses Konflikts liegen tiefer. Die Entscheidungen der Tagespolitik hüben wie drüben konnten in den Jahren und Monaten vor dem Beginn der mörderischen Selbstzerfleischung Griechenlands erheblichen Einfluß auf den Zeitpunkt haben, in dem der Krieg losbrach. Aber sie reichen nicht aus, um das, was damals geschah, hinreichend zu begründen.

Schon Thukydides, der Chronist des Peloponnesischen Krieges, hat das mit klarem Blick erkannt. Er unterscheidet zwischen den Anlässen, zu denen er die Konflikte um Kerkyra, Poteidaia und Megara rechnet, und dem »wahrsten Grund«, der eigentlichen Ursache, die eine lange Vorgeschichte hatte[16].

Eine Vorgeschichte, die nach Thukydides mit den Perserkriegen begann, durch die und in deren Gefolge Athen zur zweiten Großmacht in Griechenland wurde. In der Tat war die Zeit der sogenannten Pentekontaetie, d. h. der »fünfzig Jahre« zwischen dem Ende der Perserkriege 479 und dem Ausbruch des Peloponnesischen Krieges 431, durch zwei Entwicklungsstränge geprägt: Auf der einen Seite der ungeheuer dynamische, kraftvolle und selbstbewußte Aufstieg Athens, der in der Gründung und Ausweitung des Delisch-Attischen Seebundes seinen sichtbarsten Ausdruck fand; auf der anderen Seite das allmähliche Verblassen des spartanischen Sterns, der im 6. Jh. v. Chr. sozusagen konkurrenzlos am griechischen Firmament gestrahlt hatte. In dem »jungen« Athen war dem alten »Vorsteher von Hellas« eine ebenbürtige Rivalin erwachsen; eine Polis, die sich militärisch und wirtschaftlich durchaus mit Sparta messen konnte. Auf welch geringe Gegenliebe dieser kometenhafte Aufstieg Athens bei den Spartanern gestoßen war, hatte sich schon sehr früh gezeigt – damals, als Sparta im Jahre 478 (vergeblich) intervenierte, um den Bau der athenischen Stadtmauer zu verhindern.

Seitdem waren das Mißtrauen und die Verbitterung der Spartaner über die ungeliebte Konkurrenz ständig gewachsen – und Athens zielstrebige und skrupellose Machtpolitik seit den Tagen Kimons war nicht gerade geeignet, die spartanischen Befürchtungen zu zerstreuen. Nicht von ungefähr gelangt Thukydides zu der Einsicht, daß »das Wachstum Athens die erschreckten Spartaner schließlich zum Krieg gezwungen« habe[17]. Die Spartaner waren jedenfalls, wie schon die militärischen Auseinandersetzungen in der Mitte des Jahrhunderts gezeigt hatten, nicht bereit, bislang von ihnen beanspruchtes Terrain Stück für Stück kampflos an die Rivalin preiszugeben.

Was jedoch den machtpolitischen Interessenkonflikt in unheilvoller Weise verschärfte und zu einer immer stärkeren Eskalation führte, war der politisch-ideologische Gegensatz zwischen Athen und Sparta. Beide Städte standen für ein bestimmtes »Modell«. Mit ihrem Namen verknüpften sich grundlegende Vorstellungen vom Aufbau und Staatsgedanken eines Gemeinwesens; und zwar Vorstellungen, die ein nahezu vollständiges Kontrastprogramm darstellten, ganz gleich, ob man den Blick auf Verfassung, Ökonomie, gesellschaftliche Schichtung, Kultur, Erziehung, Lebensweise oder die ideellen Grundlagen und Grundüberzeugungen richtete. Überall stieß man auf Gegensätze, und wo es zunächst vielleicht gar nicht so gegensätzliche Positionen gegeben hatte, da wurden sie durch die ständige Konkurrenz und den Zwang zu zunehmender Profilierung aus Abgrenzungs- und Propagandagründen geschaffen. Diese fatale Verquickung von Machtpolitik und Ideologie, die – zumindest von einer großen Mehrheit im jeweiligen Lager verinnerlichte – Überzeugung, das bessere »System« zu besitzen, trug entscheidend zur Ausbildung des griechischen Dualismus bei.

Hinzu kamen Intoleranz und Missionierungseifer, die dazu führten, daß ein heftiger ideologischer Kampf in ganz Hellas entbrannte, ein »Kalter Krieg« tobte, der Griechenland mehr und mehr in zwei unversöhnlich einander gegenüberstehende Lager zerteilte. Und je erbitterter diese an den verschiedensten Fronten geführte ideologisch-politische Auseinandersetzung eskalierte, um so schwieriger wurde es für beide Großmächte, zurückzustecken und Konzessionen zu machen. Um Himmels willen keine Schwäche zeigen! Das war die Devise. Denn ganz Griechenland blickte gebannt auf die beiden Städte, die die jeweiligen »Modelle« gleichsam in Reinkultur vertraten. Gesichtsverlust selbst in Einzelfragen glaubten sich die Politiker in Sparta und Athen deswegen nicht leisten zu können, weil sie sich selbst und gegenseitig erfolgreich eingeredet hatten, daß damit das gesamte »Modell« zur Disposition stehen könne.

### *Notwendige Entscheidung? – Der Präventivkrieg im Denken des Perikles*

Für Perikles galt das in besonderem Maße. Er hatte sich als Sinngeber eines demokratischen Athen profiliert und die Bedeutung seiner Heimatstadt als Antipodin Spartas deutlich herausgestellt. Im Bewußtsein der Überlegenheit des von ihm propagierten »Modells« hatte er die Konturen Athens in vielen Bereichen schärfer gezeichnet – im Reden wie im Handeln –, als sie zuvor erschienen waren; und zwar stets in bewußter Abgrenzung gegenüber dem spartanischen System. Was auf der einen Seite sein großes, wohl sein größtes Verdienst war: Athen eine überaus zukunftsträchtige Staatsidee gegeben und vieles davon in sozial-demokratische Politik umgesetzt zu haben – das hatte für die Außenpolitik gegenüber Sparta verhängnisvolle Auswirkungen, weil es zu großen Teilen von der kompromißlosen Ablehnung des spartanischen Kosmos und seiner Ideale getragen war und auf offensive, selbstbewußte und auch unduldsame Auseinandersetzung mit diesem Gegenmodell angelegt war.

Bei dieser Denkweise war die Versuchung für Perikles groß, sophistische Theorien aufzugreifen, die von der Zwangsläufigkeit eines großen militärischen Konflikts zwischen Sparta und Athen ausgingen. Ein ungemein gefährlicher, aber durch die offensichtlich immer stärkere Konfrontation zwischen den beiden Mächten und ihren »Satelliten« naheliegender Gedanke: Auf Dauer müsse, so die Verfechter dieser Theorie, der athenisch-spartanische Dualismus sich in einer Art von reinigendem Ungewitter auflösen; die Gegensätze drängten zu einer Entscheidung, in deren Verlauf sich der Mächtigere endgültig durchsetzen werde.

Kein Zweifel, daß solche Spekulationen in den Jahrzehnten vor Ausbruch des großen Krieges bei vielen Griechen auf fruchtbaren Boden gefallen sind. Es läßt sich nachweisen, daß sowohl Herodot als auch Thukydides, die zwei bedeutendsten Historiker des 5. Jahrhunderts, davon ebensowenig unbeeinflußt geblieben sind wie weite Kreise der griechischen Öffentlichkeit[18]. Und es scheint sicher, daß auch Perikles diesem verführerischen Gedanken erlegen ist. Er sehe den Krieg von der Peloponnes heraufziehen, hat Perikles einmal geäußert[19], und in diesem Bild hat er wohl seine Überzeugung ausdrücken wollen, daß die militärische Entscheidung letzten Endes nicht abwendbar sei, sondern Athen von der Gegenseite irgendwann aufgezwungen werde.

Die Bedrohung durch Sparta war damit für ihn stets gegeben. Grund genug, das Gesetz des Handelns selbst zu bestimmen und sich nicht durch einen spartanischen Angriff überrumpeln zu lassen. Am Ende der dreißiger Jahre scheint Perikles sich zu der Erkenntnis durchgerungen zu haben, daß unter diesen Bedingungen der Zeitpunkt für Athen günstig sei, dieser von ihm für zwangsläufig gehaltenen Entscheidung nicht länger auszuweichen, sondern sie zu suchen. Wenn er denn auf Dauer nicht vermeidbar war, dann sollte der Krieg ausbrechen, wenn Athen sich stark genug fühlte – der klassiche Fall eines Präventivkrieges.

Diese Überlegungen müssen Perikles bestimmt haben, als er sich für das Megarische Psephisma stark machte und nicht bereit war, auch nur um ein Iota davon abzugehen. Dadurch schuf er eine Situation, aus der es für Sparta nur zwei Auswege gab: entweder klein beizugeben und sich bei den eigenen Bundesgenossen unmöglich zu machen oder Athen den Krieg zu erklären, falls es seine »imperialistische« Politik nicht rückgängig mache.

### *Der Teufelskreis schließt sich*

Das war Wasser auf die Mühlen der spartanischen Kriegspartei, die ohnehin schon seit einiger Zeit mit Mißbehagen registrierte, daß sich die eigene Führung Athen gegenüber nicht energisch genug durchsetzte. Deshalb trägt Perikles nicht die alleinige Verantwortung für den Ausbruch des Krieges; denn auch im spartanischen Lager gab es durchaus eine Fraktion der »Falken«, die aus ähnlichen Gründen wie Perikles und viele andere Zeitgenossen eine militärische »Lösung« der Spannungen herbeisehnten.

Es ist reine Spekulation, sozusagen die Gegenprobe zu machen und zu überlegen, ob nicht einige Jahre später Sparta Athen in eine ähnliche Zwangslage hineinmanövriert hätte, wie es Perikles im Jahre 432 mit vollem Bewußtsein getan hat. Weniger spekulativ ist dagegen eine andere Feststellung: Die Überlegungen, die der perikleischen Präventiv-Strategie zugrunde lagen, waren logisch keineswegs zwingend. Nirgendwo stand geschrieben, daß Hellas am athenischen-spartanischen Dualismus, der ja auch gerade in Athen durch seinen agonalen Charakter eine überaus stimulierende, neue Kräfte vor allem im Bereich der Kultur freisetzende Wirkung gehabt hat, hätte zerbrechen müssen, wenn es nicht zum Krieg gekommen wäre. Die Ergebnisse der entsetzlichen Kriegskatastrophe haben allenfalls das Gegenteil bewiesen. Erst dadurch, daß die falsche Theorie von der Zwangsläufigkeit des Konflikts sich in so vielen Köpfen festgesetzt hatte, entfaltete sie eine geradezu diabolische Eigendynamik, indem sie zunehmend das Handeln vieler Politiker bestimmte und damit immer mehr den Charakter einer *self fulfilling prophecy* annahm. Daß der führende Politiker Athens diese fatale

Fehleinschätzung teilte, war die folgenreichste, verheerendste Windung der ganzen Spirale.

Die Last der Verantwortung für die Katastrophe des griechischen Bruderkrieges: Perikles hat seinen Teil daran zu tragen, einen großen, besonders schweren Teil sogar. Er hat sich zu dieser Verantwortung, die er als vermeintlich weitblickender Staatsmann zum Wohle seiner Stadt übernehmen zu müssen geglaubt hat, stets bekannt – auch als anfängliche Kriegseuphorie einer nachdenklicheren, ja von Gedanken der Reue geprägten Haltung bei den meisten seiner Landsleute gewichen war:

»Für ein Volk, das die Wahl hat und dem es sonst gut geht, da wäre Krieg zu beginnen eine große Torheit«, sagt Perikles in der Verteidigungsrede des Jahres 430, als er im Zielfeuer massiver Kritik steht. »Wenn es aber galt, entweder nachgiebig sich einfach anderen zu fügen oder unter Gefahren sich zu behaupten, so wäre das Ausweichen vor der Gefahr tadelnswerter gewesen als das Standhalten. Ich nun bin immer noch der gleiche und stehe, wo ich stand . . .«[20]

Noch immer, anderthalb Jahre nach Kriegsausbruch, in einer von Tod und Verderben gezeichneten Stadt, in der die Pest wütet und tagtäglich Dutzende dahinrafft, hält Perikles an seiner Überzeugung fest, die ihn bewogen hatte, den Entscheidungskampf mit Sparta zu suchen: Athen habe seinerzeit letztlich keine andere Wahl gehabt. Vor dem »Richterstuhl der Zeit«, wie Solon, einer seiner großen Vorgänger in der Leitung des attischen Staates, das Urteil der Geschichte einmal bezeichnet hat[21], hat diese Einschätzung der Lage im Hellas des Jahres 432 keinen Bestand. Wohl aber wird man Perikles zugute halten müssen, daß er subjektiv von der Richtigkeit seiner Sicht der Dinge überzeugt war.

## *Strategie der verbrannten Erde – dem Gegner zugestanden!*

Der große Krieg gegen Sparta: Mit dieser Möglichkeit, ja mit seiner Wahrscheinlichkeit hat Perikles stets gerechnet. Und er hat rechtzeitig Vorsorge dafür getroffen: Der Bau der »Langen Mauern«, die Athen mit seinem lebenswichtigen Hafen Piräus verbanden und die Versorgung der Stadt auch bei einer längeren Belagerung garantierten, war die wichtigste Maßnahme im Verteidigungskonzept Athens gewesen. Es ist bezeichnend, daß der erste Abschnitt dieses Befestigungswerkes zeitlich dicht mit der »Machtübernahme« der Demokraten zusammenhängt (frühe fünfziger Jahre). Die zweite »Ausbaustufe«, d. h. die Errichtung der sogenannten »mittleren« oder auch Südmauer lag in der Mitte der vierziger Jahre. Mit diesem Bollwerk waren Athen und Piräus zu einer zusammenhängenden

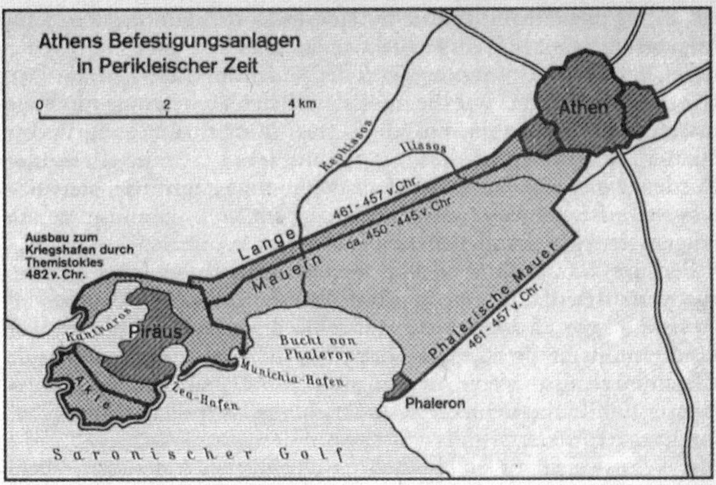


Festung geworden, in die einzudringen selbst stärkste gegnerische Verbände keine Chance hatten.

Genau darauf beruhte die Kriegsstrategie, die Perikles seinen Mitbürgern vorschlug und die die Billigung der Ekklesia fand. Als Landmacht war Sparta nach wie vor unerreicht. Zusammen mit seinen peloponnesischen Verbündeten verfügte es über eine so schlagkräftige Streitmacht, daß jede direkte militärische Konfrontation auf dem Schlachtfeld für Athen ein riskantes Unternehmen war. Unter bestimmten Umständen hätte so etwas gut ausgehen können, aber im Prinzip empfahl es sich, der berühmten spartanischen Phalanx aus dem Wege zu gehen.

Zumal für einen Feldherrn, der sein Heil eher in den Tugenden der Vorsicht und Ausdauer suchte! Es kann daher nicht überraschen, daß Perikles sich auf dem Sektor des Landkrieges für eine rein defensive Strategie entschied. Eine Feldschlacht, gar ein Entscheidungskampf zwischen den beiden feindlichen Hauptheeren, stand für ihn völlig außer Frage. Sich darauf einzulassen, wäre in seinen Augen ein höchst gefährliches Vabanquespiel gewesen; und was man über die Kräfteverhältnisse weiß, gibt ihm in diesem Punkte weitgehend recht.

So »schonungsvoll« diese Zurückhaltung auf den ersten Blick erscheint, sie hatte einen ganz gewaltigen Nachteil: Das flache Land wurde dem Gegner auf diese Weise kampflos preisgegeben. Wenn die Spartaner mit ihrem Heer in Attika erschienen – und damit war mit absoluter Sicherheit zu rechnen –, dann sollte sich die Landbevölkerung nach dem Plan des Perikles hinter die schützenden Befestigungsanlagen der Stadt zurückziehen. Sobald der Gegner wieder außer Landes war, konnten dann die Flüchtlinge auf Zeit auf ihre Höfe zurückkehren. Wie die freilich nach der Verheerung durch die spartanische Soldateska aussahen, daß Fruchtbäume abgehackt, Häuser in Brand gesteckt, Korn und reife Früchte abgeerntet worden waren und den Weg auf die Peloponnes angetreten hatten... – es bedurfte keiner großen Phantasie, um sich diese und andere Folgen der eigenen militärischen Passivität auszumalen.

Perikles war ehrlich genug, seinen Landsleuten diese Konsequenzen offen darzulegen. »Da müssen wir hindurch« – nach dieser Devise schwor er die Athener auf seine Linie ein. »Land und Gebäude müßt ihr preisgeben, aber Meer und Stadt verteidigen«... »Bejammert also, wenn es sein muß, die Gefallenen, nicht aber Häuser und Land; denn diese sind nicht die Herren der Menschen, sondern der Mensch ist der Herr seines Besitzes...[22]«

Das hörte sich gut an, ein theoretisch einleuchtender, noch dazu mit popularphilosophischen Elementen garnierter Durchhalteappell. Er überzeugte die Leute, jedenfalls eine Mehrheit. Daß manchem Landbewohner bei diesen Plänen unbehaglicher zumute war als den Städtern, denen keine so schweren Opfer abverlangt wurden, liegt auf der Hand. Aber es wäre eine falsche Einschätzung des Meinungsbildungsprozesses und der sozialen Zusammensetzung der athenischen Volksversammlung, wollte man annehmen, daß Perikles diesen Beschluß in einer hauptsächlich von seiner politischen Klientel besuchten Ekklesia »durchgepeitscht« habe. So unpolitisch, desinteressiert oder dumm waren die attischen Kleinbauern keineswegs, daß sie sich bei derartigen Schicksalsfragen überfahren ließen und gar nicht erst zur Volksversammlung gingen, wenn so wichtige Entscheidungen auf der Tagesordnung standen. Nein, Perikles hat sich mit seiner Strategie auch bei einem großen Teil der am schwersten davon Betroffenen durchsetzen können. Sicher waren viel Überredungskunst und rhetorisches Geschick dabei im Spiele, sicher erleichterte es ihm auch die allgemeine Kriegspsychose, die sich der Athener – und vieler anderer Griechen – im Winter 432/31 bemächtigt hatte, die Billigung für seinen Plan zu bekommen. Eines aber hat selbst ein in Psychologie so geschulter Politiker wie Perikles nicht richtig erkannt: daß Theorie und Wirklichkeit gerade bei einem so schmerzlichen Vorhaben sehr weit auseinanderklaffen können. Eine fatale Fehleinschätzung, die sich schon wenige Monate später bitter rächen sollte.

Freilich: Diese Defensivstrategie war nur die eine Seite der von Perikles geplanten Kriegführung. Auf der anderen Seite sollte die Überlegenheit der athenischen Flotte voll ausgenutzt werden; und zwar durch eine Vielzahl plötzlicher Landungsoperationen an den Küsten der Peloponnes, unberechenbarer Überfälle auf wichtige Stützpunkte der Gegner und kurzfristiger, aber gründlicher Raids, die den zu erwartenden Verwüstungsaktionen der Spartaner in Attika in nichts nachstehen sollten[23]. Gerade weil die Flotte des von Athen geführten Seebundes die klare Seehoheit besaß, war das Überraschungsmoment auf ihrer Seite. Sie konnte urplötzlich hier und da zuschlagen, was beim Peloponnesischen Bund entweder starke Kräfte an besonders zu schützenden Orten band oder weite Landstriche der Willkür der Feinde auslieferte: eine Nadelstichstrategie, die um so aussichtsreicher schien, als gerade die auf Handel und Seefahrt angewiesenen Mitgliedsstädte des Peloponnesischen Bundes nicht nur unter den Manövern der attischen Flotte direkt, sondern auch unter der allgemeinen Unsicherheit und Ungewißheit indirekt schwer zu leiden haben würden.

Die Strategie des Perikles war eindeutig auf Zermürbung und Demoralisierung der Gegner ausgerichtet. Sie nahm hohe eigene Opfer in Kauf, aber sie baute darauf, daß den Peloponnesiern der Atem früher ausgehen werde als Athen. Denn die Athener könnten sich ja, so das Kalkül des Perikles, für die Verwüstungen im eigenen Lande wenigstens teilweise durch die Lieferungen aus den unbehelligten Städten des Seebundes schadlos halten: »Es ist nicht das gleiche, ob von der Peloponnes ein Teil kahlgelegt wird oder selbst ganz Attika; denn sie werden kein Ersatzland schaffen können ohne Kampf, während wir viel Land haben auf den Inseln und an den Küsten...«[24]

Hinzu traten finanzielle Überlegungen. Während die Kriegskasse Athens gut gefüllt war, wie Perikles seinen Landsleuten detailliert vorrechnete[25], sei es um die Ressourcen der Spartaner äußerst schlecht bestellt. »Geld haben sie weder für sich noch im Staat«, erläuterte Perikles seine Durchhaltestrategie, »und in langwierigen und überseeischen Kriegen fehlt ihnen die Erfahrung, weil sie in ihrer Armut immer nur einander selbst bekriegen.« Und da »ein Krieg vom Überfluß lebt«, müßten den Spartanern über kurz oder lang die Mittel ausgehen – und dann sei die Stunde Athens gekommen. Auf die Nöte derer, die sich mühsam Geld zu beschaffen hätten, nehme der Krieg keine Rücksicht; »die guten Stunden im Kriege warten nämlich nicht!«[26]

Das alles stimmte Perikles zuversichtlich, daß Athen am Ende den

Sieg davontragen werde. Wann freilich dieses Ende gekommen sein werde, das war nicht genau abzuschätzen. Athen mußte sich schon auf eine längere Kriegszeit einrichten. Perikles hat seinen Mitbürgern reinen Wein eingeschenkt und sie nicht im unklaren darüber gelassen, daß ihnen ein harter, entbehrungsreicher und opfervoller Waffengang bevorstehe. Auf der anderen Seite hat er wohl doch nicht mit einer allzu langen Dauer des Konflikts gerechnet. Die Peloponnesier würden, so prophezeite er, dem durch die athenischen Flottenoperationen ausgeübten Druck nur eine Zeitlang standhalten und dann Friedensfühler ausstrecken – eine Rechnung, die vielleicht sogar aufgegangen wäre, wenn nicht, wie Plutarch formuliert, »das menschliche Planen durch höhere Fügung zuschanden geworden wäre«[27].

### *Freiheit für Hellas! – Spartas zündende Propagandaformel*

Perikles hat den Winter 432/31 dazu benutzt, die Athener von der Richtigkeit seiner Strategie zu überzeugen. Kein Zweifel: *Er* war die treibende Kraft, die Athen mit Energie und rhetorischem Geschick auf dem einmal eingeschlagenen Konfrontationskurs hielt. Wie er für viele seiner Landsleute der Sinngeber dieser sozial-demokratischen Polis war, so ist er in den Monaten vor Kriegsausbruch auch sozusagen der Sinngeber des bevorstehenden Waffengangs gewesen, ein führungsstarker, entschlossener Politiker, der sehr klare Antworten auf das Warum und das Wie des drohenden Konflikts zu geben verstand.

Es ist zweifelhaft, ob in der kritischen Situation jener Tage der Frieden noch zu retten gewesen wäre, wenn Perikles eine versöhnlichere, weniger starre Haltung eingenommen hätte. Denn auch in Sparta stand die Meinungsbildung ganz im Zeichen der Kriegspartei. Und die zögerte nicht, im propagandistischen Vorfeld des Krieges Töne anzuschlagen, die dem Gegner kaum eine echte Chance zum Einlenken mehr ließen. Die neue, zugkräftige Propagandaparole Spartas hieß nämlich schlicht: Sparta wünscht den Frieden, und der ist gesichert, wenn Athen den Hellenen ihre Unabhängigkeit wiedergibt[28].

Hinter dieser scheinbar harmlosen Formulierung verbarg sich eine hochbrisante politische Forderung, die in Athen nur als Gipfel der Zumutung verstanden werden konnte: Athen solle doch gefälligst, das war Spartas letzte Botschaft, seinen Seebund auflösen und den »geknechteten« Bündnern endlich wieder das Selbstbestimmungsrecht einräumen! Gewiß, das war eine ungemein zugkräftige Parole, die den Spartanern die Sympathien der meisten Neutralen einbrachte und die auch vielen Bundesgenossen Athens gefallen mochte, und tatsächlich ging Sparta aus der gesamtgriechischen Propagandaschlacht am Vorabend des großen Krieges als eindeutiger Gewinner hervor[29].

Aber das war doch keine realistische Forderung, an deren Erfüllung durch Athen auch nur ein einziger Spartaner geglaubt hätte. Und das heißt: Die Zeichen standen auf Sturm. Nicht nur Perikles hatte die Athener auf eine kompromißlose Linie eingeschworen; auch Sparta rechnete nicht mehr mit einer Übereinkunft im letzten Augenblick, wenn es solche maßlosen Bedingungen für die Aufrechterhaltung des Friedens stellte.

So brachte denn das Jahr 431 die Ausführung des Beschlusses, den der Peloponnesische Bund einige Monate zuvor gefaßt hatte: Sparta und seine Verbündeten griffen den hellenischen »Störenfried« Athen an.

### *Evakuierung nach Plan*

Der Krieg begann mit einem Paukenschlag. Noch bevor das peloponnesische Heer sich zum Marsch nach Attika versammelt hatte, überfielen dreihundert Thebaner in mondloser Nacht die mit Athen verbündete Stadt Plataä. Der feige Angriff auf die arglosen Platäer als erste Aktion des mörderischen griechischen Bruderkriegs: Das sollte ein schlimmes Omen für die furchtbare Rücksichtslosigkeit und Brutalität sein, die diesen Krieg geprägt haben – ebenso wie die unmenschliche Vergeltungstat, mit der sich die am Ende siegreichen Platäer an den Angreifern aus Theben rächten: Noch ehe Athen Order geben konnte, die 180 gefangenen Gegner als wertvolle Geiseln zu schonen, wurden sie ohne Gnade von den aufgebrachten Platäern niedergemetzelt[30].

Knapp zwei Monate nach dem mißlungenen Überfall auf Plataä wurde es dann bitterernst. Auf dem Isthmos von Korinth hatten sich die Truppen der Spartaner und ihrer Verbündeten versammelt. Von dort aus stieß das Aufgebot der Peloponnesier unter Führung des Spartanerkönigs Archidamos nach Attika vor. Man versuchte zunächst, die starke Festung Oinoë an der attisch-böotischen Grenze zu erobern, doch hielt das alte Grenzbollwerk dem Ansturm der Peloponnesier stand. Schließlich entschloß sich Archidamos, sein Heer an Oinoë vorbei weiter nach Attika einmarschieren zu lassen.

Die Athener hatten freilich die Zwischenzeit gut genutzt. Der größte Teil des Viehs wurde nach Euböa und auf andere Inseln geschafft; das flache Land wurde evakuiert. Alles, was aus den Häusern mitgenommen werden konnte, gelangte nach Athen. Jeder wußte: Was jetzt nicht zu retten war, würde den Spartanern in die Hände fallen und damit unweigerlich verloren sein[31].

Es fiel den Menschen nicht leicht, ihre Höfe zu verlassen und in die Stadt zu ziehen, wo sie bei Verwandten und Bekannten unterkamen oder in Tempeln und öffentlichen Gebäuden ein Notquartier beziehen mußten. Für die große Zahl der Flüchtlinge reichte der Platz jedoch nicht aus; viele waren gezwungen, unter freiem Himmel zu leben und zu schlafen. Im Piräus und im unbesiedelten Gelände zwischen den Langen Mauern entstanden mehr und mehr Flüchtlingslager.

Das alles war wahrlich kein Grund zum Frohlocken, und in der Tat scheinen sich hier und da schon Mißmut und Niedergeschlagenheit ausgebreitet zu haben, bevor die Kämpfe gegen Sparta überhaupt begonnen hatten[32]. Jedenfalls fühlte Perikles sich genötigt, denkbares Mißtrauen gegen ihn und seine Kriegführung nach Möglichkeit im Keim zu ersticken. Falls die Feinde seine Besitzungen unangetastet ließen, während sie die Ländereien seiner Nachbarn verwüsteten, so versprach er, seine Güter der Stadt zu schenken. Eine solche Kriegslist des Archidamos, dessen attischer Gastfreund Perikles war, sollte nicht von vornherein böses Blut machen[33].

### *Perikles unter Druck*

Die Sorge, die darin zum Ausdruck kam, sollte nur zu berechtigt sein. Denn kaum hatten die Peloponnesier von Oinoë abgelassen und mit ihrem Verwüstungswerk in Attika begonnen, da verschlechterte sich die Stimmung in Athen in geradezu dramatischer Weise. Viele waren empört darüber, daß die von Perikles eingeschlagene Strategie die Feinde ungehindert plündern und brandschatzen ließ, ohne daß attische Truppen eingriffen. Zwei Stunden vor Athen stehe das spartanische Heer; man selbst aber hocke untätig in der unangreifbaren Festung und müsse der Vernichtung des Landes ohnmächtig zusehen! Warum denn nicht das attische Heer ausrücke und die Spartaner in ihre Schranken weise?! Eine Schande sei es für Athen, sich so vor dem Feind zu drücken!

Solche und ähnliche Vorwürfe prasselten auf Perikles nieder. Die Nerven vieler evakuierter Landbewohner waren bis zum Zerreißen gespannt. Kein Wunder, daß die Opposition die miserable Stimmung ausnutzte und massiv gegen Perikles Front machte. Er wurde als elender Feigling beschimpft, und mit triefendem Spott verhöhnten ihn durch die Stadt ziehende Chöre: Seine Feldherrnkunst bestehe einzig und allein darin, den Staat an die Feinde auszuliefern[34].

Schlimm genug, daß die Opposition auf der Woge des Volkszorns eine heftige Kampagne gegen Perikles entfesseln konnte. Schlimmer aber noch, daß Perikles massive Kritik auch aus dem eigenen Lager entgegenschlug. Kleon, ein radikaler Demokrat, gleichzeitig ein draufgängerischer »Falke« in der Auseinandersetzung mit Sparta, erkannte die Gunst der Stunde und versuchte, sich selbst als Alternative zu Perikles zu profilieren; als Nachfolger in der Führung der Volks-»Partei« wohlgemerkt[35]. Unversehens war Perikles zwischen die politischen Fronten geraten und stand dort recht einsam in der Mitte zwischen den Verfechtern einer Kriegspolitik um jeden Preis – auch unter Aufgabe einer zwar schmerzhaften, aber doch vorsichtigen und realistischen Strategie – und großen Teilen der eher konservativ-oligarchisch eingestellten Landbevölkerung, die dem Krieg von Anfang an ablehnend gegenübergestanden hatte oder schon bereute, Perikles' unversöhnlichen Kurs in den vergangenen Monaten mitgetragen zu haben.

Zum ersten Mal mußte Perikles in jenen Hochsommertagen des Jahres 431 erkennen, daß er die Opferbereitschaft seiner Landsleute erheblich überschätzt hatte. Aber er war entschlossen, auf dem eingeschlagenen Weg weiterzugehen, und behielt die Nerven. Die wütenden Attacken seiner innenpolitischen Gegner aus beiden Lagern prallten an ihm ab. Er blieb scheinbar unbeeindruckt davon und gab sich ruhig und gelassen[36].

In Wirklichkeit jedoch paßte er sehr umsichtig auf, daß ihm das Steuer nicht aus den Händen glitt. So sorgte er dafür, daß die Volksversammlung in dieser kritischen Situation nicht einberufen wurde. Zu groß erschien ihm die Gefahr, daß die Emotionen mit der Volksmenge durchgingen und es zu unkontrollierten Beschlüssen kam, die seine ganze Strategie über den Haufen geworfen hätten. Vermutlich war er sich seiner eigenen Stellung auch nicht mehr völlig sicher und befürchtete, seine Gegner könnten sich trotz ihrer an sich völlig unterschiedlichen Standpunkte zumindest auf das Ziel einigen, ihn politisch kaltzustellen. Wie heikel seine Lage damals gewesen sein mag, zeigt die Nachricht, daß Perikles nicht an den Gegenangriffen der athenischen Flotte in peloponnesischen Gewässern teilnahm. Offenbar hielt er es für dringend geboten, selbst in Athen zu bleiben, um nicht nach der Rückkehr vom Kriegszug unangenehme Überraschungen erleben zu müssen[37].

Während die Spartaner in Attika standen, bemühten sie sich nach Kräften, ihre Feinde durch die Verwüstung des Landes zu schädigen – sicher auch in der Hoffnung, daß der Zorn der Athener sie doch noch zu einer Feldschlacht bewegen werde. Diese Hoffnung wurde indes durch Perikles' unbeirrtes Festhalten an der strikt defensiven Haltung Athens zu Lande enttäuscht. Und so blieb den Peloponnesiern schließlich nichts anderes übrig, als in ihre Heimatstädte zurückzukehren; freilich nicht, ohne eine breite Spur der Zerstörung und Brandschatzung hinter sich zurückzulassen.

Noch während der Feind im Lande war, stach eine gemeinsame Flotte athenischer und verbündeter Kriegsschiffe in See, um der Nadelstichstrategie gemäß Orte auf der Peloponnes anzugreifen und so den Peloponnesiern mit gleicher Münze heimzuzahlen. Die Schiffe umfuhren die peloponnesische Halbinsel und landeten hier und da zu den vorgesehenen Raids, die insgesamt erfolgreich waren, ohne jedoch durchschlagende Wirkung zu erzielen. Immerhin, man führte dem Gegner die athenische Überlegenheit zur See schmerzlich vor Augen, und mit der Eroberung der Insel Kephallenia konnte sogar ein territorialer Erwerb registriert werden.

Im Herbst schließlich wurde Athen nochmals aktiv. Ein starkes Heer fiel in die benachbarte Megaris ein. Die Operationen, die im wesentlichen auf die Verwüstung des Landes abzielten, wurden von Perikles persönlich geleitet. Nach dem Abzug der Spartaner aus Attika und der dadurch möglich gewordenen Rückkehr der evakuierten Landbewohner auf ihre Höfe muß sich die Stimmung in Athen deutlich verbessert haben; auch die Meldungen über die Erfolge der Flotte mögen dazu beigetragen haben, daß die Athener wieder optimistischer wurden und der Strategie des Perikles größeres Vertrauen entgegenbrachten. Der innenpolitische Druck jedenfalls, der Perikles im Sommer in Athen gehalten hatte, war einige Monate später deutlich zurückgegangen. Sonst hätte Perikles es nicht gewagt, bei dem Rachefeldzug gegen Megara selbst das Kommando zu führen[38].

Damit waren die militärischen Feindseligkeiten des Jahres 431 praktisch beendet. Der Krieg hatte sich so abgespielt, wie es der perikleischen Planung entsprach. Abgesehen nur von der Handstreichaktion, in der Athen die Inselpolis Aegina überfallen und sämtliche Bewohner mitsamt Frauen und Kindern vertrieben hatte. Offizielle Begründung war die von Athen behauptete Kriegstreiberei der Aegineten im Vorfeld der Auseinandersetzung. Tatsächlich aber wollte man die Insel wegen ihrer strategisch wichtigen Lage vor der »Haustür« Athens kontrollieren und den Spartanern diesen möglichen Brückenkopf von vornherein wegnehmen[39].

### *Moralische Aufrüstung*

Nachdem die Spartaner abgerückt waren, hatte sich die Lage in Athen wieder normalisiert. Und das bedeutete für Perikles eine spürbare Festigung seiner Stellung. Der Zorn jener kritischen Hochsommertage war wieder verraucht; viele, die an Perikles gezweifelt hatten, wandten sich ihrem »Olympier« wieder zu.

Aber es waren doch Zweifel geblieben, ein Gefühl des Unbehagens auch, wenn man daran dachte, daß sich dieselben Vorgänge noch mehrmals abspielen und die Spartaner Attika mit schöner Regelmäßigkeit heimsuchen würden. Perikles mußte daher die Wintermonate, in denen die Waffen ruhten, nutzen, um seinen Mitbürgern Mut zuzusprechen, sie moralisch wiederaufzurichten und weiterhin für seine mit vielen Opfern verbundene Strategie zu werben.

Er wird das in vielen Reden getan haben. Als besondere Gelegenheit aber erkannte er die Beisetzungsfeierlichkeiten für die Gefallenen des ersten Kriegsjahres. Traditionell hielt einer der angesehensten Bürger die Lobrede auf die Söhne der Stadt, die für ihre Heimat gestorben waren. Perikles ließ sich als Redner wählen, und er nutzte diese Gelegenheit nicht nur, um die Tapferkeit und Opferbereitschaft der Toten zu rühmen. Er entwarf vielmehr das glänzende Bild eines Staates, für dessen Verteidigung es sich lohne, selbst das Leben hinzugeben. Die Rede, die Perikles an jenem Tage hielt, war der berühmte Epitaphios, von dem früher schon ausführlich die Rede gewesen ist[40].

Die Vision von einem friedlichen, harmonischen Miteinander in demokratischer Gleichheit und sozialer Gerechtigkeit, bei wirtschaftlicher Prosperität und kulturellem Genuß, die Perikles hier zeichnet – sie sollte Trost und Ansporn zugleich sein:

»Für eine solche Stadt also sind diese Männer hier... in edlem Kampfe gefallen, und von denen, die bleiben, ist keiner, der nicht für sie wird leiden wollen. Darum habe ich ja auch so ausführlich von der Stadt geredet, um euch zu zeigen, daß wir nicht für das gleiche kämpfen wie andere, die all das nicht so haben...«[41]

Perikles wußte, wovon er sprach, wenn er auch den Trauernden weiteres Leiden zum Wohle der gemeinsamen Polis vor Augen stellte. Aber er konnte nicht wissen, in welch furchtbarem, unvorstellbarem Ausmaß dieses Leiden wenige Monate später über seine Heimatstadt hereinbrechen würde.

### *Grauenvoller Bundesgenosse für Sparta: Die Pest in Athen*

Zunächst gab es im Sommer 430 keine Anzeichen dafür, daß sich etwas Ungewöhnliches ereignen werde. Mit dem Einfall der Peloponnesier in Attika hatte man gerechnet, und der erfolgte auch prompt. Wieder durchzogen die Streitkräfte des Peloponnesischen Bundes das Land und verwüsteten es.

Sie waren erst wenige Tage auf attischem Boden, als in Athen eine Schreckensnachricht aufkam, die sich wie ein Lauffeuer herumsprach: Im Piräus war eine Seuche ausgebrochen, die Tag für Tag mehr um sich griff und zahllose Menschen heimsuchte!

Die Epidemie war sehr wahrscheinlich von der Besatzung eines Schiffes eingeschleppt worden, das an einem Kai des Piräus festgemacht hatte. Sie war vorher schon in Ägypten und anderen Landstrichen Nordafrikas aufgetreten und hatte dort viele Opfer gefordert. In Athen jedoch konnte sich die Seuche mit rasender Geschwindigkeit ausbreiten: Die mit Flüchtlingen vollgestopfte Stadt mit ihren völlig unzureichenden hygienischen Verhältnissen bot ihr einen einzigartigen Nährboden. Tausende und Abertausende infizierten sich, und sehr viele von ihnen wurden von der entsetzlichen Krankheit dahingerafft.

Thukydides hat den qualvollen Ablauf der Seuche detailliert beschrieben. Die wichtigsten Symptome waren Entzündungen der Augen, heftige Brustschmerzen, Blasen und Geschwüre auf dem ganzen Körper, wäßriger Durchfall und vor allem hohes Fieber, an dem die meisten Opfer starben. Viele, die überlebten, büßten das Augenlicht oder sogar den Verstand ein[42].

Trotz der genauen Krankheitsbeschreibung durch Thukydides sind sich die Medizinhistoriker bislang noch nicht einig darüber, um welche Seuche es sich dabei gehandelt hat. Die unterschiedlichen Diagnosen reichen von Masern oder Typhus über eine kombinierte Fleckfieber- und Pockenepidemie bis zur Lungen- oder orientalischen Bubonenpest. Welche Krankheit es auch gewesen sein mag, eines ist sicher: Die Spartaner hatten völlig überraschend einen grauenvollen Bundesgenossen gewonnen; sämtliche Kriegspläne des Perikles waren durch diese unerwartet hereingebrochene Katastrophe über den Haufen geworfen.

In Athen müssen sich damals entsetzliche Szenen abgespielt haben. Vor den Stadtmauern das feindliche Heer und innerhalb der scheinbar schützenden Befestigungsanlagen die lebensgefährliche Pest – daß angesichts der Ausweglosigkeit dieser Lage tiefe Niedergeschlagenheit in Athen eingezogen war, läßt sich unschwer vorstellen. Viele gaben sich ohnmächtiger Apathie hin und verschafften so der Epidemie weitere Möglichkeiten, sich neue Opfer zu suchen. Welches Chaos in jenen Tagen in Athen herrschte, läßt der Bericht des Thukydides erahnen:

»Ohne Häuser, in stickigen Hütten wohnend, in der Mitte des Jahres, erlagen sie der Seuche ohne jede Ordnung: Die Leichen lagen übereinander, sterbend wälzten sie sich auf den Straßen und halbtot um alle Brunnen, lechzend nach Wasser. Die Heiligtümer, in denen sie sich eingerichtet hatten, lagen voller Leichen der drinnen an geweihtem Ort Gestorbenen... Alle Bräuche verwirrten sich, die sie sonst bei der Bestattung beobachteten; jeder begrub, wie er konnte...«[43]

Vierzig Tage dauerte das Martyrium der eingeschlossenen Athener; vierzig lange Tage, die die Spartaner in Attika blieben und damit eine Entspannung der Situation in der Hauptstadt nicht zuließen. In der Zwischenzeit fuhr eine attische Flotte wiederum Entlastungsangriffe gegen die Peloponnes; diesmal unter dem Kommando von Perikles persönlich. Besonders erfolgreich waren diese Manöver nicht. Und auch bei der Belagerung von Poteidaia, das immer noch nicht gefallen war, machte ein zahlenmäßig erheblich verstärktes attisches Heer keine nennenswerten Fortschritte. Das zweite Kriegsjahr wäre so ohnehin kein Ruhmesblatt der Kriegsgeschichte Athens gewesen. Doch war das in der Zwischenzeit fast zu einem Nebenaspekt geworden. Viel schlimmer und demoralisierender war die verheerende Seuche, die die Stadt mit unvorstellbarer Wucht heimsuchte.

### *Durchhalte-Parolen*

Nach allem, was schon das Vorjahr an Unzufriedenheit und Zorn gegenüber Perikles hervorgebracht hatte, war es fast unvermeidlich, daß sich die Stimmung erneut gegen den »Olympier« wandte. Er wurde von vielen als der wahre Schuldige an der Misere Athens angesehen. Ihm habe man es zu verdanken, so zürnte vor allem die Opposition, daß man im Krieg gegen Sparta stehe. Und ohne Krieg keine Seuchenkatastrophe! Auch dafür sei Perikles letztlich mit seiner Kriegstreiberei verantwortlich.

Perikles hatte in dieser Lage einen schweren Stand. Aber er blieb seiner politischen Überzeugung und der einmal eingeschlagenen Kriegsstrategie treu. Er bekannte sich zu seiner Verantwortung und legte seinen Landsleuten noch einmal eindringlich die Gründe dar, die ihn zur Unnachgiebigkeit gegenüber Sparta bewogen hatten: »*Ich* bin immer noch der gleiche und stehe, wo ich stand, *ihr* seid verändert!« Und dann der Versuch einer Vorwärtsverteidigung: »Bei dem großen Umschwung, der – und dazu noch so jäh – hereinbrach, ist euer Geist nicht groß genug, auf dem einmal Beschlossenen zu beharren.[44]«

Eine fast gespenstische Szenerie, wie Perikles sich in einer von Leiden und Tod gezeichneten Stadt zum Durchhaltepolitiker entwickelt, der dem weitverbreiteten Wunsch nach Frieden und Verständigung mit Sparta ein hartes Nein entgegenschleudert. Seine beschwörenden Appelle, daß man auch das ärgste Unglück bereitwillig ertragen müsse und vor allem die Würde nicht verlieren dürfe[45], klingen merkwürdig hohl, der unter Beweis gestellten Opferbereitschaft seiner Mitbürger nicht angemessen, fast verbohrt. Perikles ist nicht bereit, Friedensfühler in Richtung Sparta auszustrecken. Er will den Krieg unter allen Umständen fortsetzen – auch wenn die Umstände Athen an den Rand des Abgrundes drängen.

Ein letztes Mal kann er sich in einer großen Rede mit äußerster rhetorischer Kraftanstrengung durchsetzen. Der Demos, zuvor bereit, Parlamentäre nach Sparta zu entsenden, läßt sich noch einmal umstimmen und sucht das Heil Athens ebenso wie sein Führer weiterhin im Kriege.

Aber nicht lange. Der Zorn auf den führenden Strategen Athens läßt sich auf Dauer nicht durch Worte besänftigen. Er fordert Taten, will Ergebnisse sehen. Und die Gegner des Perikles haben da etwas zu bieten. Sie fordern die Bestrafung des Perikles, darüber hinaus auch einen Machtwechsel in der Führung des Staates.

### *Sturz des Olympiers*

Das erfolgreichste Mittel, Perikles aus dem Sattel zu heben, schien eine Anklage wegen Verfehlungen in der Kassenverwaltung zu sein. Darunter fielen mehrere Tatbestände: Unterschlagungen, Diebstahl und Bestechung. Als Ankläger trat ein gewisser Drakontides auf, dessen politische Position nicht genau zu orten ist. Ob er dem Lager der radikalen Demokraten oder oligarchischen Oppositionskreisen angehört hat, ist nicht überliefert. Diese Unsicherheit wirft ein bezeichnendes Schlaglicht auf die innenpolitische Konstellation. Wie im Jahre vorher waren die Perikles-Gegner unterschiedlicher Couleur sich zumindest in einem einig: den »Olympier« auf jeden Fall zu stürzen. Erst dann sollte der Machtkampf untereinander ausgetragen werden.

Und diesmal hatte die Anti-Perikles-Koalition Erfolg! Zwar gelang es Hagnon, einem politischen Weggefährten des Perikles, noch in letzter Minute, eine Art Schauprozeß gegen den attischen Staatsmann zu vermeiden[46], aber die Eröffnung eines normalen Verfahrens konnte auch er nicht mehr verhindern.

Perikles wurde als Stratege abgesetzt[47] und unter Anklage gestellt. Vor einem Volksgericht von 1500 Geschworenen mußte er sich wegen finanzieller Unregelmäßigkeiten verantworten. Die Zeitspanne, die vom Gericht unter die Lupe genommen wurde, betrug nicht weniger als fünfzehn Jahre. Da konnte es nicht schwerfallen, Perikles hier und da finanzieller Ungenauigkeiten zu überführen. Nicht, daß er in die eigene Tasche gewirtschaftet hätte, wohl aber, daß er beispielsweise öffentliche Gelder für die Bestechung ausländischer Politiker ausgegeben hatte, ohne Belege darüber vorweisen zu können, war ein dunkler Punkt in seinen Abrechnungen.

Der Prozeß stand unter starkem Druck durch die öffentliche Meinung. Und die war wegen der Kriegsnot und der Pestkatastrophe zu großen Teilen gegen den Angeklagten. Wenn die Geschworenen Perikles schließlich für schuldig befanden und ihm eine sehr hohe Geldstrafe als Wiedergutmachung der von ihm verursachten finanziellen »Schäden« auferlegten[48], so war das in erster Linie ein politisches Urteil. Nach einer Notiz Platons soll Perikles damals nur knapp einer Verurteilung zum Tode entronnen sein[49] – ein deutliches Indiz dafür, wie dramatisch seine Autorität in den letzten Monaten verfallen war.

Perikles zahlte die Geldbuße, über deren Höhe ganz unterschiedliche Angaben überliefert werden, sofort[50]. Aber das half ihm natürlich über die bittere politische Niederlage, die der Prozeß und das Urteil für ihn bedeuteten, nicht hinweg. Im Herbst des Jahres 430 war aus dem Olympier, dem ersten Mann Athens, der die Stadt jahrelang wie selbstverständlich »regiert« hatte, ein »normaler« Bürger geworden, ein amtsenthobener, rechtskräftig verurteilter, gedemütigter und demontierter Politiker; ein Opfer der kochenden Volksseele, die sich an ihm für die mannigfachen Leiden rächte, die »sein« Krieg über Athen gebracht hatte.

### *Tod des Perikles*

Lange währte sein Zwangsaufenthalt im politischen Abseits indes nicht. Schon bald zeigte sich, daß die neuen Machthaber vom Schlage eines Kleon Perikles nicht das Wasser reichen konnten. Athen war nach wie vor in einer schwierigen Lage, und da bedurfte es einer erfahrenen, kompetenten und energischen Führung. Je länger Perikles von der Politik ausgeschlossen war, um so deutlicher kam der Mehrheit der Athener zu Bewußtsein, was sie an ihm gehabt hatten.

Und so war es denn keine große Überraschung mehr, als Perikles im Frühjahr 429, wenige Monate nach seinem jähen Sturz, erneut zum Strategen gewählt wurde. Daß er innerhalb des zehnköpfigen Strategenkollegiums wie früher den Ton angab, war damit selbstverständlich. Es war, als ob der Prozeß wie ein reinigendes Ungewitter über die Bürgerschaft hinweggefegt wäre und die Atmosphäre für die Erkenntnis frei gemacht hätte, daß Perikles »für die Bedürfnisse der gesamten Stadt doch der fähigste Mann« war[51].

Perikles war damit offiziell rehabilitiert. Als persönliche Wiedergutmachung für die schwere Kränkung, die sie ihm zugefügt hatten, beschlossen die Athener, Perikles' Bitte zu entsprechen und seinem aus der Verbindung mit Aspasia hervorgegangenen Sohn das attische Bürgerrecht zu verleihen; in einer Zeit, da Perikles durch den Verlust vieler naher Verwandter, die der immer noch grassierenden Seuche erlegen waren, hart getroffen war, wenigstens ein kleiner Lichtblick in der Freudlosigkeit seiner persönlichen Angelegenheiten[52].

Auf den schleppenden Fortgang des Krieges im Jahre 429 konnte

Perikles kaum noch Einfluß nehmen. Er war ein kranker Mann, dessen körperliche und geistige Kräfte mehr und mehr schwanden. Plutarch vermutet, daß auch er ein Opfer der furchtbaren Epidemie geworden ist, die bei ihm nicht in einem akuten Anfall eingetreten sei, sondern ihn in schleichender Form heimgesucht und immer mehr geschwächt habe[53].

Ende August oder Anfang September 429, zwei Jahre und sechs Monate nach Ausbruch des Krieges[54], erlag Perikles dieser Krankheit. Der Olympier war tot.

### *Athen reagiert gelassen*

Wie sollte es nach dem Tode des überragenden athenischen Staatsmannes weitergehen? Wer sollte den Staat weiter führen – und das in einer Notsituation, wie sie Athen, von den Perserkriegen vielleicht abgesehen, in seiner ganzen Geschichte noch nicht erlebt hatte?! Nach wie vor tobte der gewaltige Krieg, der fast ganz Hellas im Würgegriff hielt, und nach wie vor war der entsetzliche Vernichtungsfeldzug, den die Seuche gleichzeitig gegen Athen führte, in vollem Gange. Das Jahr 429 raffte neben dem Olympier wiederum viele Tausende seiner Landsleute dahin. Weitere Katastrophenjahre sollten den Athenern noch bevorstehen: 426 und 425 flammte der zwischenzeitlich nur scheinbar erloschene Krankheitsbrand noch einmal auf und riß weitere schlimme Lücken in die attische Bürgerschaft. Insgesamt fiel der Pest etwa ein Drittel der Bevölkerung Attikas zum Opfer.

Eine verzweifelte Situation im Frühherbst des Jahres 429 – sollte man meinen. Unruhe, Angst, ja Panik angesichts des Verlustes eines Mannes, der die Geschicke Athens in den letzten Jahren und Jahrzehnten so unangefochten bestimmt hatte – solche Reaktionen wären verständlich gewesen. Ebenso wie eine hektische, Leidenschaften freisetzende, von dem enormen auf Athen lastenden Druck geprägte Nachfolgediskussion.

Nichts von alledem trat ein. Die erhaltenen Quellen lassen nicht im mindesten den Eindruck aufkommen, als hätten sich damals in Athen Verzweiflung oder lähmendes Entsetzen ausgebreitet. Selbst die Trauer um den großen Staatsmann hielt sich offenbar in engen Grenzen – jedenfalls im Verhältnis zu seiner historischen Bedeutung und der unvergleichlichen Stellung, die er so lange innegehabt hatte. So seltsam es klingt: Man ging in Athen nach dem Tode des Perikles zur Tagesordnung über. *»Business as usual«* – ist man versucht, kritisch-verwundert anzumerken. Sehr eindrucksvoll kann es nicht gewesen sein, wie die große Mehrheit der Athener ihrem einst umjubelten Politiker nach dem Grabe die Treue bewahrt hat.

Undankbarkeit? Gedankenlosigkeit? Gar das Aufgehen eines neuen Sterns am politischen Firmament Attikas, der den hellen Glanz des alten noch überstrahlt hätte?

Keineswegs. Wohl aber ließ die wenig rosige Lage Athens kaum Raum für eine Art pietätvoller, von Bewunderung und Wehmut getragener Trauer. Die bittere Realität verlangte schnelle Entscheidungen. Das Leben ging weiter – oder, makaber, aber angesichts der ganzen Situation treffender formuliert: das Sterben ging weiter; auf den Schlachtfeldern Griechenlands ebenso wie auf den unzähligen Krankenlagern am Fuße der Akropolis.

Hinzu kam, daß fast jeder mit dem eigenen Leid, der eigenen Trauer um Verwandte oder Bekannte, die der Seuche erlegen waren, beschäftigt war. Kaum eine athenische Familie, die nicht von der unbarmherzigen Geißel der Pest heimgesucht worden wäre. Thukydides hat den Abstumpfungs- und Verrohungsprozeß, der nahezu zwangsläufig im Gefolge der Epidemie auftrat, sehr anschaulich in den Reaktionen von Kranken und Gesunden beschrieben. War es da ein Wunder, wenn der Tod des Olympiers bedeutend geringere Anteilnahme und – persönliche wie politische – Bestürzung auslöste, als es in ruhigeren Zeiten der Fall gewesen wäre?

Und schließlich die politische »Dimension« dieses Todes. Perikles war, als er im Frühherbst des Jahres 429 für immer die Augen schloß, nicht mehr der gefeierte, von seinen Anhängern bedingungslos gestützte, von den Gegnern der Demokraten-»Partei« zwar bekämpfte, aber doch respektierte und gefürchtete Staatsmann. Er war nicht mehr jener himmelstürmende Olympier, der die Volksversammlung mit dem Donner und Blitz seiner Rhetorik beeindruckte und für sich gewann. Seine Rehabilitation nach der schmachvollen Absetzung und dem unwürdigen Prozeß konnte nicht darüber hinwegtäuschen, daß er dramatisch an Glaubwürdigkeit und Überzeugungskraft verloren hatte. Die Aura des Siegers, die ihn all die Jahre in den hitzigen Auseinandersetzungen mit seinen konservativen Gegnern umgeben und einen Teil seines politischen Gewichts ausgemacht hatte – sie war seit jenen unrühmlichen Ereignissen des Jahres 430 unwiderruflich dahin. Es wäre vielleicht zu hart formuliert, wollte man ihn einen gebrochenen Mann nennen, als er in die Leitung des Staates zurückgerufen wurde. Das Charisma jedoch, das einen so großen Teil seiner politischen Karriere und staatsmännischen Stellung ausgemacht hatte, war verlorengegangen – zumindest in den Augen vieler Athener.

Die Ära Perikles ging so gesehen nicht erst mit dem Tode des wieder zum Strategen gewählten Olympiers zu Ende. Sie endete vielmehr an jenem Tag, als ihm eine Mehrheit seiner Mitbürger ihr Vertrauen entzog und den scheinbar unangreifbaren Olympier mit ihrem Mißtrauensvotum auf den harten Boden politischer Normalität hinabzog. Von jenem Sturz hat sich Perikles nicht mehr erholen können – und das mag mit ein Grund dafür sein, warum viele seiner Landsleute – und auch seiner politischen Freunde im demokratischen Lager – bedeutend leichter über seinen Tod hinwegkamen und sich die Polis Athen viel bruchloser eine neue Führungsmannschaft schuf, als es sonst zu erwarten gewesen wäre.

### *Ein athenischer Bismarck? – Späte Nachfolge-Diskussionen*

Eine ausgesprochene Nachfolger-Diskussion hat es allem Anschein nach in den Monaten und Jahren nach dem Tode des Perikles unter den Zeitgenossen nicht gegeben. Sie ist erst viel später aufgekommen. Genauer gesagt: Jahrhunderte, ja sogar Jahrtausende später. Es blieb modernen Altertumswissenschaftlern vorbehalten, eine breite Debatte über das Nachfolgeproblem zu eröffnen.

Einer der gewichtigsten Vorwürfe gegenüber der staatsmännischen Größe des Perikles lautet: Er habe es versäumt, rechtzeitig einen – oder mehrere – Nachfolger für sich aufzubauen. Dadurch sei es radikalen Demagogen vom Schlage eines Kleon überhaupt erst möglich geworden, eine führende – und unheilvolle – Rolle in der attischen Politik zu spielen. Mit geistigen Nullen habe Perikles sich umgeben, meinte im vergangenen Jahrhundert Georg Beloch feststellen zu können[55]. Mehr als ein später Erfolg der schrillen oligarchischen Opposition, die die einsamen Entschlüsse des Olympiers geißelte und ihm die Fähigkeit zur Teamarbeit absprach, ist diese Behauptung nicht. Der politische Arbeitsstil des Perikles war keineswegs darauf angelegt, sich mit mediokren Gestalten, Jasagern und Claqueuren zu umgeben. Er hatte es bei seinem Profil nicht nötig, sein Selbstbewußtsein aus dem Wissen um eine solcherart künstlich hergestellte Überlegenheit zu beziehen. Tatsächlich hat er nachweislich mit tüchtigen und fähigen Leuten zusammengearbeitet, und es gibt keine Hinweise darauf, daß er mögliche Konkurrenten aus dem eigenen politischen Lager nicht hochkommen ließ[56].

Während Beloch so weit geht, Perikles Methode zu unterstellen, kreiden ihm andere Historiker »nur« seine zu passive Haltung in der »Nachfolgerfrage« an. So Erich Bayer in seinen knappen, aber hochkarätigen und lebendig geschriebenen »Grundzügen der Griechischen Geschichte«:

»Wie so viele bedeutende Politiker der Weltgeschichte hatte es Perikles verabsäumt, zur rechten Zeit einen Nachfolger und Erben seiner Stellung vorzusehen. Er war die letzte überragende Autorität und auch der letzte Aristokrat, der das Schicksal Athens bestimmte.[57]«

Wer das liest, denkt sofort an Bismarck. Und wirklich hat man Perikles und Bismarck in diesem Punkt oft miteinander verglichen – zu beider Nachteil, versteht sich.

Die Frage ist freilich, ob ein derartiger Vergleich überhaupt zulässig ist; ganz abgesehen davon, daß historische Vergleiche stets mit Vorsicht zu genießen sind. Allzu verschieden sind oft die Lebenswelt und das ganze politische wie kulturelle Ambiente der verglichenen Persönlichkeiten, als daß man über eher vordergründige Analogien hinauskommt.

Das politische System Preußen-Deutschlands nach 1871 einerseits und dasjenige der Polis Athen um das Jahr 430 v. Chr. andererseits: Dazwischen liegen Welten. Anders als der »Eiserne Kanzler«, der allein seinem Monarchen und nicht dem Parlament – vom Volk ganz zu schweigen – verantwortlich war, mußte sich Perikles ständig einer kritisch-selbstbewußten Volksversammlung stellen. Dort ging es stets um die Festigung seiner eigenen Stellung. Ihm persönlich – *seinen* politischen Ideen, *seinen* staatsmännischen Fähigkeiten und *seiner* Rhetorik – vertrauten die Athener die Leitung ihres demokratischen Gemeinwesens an, und wer neben Perikles etwas werden wollte, dem half die Protektion des Olympiers bedeutend weniger als seine eigene Qualifikation. So entrückt und überragend ist Perikles' Rang als führender Politiker Athens nie gewesen, daß er sich eine Art dynastischer Politik hätte leisten und einen Nachfolger mehr oder minder eigenmächtig hätte bestimmen können.

Wer Perikles mit Bismarck vergleicht, verkennt die komplizierten Mechanismen im demokratischen Gefüge und im regen politischen Meinungsbildungsprozeß Athens. Im Grunde hängt, wer Perikles bezichtigt, er habe sein politisches Erbe personell nicht rechtzeitig oder wirksam genug bestellt, dem von Thukydides begründeten Mißverständnis an, dem zufolge Perikles Athen geradezu monarchisch habe regieren können. Mit der – für den Staatsmann erheblich unbequemeren – Wirklichkeit des politischen Alltagsgeschäfts hat das alles wenig zu tun.

Und selbst *wenn* Perikles zu irgendeinem Zeitpunkt seiner Karriere in der Lage gewesen wäre, das »Nachfolgeproblem« in seinem Sinne zu lösen – am Ende seiner Laufbahn hatte er dazu nicht mehr die Macht. Im Gegenteil. Woher sollte ein Politiker, der nach den ersten Kriegsmonaten sogar im eigenen Lager in der Gefahr stand, die Mehrheit zu verlieren und von radikaleren Demokraten gleichsam links überholt zu werden, dessen Hausmacht sich also allmählich auflöste, woher sollte ein gedemütigter Perikles, der, zum Gegenstand des Volkszorns geworden, nur knapp der Verurteilung zum Tode entgangen war, die moralische Kraft und die politische Macht haben, entscheidenden Einfluß auf die Frage seiner Nachfolge zu nehmen?

Um es überspitzt zu sagen: Hätte einem von Perikles auserkorenen »Kronprinzen« im wetterwendischen Klima seiner letzten zwei Lebensjahre nicht unter Umständen politisch gesehen *gerade die Tatsache* das Genick gebrochen, *daß* er der Wunschkandidat des mittlerweile umstrittenen Olympiers war?

Überdies: Wieso sollten sich eigentlich die übrigen neun Strategen dem Führungsanspruch eines von Perikles »bestellten« Nachfolgers beugen, der sich nicht wie sein Mentor selbst durch überragende Leistungen dazu qualifiziert hatte?! In der athenischen Verfassung stand keineswegs geschrieben, daß es stets eines so herausragenden Politikers bedurfte. Eher trifft das Gegenteil zu. Woher schließlich nehmen spätere Beobachter der attischen Szene das Recht, eine Art neuen Perikles, eine weitere Ausnahmeerscheinung zu fordern, die aufgerufen und fähig gewesen wäre, das Erbe des Olympiers anzutreten? Warum sollten angesichts der sozialen, politischen und ökonomischen Umwälzungen der letzten Jahrzehnte und angesichts der Erfahrungen und Lasten, die der große Krieg mit sich brachte, nicht völlig neue Leute, Politiker aus anderem Milieu als der Aristokrat Perikles, an die Macht kommen? Ohne einem geschichtlichen Determinismus das Wort reden zu wollen, läßt sich doch fragen, ob nicht gerade als Ergebnis der von Perikles betriebenen sozial-demokratischen Politik zu erwarten war, daß zunehmend auch Aufsteiger aus den selbstbewußter gewordenen Schichten des athenischen Volkes zur Macht drängen würden, die man nach dem traditionellen, aber in Athen mittlerweile überholten griechischen Politik-Verständnis besser von den Schalthebeln der Macht fernhielt. Mit anderen Worten: Hatte nicht die gesellschaftliche und innenpolitische Entwicklung Athens eine solche Eigendynamik erreicht, daß jeder Versuch des Perikles, über personelle Vor-Entscheidungen gestaltend in den Gang der attischen Politik nach seinem Tode einzugreifen, von vornherein zum Scheitern verurteilt gewesen wäre?

### *Die Zeit nach Perikles*

Es war eine neue Zeit angebrochen, die neue Politiker-Typen hervorbrachte. Die »Bürgerlichen« hatten den Vorsprung des Adels im Umgang mit der Macht und dem Know-how der Politik aufholen können. Ihr Selbstbewußtsein war groß genug geworden, die Leitung des demokratischen Staates selbst in die Hand zu nehmen und die traditionelle aristokratische Führungselite abzulösen. Das war der Endpunkt eines langen Prozesses, der in der Zeit der Peisistratiden begonnen hatte, durch die Reformen des Kleisthenes entscheidend gefördert und gerade durch die auf Emanzipation und möglichst breite Beteiligung *aller* gesellschaftlichen Schichten an den öffentlichen Dingen bedachte Politik in Perikleischer Zeit fortgeführt worden war. So gesehen scheint nicht einmal das Paradoxon übertrieben, daß eine so durch und durch aristokratische Führungspersönlichkeit wie Perikles sich letztlich durch seine eigene Politik überlebt hatte.

Natürlich konnten die »Nachfolger« des Perikles an die Leistung und Autorität des Olympiers nicht anknüpfen; natürlich wirken sie, an der monumentalen Gestalt eines Perikles gemessen, gerade vor dem kritischen Auge des Historikers selbstsüchtig, inkompetent und ausgesprochen mediokег. Gestalten wie der Gerbermeister Kleon und der Lampenfabrikant Hyperbolos: Zu Recht hat man sie als »Kapitalisten in der Maske des Biedermannes aus dem Volk« bezeichnet. »Ihre derben Kraftnaturen«, so Erich Bayer, »imponierten dem Volk, boten der politischen Komödie prachtvollen Stoff und breite Angriffsflächen, doch dies kann nicht darüber hinwegtäuschen, daß durch ihre Mittelmäßigkeit die athenische Politik rasch an Substanz und Konsequenz verlor.[58]«

Schon Thukydides hat den Klassenunterschied zwischen diesen Vertretern der demokratischen »Partei« und Perikles klar erkannt und schonungslos analysiert. Nach seinem berühmten – wenngleich mißverständlichen – Wort über die »Herrschaft des ersten Mannes« (Perikles) fährt er fort: »Die Späteren aber, untereinander eher gleichen Ranges und nur bemüht, jeder der erste zu werden, gingen sogar so weit, die Führung der Geschäfte den Launen des Volkes auszuliefern.[59]«

Er mochte sie nicht, diese radikalen Demokraten, diese »unwürdigen« Erben des großen Staatsmannes. Und das ist angesichts manch unerfreulicher Erscheinung in jenen Jahren durchaus verständlich. Ob indes die These des athenischen Historikers richtig ist, daß der Peloponnesische Krieg ohne die von den Nachfolgern des Perikles begangenen Fehler mit dem Sieg seiner Heimatstadt geendet hätte[60], ist fraglich. Derartige Spekulationen nach dem Motto »was wäre gewesen, wenn« sind grundsätzlich problematisch und in diesem Falle schon angesichts der langen Zeit und der zahlreichen Wechselfälle bis zum bitteren Ende des Jahres 404 v. Chr. unseriös.

Tatsache ist, daß Athen den leidvollen Krieg trotz der ungeheuren Schwächung durch die Seuchenkatastrophe viele Jahre lang nach dem Tode des Olympiers durchhielt – und keineswegs nur aus der Defensive heraus. Eine Reihe spektakulärer Erfolge Athens veranlaßte die Spartaner im Jahre 425 sogar, Friedensfühler auszustrecken. Doch Athen zeigte der Rivalin auf Betreiben Kleons die kalte Schulter, bis endlich 421 mit dem Tode Kleons und seines spartanischen Kontrahenten Brasidas, des Scharfmachers auf der anderen Seite, der Weg für den Abschluß eines fünfzigjährigen Friedens frei war.

Eines Friedens, den ganz Hellas bitter nötig hatte nach einem zehnjährigen Kriegsringen, das nicht nur von äußersten Anstrengungen, sondern auch von beispiellosen Exzessen an Grausamkeit geprägt war. Eines Friedens, der im wesentlichen den Status quo des Jahres 431 festschrieb und damit die Sinnlosigkeit des auch von Perikles entfesselten Krieges schonungslos bloßstellte. Eines Friedens schließlich, der nur wenige Jahre Bestand hatte, bevor der griechische Dualismus sich in einem weiteren mehrjährigen Waffengang austobte.

Am Ende konnten sich die Spartaner als Sieger feiern. Aber es war ein bitterer Sieg, der den Siegern nur kurze Zeit die Illusion ließ, ein verwüstetes, leiderfülltes Hellas zu beherrschen.

Die wahren Sieger waren die Perser, als deren verlängerter Arm die Spartaner Griechenland kontrollieren durften. Eine tragische Folge des großen griechischen Bruderringens, daß jene Macht, deren Zugriff auf Griechenland man zwischen 490 und 479 mit vereinten Kräften wider Erwarten hatte abwehren können, zum eigentlichen Nutznießer der athenisch-spartanischen Rivalität wurde.

Das strahlende Athen des Perikles: Es war auf den Fundamenten des grandiosen Sieges über den persischen Goliath errichtet worden. Als Perikles sich für die kriegerische Entscheidung im machtpolitisch-ideologischen Zweikampf mit Sparta entschied, konnte er nicht voraussehen, daß das der Anfang vom Ende jener Blütezeit werden sollte. Sicher trägt er nicht die »Schuld« daran, daß dieser Konflikt soviel Licht in Schatten verwandelt hat. Verantwortung aber trägt auch er, und es wäre unbillig, wollte man die Katastrophe der attischen Machtpolitik im Jahre 404 nur den falschen Entscheidungen oder der Unfähigkeit seiner Nachfolger anlasten.

Niemand weiß, wie der Krieg ausgegangen wäre, wenn die Seuche den Olympier nicht im Jahre 429 dahingerafft hätte. Sicher ist nur, daß Perikles am Ausbruch des Konflikts entscheidenden Anteil hatte. Und das mag ihn in den Augen manches Betrachters zu einer tragischen historischen Gestalt werden lassen.

# ANHANG

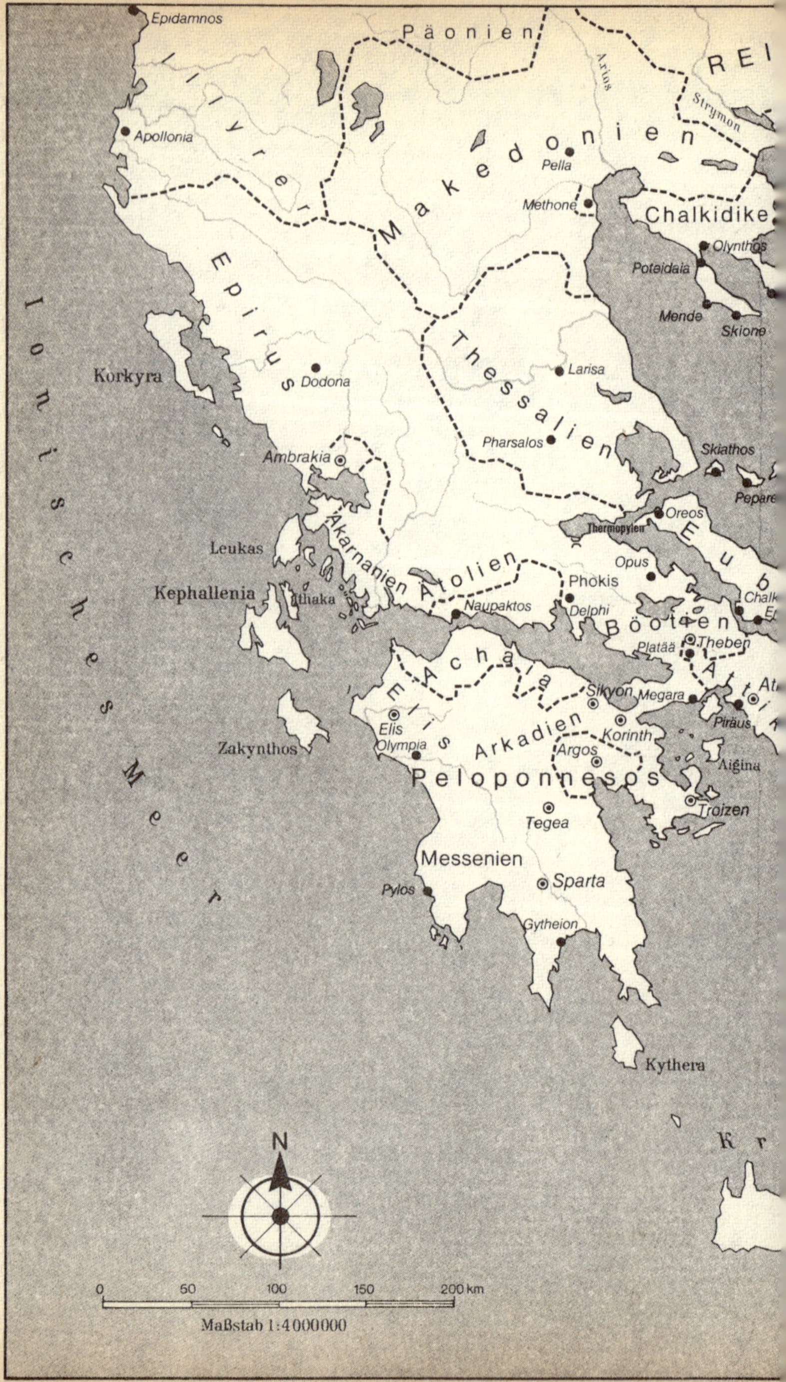

Epidamnos
Päonien
Illyrer
Apollonia
Makedonien
Pella
Methone
Chalkidike
Poteidaia
Mende
Skione
Axios
Strymon
Epirus
Dodona
Korkyra
Thessalien
Larisa
Pharsalos
Skiathos
Ambrakia
Oreos
Thermopylen
Akarnanien
Ätolien
Leukas
Kephallenia
Ithaka
Opus
Phokis
Naupaktos
Delphi
Böotien
Platää
Theben
Achaia
Elis
Sikyon
Megara
Piräus
Korinth
Olympia
Arkadien
Argos
Aigina
Zakynthos
Peloponnesos
Troizen
Tegea
Messenien
Sparta
Pylos
Gytheion
Kythera
Ionisches Meer
N
0
50
100
150
200 km
Maßstab 1:4000000

DER ODRYSEN
Pontos
Bosporus
Byzantion
Selymbria
Perinthos
Propontis
Astakos
Abdera
Maroneia
Hebros
Ainos
Thasos
Samothrake
Kyzikos
Lampsakos
Imbros
Abydos
Phrygien
Rhyndakos
Hellespont
Sigeion
Tenedos
Lemnos
PERSISCHES REICH
Antandros
Mysien
Makestos
Pergamon
Mytilene
Lesbos
Lydien
Phokaia
Kyme
Hermos
Sardes
Chios
Klazomenai
Erythrai
Teos
Maiandros
Kolophon
Ephesos
Andros
Samos
Magnesia
Tenos
Ikaros
Karien
Milet
Mykonos
Delos
Paros
Naxos
Halikarnassos
Kalymna
Kaunos
Amorgos
Kos
Knidos
Astypalaia
Telos
Ialysos
Kameiros
Thera
Lindos
Rhodos
ches Meer
Karpathos
reta
Gortyn

# Zeittafel

| | |
|---|---|
| 636 oder 632 | Putschversuch des Kylon |
| um 624 | Gesetzgebung Drakons |
| 594/93 | Archontat Solons |
| 561/60 | Beginn der Tyrannis des Peisistratos; sie dauert – mit zwei Unterbrechungen – bis zu seinem Tode |
| um 534 | Thespis Sieger im ersten Wettkampf der tragischen Dichter |
| 528/27 | Tod des Peisistratos; Nachfolger werden seine Söhne Hippias und Hipparch |
| 514 | Ermordung des Hipparch |
| 510 | Vertreibung des Hippias; Ende der Tyrannenzeit |
| 508/07 | Reform des Kleisthenes |
| um 500 | Geburt des Anaxagoras |
| 500-494 | Ionischer Aufstand |
| 499 | Athen unterstützt den Aufstand |
| 494 | Fall Milets; Niederwerfung des Aufstandes |
| um 494 | Geburt des Perikles |
| 493 | Aufführung von Phrynichos' Stück »Eroberung von Milet« |
| 490 | Sieg Athens über die Perser bei Marathon |
| 489 | Perikles' Vater Xanthippos klagt Miltiades an |
| 487/86 | Ostrakisierung des Megakles, eines Onkels des Perikles |
| 486 | Beginn der Wettkämpfe der komischen Dichter |
| 485/84 | Ostrakisierung des Xanthippos |
| 482 | Beginn des themistokleischen Flottenbauprogramms |
| 480 | Erste Evakuierung Athens; Schlacht an den Thermopylen; Sieg der Griechen über die Perser bei Salamis |
| 479 | Zweite Evakuierung Athens; Sieg der Griechen bei Platää |
| 479/78 | Mauerbau in Athen trotz spartanischer Intervention |
| 478/77 | Gründung des Delisch-Attischen Seebundes |
| 477/76 | Eroberung von Eion, dem letzten persischen Stützpunkt in Nordgriechenland |
| 473/72 | Perikles Chorege bei der Aufführung der »Perser« des Aischylos |
| 471 | Ostrakisierung des Themistokles |
| um 466 | Sieg der Griechen über die Perser am Eurymedon |
| 464 | Erdbeben in Sparta |
| 462 | Spartanischer Hilferuf an Athen |

| | |
|---|---|
| 462/61 | Entmachtung des Areopags durch die Reformen des Ephialtes |
| 461 | Ermordung des Ephialtes; Perikles wird Vorsitzender der Demokraten-»Partei« |
| 460 | Athenische Expedition nach Ägypten; Eroberung von Memphis |
| um 459 | Einführung des Richtersoldes |
| 459/58 | Athenische Niederlage gegen Korinth und Epidauros bei Halieis |
| 457/56 | Kapitulation Aeginas nach athenischer Belagerung |
| 457 | Niederlage Athens gegen Sparta bei Tanagra |
| 457/56 | Bau der Langen Mauern |
| 457/56 | Zulassung der Zeugiten zum Archontat |
| 456 | Periplous des Tolmides; Höhepunkt der athenischen Expansion |
| 454 | Debakel der athenischen Expedition in Ägypten; Verlegung der Bundeskasse von Delos nach Athen |
| 454/53 | Flottenoperationen Athens in Akarnien unter dem Kommando des Perikles |
| 451 | Waffenstillstand auf fünf Jahre zwischen Athen und Sparta |
| 451/50 | Bürgerrechtsgesetz des Perikles |
| 450 | Kimons Tod auf der zyprischen Expedition |
| seit 449 | stillschweigender Waffenstillstand mit Persien (»Kallias-Frieden«) |
| 449 | Wettbewerb der tragischen Schauspieler eingeführt |
| 447 | Verlust der athenischen Kontrolle über Böotien |
| 446 | Euböa wird in den Seebund zurückgezwungen |
| 446/45 | 30jähriger Friedensvertrag zwischen Athen und Sparta |
| um 445 | Letztes Teilstück der Langen Mauern (Südmauer) gebaut |
| 443 | Gründung der panhellenischen Kolonie Thurii |
| 443 | Ostrakisierung des Thukydides Melesiou |
| 440/439 | Gesetz gegen Komödienspott (bald wieder aufgehoben) |
| 440/39 | Krieg zwischen Athen und Samos |
| 438 | Einweihung des (noch nicht vollendeten) Parthenon |
| 437/36 | Gründung von Amphipolis |
| um 435 | Prozesse gegen Phidias, Anaxagoras und Aspasia |
| 435 | Seeschlacht von Leukimne; Sieg Kerkyras über Korinth |
| 433 | Seeschlacht bei den Sybota-Inseln |
| 433 | Ultimatum Athens an Poteidaia |

| | |
|---|---|
| 432 | Beginn der Belagerung von Poteidaia |
| 432 | Megarisches Psephisma |
| 431 | Ausbruch des Peloponnesischen Krieges |
| seit 430 | Pest in Athen; Absetzung und Verurteilung des Perikles |
| 429 | Rehabilitierung und Tod des Perikles |
| 421 | Nikias-Frieden |
| 414 | Wiederbeginn des Krieges zwischen Athen und Sparta |
| 404 | Kapitulation Athens |

# Verzeichnis griechischer Fachausdrücke

| | |
|---|---|
| Agora | Marktplatz |
| Arche | (Vor)herrschaft der Athener im Seebund; im Unterschied zur Symmachie, bei der alle Bündner prinzipiell gleichberechtigt sind |
| Areopag | Adelsrat, 462 durch Ephialtes entmachtet, seitdem nur noch für die Aburteilung vorwiegend nicht-politischer Straftaten zuständig |
| Asebie | Gottlosigkeit, Frevel gegen die Gottheit; Strafmaß in einem Asebie-Prozeß je nach Schwere des Falles Geldbuße, Verbannung, Todesurteil |
| Boule | Rat der 500; war als Beratungsgremium der Volksversammlung vorgeschaltet, aber nicht übergeordnet |
| Choregie | Leiturgie, die in der Finanzierung eines Chores für die Aufführung eines Theaterstückes bestand |
| Demos | Volk |
| Dikasterion | Geschworenengericht |
| Ekklesia | Volksversammlung |
| Epinikion | Siegeslied |
| Epistates | Vorsitzender des geschäftsführenden Ratsausschusses |
| Hypekooi | Untertanen; Bezeichnung für die »Verbündeten« Athens etwa seit dem Peloponnesischen Krieg |
| Isegoria | freies, gleiches Rederecht |
| Isonomia | Rechtsgleichheit; bürgerliche Gleichberechtigung |
| Kleruchie | attische Kolonie; die Kolonisten blieben athenische Bürger |
| Kosmos | die spartanische Staats- und Gesellschaftsordnung |
| Leiturgie | obligatorische öffentliche Leistungen wohlhabender Bürger für die Allgemeinheit; z. B. Choregie und Trierarchie |

| | |
|---|---|
| Metöken | »Mitbewohner«; in Athen ansässige Griechen ohne attisches Bürgerrecht |
| Misthos | Tageslohn, Sold für Richter und Beamte |
| Ostrakismos | Scherbengericht, Entscheidung über Verbannung auf zehn Jahre |
| Pentekontaëtie | »Zeitraum von 50 Jahren«; Spanne zwischen der letzten Perserschlacht auf griechischem Boden (479) und dem Ausbruch des Peloponnesischen Krieges (431) |
| Phillakone | Sparta-Freund, auch »Lakonist« genannt |
| Probouleuma | Vorbeschluß des Rates; Entscheidungsempfehlung, an die die Volksversammlung nicht gebunden war |
| Prostates tes Hellados | »Vorsteher von Griechenland«; Bezeichnung für Sparta wegen seiner herausragenden Stellung im Griechenland vor den Perserkriegen |
| Prostates tou Demou | »Vorsteher des Volkes«; Bezeichnung für Perikles in seiner Eigenschaft als Chef der demokratischen »Partei« |
| Proxenos | Gastfreund |
| Prytanie | geschäftsführender Ratsausschuß; Mitglieder einer Phyle, die ein Zehntel des Jahres die »Regierungsgeschäfte« der Boule wahrnahm |
| Psephisma | Beschluß der Volksversammlung |
| Symmachie | Bündnis |
| Symmachoi | Verbündete |
| Theten | Unterste (4.) Klasse athenischer Bürger nach der solonischen Klasseneinteilung |
| Trierarchie | Leiturgie, die in der Ausstattung und Finanzierung eines Kriegsschiffes (Triere) für ein Jahr bestand |
| Zeugiten | zweituntersteste (3.) Klasse athenischer Bürger nach der solonischen Klasseneinteilung |

# Abkürzungsverzeichnis

## 1. ANTIKE AUTOREN

| | |
|---|---|
| Ael. | Aelian |
| Aischin. | Aischines |
| Aischyl. | Aischylos |
| Anakr. | Anakreon |
| Arist. | Aristoteles |
| Aristid. | Aristides |
| Aristoph. | Aristophanes |
| Artem. | Artemidor |
| Athen. | Athenaios |
| Cic. | Cicero |
| Corn. Nep. | Cornelius Nepos |
| Demosth. | Demosthenes |
| Diod. | Diodor |
| Diog. Laert. | Diogenes Laertios |
| Eur. | Euripides |
| Gell. | Gellius |
| Harpokr. | Harpokration |
| Hdt | Herodot |
| Hom. | Homer |
| Hermipp. | Hermippos |
| Isokr. | Isokrates |
| Kall. | Kallias |
| Krat. | Kratinos |
| Ktes. | Ktesias |
| Lys. | Lysias |
| Marcell. | Marcellinus |
| Men. | Menander |
| Paus. | Pausanias |
| Pind. | Pindar |
| Plat. | Platon |
| Plin. | Plinius |
| Plut. | Plutarch |
| Ps.- | Pseudo- |
| Quint. | Quintilian |
| Schol. | Scholien |
| Sol. | Solon |
| Soph. | Sophokles |
| Stesimbr. | Stesimbrotos |
| Stob. | Stobaios |
| Suet. | Sueton |
| Telekl. | Telekleides |
| Thuk. | Thukydides |
| Val. Max. | Valerius Maximus |
| Xen. | Xenophon |
| Xenophan. | Xenophanes |

## 2. CORPORA UND ZEITSCHRIFTEN

| | |
|---|---|
| AP | Anthologia Palatina |
| ATL | The Athenian Tribute Lists by B.D. Meritt, H.T. Wade-Gery, M.F. McGregor, 4 Bände, Cambridge/Mass. 1939-1953 |
| AU | Der Altsprachliche Unterricht |
| ClPh | Classical Philology |
| FGrHist | F. Jacoby, Die Fragmente der griechischen Historiker, Berlin 1923-1930, Leiden 1940ff. |
| GRBS | Greek, Roman and Byzantine Studies |
| GWU | Die Geschichte in Wissenschaft und Unterricht |
| Gymn. | Gymnasium |
| Hist. | Historia |
| HZ | Historische Zeitschrift |
| IG | Inscriptiones Graecae |
| JDAI | Jahrbuch des Deutschen Archäologischen Instituts |
| Meiggs-Lewis | R. Meiggs – D. Lewis, A selection of Greek historical inscriptions to the end of the fifth century B.C., London 1975 |
| MH | Museum Helveticum |
| Mn | Mnemosyne |
| RE | Realencyclopädie der classischen Altertumswissenschaft |
| SB | Sitzungsberichte |
| SEG | Supplementum Epigraphicum Graecum |
| WdF | Wege der Forschung |
| WJbb | Würzburger Jahrbücher für die Altertumswissenschaft |
| ZPE | Zeitschrift für Papyrologie und Epigraphik |

## 3. ÜBERSETZUNGEN

Häufig zitierte Autoren werden im allgemeinen nach folgenden Übersetzungen wiedergegeben:

Aristophanes, Sämtliche Komödien. Übersetzung von L. Seeger, neubearbeitet von H.J. Newiger und P. Rau, München 1976

Plutarch, Große Griechen und Römer. Aus dem Griechischen übertragen von K. Ziegler, Zürich/Stuttgart 1955

Thukydides, Geschichte des Peloponnesischen Krieges. Übertragen von G.P. Landmann, Zürich/Stuttgart 1960

# Anmerkungen

## 1. KAPITEL

[1] Paus. I 25,1; 28, 2. Interpretation nach Hölscher (Nr. 53) 196
[2] Plin. NH XXXIV 74
[3] Davies (Nr. 24) 455ff. s.v. ›Perikles‹. Diese Angabe hat nur annähernden Charakter; andere Datierungen setzen das Geburtsjahr des Perikles um bis zu drei Jahre später an. Die in der Darstellung gemachten Altersangaben für Perikles beziehen sich auf das Geburtsjahr 494/3
[4] Hdt VI 131, 2; Plut. Per. 3
[5] Artem. II 12; IV 56
[6] Aristoph. Equ. 1037ff.
[7] Dagegen spricht auch nicht die von Val. Max. VII 2 ext. 7 überlieferte Aristophanes-Stelle
[8] Vgl. dazu S. 133ff.; 209
[9] Plut. Per. 3.
[10] Schol. Aristid. III 473 (Verwechslung mit Demostratos)
[11] Hdt V 62,2; Arist. AP 19
[12] Hdt VI 125
[13] Thuk. I 126,11; vgl. Hdt V 70 f.
[14] Thuk. I 126,12; Plut. Sol. 12
[15] Thuk. I 127,1
[16] Hdt VI 123, 1; vgl. Arist. AP 20, 4f.
[17] Arist. AP 2
[18] Arist. AP 6, 3
[19] Arist. AP 13, 4ff.; Plut. Sol 29
[20] Arist. AP 16, 7
[21] Dies und das Folgende: Hdt I 60ff.; Arist. AP 14, 4ff.
[22] Hdt I 64,3; Plut. Sol. 30 (mit falscher Datierung)
[23] Isokr. XVI 26
[24] SEG X 352; Bicknell (Nr. 10) 67
[25] P.J. Bicknell, The exile of the Alkmeonidai during the Peisistratid tyranny, Hist. 19, 1970, 129-131
[26] Bicknell, Hist. 19, 1970, 130
[27] Thuk. VI 54; Arist. AP 18
[28] Hdt V 55
[29] Arist. AP 19, 3
[30] Schon daran – und an der Aussage der Quellen – scheitern die Versuche, die Niederlage von Leipshydrion vor 514 zu datieren; anders Berve (Nr. 8) I 68; II 558f.
[31] Hdt V 62, 3
[32] Pind. Pyth. VII 10f.
[33] Hdt V 63, 1; Arist. AP 19, 4
[34] Hdt V 63, 2
[35] Arist. AP 19, 5-6; Hdt V 63, 3 – 65, 4; Thuk. VI 59, 4
[36] Hdt VI 123, 2
[37] Vgl. z.B. Demosth. XXI 144; Arist. AP 20, 4
[38] Arist. AP 20, 1; Hdt V 66, 2
[39] Vgl. schon Arist. Pol. VI 1319 b 19ff.
[40] Hdt V 66, 2
[41] Arist. AP 21, 4
[42] P. Siewert, Die Trittyen Attikas und die Heeresreform des Kleisthenes, München 1982
[43] Chr. Meier, Die Entstehung des Begriffs »Demokratie«, Frankfurt 1970, 39ff.

## 2. KAPITEL

[1] Anakr. frg. 96, 3 – 4
[2] Anakr. frg. 43, 7–11; Übers.: Z. Franyó – P. Gan
[3] Anakr. frg. 27
[4] Vgl. Ps.-Plat. Hipparch 228c
[5] Paus. I 25, 1
[6] Pind. Pyth. VII; ein weiteres Siegeslied für einen Athener: Pind. Nem. II
[7] Athen. XIV 656 d; Plut. Mor. 786 b; Stob. Flor. 10, 62M.
[8] Ps.-Plat. Hipparch 228 c; Vita Aeschyl. 8; vgl. auch Marmor Parium (FGrHist. 239) A 54
[9] Marm. Parium A 43; Suda s. v. »Thespis«
[10] Zum gesamten Komplex: Aristot. Poet. 1449 a 32ff.
[11] Ps.-Plat. Hipparch 228 b; Diog. Laert. I 57
[12] IG II$^2$ 2311
[13] Ehrenberg (Nr. 30) 38
[14] Dies trotz der wohl aus späteren Verhältnissen zu erklärenden Angabe bei Hdt V 97,2 (30000 Athener bei einer Volksversammlung)
[15] Hdt V 49ff.; besonders 50, 3
[16] Hdt V 97, 1–2
[17] Hdt V 97, 3
[18] Hdt V 103, 1
[19] Hdt VI 21, 2
[20] Hdt V 105, 2; VI 94, 1
[21] Vgl. auch Hdt VI 44, 1; 94, 1
[22] Hdt VI 48f.; VII 133, 1
[23] Hdt VI 109
[24] Hdt VI 117, 1
[25] Paus. I 29, 4; 32, 3f.; vgl. auch Thuk. II 34
[26] Vgl. etwa Isokr. Paneg. 86
[27] Paus. I 14, 5
[28] Hdt VI 115; 121ff. (auch zum Folgenden)
[29] Gomme bei Gillis (Nr. 41) 51
[30] Gillis (Nr. 41) 49
[31] Hdt VI 136
[32] Arist. AP 22, 5f.
[33] Widersprüchliche Angaben in den Quellen: Hdt VII 144, 2; Polyaen I 30, 6; Plut. Them. 4 und 14
[34] Hdt VII 144, 2
[35] Hdt VII 145, 1
[36] Meiggs-Lewis 21; vgl. Wilhelm, Wiener Anzeiger 1949, 237
[37] Arist. AP 22, 8; Plut. Them. 11
[38] Plut. Them. 10
[39] Hdt VIII 50, 1; 53; 55
[40] Hdt VIII 93, 1
[41] Plut. Them. 15
[42] Aischyl. Pers. 473-477; Übers.: O. Werner
[43] IG II$^2$ 2318, 10 (= Syll.$^3$ 1078)
[44] Hdt VIII 140
[45] Hdt VIII 144, 1; 143, 2
[46] Vgl. Plut. Arist. 13
[47] Hdt IX 13, 2; Aischyl. Pers. 809ff.
[48] Bengtson (Nr. 5) 178
[49] Hdt IX 71, 1; Aischyl. Pers. 817

[50] Thuk. II 71
[51] Vgl. dazu Diod. XI 34, 2; 36, 5, 37, 1
[52] Hdt IX 105
[53] Diod. XI 37, 3
[54] Isokr. Paneg. 96ff
[55] Plat. Prot. 326 c
[56] Aristoph. Nub. 969ff.
[57] Zitate Sol. frg. 24, 15f.; frg. 5, 9-10; frg. 3, 1ff. Diehl
[58] Plat. rep. X 606 e (τὴν Ἑλλάδα πεπαίδευκεν)
[59] vgl. Xenophan. frg. 10 Diels
[60] Hom. Il. VI 208; XI 784
[61] Plut. Per. 7
[62] Plut. Per. 4; Plat. Alk. I 119a
[63] Isokr. XV 235; Plat. Laches 180 d
[64] Plat. rep. III 400 b; IV 424 c
[65] Plut. Per. 4; Arist. AP 27, 4
[66] Plut. Per. 4
[67] Plut. Per. 4

## 3. KAPITEL

[1] Hierzu und zum Folgenden: Thuk. I 89ff.; Diod. XI 40; Plut. Them. 19
[2] Thuk. I 93, 1
[3] Thuk. I 91, 4
[4] Thuk. I 92
[5] Diod. XI 37, 1-3
[6] Thuk. I 75, 2
[7] Thuk. I 95, 6f.
[8] Reflex bei Plut. Arist. 23
[9] Arist. AP 23, 5
[10] Thuk. I 98, 1, Plut. Kim. 7
[11] Plut. Kim. 8
[12] Plut. Kim. 8; Thuk. I 98,2
[13] Thuk. I 98,3
[14] Plut. Kim. 16
[15] Plut. Kim. 4
[16] Plut. Kim. 3
[17] Plut. Kim. 10; vgl. auch Arist. AP 27, 3; Corn. Nep. Cim. 4)
[18] Plut. Kim. 10;
[19] Berve (Nr. 7) 257ff.
[20] Aischyl. Pers. 908ff. (Übers.: J. G. Droysen)
[21] IG II² 2318, Z. 10
[22] Davies (Nr. 24) XXV ff.
[23] Vgl. etwa Lys. XXI 1-4, der (für spätere Zeiten) die Kosten für einen tragischen Chor auf 3000 Drachmen beziffert)
[24] Plut. Per. 7
[25] Bayer-Heideking (Nr. 4) 108f.
[26] Thuk. I 98f.
[27] Vermutlich um 470. Die Chronologie ist aufgrund der Quellenlage sehr umstritten: vgl. Iustin IX 1, 3; Thuk. I 95, 5; 128, 3; 131, 1; Plut. Kim. 6
[28] Demosth. XX 31
[29] Plut. Kim. 13; Diod. XI 62, 2
[30] Plut. Kim. 13; Diod. XI 61, 7
[31] AP VII 258 (Übers.: H. Beckby)

[32] Arist. AP 15,1; Strabo VII 331, frg. 34f.
[33] Hdt VI 46; vgl. auch Kap. 47
[34] Quellen: Thuk. I 100f.; Plut. Kim. 14; Diod. XI 70, 1
[35] Thuk. I 101, 3
[36] Thuk. I 100, 3; IV 102, 2; vgl. auch Paus. I 29, 4
[37] Plut. Kim. 14
[38] Plut. Per. 7
[39] Plut. Per. 16
[40] Val. Max. VIII 9 ext. 2
[41] Plut. Per. 10; Kim. 14
[42] Plut. Kim. 4; 15
[43] Diesen Aspekt übersieht R. Sealey bei Wirth (Nr. 107) S. 144ff.
[44] Plut. Kim. 14
[45] Plut. Kim. 16
[46] Diod. XI 63, 1
[47] Aristoph. Lys. 1138ff.
[48] Plut. Kim. 16
[49] Plut. Kim. 16
[50] Thuk. I 102, 2
[51] Arist. AP 3, 6
[52] Das Folgende nach Welwei (Nr. 101) S. 192ff.
[53] Plut. Kim. 15
[54] Plat. rep. VIII 562 c-d
[55] Plut. Per. 7
[56] Bayer (Nr. 3) 64f.
[57] Thuk. I 102; Plut. Kim. 17
[58] Thuk. I 102, 4
[59] Plut. Per. 9; Kim. 17; Corn. Nep. Cim. 3, 1
[60] Diod. XI 77, 6; Arist. AP 25, 4
[61] Plut. Per. 10

## 4. KAPITEL

[1] Plut. Per. 16
[2] Chronologie nicht ganz sicher; vgl. Bayer-Heideking (Nr. 4) 132ff.
[3] Thuk. I 104; Diod. XI 71
[4] Thuk. I 104; Diod. XI 74, 1-4
[5] IG $I^2$ 929
[6] Paus. I 15, 1; X 10, 4
[7] Thuk. I 103, 4; I 105, 1; Diod. XI 78
[8] Hdt V 83; VI 93
[9] Plut. Per. 8; Arist. Rhet. 1411 a 15
[10] Thuk. I 108; Diod. XI 78, 4; ATL I 218f.
[11] Thuk. II 27, 1; IV 57, 4
[12] Thuk. II 13, 7
[13] Plut. Kim. 13
[14] Thuk. I 107, 1; Plut. Per. 13
[15] Thuk. I 105, 4
[16] Thuk. I 106; Diod. XI 79, 3f.
[17] Thuk. I 107, 4
[18] J. v. Pflugk-Harttung, Perikles als Feldherr, Stuttgart 1884, 9f.
[19] Thuk. I 107, 2-108, 1; Plat. Menex. 242 b; Diod. XI 80; 81, 6; 83, 3; Plut. Per. 10
[20] Thuk. I 108, 2
[21] Thuk. I 108, 4

[22] Thuk. I 108, 5; Diod. XI 84; Aischin. d.f.leg. 75; Plut. Per. 19
[23] Thuk. I 109, 1f.; Diod. XI 74, 6
[24] Diod. XI 75, 1
[25] Thuk. I 110, 2
[26] Thuk. I 110, 4
[27] Isokr. VIII 86; Ktes. frg. 32
[28] Vgl. etwa Gomme (Nr. 42) I 321f.
[29] Walker (Nr. 95) 72ff.
[29a] Schachermeyr (Nr. 83) 46
[30] Plut. Per. 12, 1; Diod. XII 38, 2
[31] Plut. Arist. 25
[32] Thuk. I 111; Plut. Per. 19; Diod. XI 85
[33] Plut. Per. 19
[34] Thuk. I 111, 1; Diod. XI 83, 3f.
[35] Thuk. I 112, 1; Diod. XI 86, 1; zur umstrittenen Chronologie Gomme (Nr. 42) I 325ff.

## 5. KAPITEL

[1] Plat. Gorg. 515 e
[2] Aristoph. Ekkles. 299-310
[3] Ps.-Xen. Ath. Pol. I 13 und 3
[4] Arist. Pol. VI 1317 b 33ff.
[5] Aristoph. Vesp. 661ff.
[6] Arist. AP 27, 3f.; Plut. Per. 9
[7] Arist. AP 27, 4; Plut. Per. 9
[8] Schol. Aristoph. Vesp. 88; 300; Aves 1540
[9] Ehrenberg (Nr. 31) 227f.
[10] Ehrenberg (Nr. 31) 234
[11] Welwei (Nr. 101) 206
[12] Kratinos frg. 224 K; dazu Erbse, Philologus 97, 1948, 189ff.
[13] Burckhardt (Nr. 17) I 209f.
[14] Arist. AP 62, 2
[15] Plut. Per. 9; vgl. auch Philochoros FGrHist. 328 frg. 33; dagegen Arist. AP 28, 3
[16] U. Kahrstedt, Geschichte des griechisch-römischen Altertums, München $^{2}$1951, 32; früheres Zitat S. 31
[17] Ps.-Xen. Ath. Pol. I 1
[18] Ps.-Xen. Ath. Pol. I 2
[19] Aristoph. Ekkles. 197f.; Übers.: A. Lesky
[20] Plut. Per. 11
[21] Thuk. III 17, 2; weitere Belege und Einzelheiten: J. Kromayer – G. Veith, Heerwesen und Kriegführung der Griechen und Römer, München 1928, 47ff.; 189f.
[22] Ehrenberg (Nr. 31) 233
[23] Andreades (Nr. 1) 230ff.; besonders 235f.
[24] Aristoph. Pax 1210ff.
[25] Erste Klage: Ps.-Xen. Ath. Pol. I 13; 4. Jh.: z.B. Aischin. III 17
[26] R. Klein bei Wirth (Nr. 107) 498f.
[27] Plut. Per. 12
[28] Sklaveneinsatz durch Bauabrechnungen vom Erechtheion gesichert: IG $I^2$ 372-374
[29] Plut. Per. 12
[30] Plut. Per. 12
[31] Thuk. I 93, 4
[32] Plat. Nom. IV 707 b-d

[33] Aristoph. Acharn. 162f.; vgl. Vesp. 1097ff.
[34] Arist. AP 26, 2
[35] Vgl. Thuk. I 142, 7
[36] Arist. AP 7, 4; vgl. Hignett (Nr. 51) 225
[37] Arist. Pol. IV 1292 a 30ff.
[38] D. Klagges (Hrsg.), Volk und Führer. Deutsche Geschichte für Schulen, Klasse 6: Von der Vorgeschichte bis zum Ende der Staufenzeit, Frankfurt/M. [2]1940, 81
[39] Arist. AP 62, 3
[40] Arist. Pol. V 1308 a 19f.
[41] Ps.-Xen. Ath. Pol. I 3
[42] Xen. Kyrup. VIII 2, 5
[43] Nikophon frg. 19 K.
[44] Hasebroek (Nr. 48) 75ff.
[45] Hdt V 88, 2
[46] Isokr. Paneg. 42
[47] Finley (Nr. 34) 57ff.
[48] Arist. AP 26, 4; 42, 1; vgl. Plut. Per. 37
[49] Vgl. Eupolis Dem. frg. 98 K.
[50] Plut. Per. 37
[51] Weber (Nr. 98) 174ff.
[52] Vgl. Arist. Pol. I 1260 a 8 ff.
[53] Arist. Pol. I 1253 b 32; Nik. Eth. VIII 1161 b 4
[54] Schol. Arist. Rhet. I 13, 1373 b 18ff.; Arist. Pol. I 1253 b 20ff.
[55] Arist. Pol. I 1254 a- 1255 a
[56] Zusammenstellung bei H. Klees, Herren und Sklaven. Die Sklaverei im oikonomischen und politischen Schrifttum der Griechen in klassischer Zeit, Wiesbaden 1975, 3
[57] Arist. Pol. III 1279 a 21; VII 1328 a 36; III 1274 b 41; III 1275 b 19f.
[58] D. Whitehead, The ideology of the Athenian metic, Cambridge 1977, 97f. und 108

## 6. KAPITEL

[1] Plut. Kim. 17
[2] Plut. Kim. 18; Thuk. I 112, 1; Plut. Per. 10
[3] Thuk. I 112; Plut. Kim. 18 spricht von 300 Trieren
[4] Diod. XII 4, 1
[5] Plut. Kim. 19
[6] Quellen zum Zypern-Feldzug: Thuk. I 112; Plut. Kim. 18-19; Diod. XII 3f.; Aristodemos XIII 1
[7] Plat. Men. 94 d
[8] Plut. Per. 11
[9] Quellen: Hdt VII 151; VI 42, 2; Thuk. VIII 5, 5; 56, 4; Isokr. IV 118; 120; VII 80; XII 59; Demosth. XV 29; XIX 273; Diod. XII 4f.; Plut. Kim. 13
[10] Meister (Nr. 68) passim
[11] S.K. Eddy, The Cold War between Athens und Persia, ca. 448-412 B.C., ClPh 68, 1973, 241ff.; Zitat S. 241
[12] Thuk. I 113; Diod. XII 6, 2
[13] Thuk. I 114, 1-2; Plut. Per. 22; Diod. XII 7
[14] Plut. Per. 23
[15] Thuk. II 21, 1; Schol. Aristoph. Nubes 859; Plut. Per. 22
[16] Plut. Per. 23
[17] Plut. Per. 18
[18] Thuk. I 115, 1; Plut. Per. 24; Diod. XII 7

[19] Plut. Per. 23
[20] Plut. Per. 17
[21] Diod. XII 10ff.; Strabo VI 1, 13
[22] Diod. XII 11, 3
[23] Strabo VI 1, 13; Diod. XII 10, 6
[24] Diod. XII 10, 7; Diog. Laert. IX 50
[25] Diod. XII 10, 3; das Beispiel Herodots: Arist. Rhet. III 1409 a 28
[26] Plut. Them. 32; vgl. Hdt VIII 62
[27] IG I² 19/20; Datierung umstritten, vgl. auch Meiggs-Lewis Nr. 37, S. 80ff.
[28] Plut. Mor. 812 c-d
[29] V. Ehrenberg, The foundation of Thurii, American Journal of Philology 69, 1948, 149-170
[30] Plut. Per. 7
[31] Plut. Per. 12; 14
[32] Plut. Per. 12
[33] Plut. Per. 14
[34] Plut. Per. 12
[35] Plut. Per. 17
[36] Krat. frg. 56 K. bei Poll. IX 98; dazu Schwarze (Nr. 88) 72f.
[37] Plut. Per. 14; 16; Schol. Aristoph. Vesp. 947
[38] Meiggs-Lewis S. 47
[39] Plut. Per. 16
[40] Krat. Plut. frg. 1, Z. 23ff. Vitelli (PSI XI, 1935, Nr. 1212)
[41] Krat. Thrattai frg. 71 K.

## 7. KAPITEL

[1] Plut. Per. 8
[2] Krat. frg. inc. 293 K.
[3] Plut. Per. 8
[4] Cic. Brut. 59; Quint. XII 10, 65
[5] Plat. Phaidr. 269 e-270 a
[6] Quint. XII 2, 22; Aristoph. Ach. 530f.; Quint. XII 10, 24; Cic. or. 29; Cic. de or. I 216; Cic. Brut. 44f.
[7] Cic. de or. III 138; Val. Max. VIII 9 ext. 2
[8] Val. Max. VIII 9 ext. 2
[9] Arist. Rhet. III 1411 a 15
[10] Plut. Per. 8
[11] Plut. Per. 5
[12] Plut. Per. 5
[13] Plut. Per. 3
[14] Telekl. frg. inc. 42 K. (Plut. Per. 16)
[15] Plut. Per. 3
[16] Thuk. II 65, 9
[17] Thuk. II 65, 10ff.
[18] Thuk. VI 89, 6
[19] Bengtson (Nr. 6) 116f.
[20] Thuk. II 65, 8
[21] Plut. Per. 15
[22] Plut. Per. 15
[23] Finley (Nr. 33) 21
[24] Arist. AP 24, 3
[25] Arist. Pol. VI 1317 b 17ff.

[26] Busolt (Nr. 18) II 1058, Anm. 6
[27] IG I² 324
[28] IG I² 372-374
[29] Thuk. II 40, 2
[30] Aristoph. Ach. 17ff.
[31] Aristoph. Ach. 28ff.
[32] Aristoph. Ach. 23ff.
[33] Aristoph. Ach. 37ff.
[34] Hdt V 78
[35] Eur. Hik. 438ff.
[36] Ps.-Xen. Ath. Pol. I 12
[37] Plat. Prot. 319 b-c
[38] Isokr. XII 10
[39] Vgl. Xen. Mem. III 6
[40] Thuk. III 42, 2
[41] ἁμίλλα (ἀγὼν) λόγων: z.B. Eur. Med. 546; Hik. 427f.
[42] Thuk. I 140, 1
[43] Finley (Nr. 33) 28ff.
[44] Ausführlich dazu mit Einzelbelegen Schwarze (Nr. 88) passim
[45] Plut. Per. 13
[46] Schwarze (Nr. 88) 175
[47] Schol. Aristoph. Ach. 67
[48] Gomme (Nr. 42) I 387 mit Literaturangaben
[49] Weber (Nr. 97) 220f.
[50] Ph. Harding in: Classical Contributions, Studies M.F. McGregor, New York 1981, 46f.
[51] Hansen (Nr. 46) 115ff.
[52] Xen. Mem. III 7, 6
[53] Mit negativer Beurteilung bei Arist. Pol. VI 1318 b 12ff.
[54] Plat. rep. VIII 565 a
[55] Literatur zum ganzen Komplex: E. Kluwe, Klio 58, 1976, 295-333; Klio 59, 1977, 45-81
[56] Plut. Synkr. Per./Fab. Max. 3; vgl. auch Plut. Per. 15
[57] Gell. N.A. I 3, 20
[58] Thuk. II 65, 7f.

## 8. KAPITEL

[1] Zitiert nach E. Wolf-Crome, Zwischen Olymp und Acheron, Zürich/Freiburg 1971, S. 88 und 87
[2] E. Geibel, Jugendbriefe, Berlin 1909, 169f.
[3] O. Ihlau, Süddeutsche Zeitung Nr. 219 vom 23.9.1977, S. 33
[4] Plut. Per. 13
[5] Plut. Per. 12
[6] Knell (Nr. 61) 12 und Anm. 70 und 71
[7] Plut. Per. 13
[8] Plut. Per. 14
[9] Plut. Per. 12
[10] Belege bei Deubner (Nr. 27) 22ff.
[11] Knell (Nr. 61) 39
[12] IG I² 63, Z. 57f.; Schol. Aristoph. Nub. 386
[13] M.P. Nilsson, Geschichte der griechischen Religion, 2 Bände, München ³1967/74, I, 730f.
[14] Plut. Per. 12; 14; 17

15 Nilsson (s. Anm. 13) I 731
16 Plut. Per. 31
17 So E. Simon, Athen. Mitteilungen 91, 1976, 136
18 Plut. Per. 14
19 Paus. I 22, 4
20 Harpokr. s.v. »Propylaia tauta«
21 Blavatzkij bei Wirth (Nr. 107) 461
22 Thuk. II 13, 5
23 AP IX 65
24 Soph. Aias 1217ff.
25 Plut. Per. 13
26 Herakleides 1
27 Plut. Per. 13
28 Suet. Aug. 28, 3
29 Isokr. XV 234
30 H. Strasburger, Der »Scipionenkreis«, Hermes 94, 1966, 60-72
31 G. Rodenwaldt, Kunst um Augustus, Berlin 1942
32 Ausgewogene Darlegung der komplexen Problematik bei D. Kienast, Augustus. Prinzeps und Monarch, Darmstadt 1982, 214-253
33 Meinhardt (Nr. 67) 77
34 Strasburger (Nr. 89) passim
35 U.a. die in Anm. 34 genannte Arbeit Strasburgers, die allerdings von Überzeichnungen zur anderen Seite hin nicht frei ist; die Untersuchung Meinhardts über Perikles bei Plutarch (Nr. 67) sowie Ehrenbergs »Sophokles und Perikles« (Nr. 29)
36 Vgl. Men. frg. 382 Körte-Thierfelder
37 Schol. Aischin. 1, 10 in Verbindung mit IG II[2] 2318, Z. 320ff.
38 Vgl. Plat. Leg. II 659 a-c
39 Aristoph. Av. 445f.; Ekkl. 1141ff
40 Aristoph. Ach. 502f. (mit Scholien); 643
41 Isokr. VIII 82
42 Vgl. Schachermeyr (Nr. 83) 151
43 Thuk. II 38, 1; 40, 1; 41, 1
44 Thuk. II 41, 2
45 Näheres bei Weber (Nr. 96) 49ff.
46 Näheres bei Prestel (Nr. 75) 40ff.
47 So – ohne direkten Vorwurf gegenüber Perikles – Isokr. VIII 83
48 Marcell. Vita Thuc. 54
49 Plut. Mor. 862b (de Herod. malign. 26)
50 Anders Strasburger (Nr. 89) 605f.
51 Cic. pro Flacco 62
52 Isokr. IV 50
53 Wilamowitz (Nr. 102) II 99f.
54 Thuk. II 37, 1f.; 38, 2
55 Hermipp. Phormophoroi frg. 63
56 Ps.-Xen. Ath. Pol. II 7
57 Thuk. I 143, 5
58 Thuk. II 42, 4
59 Thuk. II 39, 1 und 4
60 So der Untertitel von K. Poppers »Abrechnung« mit Platon: Der Zauber Platons. Die offene Gesellschaft und ihre Feinde, Bd I, Bern/München [3]1973
61 Thuk. II 41, 4

1 Plut. Per. 3; 13
2 Plut. Per. 3
3 Paus. I 25, 1; 28, 2
4 Plin. N.H. XXXIV 74
5 Hölscher (Nr. 53) 195ff.
6 Gauer (Nr. 40) 143
7 Plut. Per. 5
8 Plut. Per. 7
9 Plut. Per. 7
10 Plut. Alk. 16
11 Plut. Per. 7
12 Plut. Per. 13
13 Plut. Per. 16
14 Plut. Per. 16
15 Plut. Per. 5
16 Arist. Met. 984 b 15
17 Plut. Per. 35; Val. Max. VIII 11 ext. 1
18 Plut. Per. 6; Arist. Rhet. III 1419 a 1ff.
19 Plut. Per. 38
20 Thuk. II 60, 5
21 Thuk. II 62, 4f.
22 Plut. Per. 5
23 Stesimbr. FGrHist. 107, F 4; Ion v. Chios, FGrHist. 392, F. 12.15; Plut. Kim. 4; 5; 10; Athen. XII 533 a
24 Plut. Per. 7
25 Plut. Per. 36;
26 Demosth. XLIII 29-46; Isaios VIII 9f.
27 Xen. Mem. II 2, 4
28 Plut. Per. 24
29 Plut. Per. 16
30 Plut. Per. 36
31 Plut. Per. 24
32 Plut. Per. 37; die Angabe in Schol. Aristid. 464 ist nicht ernst zu nehmen
33 Plut. Per. 24
34 Athen. XIII 569f; 570a
35 Athen. XII 533 c-d; XIII 589 d; Ael. Var. Hist. IV 23
36 Vgl. etwa Plut. Per. 13
37 Plut. Per. 8
38 Meyer (Nr. 69) IV 701
39 Wilamowitz (Nr. 102) II 99f., Anm. 35
40 Plut. Per. 24
41 Plut. Per. 24
42 Kall. Pedet. frg. 15 K.
43 Schwarze (Nr. 88) 170
44 Plut. Per. 24
45 Xen. Mem. II 6, 36; Oik. III 14
46 Plat. Menex. 236 c
47 E. Kornemann, Große Frauen des Altertums, Leipzig 1942, 76
48 Bengtson (Nr. 6) 129
49 Plut. Per. 24
50 Thuk. II 37, 2

## 10. KAPITEL

1 Hdt III 54
2 Strabo XIV 1, 15
3 Hdt III 60
4 Hauptquellen für den Samos-Konflikt: Thuk. I 115-117; Diod. XII 27f.; Plut. Per. 25ff.
5 Thuk. I 115, 3
6 Plut. Per. 25
7 Thuk. I 40, 5; 41, 2
8 Plut. Per. 27
9 IG $I^2$ 293
10 Diod. XII 28, 3
11 Aristoph. frg. 64
12 Thuk. II 41, 3
13 Thuk. III 12, 1
14 Erstmals bezeugt durch das Chalkis-Dekret: IG $I^2$ 39; Meiggs-Lewis Nr. 52
15 IG $I^2$ 10; Meiggs-Lewis Nr. 40
16 Thuk. III 2,3; vgl. auch II 85, 5
17 Plut. Per. 11
18 Plat. Krit. 111b
19 Vgl. Thuk. I 57, 2
20 Thuk. IV 102; Diod. XII 32, 3; Schol. Aischin. 2, 31
21 Thuk. IV 103ff.
22 IG $I^2$ 45; Meiggs-Lewis Nr. 49
23 Plut. Per. 20
24 Plut. Per. 31
25 Aristoph. Pax 605; Plut. Per. 31
26 Schol. Aristoph. Pax 605; Thuk. II 13,5 IG $I^2$ 354-362
27 Plut. Per. 32
28 Plut. Nik. 23
29 Xen. Hell. III 3, 3
30 AP VII 95; vgl. Diog. Laert. II 12ff.
31 Plut. Per. 32
32 Plut. Per. 32
33 Prestel (Nr. 75) 66
34 Plut. Per. 32

## 11. KAPITEL

1 Xen. Hell. II 2, 23
2 Thuk. I 24ff.; Flottenbau: I 31, 1
3 Thuk. I 40, 3
4 Thuk. I 44, 2f.
5 Thuk. I 45, 3
6 Thuk. I 56-65
7 Thuk. I 66
8 Thuk. I 139, 1: Plut. Per. 30
9 Aristoph. Ach. 519ff.
10 Thuk. I 69, 4
11 Thuk. I 70, 4
12 Thuk. I 71, 4
13 Thuk. I 124, 3
14 Thuk. I 140, 5

[15] Thuk. I 127, 3
[16] Thuk. I 23, 6; I 89ff.
[17] Thuk. I 23, 6
[18] Vgl. Kiechle (Nr. 58) passim
[19] Plut. Per. 8
[20] Thuk. II 61, 1f.
[21] Sol. frg. 24, 3 (Übers.: H. Fränkel)
[22] Thuk. I 143, 5
[23] Thuk. I 142
[24] Thuk. I 143, 4
[25] Thuk. II 13, 2ff.
[26] Thuk. I 141, 3; 142, 1
[27] Plut. Per. 34
[28] Thuk. I 139, 3
[29] Thuk. II 8, 4
[30] Thuk. II 2-6
[31] Thuk. II 14
[32] Thuk. II 16f.
[33] Thuk. II 13, 1f.; Plut. Per. 33
[34] Plut. Per. 33
[35] Plut. Per. 33
[36] Plut. Per. 34
[37] Thuk. II 22, 1; Plut. Per. 34
[38] Thuk. II 31
[39] Thuk. II 27
[40] Vgl. S. 258ff.
[41] Thuk. II 41, 5
[42] Thuk. II 49ff.
[43] Thuk. II 52, 2-4
[44] Thuk. II 61, 2
[45] Thuk. II 61, 4
[46] Plut. Per. 32; 35
[47] Plut. Per. 35; Diod. XII 45, 4
[48] Thuk. II 65, 3; Plut. Per. 35; Diod. XII 45, 4
[49] Plat. Gorg. 515 e
[50] Ps.-Demosth. XXVI 6
[51] Thuk. II 65, 4
[52] Plut. Per. 37
[53] Plut. Per. 38
[54] Thuk. II 65, 6
[55] G. Beloch, Griechische Geschichte, II 1, Straßburg [2]1914, 313
[56] Bengtson (Nr. 6) 139f.
[57] Bayer (Nr. 3) 84
[58] Bayer (Nr. 3) 84f.
[59] Thuk. II 65, 10
[60] Thuk. II 65, 11ff.

# Auswahlbibliographie


1 A. Andreades, Geschichte der griechischen Staatswirtschaft, I, München 1931
2 M. M. Austin – P. Vidal-Naquet, Economic and social history of ancient Greece. An introduction, London 1977
3 E. Bayer, Grundzüge der griechischen Geschichte, Darmstadt [5]1978
4 E. Bayer – J. Heideking, Die Chronologie des Perikleischen Zeitalters, Darmstadt 1975
5 H. Bengtson, Griechische Geschichte von den Anfängen bis in die römische Kaiserzeit, München [4]1969
6 H. Bengtson, Griechische Staatsmänner des 5. und 4. Jh.s v. Chr., München 1983
7 H. Berve, Gestaltende Kräfte der Antike, München 1966
8 H. Berve, Die Tyrannis bei den Griechen, 2 Bände, München 1967
9 R. Bianchi-Bandinelli (Hrsg.), La Grecia nell' età di Pericle. Storia, letteratura, filosofia, Mailand 1979
10 P. J. Bicknell, Studies in Athenian politics and genealogy, Wiesbaden 1972
11 H.-D. Blume, Einführung in das antike Theaterwesen, Darmstadt 1978
12 J. S. Boersma, The Athenian building policy from 561/60 to 405/04 B. C., Groningen 1970
13 C. M. Bowra, Periclean Athens, London 1971
14 H. Braunert, Der Ausbruch des Kampfes zwischen Athen und Sparta, GWU 20, 1969, 38ff.
15 A. B. Breebaart, Plutarch and the political development of Pericles, Mn 24, 1971, 260ff.
16 N. Brockmeyer, Athens maritime Strategie gegenüber dem Peloponnesischen Bund von Themistokles bis Perikles, AU XIV 1 (1971), 37ff.
17 J. Burckhardt, Griechische Kulturgeschichte, 4 Bände, München 1977 (Tb-Ausgabe)
18 G. Busolt, Griechische Geschichte bis zur Schlacht von Chaironeia, 4 Bände, Gotha [2]1893/1904, ND Hildesheim 1967
19 G. Busolt – H. Swoboda, Griechische Staatskunde, 2 Bände, München 1920/26
20 R. Carpenter, Die Erbauer des Parthenon, München 1970
21 F. Châtelet, Périclès, Paris 1910
22 M. Clauss, Sparta. Eine Einführung in seine Geschichte und Zivilisation, München 1983
23 P. Cloché, Le siècle de Périclès, Paris 1949
24 J. K. Davies, Athenian propertied families 600-300 B. C., Oxford 1971
25 J. K. Davies, Das klassische Griechenland und die Demokratie, München 1983
26 M. Delcourt, Périclès, Paris 1939
27 L. Deubner, Attische Feste, Berlin 1932
28 K. Dienelt, Die Friedenspolitik des Perikles, Wien 1958
29 V. Ehrenberg, Sophokles und Perikles, München 1956
30 V. Ehrenberg, Der Staat der Griechen, Zürich/Stuttgart [2]1965
31 V. Ehrenberg, Aristophanes und das Volk von Athen, Zürich/Stuttgart 1968
32 V. Ehrenberg, The foundation of Thurii, in: V. E., Polis und Imperium, Zürich/Stuttgart 1965, 298-315
33 M. I. Finley, Antike und moderne Demokratie, Stuttgart 1980
34 M. I. Finley, Economy and society in ancient Greece, London 1981
35 H. Flashar, Perikles, in: Die Großen der Weltgeschichte, I, 496ff.
36 H. Flashar, Der Epitaphios des Perikles. Seine Funktion im Geschichtswerk des Thukydides, SB Heidelberg 1969, H. 1
37 W. G. Forrest, Wege zur hellenischen Demokratie, München 1966
38 H. Fränkel, Dichtung und Philosophie des frühen Griechentums, München [3]1976

39 A. French, The growth of the Athenian economy, London 1964
40 W. Gauer, Die griechischen Bildnisse der klassischen Zeit als politische und persönliche Denkmäler, JDAI 83, 1968, 118ff.
41 D. Gillis, Collaboration with the Persians, Wiesbaden 1979
42 A. W. Gomme, A historical commentary on Thucydides, 5 Bände, Oxford 1956/1981
43 D. Gregor, Athenian imperialism, Greece and Rome 1, 1953, 27ff.
44 J. Gregor, Perikles. Griechenlands Größe und Tragik, München 1938
45 F. Gschnitzer (Hrsg.), Zur griechischen Staatskunde, WdF 96, Darmstadt 1969
46 M.H. Hansen, How many Athenians attended the ecclesia?, GRBS 17, 1976, 115ff.
47 M.H. Hansen, How did the Athenian ecclesia vote?, GRBS 18, 1977, 123ff.
48 J. Hasebroek, Staat und Handel im alten Griechenland, Tübingen 1928
49 W. Hein, Die politischen Prozesse in Athen vom Archontat des Themistokles bis zur Kapitulation Athens ..., Diss. Wien 1939
50 A. Heuss, Hellas, in: Propyläen-Weltgeschichte, Bd 3, 69-400
51 C. Hignett, A history of the Athenian constitution to the end of the 5th century B.C., Oxford 1952
52 G.F. Hill – R. Meiggs – A. Andrewes, Sources for Greek history between the Persian and Peloponnesian Wars, Oxford $^{2}$1952
53 T. Hölscher, Die Aufstellung des Perikles-Bildnisses und ihre Bedeutung, WJbb N.F. 1, 1975, 187ff.
54 L. Homo, Périclès. Une expérience de démocratie dirigée, Paris 1954
55 R.J. Hopper, Handel und Industrie im klassischen Griechenland, München 1982
56 A.H.M. Jones, Athenian democracy, Oxford $^{4}$1964
57 D. Kagan, The outbreak of the Peloponnesian War, Ithaka 1969
58 F. Kiechle, Ursprung und Wirkung der machtpolitischen Theorien im Geschichtswerk des Thukydides, Gymn. 70, 1963, 289ff.
59 D. Kienast, Der innenpolitische Kampf in Athen von der Rückkehr des Thukydides bis zu Perikles' Tode, Gymn. 60, 1953, 210ff.
60 E. Kluwe, Die soziale Zusammensetzung der athenischen Ekklesia und ihr Einfluß auf politische Entscheidungen, Klio 59, 1977, 45ff.
61 H. Knell, Perikleische Baukunst, Darmstadt 1979
62 D. Knight, The foreign policy of Pericles 446-431 B.C., London 1970
63 P. Landmann, Das Lob Athens in der Grabrede des Perikles bei Thukydides II 34-41, MH 31, 1972, 65ff.
64 M. Lang, Cleon as the Anti-Pericles, ClPh 67, 1972, 159ff.
65 J. Martin, Von Kleisthenes zu Ephialtes. Zur Entstehung der athenischen Demokratie, Chiron 4, 1974, 5ff.
66 R. Meiggs, The Athenian Empire, Oxford 1972
67 E. Meinhardt, Perikles bei Plutarch, Diss. Frankfurt/M. 1957
68 K. Meister, Die Ungeschichtlichkeit des Kalliasfriedens und deren historische Folgen, Wiesbaden 1982
69 E. Meyer, Geschichte des Altertums, 5 Bände, Stuttgart 1910/1958
70 H.D. Meyer, Thukydides Melesiou und die oligarchische Opposition gegen Perikles, Hist. 16, 1967, 141ff.
71 F. Miltner, Perikles, RE XIX 748ff.
72 O. Murray, Das frühe Griechenland, München 1982
73 J. Papastavrou – W. Zschietzschmann, Athenai. Geschichte und Topographie, RE Suppl. XIII (1974), 13-140
74 A. Pickard-Cambridge, The dramatic festivals of Athens, Oxford $^{2}$1968
75 G. Prestel, Die antidemokratische Strömung im Athen des 5. Jh.s, Breslau 1939, ND Aalen 1974
76 P.J. Rhodes, A commentary on the Aristotelian Athenaion Politeia, Oxford 1981

77 E. Ruschenbusch, Athenische Innenpolitik im 5. Jh. v. Chr. Ideologie oder Pragmatismus?, Bamberg 1979
78 A. Sacconi, La democrazia di Pericle, Rom 1960
79 G.E.M. de Sainte-Croix, The origins of the Peloponnesian War, London 1972
80 G.E.M. de Sainte-Croix, The class struggle in the ancient Greek world ..., London 1981
81 G. de Sanctis, Pericle, Rom 1944
82 F. Schachermeyr, Religionspolitik und Religion bei Perikles, SB Wien 258, 1968, H. 3
83 F. Schachermeyr, Perikles, Stuttgart 1969
84 F. Schachermeyr, Geistesgeschichte der Perikleischen Zeit, Stuttgart 1971
85 A. Schmidt, Perikles und sein Zeitalter, Jena 1877/1879
86 W. Schuller, Die Herrschaft der Athener im Ersten Attischen Seebund, Berlin/New York 1974
87 W. Schuller, Griechische Geschichte, München/Wien 1980
88 J. Schwarze, Die Beurteilung des Perikles durch die attische Komödie und ihre historische und historiographische Bedeutung, München 1971
89 H. Strasburger, Herodot und das Perikleische Athen, Hist. 4, 1955, 1ff.
90 H. Swoboda, Über den Prozeß des Perikles, Hermes 28, 1899, 536ff.
91 T. Tarkiainen, Die athenische Demokratie, München 1972
92 I. Toepffer, Artikel »Alkmeonidae«, RE I, 2 (1894), 1556ff.
93 J.S. Traill, The political organization of Attica, Princeton 1975
94 J. Vogt, Das Bild des Perikles bei Thukydides, HZ 182, 1956, 249ff.
95 E.M. Walker, Cambridge Ancient History V, 1927, Kap. 2-4
96 C.W. Weber, Die Spartaner. Enthüllung einer Legende, Düsseldorf 1977
97 C.W. Weber, Athen. Aufstieg und Größe des antiken Stadtstaates, Düsseldorf 1979
98 C.W. Weber, Sklaverei im Altertum, Düsseldorf 1981
99 T.B.L. Webster, Athenian culture and society, London 1973
100 K.-W. Welwei, Das Problem des »Präventivkrieges« im politischen Denken des Perikles und des Alkibiades, Gymn. 79, 1972, 289ff.
101 K.-W. Welwei, Die griechische Polis. Verfassung und Gesellschaft in archaischer und klassischer Zeit, Stuttgart 1983
102 U.v. Wilamowitz-Moellendorff, Aristoteles und Athen, 2 Bände, Berlin 1893
103 U.v. Wilamowitz-Moellendorff, Von des attischen Reiches Herrlichkeit, in: Reden und Vorträge, Berlin ²1902, 27-83
104 U. Wilcken, Griechische Geschichte im Rahmen der Altertumsgeschichte, München ⁹1962
105 E. Will, Le monde grec et l'Orient, Band I: Le Vᵉ siècle (510-403), Paris 1972
106 H. Willrich, Perikles, Göttingen 1936
107 G. Wirth (Hrsg.), Perikles und seine Zeit, WdF 162, Darmstadt 1979 (Sammelband mit mehreren wichtigen Aufsätzen)
108 H. Wolff, Die Opposition gegen die radikale Demokratie in Athen bis zum Jahre 411 v. Chr., ZPE 36, 1978, 279ff.

# Register